Inhalt

W0046563

Grußwort

Der Südhessische Raum liegt eingebettet zwischen den Metropolregionen Rhein-Main und Rhein-Neckar. Als Erholungsraum wird er von einer großen Anzahl an Tagesausflüglern aus diesen Ballungsräumen besucht. Ursache für die große Beliebtheit ist aber nicht nur das dort vorherrschende milde Klima und sein Charakter als Naherholungsgebiet. Der reichhaltige Bestand an Kulturgütern sorgt gleichfalls dafür, dass jährlich viele tausend Besucher diese Region aufsuchen.

Die Gäste finden hier ein breit gefächertes Angebot an Burgen, Schlössern, Fachwerkbauten und vielen anderen Sehenswürdigkeiten vor. Dabei stoßen die Besucher auf Denkmäler aus unterschiedlichsten Epochen mit ihren typischen Charaktermerkmalen und Eigenarten. In dem vorliegenden Buch wird diese Vielfalt deutlich: So findet der Leser hier zum einen Relikte aus den Zeiten römischer Besiedlung, wie zum Beispiel die römische Villa Haselburg bei Höchst im Odenwald und die Reste des Limes oder aus karolingischer Zeit das Weltkulturerbe Kloster Lorsch und die Einhardsbasilika in Michelstadt-Steinbach. Er findet aber auch Denkmäler neueren Datums. Hierzu zählen die eindrucksvollen Jugendstilbauten, die unter anderem auf der Mathildenhöhe in Darmstadt und an der Bergstraße zu sehen sind.

In jedem Kulturdenkmal vereinen sich sowohl zeitgeschichtliche, als auch örtliche Elemente. Für den Besucher stellen die vorhandenen Kulturdenkmäler Fenster in die Kulturgeschichte unserer Region dar. Vergegenwärtigt sich der Betrachter die Charakteristik der hiesigen Landschaft, wird schnell deutlich, dass geologische und naturräumliche Gegebenheiten das Fundament der hier entstandenen Kulturgüter darstellen. Sie waren die entscheidenden Faktoren für die spätere Besiedelung und Nutzung und die sich daraus entwickelte Kultur. Da verwundert es nicht, dass der größte Teil des südhessischen Raumes vor wenigen Jahren mit den Prädikaten „Europäischer-", „Nationaler-" und „UNESCO-Geopark" ausgezeichnet wurde. Unter dem Motto ‚Zwischen Granit und Sandstein – Kontinente in Bewegung' stellt die Region – unabhängig von ihren Kulturdenkmälern – ein einzigartiges Fenster in über 500 Millionen Jahre wechselvoller Erdgeschichte dar und bildet den Zusammenhang Natur – Mensch – Kultur ab.

Die Aufgabe des Natur- und Geoparkvereines ist es, die Verbindung des geologischen und kulturellen Erbes „erfahrbar" und „erlebbar" zu machen. Der Aufbau und die Unterhaltung einer Infrastruktur, zu der ein flächendeckendes Netz von Wanderwegen, Lehrpfaden und Informationszentren zählt, ermöglicht dem Besucher, auch abgelegene Kulturdenkmäler zu erreichen. Das vorliegende Buch soll jedoch schon vor der Entdeckungsreise in der Landschaft einsetzen. Es soll seinen Lesern bereits einen Vorgeschmack darauf geben, welche kulturgeschichtlich interessanten Orte in der Region zu finden sind. Darüber hinaus kann dieses Buch auch denjenigen als wertvolles Nachschlagewerk dienen, die sich über die Schätze des hiesigen Raumes informieren möchten.

Sowohl beim Herausgeber, der Sparkassen-Kulturstiftung Hessen-Thüringen, als auch bei den Autoren möchten wir uns an dieser Stelle herzlich bedanken. Ohne deren Engagement wäre die Herausgabe dieses Buches nicht möglich gewesen.

Den Lesern wünschen wir viel Freude bei der Lektüre dieses Buches und eine spannende Entdeckungsreise in unsere Region.

Im Mai 2007

Walter Hoffmann
Oberbürgermeister der Stadt Darmstadt

Alfred Jakoubek
Landrat des Kreises Darmstadt-Dieburg

Horst Schneider
Oberbürgermeister der Stadt Offenbach

Horst Schnur
Landrat des Odenwaldkreises

Enno Siehr
Landrat des Kreises Groß-Gerau

Peter Walter
Landrat des Kreises Offenbach

Matthias Wilkes
Landrat des Kreises Bergstraße

Vorwort

Bereits 1995 erschien der erste Band der Reihe Kulturelle Entdeckungen. Die Sparkassen-Kulturstiftung Hessen-Thüringen und der Verein Museumsstraße Odenwald-Bergstraße e.v. hatten ihn unter dem Titel „Kulturelle Entdeckungen Odenwald-Bergstraße" den drei südhessischen Landkreisen Bergstraße, Darmstadt-Dieburg und dem Odenwaldkreis gewidmet. Das in zwei Auflagen erschienene Buch erfreute sich großer Nachfrage und ist schon lange vergriffen. Dies hat die Herausgeber veranlasst, eine in ihrem regionalen Zuschnitt erweiterte Auflage des Kulturführers herauszugeben. Der neue Band vereint nun Sehenswürdigkeiten aus den fünf hessischen Landkreisen Bergstraße, Darmstadt-Dieburg, Groß-Gerau, Odenwaldkreis, Offenbach sowie den Städten Darmstadt und Offenbach. Vorgestellt werden Industriedenkmäler, Schlösser, Burgen, Bildstöcke, Schleusen, Rottenhäuser, Ledersulpturen, Friedhöfe, Bahnhöfe, Museen, Gemeindewaagen, Naturdenkmale, Türme und vieles mehr.

Das Bearbeitungsgebiet umfasst einen weiten Raum, der nicht leicht zu einer Gesamtheit zusammengefasst werden kann. Der Odenwald als die Visitenkarte Hessens zum Süden hin, erschließt sich dem Besucher als Mittelgebirgslandschaft, die vom Neckar im Süden begrenzt wird und nach Osten allmählich abflacht. Im Westen sind es die Rheinebene und die Bergstraße, die das Gebiet begrenzen. Im Norden durchquert der Main Hessen von Ost nach West und bildet die Grenze des Bearbeitungsraumes, sieht man einmal von den südlich des Mains gelegenen Stadtteilen Frankfurts und Hanaus ab. Durch die vielfältige Struktur der Landschaft mit den Eigentümlichkeiten des fruchtbaren Rieds, den Sehenswürdigkeiten der Bergstraße, dem reizvollen Odenwald und den traditionsreichen Städten weist Südhessen eine Vielzahl an Denkmälern und wertvoller historischer Bausubstanz auf.

Mit der überarbeiteten und erweiterten Auflage der „Kulturellen Entdeckungen Südhessen" will die Sparkassen-Kulturstiftung Hessen-Thüringen die Attraktivität dieses Raumes widerspiegeln. Dabei kann und wird die vorgestellte Auswahl an Sehenswürdigkeiten nicht vollständig sein. Sie soll daher einen Überblick über die Vielfalt des kulturellen Erbes dieser Regionen geben, die von den großen Lebensadern der heutigen Zeit, den Autobahnen und Eisenbahnen von Nord nach Süd durchquert werden.

Die vorliegenden Texte und Bilder sollen Neugier auf die Sehenswürdigkeiten wecken und zu einer kleinen Reise oder einem Ausflug einladen. Dabei werden Sie rasch feststellen, dass es mehr zu entdecken gibt als hier vorgestellt wird. Ein lexikografisch geordnetes Inhaltsverzeichnis sowie ein nach Landkreisen geordnetes Register erleichtern ebenso wie die beiliegende Übersichtskarte, Anfahrtsbeschreibungen, Öffnungszeiten und Internetadressen den Zugang zu den einzelnen Objekten und Orten.

Die Publikation entstand in Kooperation mit der Sparkasse Bensheim, der Sparkasse Darmstadt, der Sparkasse Dieburg – Zweckverbandssparkasse, der Kreissparkasse Groß-Gerau, der Sparkasse Langen-Seligenstadt, der Sparkasse Odenwaldkreis, der Städtischen Sparkasse Offenbach am Main sowie der Sparkasse Starkenburg. Ihre Beteiligung war maßgeblich für das Zustandekommen des vorliegenden Bandes.

Unser Dank gilt aber auch den Vertretern der jeweiligen Landkreise und Städte. Zu nennen sind hier Richard Berg – Kreis Darmstadt-Dieburg, Wilfried Dieling – Kreis Offenbach, Lars Gölz – Kreis Bergstraße, Oliver Kumpf – Odenwaldkreis, Dr. Rolf Reutter – Darmstadt und Manfred Wirbals – Stadt Offenbach. Sie haben maßgeblich bei der Gewinnung fachkundiger Autoren und Fotografen mitgewirkt und darüber hinaus zusätzliches Bildmaterial bereitgestellt. Dank gilt auch den Autoren, insbesondere Dr. Wolfgang Fritzsche, Gustavsburg, die mit ihrer profunden Sachkenntnis wesentlich zum Gelingen dieser Neuauflage beigetragen haben.

Die Sparkassen-Kulturstiftung Hessen-Thüringen, die ihren Förderschwerpunkt in der Durchführung von kulturellen, in der Region angesiedelten Projekten sieht, wünscht sich, dass Sie als Leser auf Erkundungstour gehen. Lassen Sie sich animieren zu kulturellen Entdeckungen in Südhessen.

Frankfurt im Mai 2007

Gregor Böhmer
Vorsitzender des Vorstandes der
Sparkassen-Kulturstiftung Hessen-Thüringen

Verzeichnis der Städte und der Orte nach Landkreisen

Kreis Bergstraße

Kreis Darmstadt-Dieburg

Kulturelle Entdeckungen
Südhessen

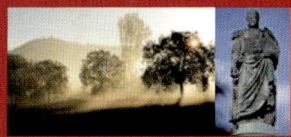

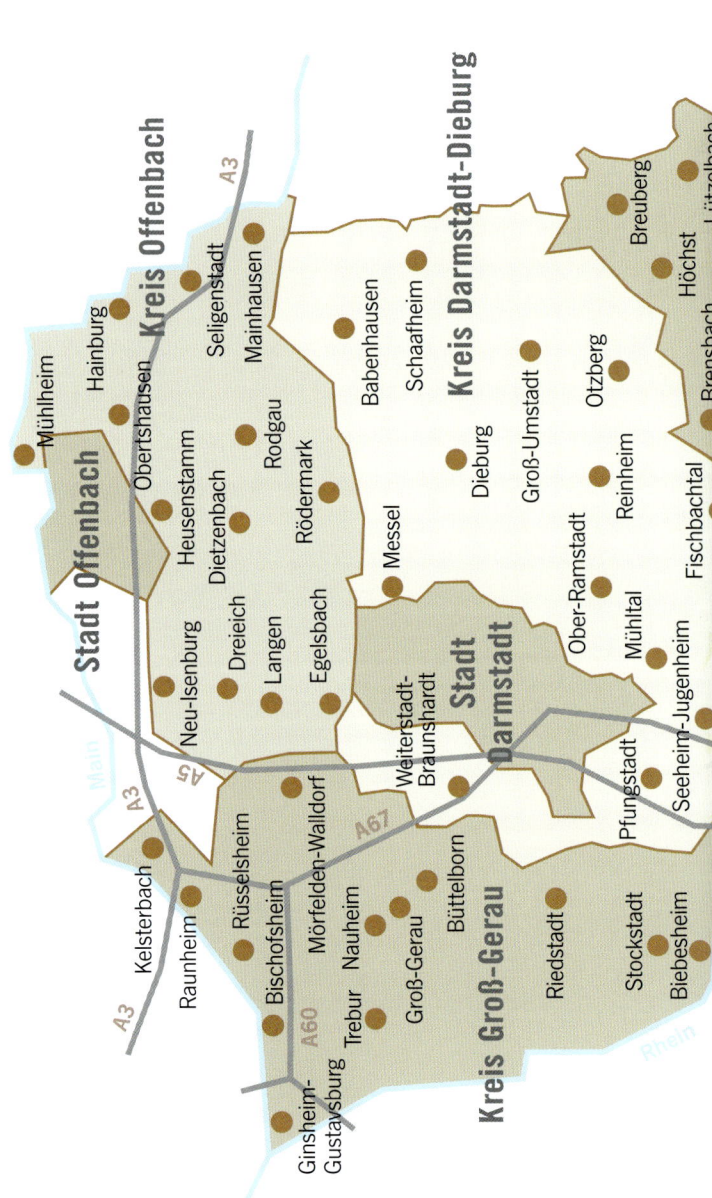

Kreis Offenbach

Stadt Offenbach

Kreis Darmstadt-Dieburg

A3

Main

A3

A5

A67

A60

A3

Rhein

Mühlheim

Hainburg

Obertshausen

Seligenstadt

Mainhausen

Heusenstamm

Dietzenbach

Rodgau

Rödermark

Neu-Isenburg

Dreieich

Langen

Egelsbach

Babenhausen

Schaafheim

Breuberg

Höchst

Lützelbach

Brensbach

Dieburg

Groß-Umstadt

Otzberg

Reinheim

Fischbachtal

Messel

Ober-Ramstadt

Mühltal

Seeheim-Jugenheim

Stadt Darmstadt

Weiterstadt-Braunshardt

Pfungstadt

Kelsterbach

Raunheim

Rüsselsheim

Mörfelden-Walldorf

Bischofsheim

Nauheim

Groß-Gerau

Trebur

Büttelborn

Riedstadt

Stockstadt

Biebesheim

Ginsheim-Gustavsburg

Kreis Groß-Gerau

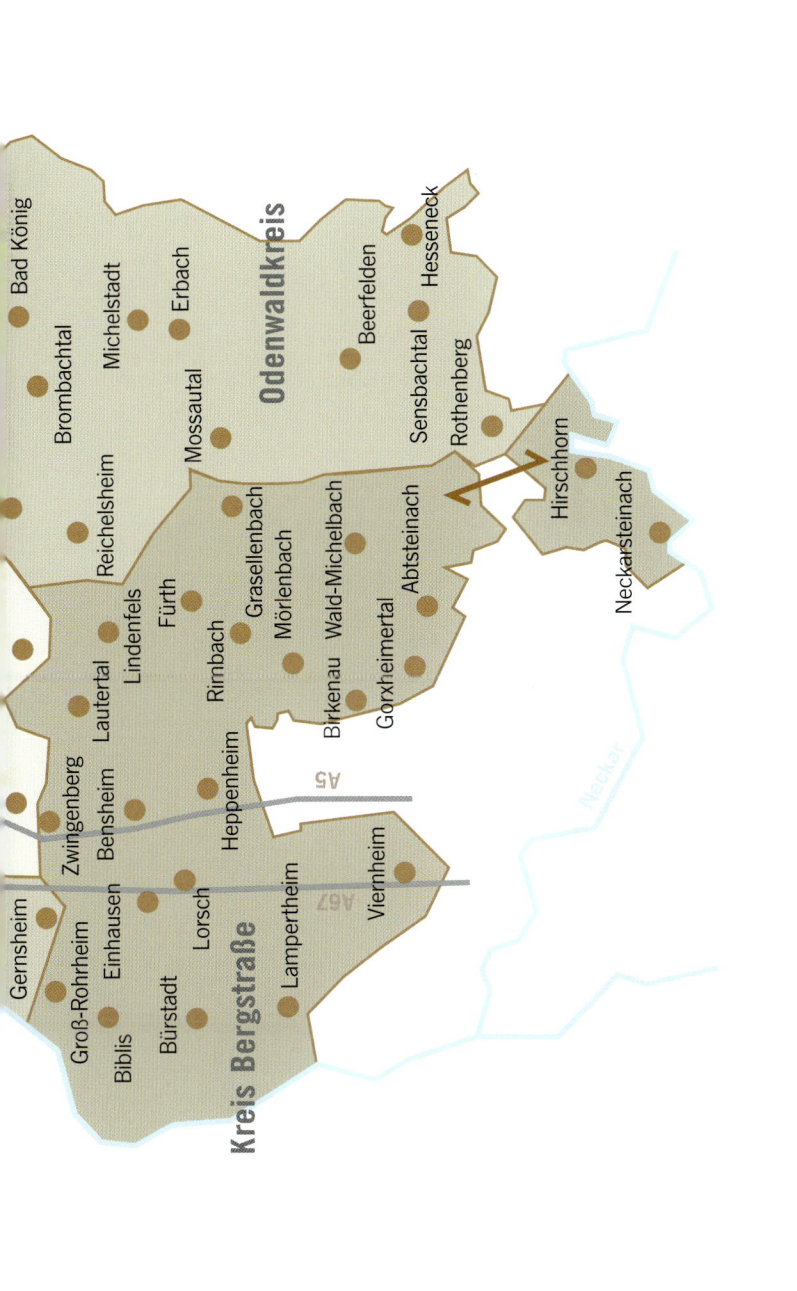

Odenwaldkreis

Bad König

Brombachtal

Michelstadt

Erbach

Mossautal

Beerfelden

Reichelsheim

Sensbachtal

Hesseneck

Rothenberg

Grasellenbach

Wald-Michelbach

Abtsteinach

Hirschhorn

Neckarsteinach

Fürth

Mörlenbach

Lindenfels

Rimbach

Birkenau

Gorxheimertal

Lautertal

Zwingenberg

Bensheim

Heppenheim

A5

Neckar

Gernsheim

Groß-Rohrheim

Einhausen

Lorsch

Lampertheim

Viernheim

Biblis

Bürstadt

A67

Kreis Bergstraße

Kulturelle Entdeckungen Südhessen

Herausgeber:
**Sparkassen-Kulturstiftung
Hessen-Thüringen**

2. erweiterte und neu bearbeitete Auflage
des Bandes Kulturelle Entdeckungen
Odenwald-Bergstraße, 2007

ISBN 978-3-7954-2013-0

Zu beziehen über

- **die Sparkassen-Kulturstiftung
  Hessen-Thüringen**

- **die Sparkassen in Südhessen**

- **die Touristikbüros in den
  beteiligten Kreisen**

- **den Buchhandel**

- **den Verlag Schnell & Steiner GmbH**
  Leibnizstraße 13, 93055 Regensburg
  www.schnell-und-steiner.de

**Die Sparkassen-Kulturstiftung
Hessen-Thüringen** *fördert kulturelles
Engagement in Hessen und Thüringen.*

*Ihre Unterstützung gilt solchen Initiativen,
die das wertvolle kulturelle Erbe Hessens
und Thüringens erhalten, die den Rang
beider Bundesländer als zentrale Kultur-
landschaften in Deutschland unterstreichen
und über die Landesgrenzen hinaus als
beispielhaft wahrgenommen werden.*

Kreis Groß-Gerau

41	Biebesheim
44	Bischofsheim
54	Büttelborn
110	Gernsheim
114	Ginsheim-Gustavsburg
120	Groß-Gerau
154	Kelsterbach
184	Mörfelden-Walldorf
198	Nauheim
235	Raunheim
242	Riedstadt
260	Rüsselsheim
278	Stockstadt
280	Trebur

Kreis Offenbach

86	Dietzenbach
88	Dreieich
94	Egelsbach
132	Hainburg
146	Heusenstamm
159	Langen
172	Mainhausen
193	Mühlheim
202	Neu-Isenburg
208	Obertshausen
251	Rödermark
253	Rodgau
270	Seligenstadt

Odenwaldkreis

20	Bad König
26	Beerfelden
46	Brensbach
48	Breuberg
52	Brombachtal
97	Erbach
104	Fränkisch-Crumbach
143	Hesseneck
152	Höchst i. Odw.
171	Lützelbach
177	Michelstadt
190	Mossautal
237	Reichelsheim
257	Rothenberg
276	Sensbachtal

210 ## Stadt Offenbach

9

Zeichenerklärung

 Lage
Träger
Zugänglichkeit
Infos

Abtsteinach — Mackenheim

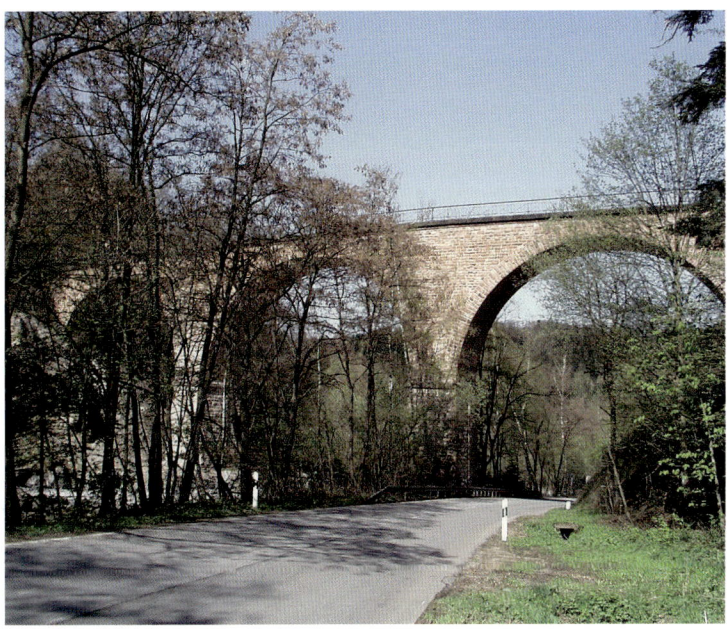

Abtsteinach — Mackenheim

Das Eisenbahn-Viadukt bei Mackenheim

Eisenbahn-Viadukt

❌ Von der Straße Mörlenbach-Wald-Michelbach Richtung Mackenheim, Ober-Abtsteinach abbiegen, etwa 300 m südlich der Kreuzung.

☁ Deutsche Bahn AG

❶ von außen frei zu besichtigen

Für die wirtschaftliche Erschließung des Odenwalds war der Bau der Eisenbahn von großer Bedeutung. So wurde in den 1890er Jahren die Weschnitztalbahn von Weinheim nach Fürth gebaut und 1895 eröffnet. 1901 folgte die Nebenlinie, die in Mörlenbach abzweigt und über Berg und Tal nach Wald-Michelbach führt. Das Tal bei Mackenheim wurde mit einem mächtigen Viadukt überspannt, der mit seinen drei Rundbögen noch heute eindrucksvoll zu sehen ist.

Die Bahn zieht sich dort in Kurven mit möglichst geringer Steigung durch die schöne Landschaft auf die Höhen. Dieser Verlauf wird auch im Viadukt beibehalten, der in einem leichten Bogen das Tal überquert. Die Brücke ist aus gewaltigen, gleichmäßigen Sandsteinquadern erbaut. Obwohl sie sehr wuchtig wirkt, erscheint sie doch keinesfalls plump. Die beiden Pfeiler werden am Bogenansatz durch ein Gesims unterbrochen. Ein leichtes Eisengeländer bildet oben einen optischen Abschluss.

Da die Eisenbahnstrecke der Überwald-Bahn 1994 stillgelegt wurde, soll der Streckenverlauf künftig für den Tourismus genutzt werden. Erste Pläne sehen die Nutzung des zehn Kilometer langen Teilabschnitts für Draisinenfahrten vor. ●

Alsbach-Hähnlein – Alsbach

Kreis Darmstadt-Dieburg **Alsbach-Hähnlein**

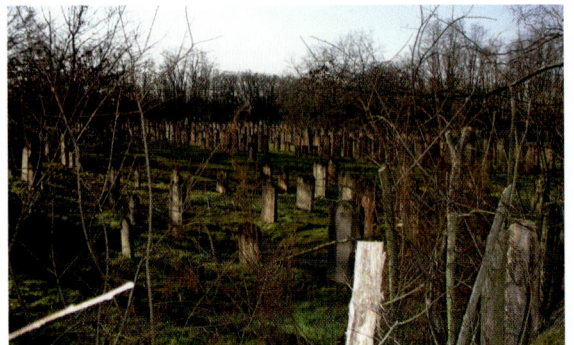

Blick über den jüdischen Friedhof im Ortsteil Alsbach

Alsbach-Hähnlein – Alsbach
Jüdischer Friedhof

✪ Neue Bergstraße 111

✪ Israelitische Religionsgemeinschaft Hessen

✪ nach Anmeldung

✪ Gemeindeverwaltung, Bickenbacher Str. 6
64665 Alsbach-Hähnlein,
Tel.: 06257-50080

Der erste Eintrag eines jüdischen Begräbnisses in Alsbach geht auf das Jahr 1616 zurück. Zum bedeutendsten und größten südhessischen Friedhof entwickelte er sich im 18. Jahrhundert. Der Sammelfriedhof diente 29 Gemeinden als Begräbnisstätte.

Um 1700 wurde er erweitert. 1741 erteilte Landgraf Ludwig VIII. die Erlaubnis, den Friedhof mit einer Mauer einzufrieden. Die Eingangshalle wurde mehrfach umgebaut.

1938 schändeten SA-Gefolgsleute aus Alsbach, Bickenbach und Hähnlein den Friedhof. Sie sprengten das Eingangsgebäude und vernichteten dabei auch das Register aller Toten, die hier seit über 300 Jahren beerdigt worden waren.

Eines der berühmtesten Gräber ist das des Rabbi Abraham Samuel Ben Isaak Bacharach (1575-1615). Er war Oberrabbiner von Worms – der ältesten und größten jüdischen Gemeinde – und Kaiserlicher Rabbiner von Deutschland. Nach dem Wormser Judenpogrom floh er 1615 nach Gernsheim, verstarb dort und wurde auf dem Alsbacher Friedhof bestattet. Sein Grabstein wurde erst um 1700 gesetzt und gibt sein Todesjahr 1615 an. Es wäre also eines der ersten Begräbnisse auf diesem Friedhof gewesen.

Auf dem gut 22500 Quadratmeter großen Friedhof sind mehr als 2000 Grabsteine aufgestellt. Während die Steine des 17. und 18. Jahrhunderts mit geschwungenem oberen Abschluss und Voluten und die des frühen 19. Jahrhunderts mit klassizistischer Giebelbekrönung im Sinne der strengen Vorschriften relativ schmucklos und gleichförmig gestaltet sind, belegen die des späten 19. Jahrhunderts eine zunehmende Liberalisierung und Angleichung an christliche Grabsteine.

Rechts des alten Eingangs befindet sich eine Reihe von Grabsteinen der Kohanim, der Abkömmlinge aus dem Priestergeschlecht, mit dem Symbol des Priestersegens – den gefalteten Händen.

Der Friedhof ist geschlossen. Zur Besichtigung ist die Anmeldung auf der Gemeindeverwaltung von Alsbach notwendig. ●

Babenhausen

Babenhausen
Stadtbild mit Hexenturm, Stadtmühle und Burgmannen-häuser

ℹ Stadtverwaltung Marktplatz 2,
Tel.: 06073-6020

Der historische Stadtgrundriss von Babenhausen ist bis heute erhalten geblieben. Immer noch umschließt die mittelalterliche Stadtmauer bis auf wenige Durchbrüche die Altstadt.

Die Münzenberger hatten Anfang des 13. Jahrhunderts eine befestigte Wasserburg in den Wiesen zwischen Gersprenz und Ohlebach errichtet. Nach deren Aussterben 1255 ging die Herrschaft an die Hanauer über, die 1295 die Stadt- und Marktrechte für den Ort erhielten. Etwa um diese Zeit wird auch eine erste Befestigungsanlage gebaut worden sein.

Nach der kurzen Besetzung der Stadt durch Kurmainz und ihrer Befreiung durch Hanauer Bürger, sahen sich die Grafen von Hanau wohl genötigt, ihre Stadt entschiedener zu befestigen. So geht die heute sichtbare Ringmauer auf die Erneuerung der Wehranlagen 1445 zurück. Die damit gut geschützte Stadt wurde schließlich 1458 von Philipp dem Älteren zur Residenz erhoben.

Das war der Beginn einer blühenden Stadtentwicklung, die auch den repräsentativen Umbau 1472 der Stadtkirche einschloss, die anschließend zur Grablege der Hanauer und Hanau-Lichtenberger Grafen erhoben wurde. Kirche, Rathaus und das Gasthaus „Zum Schwartzen Löwen" rahmen den fast quadratischen Marktplatz.

Die evangelische Pfarrkirche, früher dem Heiligen Nikolaus geweiht, frisch renoviert, erstrahlt im Kirchenschiff wieder in den vollen Farben des 17. Jahrhunderts. Das Gebäude ist dreischiffig

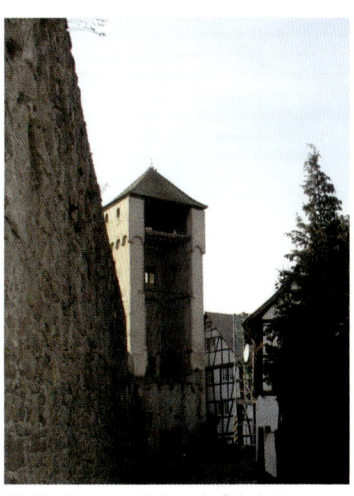

Die Stadtmauer mit dem als Schalenturm ausgeführten Hexenturm

gegliedert. Mittelschiff und Chor bekamen ein gemeinsames hohes Satteldach, während die Seitenschiffjoche eigene Zwerchdächer erhielten. So sind es die Giebel, die die Fassaden kennzeichnen, auch den Turm krönen vier Giebel vor dem eingezogenen Helm. Der Turm von 1383 befindet sich an der Nordseite, an den die Sakristei 1772 angebaut wurde.

Ausmalung und Ausstattung sind von besonderer Bedeutung. Der aus Lindenholz geschnitzte Flügelaltar gehört zu den Prunkstücken. Wer ihn schuf, ist bisher unbekannt, sicher waren es mehrere Künstler einer Werkstatt. Zu erkennen sind main-fränkische wie mainzer Einflüsse. Kunstvolle Steinmetzarbeiten, das teilweise erhaltene Herrschaftsgestühl, die zahlreichen Grabplatten machen den Einfluss des Grafengeschlechts nachvollziehbar. Eberhard Fischer, ein Babenhäuser Maler und Stuckateur malte die großflächigen Medaillons. Sie zeigen biblische Szenen.

Der hallenartige Charakter des Langhauses – flachgedeckte, in der Höhe nur

B

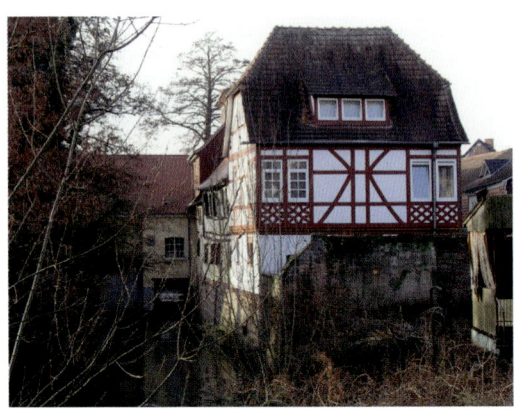

Die ehemalige Stadtmühle birgt heute das Bürgerzentrum

gering unterschiedene, von weiten Arkaden getrennte Schiffe – weist starke Ähnlichkeiten mit denen der Kirchen von Groß-Umstadt und Kleestadt auf.

Für das Kriegsjahr 1635 ist die couragierte Verteidigung gegen den Angriff der Kaiserlich-Mansfeldischen Truppen belegt. Die Mauern hielten einer fünfwöchigen Belagerung stand, obgleich die Angreifer ein großes Loch in den Breschturm (Sackgasse) schießen konnten – eine Bresche, die dem Turm seinen Namen gab. Er ist heute noch gut erhalten. Die Stadtmauer, mit ihrem mit Zinnen bekrönten Wehrgang, war von quadratischen Wehrtürmen verstärkt, die aus der Mauer vorsprangen. Davor lag der Zwinger und ein breiter Sumpfgraben. Die Burg war über einen befestigten und geschützten Weg mit der Stadt verbunden. Der Hexenturm (Am Hexenturm) – ein zur Stadt hin offener Schalenturm veranschaulicht deutlich die damaligen Überlegungen zur baulichen Stadtverteidigung. Sein Obergeschoss ist über auf Sandsteinkonsolen abgetragene Arkaden verstärkt. Er ist mit einem Zeltdach gedeckt, über den Wehrgang gelangte man ins Obergeschoss. Ob hier tatsächlich Hexen verbrannt worden sind, ist nicht überliefert, doch als Gefängnis wurde er lange Zeit genutzt, in einer

Nische ist der Prangerstein noch zu erkennen.

Nicht weit davon entfernt befindet sich die Stadtmühle. Für Babenhausen ist sie ein bedeutendes Denkmal. Ihre Geschichte reicht zurück bis ins Jahr 1383. 1899 wurde sie um ein Elektrizitätswerk erweitert, um die Häuser der Bevölkerung und die städtische Straßenbeleuchtung mit Strom zu versorgen.

Die U-förmige Anlage erstreckt sich auf schmalem Grundstück, die Fachwerkgebäude stammen aus dem 17. bis 20. Jahrhundert. Auffallend ist das giebelständige neue Wohnhaus mit seiner schönen Eckbetonung durch die paarweise angeordneten Fenster und dekorierten Brüstungsfelder. Das Baujahr 1906 gibt ein Wappenstein an. An dieser Stelle stand ehemals eine große traufständige Scheune, die einem Brand zum Opfer gefallen war. Früher wurden die Mahlgänge von vier Wasserrädern angetrieben. Auf einem Schlussstein sind die Initialen des Müllers Hanns Keil eingemeißelt. Aus seiner Familie kamen zwischen dem 16. und 18. Jahrhundert die Stadtmüller Babenhausens. 1906 erhielt die Mühle eine erste Turbine, 1913 konnte eine zweite in Betrieb genommen werden. 1972 musste der Mühlenbetrieb endgültig eingestellt werden.

Das Mühlenareal und seine Gebäude dienen heute nach umfangreicher Sanierung als Bürgerzentrum und beherbergen den Trausaal, die Touristinformation und weitere zu nutzende Räumlichkeiten.

Mitten in der Stadt, nebeneinander und gegenüberliegend in der Amtgasse 29 und 31 sowie 28/30/32 stehen beeindruckende Burgmannenhäuser, hohe Gebäude mit massivem Erdgeschoss und Obergeschossen in Fachwerk. Behauene Sandsteinquader als Eckbetonungen, Fenstergewände aus gleichem Material, große Toreinfahrten sind deutliche Hinweise auf die besondere Stellung seiner früheren Bewohner.

Das Haus Amtgasse 29 ist das ehemalige Amthaus von 1560, das Erdgeschoss datiert 1260. Der Treppenturm zeigt mit Mannfiguren und Feuerböcken eine lebhafte Fachwerkkonstruktion. Auch das Obergeschoss ist in Fachwerk abgebunden und trägt eine so genannte welsche Haube von 1602. Die Hofeinfahrt ist heute offen.

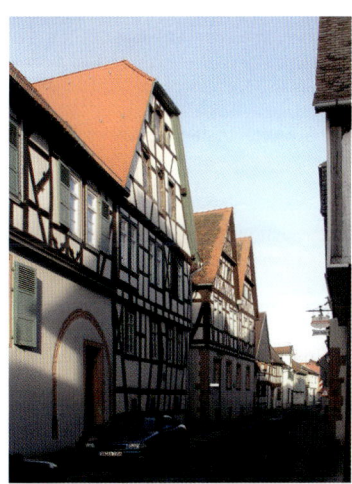

Blick in die Amtgasse

Das Haus Amtgasse 31 ist das ehemalige Herrenhaus der Gailing von Altheim und stammt aus dem Jahr 1541. Der Fachwerkständerbau mit Zierfachwerk im Obergeschoss erhebt sich über einem hohen Sockel, steht giebelständig zur Straße und besitzt einen traufständigen Anbau. Die Hofeinfahrt ist heute zugebaut.

Bei dem Haus Amtgasse 28 handelt es sich um den einstmaligen Adelssitz derer von Bernsdorff-Haxthausen. Die Jahresangabe 1697 findet sich über der Toreinfahrt. Im massiven Renaissance-Erdgeschoss liegen die Durchfahrt und die Handpforte. Heute befindet sich hier der Eingang zum Gasthaus „Zum Adler". Die Toreinfahrt wurde im 19. Jahrhundert überbaut. Das Fachwerk wurde zwischenzeitlich erneuert und das Gebäude mit einem Krüppelwalmdach gedeckt.

Auch das Anwesen Amtgasse 30/32 gehörte der Familie Gailing von Altheim. Der Gebäudeteil Nummer 30 stammt aus dem Jahr 1578, der mit der Nummer 32 von 1555. Beide Gebäude stehen giebelständig zur Straße und zeigen im Obergeschoss ein bemerkenswertes Fachwerk mit Mannfiguren, wobei das Haus Nummer 30 heute verputzt ist. Zwischen ihnen liegt eine unüberbaute Durchfahrt mit Handpforte.

In der Schlossgasse 21 befand sich die herrschaftliche Amtsschreiberei, 1811 war hier die erste Posthalterei untergebracht. Das traufständige Fachwerkgebäude mit Zwerchhaus von 1717 schmücken halbe Mannfiguren und liegende Rauten.

Die Schlossgasse 10 diente früher als Zehnthaus, als Fruchtspeicher und gräfliche Brauerei. Das Erdgeschoss ist massiv mit hohen Sandsteingewänden an Fenstern und Türen. Darüber erhebt sich eine regelmäßige Fachwerkkonstruktion mit Feuerbock. ●

B

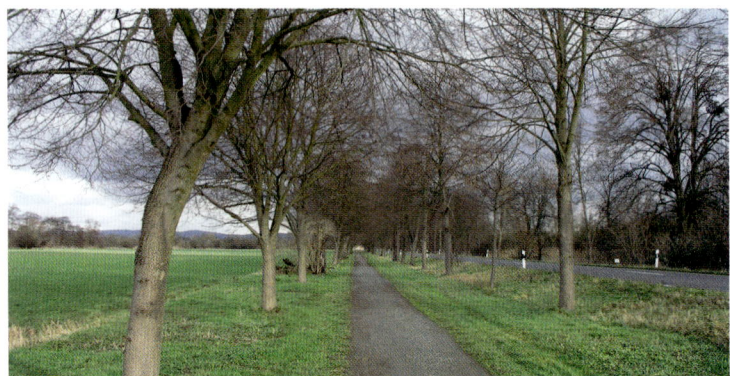

Babenhausen-Harreshausen

Blick durch die Ulmenallee

Allee und Jagdschloss

Schloss:

❌ Sandgasse 2

◑ Privat

ℹ nur von außen möglich

Allee:

❌ Babenhäuser Straße (zwischen Babenhausen und Harreshausen)

Die barocke Baumallee zwischen Babenhausen und Harreshausen gilt als Naturdenkmal. Auch wenn die Baumreihen zum Teil ergänzt werden mussten, lässt sich dennoch ihre ursprünglich geschlossene Anlage noch heute gut erfassen.

In der Verlängerung der Bürgermeister-Rühl-Straße führt sie aus Babenhausen geradeaus nach Harreshausen auf das ehemalige Jagdschlösschen zu. Graf Johann Reinhard von Hanau-Lichtenberg hat die Allee mit ihrer doppelten Reihe aus Ulmen als planmäßige städtebauliche Anlage, ausgerichtet auf den Point-de-vue, das neue Jagdschloss, anlegen lassen. Er griff damit französische Ideen auf, wie sie viele Herrscher seiner Zeit, so auch Landgraf Ernst Ludwig in Darmstadt, bei der Um- oder Neugestaltung ihrer Residenzstädte umsetzten.

Dieses barocke Jagdschlösschen der Grafen von Hanau-Lichtenberg wurde 1722-1723 zusammen mit einem Jagdzeughaus, das bereits 1779 wieder abgebrochen wurde, gebaut. Der ausgedehnte rechteckige Forstgarten, der das Anwesen nach Westen abschloss, ist seit den 60er Jahren des 20. Jahrhunderts bebaut. Reste der hohen Umfassungsmauer sind erhalten.

Das Jagdschlösschen war mit seiner Hauptfassade, die im Gegensatz zu den anderen Fassaden fünf Fensterachsen aufweist, und dem Eingang auf die Ulmenallee ausgerichtet und somit auf das Schloss von Babenhausen. ●

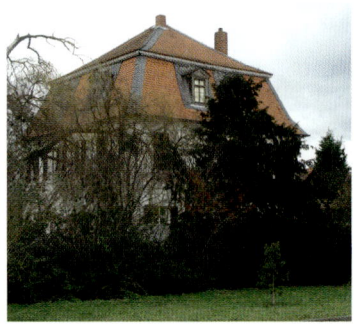

Das Jagdschloss Harreshausen

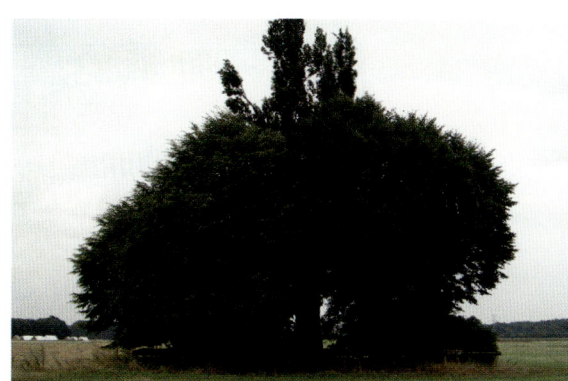

Die Schöne Eiche, die Mutter aller Pyramideneichen in Deutschland

Babenhausen-Harreshausen

Schöne Eiche

❌ Etwa 300 Meter nördlich des Ortes, in der Verlängerung der Gersprenzstraße rechts in der Flur

❓ jederzeit frei zu besichtigen

Harreshausen hat ein berühmtes Wahrzeichen: Die Schöne Eiche. Bis 1821 stand sie im Waldverband – heute auf freier Flur. Folgt man der Gersprenzstraße mit ihren Hofreiten aus dem 17. bis 19. Jahrhundert Richtung Norden, steht sie rechter Hand des Weges im Feld.

Die Eiche, die von einer niedrigeren Baumgruppe umkränzt wird, soll schon 550 Jahre alt sein. Sie gehört zur Art der Stieleichen und hat vermutlich durch eine Genmutation die Wachstumsform einer Pyramideneiche angenommen.

Über einem astfreien Schaft von vier Metern Umfang und acht Metern Höhe wachsen eng am Haupttrieb die Äste bis zu einer Gesamthöhe von rund 20 Meter empor und bilden die charakteristische pyramidale Baumkrone. In der ältesten Beschreibung der „außerordentlichen" Eiche (Hanauisches Magazin von 1781) wird sie „als eine besondere Hanauische Merkwürdigkeit im Pflanzenreiche" beschrieben und mit einem Kupferstich von 1766 abgebildet. Die Eiche fesselte nicht

nur Schriftsteller und Maler. Botaniker und Forstleute sammelten ihre Eicheln, um sie als Saatgut zu verschicken. Schon Ende des 18. Jahrhunderts wurde sie durch Pfropfungen vermehrt. Über die Jahre ist somit Die Schöne Eiche zum Mutterbaum für viele Pyramidenbäume in Deutschland und Europa geworden.

Immer wieder in der Vergangenheit gab die faszinierende Form ihres Wachstums Anreiz zu Deutungsversuchen. Eine besonders schöne Version besagt: Der Bischof von Mainz habe einstmals in dieser Gegend gejagt und dabei seine Monstranz verloren. Sie soll auf die noch junge Eichenpflanze gefallen, in den Stamm eingewachsen und somit die Ursache für den außergewöhnlichen Wuchs geworden sein.

Die Eiche wurde auch als Wunderbaum verehrt. Wallfahrer auf dem Weg nach Walldürn machten in ihrem Schatten Rast. Sie schnitten sich vielfach Rindenstücke aus dem Baum, weil diesen heilende Kräfte nachgesagt wurden.

Als 1928 ein Blitzeinschlag die Krone zum Einsturz brachte, verlor der Baum einen Teil seiner stattlichen Erscheinung. Nicht erst seit heute steht Die Schöne Eiche unter Denkmalschutz. Schon 1934 wurde sie zum Naturdenkmal erklärt. Leider ist der Stamm bereits hohl und der Verfall schreitet fort. ●

*Das Alte Schloss
in Bad König*

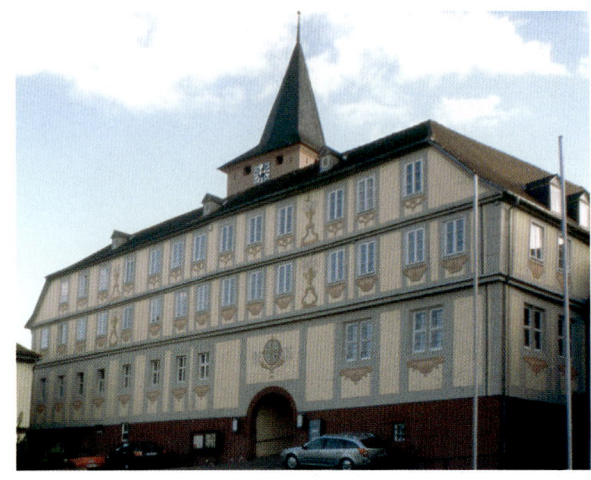

Bad König
Altes Schloss

- ⊗ Schlossplatz 3
- ⬡ Stadt Bad König
- ❶ geöffnet während der Dienstzeiten der
  Stadtverwaltung, Tel.: 06063-50090

Das Alte Schloss geht auf einen kleinen Vorgängerbau zurück, den Graf Georg I von Erbach in den Jahren 1556-1561 als „neuen Bau" errichten ließ. Nach den erhaltenen Baurechungen war es eine bescheidene Befestigungsanlage, die mit dem Giebel zum Marktplatz wies und die Königer Pfarrkirche mit einschloss. Um das Jahr 1625 wurde sie verändert und wahrscheinlich erweitert. Als mit der Teilung der Grafschaft 1747 das Amt König der Linie Erbach-Schönberg zufiel, ließ Graf Georg August aus dem alten verfallenen Gebäude ein Jagdhaus herrichten. Dieses erwies sich bald als zu klein und wurde deshalb nach Süden hin durch Wohnräume und Pferdeställe erweitert.

Als sich bei der Hauptresidenz, Schloss Schönberg an der Bergstraße, Brennholzknappheit bemerkbar machte und es auch zweckmäßig war, wegen gemeinsamer Regierungsgeschäfte in der Nähe der anderen Erbacher Linien zu residieren, beschloss man 1750, das „Hoflager" im Winter nach König zu verlegen, Schönberg jedoch als Sommersitz beizubehalten. Daher war es notwendig, dem Jagdhaus ein neues Eckgebäude anzufügen. Weil aber in dem ohnehin zu engen Hof die alte baufällige Kirche und das am Kirchturm stehende Schulhaus im Wege waren, wurden sie abgebrochen. 1751 wurde eine neue Kirche für die größer gewordene Gemeinde erbaut. Zur neuen Hofhaltung bedurfte es weiterer Wirtschaftsgebäude. Deshalb wurden mehrere private Anwesen gekauft beziehungsweise durch Tausch erworben und abgebrochen.

Sein heutiges Aussehen erhielt das Schloss wahrscheinlich in der Zeit um 1775. Der Hauptbau wurde durch ein Fachwerkgeschoss aufgestockt, mit einem abgewalmten Dach versehen und an seiner nördlichen Fassade barocke Architekturmalereien aufgebracht. In späteren Jahren überputzt, erfolgte die Freilegung und Restaurierung der Schmuckmotive 1954. Im Inneren ist ein stuckverzierter Gartensaal von 1792-1793 bemerkenswert. Schloss, Kirche und ein Wirtschaftgebäude umschließen den Innenhof, von dem man nach Süden über eine Freitreppe mit einer bemerkenswerten Brunnennische den ehemaligen herrschaftlichen Lustgarten erreicht.

Hohe Unterhaltungskosten führten zur Schenkung des Schlosses an die Gemeinde König im Jahre 1919. In den folgenden Jahren wurden darin Kleinwohnungen eingerichtet. Später nutzte man es als Krankenhaus, heute ist es Teil der Stadtverwaltung. Im westlichen Seitenflügel ist das Heimatmuseum untergebracht. Es zeigt eine Vielzahl von früheren Handwerken und deren typische Werkzeuge und Erzeugnisse.

Umfangreiche Sanierungsmaßnahmen mussten in den Jahren 1989-1993 durchgeführt werden. ●

Bad König
Evangelische Schloss- und Pfarrkirche

- ⊗ Schloßplatz 4
- ◉ Ev. Gemeinde Bad König
- ❶ Öffnungszeiten: April bis Oktober, täglich von 10-18 Uhr

Ältester Bauteil ist der dreigeschossige Kirchturm, sein spitzer Schieferhelm ist eine spätere Zugabe. An den Eckquadern des Untergeschosses befindet sich der Gründungsstein mit einer lateinischen Inschrift, die übersetzt „Dieser Turm ist erbaut unter dem Schenken und Baron Georg von Erbach im Jahre 1479" lautet. Hinzugefügt ist das Zeichen des Baumeisters Konrad von Mosbach.

In das Mauerwerk des zweiten Turmgeschosses ist die Kopie eines römischen Grabsteins eingelassen. Das Original befindet sich jetzt im Tordurchgang der Rentmeisterei. Die Inschrift: „D. M. L. SEXTII VALE" bedeutet übersetzt „Den

Göttern und Manen [gute Geister der Toten]. Für Lucius Sextius Lebewohl".

Das heutige Langschiff und der dreiseitige Chor wurden in den Jahren 1750-1751 an Stelle eines Vorgängerbaus errichtet. Das Innere wird überspannt von einer einfachen Flachdecke. Rechteckige Fenster ohne Gliederung mit darüber angebrachten kleinen ovalen Lichtöffnungen erhellen den Raum.

Über dem Haupteingang ist das von zwei Genien flankierte gräfliche Wappen. Die Inschrift nennt den Grafen Georg August zu Erbach-Schönberg als Erbauer. Johann Jost Schleich aus Lohr am Main schuf im Jahre 1700 die barocke Orgel der Kirche. ●

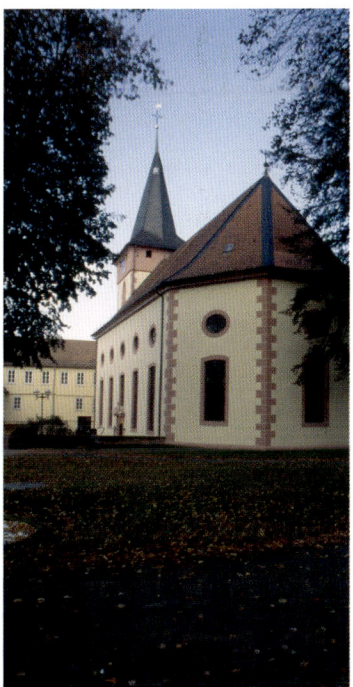

Die Evangelische Schloss- und Pfarrkirche

B

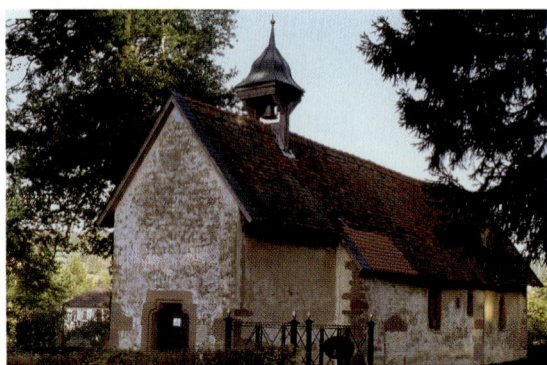

Die Friedhofskapelle auf dem städtischen Friedhof

Bad König

Friedhof mit Kapelle und Jüdischem Friedhof

- ✕ Friedhofsweg
- ◉ Stadt Bad König
- ℹ frei zugänglich, Kapelle: Fr-So 11-18 Uhr, Tel.: 06063-50090

Im Kimbacher Tal östlich von Bad König liegt auf dem leicht ansteigenden Hang der städtische Friedhof. Auf einer kleinen Bodenerhebung erhebt sich die alte, schlichte Kapelle. Sie besteht aus einem rechteckigen Langhaus mit eingezogenem Rechteckchor, der Spuren einer nachträglichen Verlängerung aufweist, und einer spätgotischen Vorhalle, deren Portal im Sturz mit 1514 datiert ist. Zusammen mit der Einhard-Basilika in Michelstadt-Steinbach und der ehemaligen Kapelle auf dem Arnheiter Hof bei Breuberg-Rai-Breitenbach wird sie als einer der ältesten Sakralbauten des Odenwaldes angesehen.

Ein monolithisches Fenster in der Südwand und ein heute vermauertes Portal mit Dreiecksturz lassen darauf schließen, dass der Kernbau auf karolingische Zeit, etwa in das erste Viertel des 9. Jahrhunderts, zurückgeht. Um die Kapelle herum befinden sich mehrere klassizistische Gräber, darunter das schlichte Grabmal der Gräfin Auguste Caroline zu Erbach-Schönberg, geb. Isenburg-Büdingen (1758-1815).

Die Belegung des westlich und südlich anschließenden Friedhofs ist erstmals aus dem Jahre 1771 beurkundet. Auf diesem älteren Teil befinden sich unter anderem der pyramidenförmige Obelisk des Nordpolforschers Carl Weyprecht (1838-1881), Entdecker des Franz-

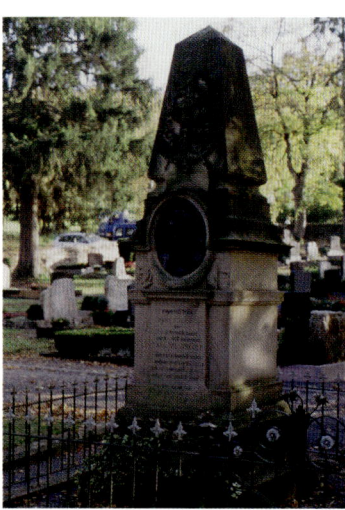

Das Grabmal des Polarforschers Karl Weyprecht

Josef-Landes, und des Dekan und Bauernpfarrers Johann Adam Groh (1824-1881) von Kirch-Brombach, Begründer der ersten landwirtschaftlichen Bezugsgenossenschaft im Odenwald 1862. Eine besondere Gestaltung mit schmiedeeisernem Gitter und einer Ädikula, einem kleinen Aufbau aus schwarzem Marmor, zeigt die Grabstätte der Fabrikantenfamilie Lien aus der Zeit um 1896.

Seit Herbst 2005 bietet die Stadt hier auch einen „Friedpark" an, eine pietätvolle Alternative der Urnenbestattung, die nicht unter Bäumen in freier Natur, sondern auf dem Friedhof unter Ginkgobäumen (Lebensbäumen) in einer parkähnlichen Grünanlage stattfindet.

Südlich des Friedhofes der Kernstadt schließt sich der kleine, von einem Eisengitter umgrenzte Jüdische Friedhof an. Früher wurden die Juden in Michelstadt beerdigt. Im Jahre 1925 stellte der Rat der Gemeinde König der israelitischen Glaubensgemeinschaft ein Gelände von knapp 500 Quadratmetern Größe zur Anlage eines eigenen Friedhofes zur Verfügung. Hier fand 1927 als erster Salomon Moses Herzfeld seine letzte Ruhestätte. Die übrigen Grabsteine zeugen von den ehemaligen Königer Familien Ehrmann, Mannheimer, Adler, Strauß, Oppenheimer und Speyer. ●

Bad König

Katholische Kirche Sankt Johannes der Täufer

⊗ Jahnstraße 12

⊕ Kath. Kirchengemeinde Sankt Johannes

❶ Öffnungszeiten: April bis September
täglich 7.30-19.30 Uhr,
Oktober bis März 7.30-18 Uhr

Die Kirche, 1928-1929 von dem einheimischen Architekten Erwin Mühlhäuser geplant, ist ein blockartiger, mit Sandsteinrustika-Mauerwerk verblendeter

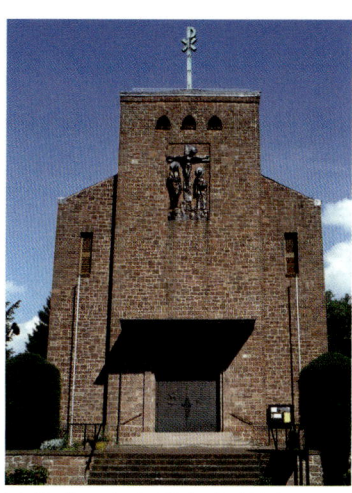

Die Westfassade der Kirche Sankt Johannes des Täufers

Baukörper. Stilistisch kann sie als Ausläufer der in der Mitte des 19. Jahrhunderts behördlich befohlenen neuen Steinbauweise angesehen werden, die sich aber im Odenwald nicht durchsetzte.

In die Westfassade ist ein wuchtiger stumpfer Turm integriert. Bestimmender monumentaler Schmuck am Turm über dem Portal ist die 1929 von Reinhold Ewald (1890-1974) aus Hanau geschaffene Kreuzigungsgruppe aus gebranntem, glasiertem Ton. In einer flachen Nische steht vom Betrachter aus links unter dem Kreuz Maria, durch Größe und plastisches Volumen ist sie gegenüber dem links daneben stehenden kleineren Johannes hervorgehoben, dessen Gesicht mit seinen herabgezogenen Mundwinkeln Verzweiflung ausdrückt. Traditionsgetreu ist der Körper Christi dargestellt, erschlafft, aber nicht erstarrt, breiten sich seine angenagelten Hände aus. Die Herstellung der Figuren, jeweils aus drei Einzelteilen bestehend, erfolgte in der örtlichen Kunsttöpferei Wilhelm Walther. Durch Umwelteinflüsse ist das

B

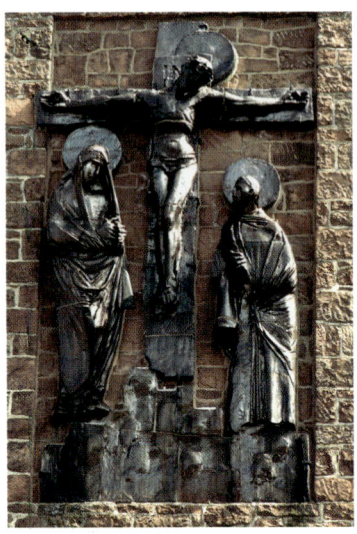

Die Kreuzigungsgruppe über dem Portal

Bad König
Neues Schloss

- ❌ Schlossplatz 5 und 6
- ⬧ Stadt Bad König
- ❓ Besichtigung nur von außen

Die über dem Schlossplatz erhöht liegende monumentale Baugruppe mit Altem Schloss und Kirche fand unter der Regentschaft Graf Christians zu Erbach-Schönberg (1728-1799) mit der Erweiterung nach Westen hin durch das Neue Schloss im Jahre 1793 ihre Vollendung. Jüngere Verbindungstrakte schließen die einzelnen Teile der Baugruppe zusammen.

Das Schloss selbst ist ein spätbarocker Putzbau mit zurückhaltender Werksteingliederung. Weitaus reicher verziert sind das Portal und das mittig sich vor dem Mansarddach erhebende Zwerchhaus mit seinem Schweifgiebel. Es wurde nach Plänen des Baumeisters Johann Adam Becker von Miltenberg 1792-1793 ausgeführt. Auch der russische Kollegienrat Franz Ludwig von Cancrin aus Gießen war an der Planung beteiligt und leitete später zeitweise das Bauwesen.

Werk heute sehr gefährdet. Ein Vergleich mit dem wenige Jahre jüngeren, ebenfalls aus Ton gebrannten „weltlichen" Rodensteiner-Relief in Fränkisch-Crumbach drängt sich trotz aller Gegensätzlichkeit auf.　　　　　　●

Das Neue Schloss in Bad König

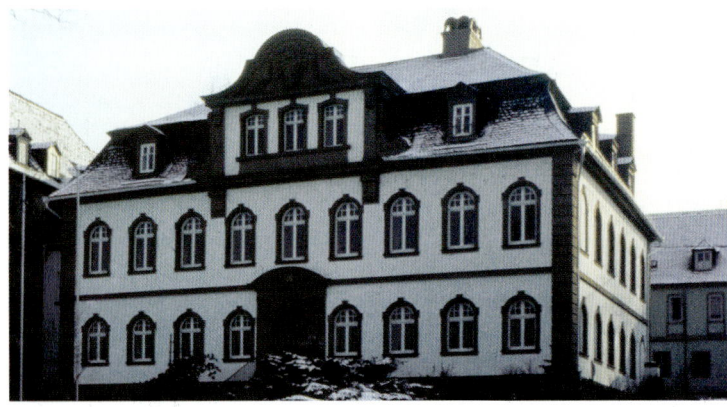

Die über 300 Jahre alte Momarter Eiche

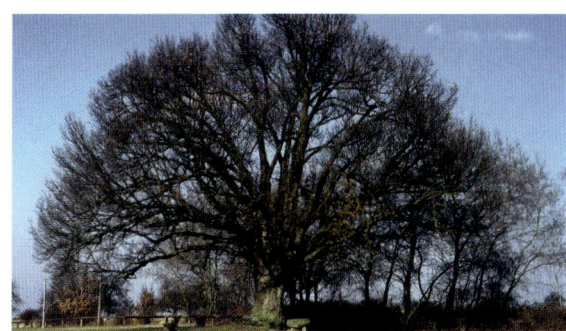

Der Sandstein wurde in der Nähe gebrochen und auf dem Schlossplatz hergerichtet, das Bauholz bei den Flößern in Wörth gekauft. Um dem Bau eine besondere künstlerische Note zu geben, verpflichtete Kanzleidirektor Heinrich Wilhelm Bergsträßer den Hofzimmermeister Johann Georg Schillinger aus Ingelfingen am Kocher. Noch heute kann man als Krönung seiner Arbeit die wundervolle Treppe im Innern bewundern. Sein Name und die Jahreszahl, die er in den unteren Treppenaufgang eingeschnitten hatte, sind allerdings entfernt. Die Stuckarbeiten im ehemaligen Speisesaal stammen von Andreas Ditmar aus Gernsheim. Sie beweisen seine hohe Kunstfertigkeit. Zur gleichen Zeit hat dieser auch in der Abtei Amorbach gearbeitet.

Daneben entstanden noch im selben Jahr der Gartensaal und der Kammerbau. Ein Jahr später, 1794, folgte die Anlage des südlich dahinter erhöht liegenden Lustgartens in italienischem Stil.

Zunächst diente das neue Schloss, auch Graf-Christians-Bau genannt, als Regierungs- und Kammergebäude, ab 1900 als Residenz. Hinter dem Schloss gruppierten sich um einen Hof Wirtschafts- und Verwaltungsgebäude und die Ställe. Im Jahre 1937 ging es in Gemeindebesitz über und dient heute als Rathaus des 1980 zur Stadt erhobenen Badeortes. ●

Bad König-Momart
Momarter Eiche

- ❌ An der Hohen Straße östlich des Ortes neben dem Sportplatz
- ☁ Bad König
- ❗ frei zugänglich

Als Reste der ursprünglichen Vegetation des Odenwaldes können einige jahrhundertealte Eichen und Buchen angesehen werden. Bei der Momarter Eiche handelt es sich um eine 300 bis 350 Jahre alte Stein- oder Traubeneiche, die ihre Individualität und Pracht der ungehinderten Entfaltungsmöglichkeit ihres Einzelstandortes dicht unter der höchsten Erhebung östlich des Ortes verdankt. Mit ihrer mächtigen, weitausladenden Krone, einer Höhe von 20 Metern und einem Stammumfang von 5 Metern ist sie zusammen mit der Hainbuche bei Kirchzell-Breitenbuch einer der schönsten Bäume des Odenwaldes. Auf keine der vielen mächtigen Eichen trifft das alte Liebeslied „Es steht ein Baum im Odenwald, der hat viel grüne Äst..." so sehr zu wie auf die gewaltige Momarter Eiche. Dennoch trügt der Schein, auch dieses großartige Exemplar ist durch Umwelteinflüsse gefährdet. Um Fäulnis vorzubeugen, wurden die Klüfte im Stamm mit Abflussröhren versehen und die Hohlräume auszementiert. ●

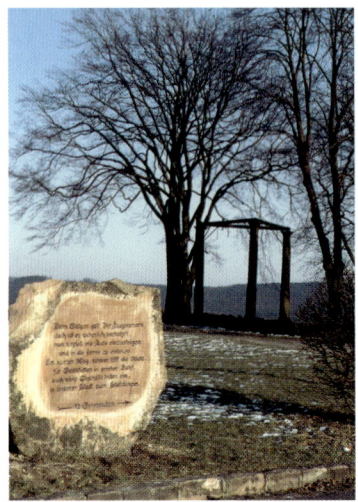

Der Beerfelder Galgen von 1597

Beerfelden

Galgen

⊗ An der Landstraße 3120 nach Airlenbach

⬙ Stadt Beerfelden

ⓘ frei zugänglich

Beerfelden besitzt den einzigen in Deutschland noch vollständig erhaltenen „dreischläfrigen" Galgen. Er ist von außergewöhnlicher kulturhistorischer Bedeutung. Er wurde im Jahre 1597 anstelle eines älteren hölzernen Galgens aus im Dreieck angeordneten toskanischen Steinsäulen von etwa 4 Meter Höhe errichtet. Eigenartigerweise hat das die Säulen verbindende Eisengestänge in den nunmehr fast vier Jahrhunderten seines Bestehens keinerlei Rost angesetzt.

Die uralte Hinrichtungsstätte unter einer Gruppe von Lindenbäumen, die am wohl markantesten Punkt des Amtes Beerfelden, auch Oberzent oder Amt Freienstein genannt, liegt, reicht wahrscheinlich bis in die Anfänge der Besiedlung zurück. Im 18. Jahrhundert umgab man die Stätte mit Stellsteinen, weil die Bauern beim Pflügen der anrainenden Felder die Grenzen nicht genau beachteten.

Das Urteil wurde in der Stadt unter dem Rathaus von den Zentschöffen unter Vorsitz des Amtmanns gesprochen, danach ging es in Begleitung des Gerichts, des Scharfrichters und des Geistlichen unter scharfer Bewachung und unter großer Beteiligung Neugieriger zur Richtstätte. Das zwischen dem Eingang und dem Galgen im Boden liegende, große steinerne Kreuz diente wohl dem Todeskandidaten zur Verrichtung seines letzten Gebets. Es wurde im 19. Jahrhundert wieder entdeckt und freigelegt.

Die letzte Hinrichtung soll 1804 stattgefunden haben. Eine Zigeunerin hatte für ihr krankes Kind ein Huhn und zwei Laib Brot gestohlen. Als im Jahre 1806 das Großherzogtum Hessen die Grafschaft Erbach mit der Oberzent übernahm, verlor der Galgen seine Bedeutung. Schwere Verbrechen wurden nun in der Landeshauptstadt Darmstadt abgeurteilt. In Beerfelden blieb lediglich ein Amtsgericht, dessen fast großstädtischer, repräsentativer Steinbau (um 1910) in der Hirschhorner Straße 58 zu bewundern ist.

Um den Galgen ranken sich viele Sagen und Geschichten, die bekannteste hat 1906 der Odenwald-Dichter Adam Karrillon in seinem Buch „Die Mühle von Husterloh" (1920) erzählt: Im Jahre 1797 rutschte der Wilddieb Kaspar Sachs von Kirch-Brombach seines übermäßig dicken Kropfes wegen aus der Schlinge, hob seine noch brennende Pfeife auf, die er nach seinem gewaltsamen Tod dem Richter versprochen hatte, nahm sie in den Mund und ging ungeschoren rauchend davon: er war ja gehängt worden. ●

Beerfelden
Kindelsbrunnen

❌ unterhalb der Kläranlage im Tal

⬣ Stadt Beerfelden

ℹ frei zugänglich

Der Beerfelder Kindelsbrunnen liegt nordöstlich der Stadt im Talgrund der Walterbach, wie hier der Oberlauf der Mümling heißt. Um 1900 fasste man die Quelle in einer Brunnenstube und deckte sie mit großen Steinplatten dachförmig ab. Diese Art der Schöpfbrunnen und Quellkammern findet sich noch recht häufig im östlichen Odenwald, so in Boxbrunn, Breitenbach, Günterfürst (1580) und bei Michelstadt (1577) nahe der Stockheimer Eiche. Nach volkstümlicher Vorstellung holte früher der Storch die Säuglinge aus dem Brunnen und brachte sie heimlich den Müttern. ●

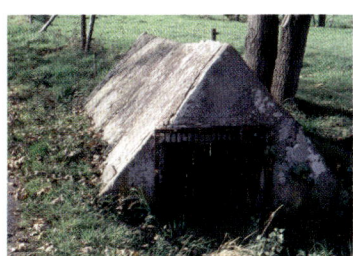

Der Kindelsbrunnen bei Beerfelden

rung. Daneben existierten noch Handpumpen und rund 20 Ziehbrunnen. Außerhalb der Stadt gab es ebenfalls mehrere Brunnen, die vor allem für die Webereien das Wasser zum Bleichen der Leinwandbahnen lieferten.

Die Brunnenanlage diente allein der Trinkwasserversorgung. Viehtränke und Waschplatz befanden sich auf der gegenüberliegenden Straßenseite am Beginn des Krähberger Weges vor dem Gasthaus „Mümlingquelle". Im Gegensatz zu heute herrschte hier früher reges Gedränge. Während tagsüber zahlreiche Haushalte ihre Wäscheberge wuschen

Beerfelden
Zwölfröhrenbrunnen

❌ Brunnengasse

⬣ Stadt Beerfelden

ℹ frei zugänglich

Nach dem großen Brand 1810 wurde der gräfliche Baumeister Jänisch mit der Neugestaltung der Stadt beauftragt. Hierbei dürfte auch die Brunnenanlage der Mümlingquelle, damals ein von großen Bäumen umgebener Achtröhrenbrunnen, ihre heutige Form erhalten haben. Eine lange Trogreihe mit sieben urnengeschmückten Säulen und zwölf Röhren, aus denen das klare, kalte Wasser strömt, bilden eine einmalige Anlage. Letzte umfangreiche Restaurierungsarbeiten fanden 1992 statt. Der Zwölfröhrenbrunnen war bis zum Bau der Wasserleitung in den Jahren 1895-1898 die Hauptversorgungsstelle der Bevölke-

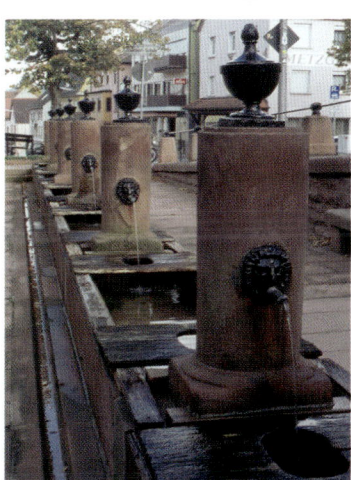

Der Zwölfröhrenbrunnen in der Brunnengasse

27

B

und spülten, wurde in den Abendstunden das Vieh hierher zur Tränke getrieben.

Seit 1953 feiern die bayrischen und hessischen Gemeinden, die an der Mümling liegen, alljährlich in einem anderen Ort das Mümlingtalfest, es soll Menschen über Ländergrenzen hinweg verbinden. Seit 1991 feiert die Stadt Beerfelden im Mai ihr Brunnenfest, unter anderem mit einem Stadtlauf. ●

Beerfelden-Airlenbach
„Dicke Eiche"

> ❌ Landstraße 3120, am Abzweig der Straße nach Hirschhorn
>
> ⬆ Stadt Beerfelden
>
> ❶ frei zugänglich

Die „Dicke Eiche" oder „Siegfriedseiche" ist eine Sommer- oder Stieleiche und dürfte einer der ältesten und stärksten Bäume Mitteleuropas sein. Ihr Umfang

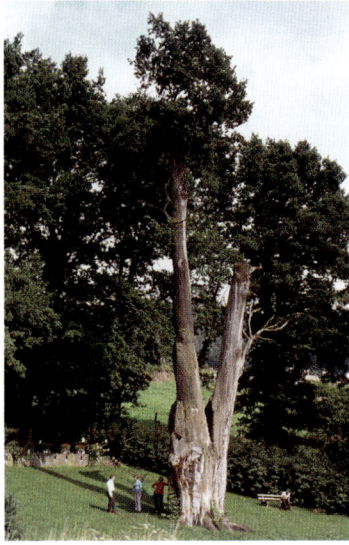

Die über 800 Jahre alte „Dicke Eiche"

beträgt 8,6 Meter, die Höhe noch 24 Meter. Das Alter wird auf 800 bis 1000 Jahre geschätzt. Die Krone hat nur noch einen stärkeren grünen Ast.

Beim Ausbau der Landstraße Beerfelden-Affolterbach um 1890 sollte der Baum einer neuen Straßenführung weichen. Damals war es vor allem Pfarrer Georg Fuchs aus Beerfelden zu verdanken, dass er stehen bleiben konnte. Schon bald zeigten sich zunehmend Schäden, denen man entgegenzuwirken versuchte. Hohlräume im Stamm wurden 1922 und 1933 ausgemauert. Im Jahr 1958 ließ der Fabrikant Carl Freudenberg aus Weinheim zu seinem 70. Geburtstag den Baum, der ihm ans Herz gewachsen war, durch einen Baumchirurgen konservieren. Nach dem Volksmund sei die Dicke Eiche schon ein kräftiger Baum gewesen, als ersten Leute in den Odenwald gekommen wären, um ihn zu besiedeln. In ihrem Schatten soll auch Siegfried von der Jagd ausgeruht haben.

Von Georg Vetter, Bad König, existiert eine Kohlezeichnung des Baumes um 1920 mit damals noch recht stattlicher Krone.

Durch Teerung des Platzes davor, Erdauffüllungen und Ausbau des Straßenabzweigs hat der Baum so sehr gelitten, dass sein Ende absehbar ist. ●

Beerfelden-Gammelsbach
Burg Freienstein

> ❌ Am Schloßbuckel
>
> ⬆ privat
>
> ❶ frei zugänglich

Die Gründung der Hangburg „Schloss" Freienstein, gelegen auf dem steilen Sporn des Weckbergs, erfolgte im frühen 13. Jahrhundert, wobei offen ist, ob sie durch die Reichsabtei Lorsch, die Pfalzgrafen, die Erbacher Schenken oder durch Angehörige derer von Freienstein

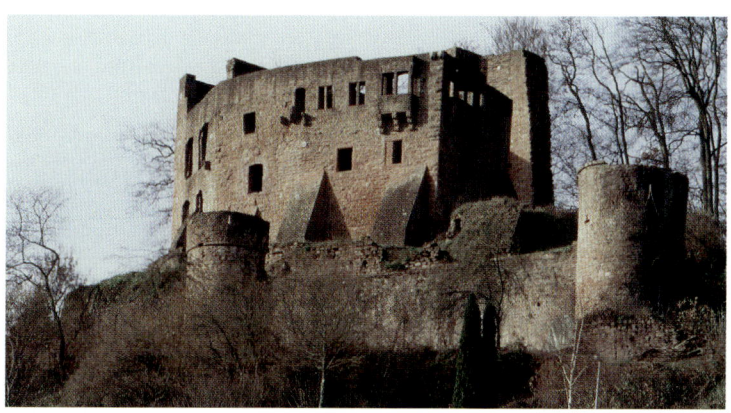

Blick auf Burg Freienstein

erbaut wurde. Von den Pfalzgrafen ging das Lehen noch im selben Jahrhundert an die Schenken zu Erbach über. Zu dieser Zeit residierten hier als Burgmänner die Herren von Freienstein.

Auf Grund ihrer strategisch günstigen Position diente die Burg der Sicherung der südlichen Herrschaftsgrenze, sowie insbesondere der Überwachung des Verkehrs im Gammelbachtal. Zum Berghang hin wurde die Burg durch eine gewaltige Schildmauer, einen Zwinger und einen tiefen Halsgraben, talseitig durch einen doppelten Zwinger mit Schalentürmen und Mauerscharten geschützt. Der nordöstliche Rundturm springt aus dem Bering etwas hervor, in seinem Untergeschoss enthielt er wahrscheinlich das Verlies. Rechts vom heutigen Eingang wurde später das gotische Giebelfeld des zerstörten Portals, das das Erbacher Wappen zeigt, eingemauert. Es dürfte aus dem 14. Jahrhundert stammen. Von den ursprünglichen Gebäuden im Innern der Kernburg sind nur noch Reste zu erkennen, beispielsweise die Konsolsteine in der Schildmauer des einst vierstöckigen „Saalbaus". Auf einem Werkstück rechts im Burghof befindet sich die Jahreszahl 1513, sie bezeichnet wohl nur einen Umbau. Recht gut erhal-

tene Mauerreste existieren noch vom talseitig gelegenen Palas mit der Kapelle. Spätere Zutaten sind hier spätgotische Spitzbogenfenster und zwei auf Konsolsteinen ruhende Erker aus dem 16. Jahrhundert.

Im Jahre 1354 verkaufte Arnold von Freienstein Burg und Dorf Gammelsbach an die Erbacher Schenken. Wiederholt war die Burg auch Witwensitz des Grafenhauses. Bei der Teilung der Grafschaft 1717 fiel sie an die Fürstenauer Linie.

Nach dem großen Stadtbrand von Beerfelden 1810 erlaubte Graf Albert zu Erbach-Fürstenau Obdachlosen, Dachziegel und Bauholz aus der Burg für den Wiederaufbau ihrer Häuser zu verwenden. Damit war der Zerfall eingeleitet, letztmalig wurde sie 1811 als Armenwohnung genutzt. Im Jahre 1887 fiel der Torbau in Trümmer, um 1890 wurde die Schildmauer mit einem Zuganker gesichert. Weitere Sicherungsmaßnahmen erfolgten 1906-1914 unter Baurat Karl Krauß, dennoch musste sie 1938 um drei Meter abgetragen werden. Im März 1988 stürzte die Schildmauer schließlich zum größten Teil ein. Von 1990-1994 erfolgte die umfangreiche Restaurierung der Außenmauern. ●

B

Beerfelden-Hetzbach

Himbächel-Viadukt und Krähbergtunnel

❌ an der Bundesstraße 45 nördlich des Ortes / südlich der Landesstraße 3108 nach Schöllenbach

🚆 Deutsche Bahn AG

ℹ Besichtigung vom Parkplatz bzw. von außen

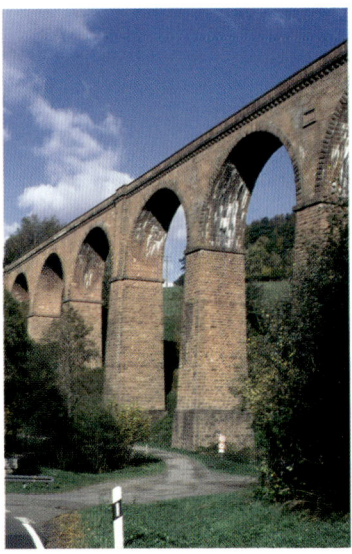

Das Himbächel-Viadukt vom Parkplatz aus gesehen

Nach der Schaffung eines Eisenbahnnetzes in der Rhein- und Mainebene und im Neckartal ab 1846 ging man an die Erschließung des Odenwaldes. Bereits im Jahre 1861 konnte unter dem gräflichen Kammerrat Ludwig Karl Weyprecht, dem Vorsitzenden des „Comité für den Bau der Odenwaldbahn", ein Projekt unter dem Namen Mümlingtal-Eisenbahn in Angriff genommen werden. Obwohl man weitgehend den Fluss- und Bachtälern aufwärts folgte, gab es große Geländeschwierigkeiten. Zum einen musste man Übergänge in andere Täler schaffen, zum anderen waren durch die Streckenführung an den Hängen beachtliche Seitentäler zu überbrücken.

Das Hauptbauwerk der Odenwaldbahn neben dem Krähbergtunnel ist der Viadukt über das Himbächel. Es wurde in den Jahren 1880-1881 nach Plänen des

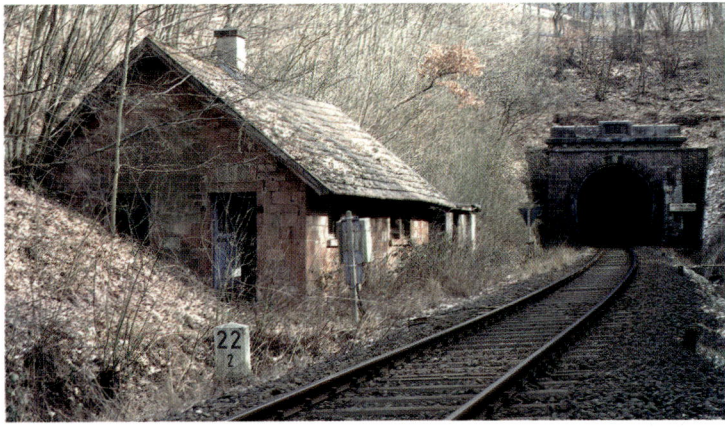

Der östliche Eingang des Krähbergtunnels

schlesischen Brückenbauspezialisten Karl Weißhuhn aus Troppau errichtet. Das 40 Meter hohe und 250 Meter lange Bauwerk ist in quaderverblendetem Bruchsteinmauerwerk aus Buntsandstein ausgeführt, der in unmittelbarer Nähe gebrochen wurde. Insgesamt zehn Bögen mit je 20 Meter Spannweite überspannen die Talweitung. Zur damaligen Zeit stellte dieses Bauwerk eine der höchsten und kühnsten Eisenbahnbauten Deutschlands dar. Am südlichen Brückenpfeiler zeigt ein kleines eingemeißeltes Kreuz die Stelle, an der ein Arbeiter tödlich verunglückte.

Richtung Südosten liegen an der Bahnstrecke der Bahnhof Hetzbach, ein zweieinhalbgeschossiger Sandsteinbau mit zwei niedrigeren Anbauten sowie der Krähberg-Tunnel. Mit 3100 Metern ist er der längste eingleisige Eisenbahntunnel Deutschlands, der 1878-1882 erbaut wurde. Die beschäftigten Arbeiter waren meist Italiener, von denen zwei ums Leben kamen. Beide Tunneleingänge sind rundbogig überwölbt und tragen in ihrem Scheitel große Steintafeln mit der Jahreszahl 1881. Jenseits des Tunnels überquert die Bahnstrecke noch das Haintal-Viadukt und zwei kleinere Brücken über den Rindengrund und das Kurze Tal, bis sie schließlich in Eberbach auf die Neckartalbahn trifft. ●

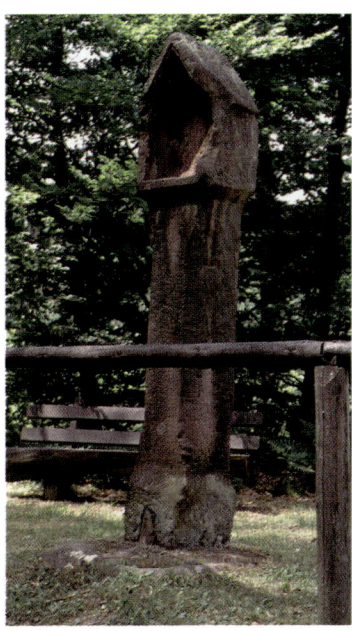

Das Olfener Bild, Station der Wallfahrt nach Walldürn

Beerfelden-Olfen
Olfener Bild

❌ am Weg nach Güttersbach auf der Höhe nahe der Kreisstraße 47

🏛 Stadt Beerfelden

❶ frei zugänglich

Zu den eigenartigen Kleindenkmälern des Odenwaldes gehören steinerne Bildstöcke. Dabei ist es erstaunlich, daß gerade die ältesten, noch aus vorreformatorischer Zeit stammenden Vertreter sich in den später evangelischen Gebieten erhalten haben.

Das im Voksmund so genannte „Olfener Bild" war früher eine Rast- und Andachtsstätte für Gläubige und Trauergemeinden auf dem Weg zu Kirche und Friedhof in Güttersbach. Gleichzeitig galt das „Bild" als Sammelort der zur Quellkirche nach Schöllenbach und zum „Heiligen Blut" nach Walldürn pilgernden Bevölkerung. Auch von Hexen, die dort ihr Unwesen trieben, wird berichtet. Jedoch dürften solche Erzählungen erst aus dem letzten Jahrhundert stammen.

Das spitzgiebelige einfache Bildhäuschen ragt nur wenig über den Schaft hervor. Mit dem Sockel erreicht das „Bild" die erstaunliche Höhe von knapp drei Metern. ●

B

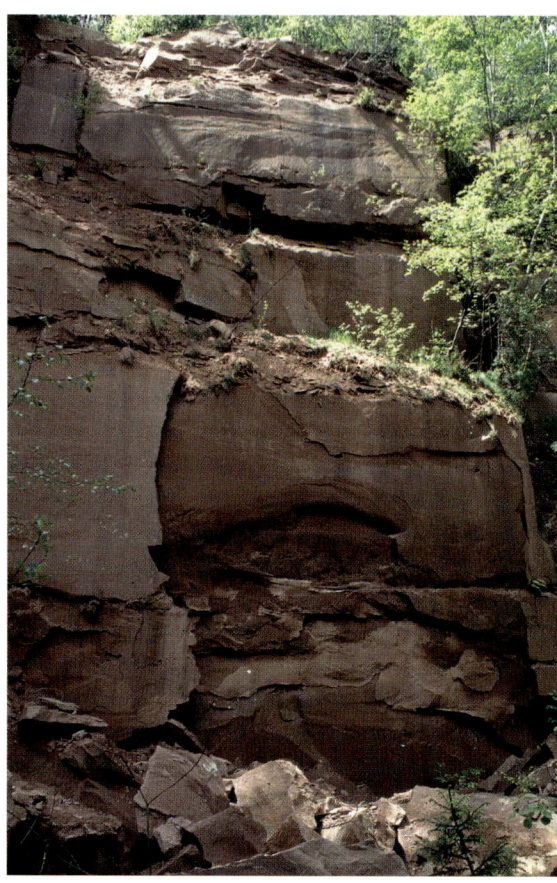

*Blick in den
ehemaligen
Sandsteinbruch*

Beerfelden-Olfen
Ehemaliger Sandsteinbruch

⊗ hinter dem Parkplatz an der Landstraße
3120 nach Affolterbach

⬥ Stadt Beerfelden

❶ frei zugänglich

Die weiträumige Anlage wurde 1900 eröffnet und um 1974 stillgelegt. Der ältere hintere Platz ist zum großen Teil verschüttet. Der neuere Bruch dagegen besitzt eine noch ca. 20 m hohe und 50 m breite Steilwand. Es sind die anstehenden Schichten des mittleren Buntsandsteins. Die zugehörigen Betriebseinrichtungen sind bis auf das Sägegatter verschwunden.

Abbau und Verarbeitung gingen nach folgendem Schema vor sich: Die einzelnen losgelöste Blöcke wurden mittels Seilwinde zu Boden gebracht, mit dem mächtigen Sägegatter zersägt und mit einer weiteren Steinsäge zu Bodenplatten verarbeitet. ●

Bensheim

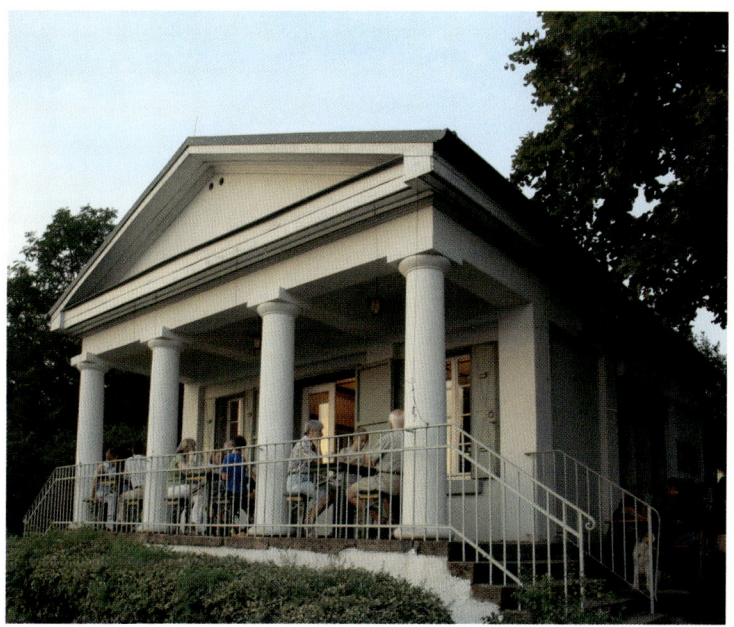

Das Kirchberghäuschen mit seinen vier Säulen erinnert an einen griechischen Tempel

Bensheim
Kirchberghäuschen

- ❌ Außerhalb 2
- 🔺 Stadt Bensheim
- ⏱ Täglich ab 11 Uhr. Montags Ruhetag (an Feiertagen geöffnet) und abends je nach Witterung. November und Dezember nur an den Wochenenden von 11-17 Uhr.
- ℹ Tel.: 06251-3267

Das Kirchberghäuschen, das über Bensheim empor ragt und schon aus der Ferne sichtbar ist, gilt als eines der beliebtesten Ausflugs- und Wanderziele an der Bergstraße. Etwa 221 Meter ist der Kirchberg hoch, nach dem das Gebäude benannt wurde. Mit seinen vier Säulen erinnert das klassizistische Häuschen an einen griechischen Tempel.

Die Idee, den damals noch sehr kahlen Kirchberg zu bebauen, hatten die Bensheimer Aristokraten 1840. Der Bau wurde nach Plänen des damaligen Kreisbaumeisters Michael Mittermayer 1846 begonnen und 1849 fertiggestellt. Elf weitere Jahre sollte es dauern, bis das Kirchberghäuschen im Juni 1857 mit einem großen Fest eingeweiht werden konnte.

Von Bensheim ist das Kirchberghäuschen in zwanzig Minuten zu erreichen. Von dort hat der Besucher bei gutem Wetter einen hervorragenden Blick auf die Rheinebene.

Ist die Fahne gehisst, kann man auf der Terrasse guten Bergsträßer Wein und kulinarische Köstlichkeiten genießen. ●

B

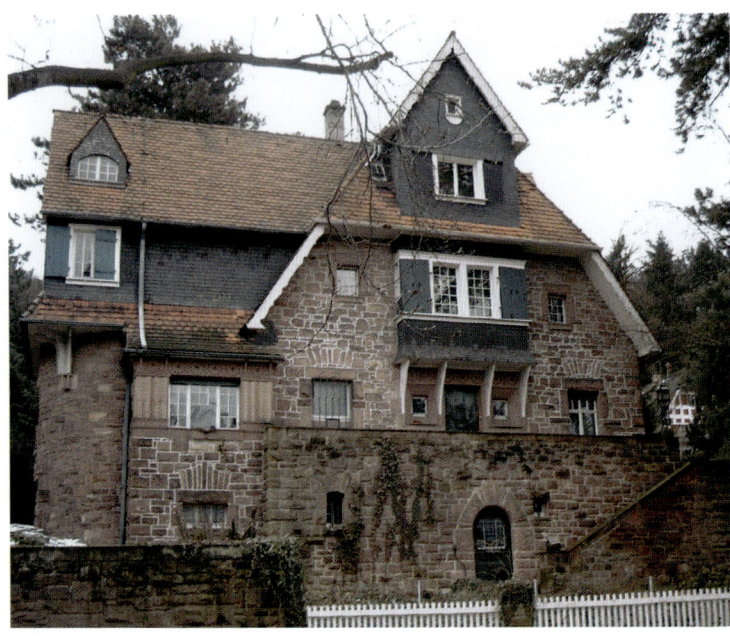

Bensheim
Metzendorf-Villen

Erst-Ludwig-Straße 25, erbaut um 1900 von Ludwig Metzendorf

> ❌ Von der Darmstädter Straße (B3) nach Osten in die Kirchbergstraße, die erste Straße links ist die Ernst-Ludwig-Straße.
>
> ☁ privat
>
> ❶ Besichtigung von außen jederzeit möglich.

Die Brüder Heinrich (1866-1923) und Georg Metzendorf (1874-1934) stammten aus dem benachbarten Heppenheim und waren beide um 1900 und im frühen 20. Jahrhundert als Architekten an der Bergstraße sehr aktiv. Zahlreiche, vor allem von Heinrich Metzendorf erbaute Villen, sind entlang der Bergstraße in den bevorzugten Wohngebieten zu finden, denn Heinrich Metzendorf wohnte und arbeitete seit 1896 in Bensheim. Die Auftragslage dort war so gut, dass er die

Gegend nicht verließ und wohl deswegen überregional weniger bekannt und geachtet wurde. Georg Metzendorf, der anfänglich im Bensheimer Büro seines Bruders mitarbeitete, entwarf auch Schmuck, Möbel, Warmwasser- und Zentralheizungsanlagen. Mit diversen Plänen beteiligte er sich an Architekturwettbewerben und Ausstellungen.

Von ihrem Baustil her waren die Brüder dem Jugendstil verbunden, entwickelten aber aus dessen Grundformen den romantisierenden, für sie charakteristischen Landhausstil. Die Villen sind in der Regel zweigeschossig, giebelständig angelegt und von einem Garten umgeben, dessen Umfriedung ebenfalls Teil des Baukonzeptes ist. Der Hausgrundriss weist Vorsprünge auf. Erker, Balkone und Loggien sind obligatorisch. Sehr auffällig ist die bewegte Dachlandschaft. Die Häuser sind zumeist aus Naturstein mit verputzten Partien erbaut und zeigen besonders in den Giebelbereichen verschindelte Teile oder zeitgenössische Fachwerkkonstruktionen. Dieser neue Stil, der bei aller Vornehmheit wohnlich und gemütlich war, erfreute sich großer Beliebtheit.

In Bensheim entstanden Metzendorf-Villen im Süden entlang der Heidelberger Straße und im Norden östlich der Darmstädter Straße. Besonders attraktiv und unverfälscht erhalten ist die Bebauung in der Ernst-Ludwig-Straße und den Straßen ihrer näheren Umgebung. ●

Bensheim
Naturschutzzentrum

- ⊗ An der Erlache 17
- ⊕ Mo Fr 8.30-12 Uhr
  „Winterleben": Sa 14-16, So 14-17 Uhr
  „Sommerleben": Sa 14-18, So 10-18 Uhr
  Dezember und Januar am Wochenende
  geschlossen
- ⊕ Tel.: 06251-708793
  www.naturschutzzentrum-bergstrasse.de

Als Eingangstor „Natur" in den UNESCO-Geopark Bergstraße-Odenwald wurde das Naturschutzzentrum Bergstraße nahe des Baggersees Erlache im Rahmen des Hessentages 2004 in Heppenheim eröffnet. Das Zentrum, das bewusst an der Nahtstelle zwischen freier Natur und ihrer gewerblichen Nutzung am Rande eines Kiesbaggerbetriebes angesiedelt ist, soll die Menschen an die Natur heranführen, ohne diese zu sehr zu stören.

Ausstellungsmaterialen sowie Literatur informieren über die natürlichen Besonderheiten in der Region. Mit Arbeitsmaterial und den entsprechenden Werkzeugen können die Besucherinnen und Besucher sich mit eigenen Ideen einbringen.

Das Gebäude selbst ist in sehr modernen Formen ausgeführt und ein gutes Beispiel für Umweltschutzmaßnahmen am Bau. Das Zentrum wurde aus regionalen Baustoffen wie Holz, Granit und Buntsandstein erbaut und das Dach mit typischen heimischen Pflanzen begrünt. Außerdem gibt es Nistmöglichkeiten für Vögel am Haus. Die geschwungenen Formen sollen das Gebäude besser in die Natur integrieren. Durch

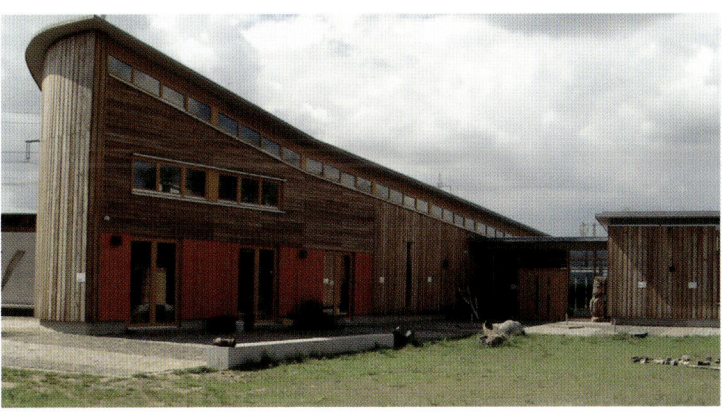

Das Naturschutzzentrum, westliches Eingangstor in den UNESCO-Geopark Bergstraße-Odenwald

Entsiegelung im Umfeld wurde die Versiegelung der Gebäudefläche ausgeglichen.

Seit 2005 ist das Naturschutzzentrum, das von der Stadt Bensheim, der Marketing- und Entwicklungsgesellschaft Bensheim und dem Kreis Bergstraße getragen wird, regionale Beratungs- und Koordinierungsstelle für Umweltschulen in Europa. Darüber hinaus bietet die Einrichtung ein sehr erlebnisreiches und handlungsorientiertes Jahresprogramm an, das sich an Kinder, Erwachsene, Familien und Pädagogen richtet. Der Mensch und die Natur stehen dabei immer im Mittelpunkt. ●

Bensheim
Walderdorffer Hof

> ✖ Obergasse 22
>
> ◉ privat (Restaurant)
>
> ◉ Di-So ab 18 Uhr, Montag Ruhetag
>
> ◉ Tel.: 06251-4888, Fax: 06251-63053
> www.walderdorfferhof.com

Der Walderdorffer Hof gilt als eines der ältesten Fachwerkhäuser Südhessens und wurde um 1395 von den Herren von Walderdorff errichtet. Das ursprünglich schornsteinlose Anwesen erstreckt sich entlang der nördlichen Stadtmauer und der hier verlaufenden Obergasse.

Über einem massiven Kellersockel erhebt sich der zweigeschossige Fachwerkbau, ein spätmittelalterlicher Firstpfettenbau. Das spätgotische Fachwerk, das weitgehend auf Schmuckelemente verzichtet, ist vergleichsweise unverfälscht erhalten. Charakteristisch sind die Ständer mit ihren Kopf- und Fußstreben. Vor allem hier lassen sich ältere Holzverbindungen, so genannte Verblattungen, erkennen. Das etwas niedriger als das Erdgeschoss angelegte Obergeschoss kragt etwas vor, entlang der Hofseite verlief ein Laubengang. Von der Durchfahrt führt eine Tür aus dem 18. Jahrhundert in das Haus.

Aus dem Besitz derer von Walderdorff gelangte das Anwesen um 1630 an die Herren von Gemmingen und in der Mitte des 19. Jahrhunderts an die Freiherren von Rodenstein-Oberbruck. Später wurde es ein Wohnhaus für mehrere Familien.

Nachdem es in einem äußerst beklagenswerten Zustand war, hat die Stadt den Adelshof 1975 fachgerecht saniert und das Innere behutsam den Erfordernissen der Gastronomie angepasst. Seit mehreren Jahren wird das Gebäude als Speisegaststätte genutzt. ●

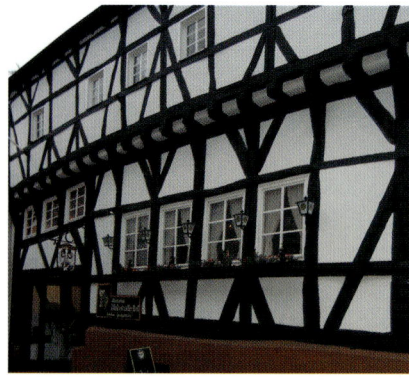

Der Walderdorffer Hof, eines der ältesten Fachwerkhäuser Südhessens

*Wuchtiges Mauerwerk
am Schloss Auerbach*

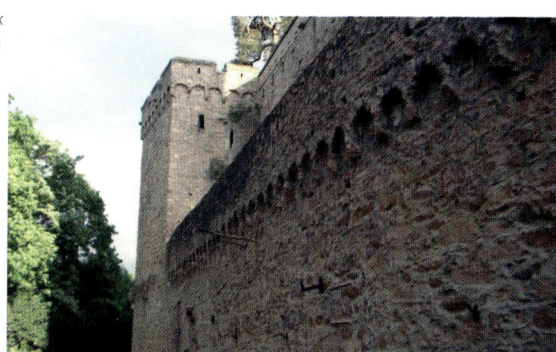

Bensheim-Auerbach
Auerbacher Schloss

❌ Von der Darmstädter Straße (B3) im
nördlichen Bereich von Auerbach der
Beschilderung folgen, durch die Ernst-
Ludwig-Promenade (Villengebiet) den
Berg hoch, Parkplätze in Schlossnähe.

⬥ Verwaltung der Staatlichen Schlösser
und Gärten Hessen

🕐 März Fr-So 12-18 Uhr, April bis
September Mi-So 11-22 Uhr, Oktober u.
November Sa und So 12-18 Uhr, Dezem-
ber-Februar auf Anfrage. Eintritt frei.

ℹ Jeden Samstag öffentliches Rittermahl.
Pächter Tel.: 06251-72923
www.schloss-auerbach.de

Die erste Burganlage auf der Bergkuppe
über Auerbach wurde in der Mitte des
13. Jahrhunderts durch die Grafen von
Katzenelnbogen errichtet. Die erhaltenen
Befestigungsanlagen und der Palas
stammen aus dem 14. und 15. Jahrhundert. Nach 1479 nutzten die Amtleute
der Landgrafen von Hessen die Burg als
Dienstsitz. Bei kriegerischen Auseinandersetzungen 1635 und 1674 wurde sie
beschädigt und nicht wieder instand
gesetzt.

Wegen des großartigen Fernblicks
wurde die Ruine bereits im 18. Jahrhundert ein beliebtes Ausflugsziel und seither bemühte man sich um die Erhaltung
und Wiederherstellung der Bausubstanz.
Das Sommertheater und andere Veranstaltungen auf dem Auerbacher Schloss
erfreuen sich wachsender Beliebtheit.
Das Auerbacher Schloss zählt heute zu
den Burgen der Bergstraße, in denen mit
etwas Phantasie die alte „Ritterherrlich-
keit", beispielsweise durch samstägliche
Rittermahle, nachvollzogen werden kann.

Von Osten erreicht man über eine
Brücke den Bergkegel mit der Burg und
gelangt durch das Tor der inneren Umfassungsmauer und durch den schmalen
inneren Zwinger in die Kernburg. Die
dreiseitige Burganlage wird durch zwei
Umfassungsmauern geschützt. In der
äußeren, breiten Zwingeranlage steht im
Westen die Burggaststätte an der Stelle
der mittelalterlichen Stallungen und
anderer Wirtschaftsgebäude. Die Ost-
ecke, die eigentliche Angriffsseite, ist
durch ein mächtiges Bollwerk befestigt.
Auf der Westseite stehen zwei Türme.
Der Küchenbau und andere Gebäude,
die man teilweise durch erhaltene Grundmauern nachvollziehen kann, lagen auf
der West- und der Nordseite des Burg-
hofes. Daneben ist ein tiefer Brunnen
erhalten und auf der Südseite steht der
dreigeschossige Palas, in dessen Obergeschoss sich eine kleine Burgkapelle
befindet. ●

B

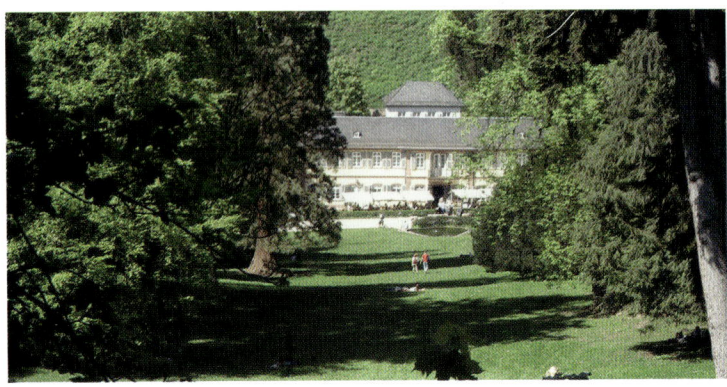

Bensheim-Auerbach
Fürstenlager

Blick durch den Park auf das Herrenhaus des Fürstenlagers

❌ In Auerbach von der Darmstädter Straße (B 3) der Beschilderung nach Hochstädten, Modautal durch die Bachgasse folgen, nahe dem Ortsausgang rechts, das Fürstenlager ist ausgeschildert.

🔷 Verwaltung der Staatlichen Schlösser und Gärten Hessen

🔷 tagsüber frei zu besichtigen

ℹ Tel.: 06251-93460
www.schloesser-hessen.de

Ein sehr beliebtes Ausflugsziel ist das Fürstenlager im Bensheimer Ortsteil Auerbach. Durch eine Lindenallee an Weihern vorbei, gelangt der Besucher zu den dorfartig gruppierten Gebäuden, die in schlichten barocken Formen gehalten sind. Die erhaltenen Bauten wurden weitgehend von 1790-1792 durch den Hofbaudirektor Johann Helfrich Müller errichtet. Die erste Gebäudegruppe umfasst das Fremdenhaus, den Stall mit Remise und den Kavalierbau. Der Hauptweg führt am Damenbau mit angeschlossenem Weißzeughäuschen und dem gegenüberliegenden Kavalierbau vorbei zum tiefer gelegenen Brunnenrund mit Tisch und Quellfassung, dem eigentlichen Mittelpunkt der Anlage.

Dahinter erstreckt sich das stattliche Herrenhaus, in dem sich heute ein Restaurant befindet. Am Hang nach Süden liegt eine weitere Gebäudegruppe mit Wache, Küche, Meierei, Konditorei und den Wirtschaftsgebäuden.

Entstanden ist das Fürstenlager, nachdem man im frühen 18. Jahrhundert in einem Tal östlich von Auerbach eine Quelle entdeckte, deren Wasser eine heilkräftige Wirkung hatte. Nach einigen Jahren interessierte sich der Landgraf von Hessen dafür und ließ ab 1766 den Mineralbrunnen als Kurbad großzügig ausbauen. Aus dieser Zeit stammt auch die heutige Brunnenanlage. Wenige Jahre später wurde der unweit Richtung Bensheim-Hochstädten gelegene Gesundbrunnen gefasst.

Die großzügige Parkanlage wurde ebenfalls Ende des 18. Jahrhunderts als Landschaftspark im Englischen Stil unter dem Hofgärtner Carl Ludwig Geiger angelegt. Mit geschwungenen Wegen durch Wiesen und Waldstücke, die Hänge auf und ab, bieten sich immer wieder neue Aussichtpunkte und Durchblicke. Zahlreiche exotische Pflanzen bereichern den Garten, darunter Deutschlands größter Mammutbaum. ●

Biblis

Biblis-Nordheim
Burg Stein (Zullestein)

❌ In Nordheim bei der Sparkasse Richtung
Rhein in die Rheinstraße abbiegen und
außerhalb des Ortes weiter bis über den
Damm. Nach rechts unterhalb des
Dammes weiter nach Nordosten bis zum
Parkplatz am Ende der Straße am
Rheinufer. Den Fußweg am Rhein über
1 Kilometer weiter bis Stromkilometer
452,9, hier den Fußweg schräg nach
rechts bis auf den Hochwasserdamm mit
Wachthäuschen im Wald. Den links
abbiegenden Damm weiter nach Nordosten bis zur Weschnitz, an der Brücke
nach rechts in den Waldweg, hier nach
100 Metern links.

🔼 Gemeinde Biblis

ℹ️ Tel.: 06245-2836
www.gemeinde-biblis.de

Beim Bau des knapp 1,5 Kilometer ent-
fernten Atomkraftwerks konnten im Steiner Wald auf dem „Schlossbuckel"
archäologische Ausgrabungen vorgenommen werden, da hier die Lage einer
staufischen Burg bekannt war. Diese hatten große Überraschungen gebracht: Die
mittelalterliche Veste Stein steht nicht
nur auf dem karolingischen Zullestein,
sondern schon die Römer hatten hier
einen so genannten Burgus errichtet.
Spätestens unter Valentinian I. (364-
375), als der Rhein bereits 100 Jahre die
Grenze des römischen Reiches bildete,
wurden zur Sicherung Befestigungsanlagen mit Schiffslände erbaut.

In nächster Nähe zum Rhein, auf
einem Hügel in der letzten Schleife der
Weschnitz, wurde ein mehrgeschossiger
Burgus auf einer rechteckigen Grundfläche von 21,3 mal 15,1 Meter errichtet.
An den Schmalseiten des Gebäudes
schlossen sich Flügelmauern an, die an

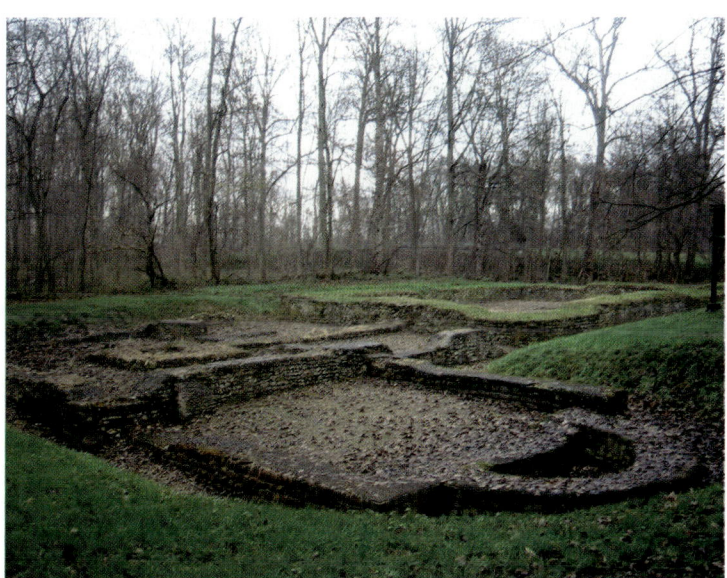

Blick über die Grundmauern der Burg Stein

B

kleinen Ecktürmchen rechtwinklig zum Ufer abknickten. Ein Verteidigungsgraben (Berme und Spitzgraben) umschloss die Anlage auf drei Seiten. Schon bald nach 400 hat man diese kleine Befestigung aufgegeben und sie verfiel allmählich. Das römische Mauerwerk ist Mischmauerwerk, aber es besteht weitgehend aus Sandstein. Der Burgus ist einer der ganz wenigen sichtbaren römischen Bauwerke im heutigen Kreis Bergstraße.

Zur Zeit Karls des Großen, 806, erscheint die „Villa Zullestein" als Schenkungsobjekt an das Kloster Lorsch. Die Mauern des Burgus wurden beibehalten und er wurde nach Südwesten verlängert. Am Ende des zehnten Jahrhunderts soll die fränkische Burganlage, der inzwischen mit Marktrechten ausgestattete „Locus Stein", in den Besitz des Wormser Bischofs übergegangen sein. Das karolingische Mauerwerk lässt sich durch die kleinformatigen, unregelmäßigen Kalksteine gut erkennen.

In der Zeit um 1232 entstand der Bergfried im nördlichen Bereich des Burgus, ein Rundbau auf einem rechteckigen Fundament, er ist heute bis auf die Grundmauern beseitigt. Die Kapelle wurde neu und größer erbaut, hier erkennt man das spätstaufische Mauerwerk an den großen, gleichmäßigen Sandsteinquadern. Seit 1386 war die Kurpfalz durch Verpfändung Mitbesitzerin der Festung. Nach 1500 wurde sie weiter ausgebaut.

Im Dreißigjährigen Krieg, als sie zwischen 1621 und 1631 von den Spaniern besetzt war, wurde ein noch heute gut erkennbarer, halbkreisförmiger Erdwall mit Bastionen im Süden und Westen aufgeschüttet, um mit der Artillerie die Burg besser verteidigen zu können. Als sie dann 1631 zerstört worden war, hat man sie zwar wieder aufgebaut, aber schon 1657 wurde ihr Abbruch von der Kurpfalz verfügt. 1705 konnte der Wormser

Bischof die Pfandschaft wieder einlösen und war damit etwa 100 Jahre alleiniger Besitzer. Die Festung hatte nicht nur strategische Bedeutung, sie war auch über Jahrhunderte, bis 1688, Verwaltungssitz des Amtes Stein, das zum weltlichen Territorium des Wormser Bischofs gehörte. Die Burg selbst wurde nach ihrer Zerstörung nicht wieder aufgebaut, einzig ein Forsthaus war hier bis etwa 1800 eingerichtet. Dieses wurde zwischenzeitlich abgebrochen und im Ort als Wohnhaus wieder aufgebaut.

Das Interessante an Burg Stein ist, dass an einem Platz Reste von Gebäuden und Befestigungsanlagen aus vier Epochen, von der Römerzeit bis in die frühe Neuzeit, sichtbar sind und wesentliche Epochen widerspiegeln. Hinweistafeln vor Ort erläutern die freigelegten Mauerzüge.

Doch auch in der Umgebung der Burg Stein kann viel erkundet werden. Bei der Anfahrt zum Rhein sieht man geschützt hinter dem Damm das dreigeschossige alte Fährhaus, das wie eine kleine Burg wirkt. Es wurde 1901 erbaut und diente als Wohnhaus der Fährleute. Nach dem Fußmarsch am Rhein entlang, auf dem Hochwasserdamm im Wald, steht ein Dammwachthäuschen. Daneben findet man einen Rottenbezirksstein aus Sandstein, der auf die Zuständigkeit der Dammwache Nordheim hinweist. Südöstlich der Burg Stein, schwer auffindbar im Wald, hat sich der Hochwasserdamm aus dem 18. Jahrhundert, aus der Zeit vor der Rheinregulierung, erhalten. Dämme aus dieser Zeit sind inzwischen eine Rarität. ●

Biebesheim

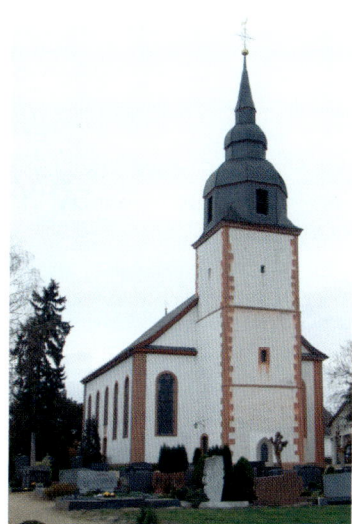

Biebesheim
Evangelische Pfarrkirche

❌ Kirchgasse 22

ℹ nach Rücksprache mit dem evangelischen Pfarramt, Tel.: 06258-6280

Die evangelische Nikolauskirche geht zurück auf eine mittelalterliche, mit drei Altären ausgestattete Kirche, die 1209 als reparaturbedürftig bezeichnet wurde. Nach Einführung der Reformation 1526 wurde sie noch bis 1635 als Gotteshaus genutzt. In diesem Jahr brannte sie ab, Teile des Turmes aus dem frühen 13. Jahrhundert blieben jedoch erhalten. Erst nach dem Dreißigjährigen Krieg konnte 1659 bis 1665 ein neues Kirchenschiff erbaut werden. Drei Jahre später, 1668, wurde der Turm mit barocker Überarbeitung fertiggestellt. Die Einweihung bestimmt bis heute den Termin des Kirchweihfestes am vierten Sonntag nach Ostern. Es sollte abermals 20 Jahre dauern, bis der Unterbau des Turmes erneuert und in den Bau eingegliedert wurde. Ab dann diente sie der lutherischen

Die evangelische Kirche mit Friedhof

Gemeinde als Gotteshaus. Da sich schon in der ersten Hälfte des 18. Jahrhunderts Bauschäden gezeigt hatten, erfolgte 1770 der Abbruch, wobei abermals der Turm stehen blieb. Der Darmstädter Baumeister Johann Martin Schuhknecht plante den Neubau, der im November 1773 seiner Bestimmung übergeben wurde.

1833 wurde die nicht mehr reparaturfähige Orgel entfernt, die Engelsfiguren blieben jedoch erhalten. Nur ein Jahr später erhielt die Kirche eine von Bernhard Dreymann aus Mainz gefertigte neue Orgel mit 1700 Pfeifen. Sie gehört zu den wenigen erhaltenen klassizistischen Orgeln und vereinigt in sich sowohl barocke Bauelemente als auch moderne technische Elemente.

Im 19. und 20. Jahrhundert fanden mehrere Reparaturen statt, darunter eine 1901, bei der das gesamte Innere mit einer wenig passenden Ausmalung versehen worden war. Bis 1953 waren die Kriegsschäden beseitigt und eine weitere Innenrenovierung durchgeführt. Im Jahr 1960 auch der Außenbereich erneuert. 1976/77 wurde die ursprüngliche barocke Holzbemalung wieder freigelegt. Sie zeigt vor allem die umlaufende Empore mit einer marmorierenden Oberfläche. An der Decke befindet sich ein rundes Medaillon mit einer weißen Taube und der Sonne als Zeichen Gottes.

Über dem nördlichen Portal ist ein Feld mit der Inschrift „BEWAHRE DEINEN FUß, WENN DU ZUM HAUSE GOTTES GEHST, UND KOMME, DAß DU HÖREST. PRED. SAL. 4,17". In die westliche Wand des Turms ist die Grabplatte des „Königl. Preußischen Divisionspfarrers G.A. Büttel" eingelassen, der 1845 in Biebesheim geboren wurde.

Keinesfalls gewöhnlich ist, dass die Kirche bis heute unmittelbar am Friedhof steht. ●

41

Biebesheim

B

Biebesheim
Gemeindewaage

✖ Albert-Hammann-Straße 4
ℹ von außen frei zu besichtigen

Die letzte mit der traditionellen Wirtschaftsweise Handwerk, Gewerbe und Landwirtschaft verbundene Gemeindeeinrichtung, ist die Gemeindewaage. Zumeist in der zweiten Hälfte des 19. Jahrhunderts eingerichtet diente sie rund 60 Jahre lang vorzugsweise dem Wiegen von Großvieh und landwirtschaftlichen Produkten, aber auch von Lumpen, Knochen und Alteisen.

Mit dem Ende der Großviehhaltung, dem Verbot von Hausschlachtungen und dem Bau von Schlachthäusern verschwand sie seit den 1960er Jahren vielerorts und machte Platz für Verkehrsflächen. Viehwaagen wurden gegen Ende des 19. Jahrhunderts vor allem von landwirtschaftlichen Vereinen propagiert, weil sie das einzige sichere Mittel waren, das Gewicht, und damit den Wert des Tieres oder der Futtermittel zu ermitteln. Nach der Verordnung vom 4. November 1915, der zufolge der Verkauf von Schweinen nur noch nach Lebendgewicht erfolgen durfte, wurden auch rückständige Gemeinden zur Anschaffung einer Gemeindewaage gezwungen. Als Vorläufer dürfen die Mehl- und Salzwaagen angesehen werden, die schon vor dem Dreißigjährigen Krieg in Städten und manchen Dörfern in Betrieb waren.

So erhielt auch Biebesheim 1881 eine geeichte Brückenwaage (Fahrzeugwaage) und 1886 eine Viehwaage. Die heute in der Albert-Hammann-Straße stehende Fahrzeugwaage hatte eine Höchstlast von 20 Tonnen (Mindestlast 400 Kg) und eine Brücke (Wiegefläche) mit einer Grundfläche von 8 mal 2,6 Metern. Sie wurde noch 1945 von der Maschinenfabrik Carl Schenk in Darmstadt hergestellt und stand zunächst im Erdgeschoss des Rathauses. Die Viehwaage war in einem Holzhäuschen in der Rheinstraße 45 untergebracht.

Beide Waagen mussten in den 1950er Jahren den sich verändernden Verkehrsansprüchen weichen und sollten ursprünglich an anderer Stelle wieder aufgebaut werden. Die alte Brückenwaage konnte jedoch nicht weiter betrieben werden, sondern wurde gegen eine gebrauchte Waage der Firma Blitz aus Darmstadt-Arheiligen ausgetauscht. Nachdem der Wiegebetrieb zum 1. Juni 1989 endgültig eingestellt worden war, verlor auch sie ihre Funktion. Sie gehört heute zu den wenigen erhalten Gemeindewaagen nicht nur im Kreis Groß-Gerau. ●

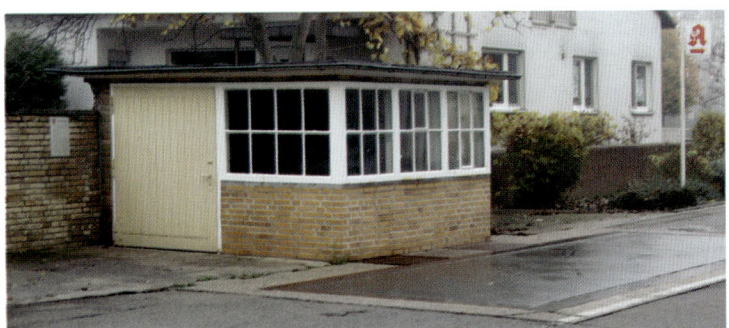

Die Biebesheimer Gemeindewaage

Birkenau

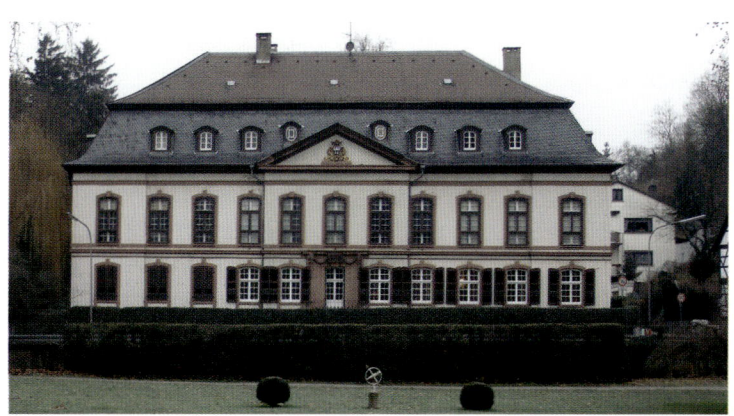

Blick vom südlichen Park auf das stattliche Schloss

Birkenau

Schloss der Freiherren Wambolt von Umstadt

❌ Hauptstraße 84 (Schloss)

🔒 privat

ℹ️ der südlich gelegene Park ist tagsüber frei zugänglich

Es gab wohl schon im Mittelalter in der Weschnitzniederung in Birkenau eine Burg. Als die Freiherrn von Wambolt hier Ortsherren wurden, erwarben sie 1625 von dem Gastwirt Samuel König ein eher landwirtschaftlich geprägtes Anwesen. 1767 begann man mit dem Bau eines Schlosses. Diesen übernahm der Speyerer Hofbaumeister Johann Leonhard Stahl, nachdem Entwürfe anderer Baumeister nicht berücksichtigt wurden. Stahl (1729-1774) war Schüler Balthasar Neumanns. Schon kurze Zeit später, 1779, fanden erste Umbauten statt: Der kurpfälzische Hofbaumeister Franz Wilhelm Rabaliatti baute die ursprünglich hochrechteckigen Fenster zu solchen mit segmentbogigem Abschluss um. Weitere Umbauten und Veränderungen folgten im 19. und zu Beginn des 20. Jahrhunderts.

Das neue Schloss selbst ist ein stattliches zweigeschossiges Bauwerk mit einem von Gauben durchbrochenen Mansardwalmdach. Das axial gegliederte Gebäude ist verputzt, Wappen, Gesimse, Portale und Gewände sind aus Sandstein gearbeitet. Ein mächtiges Gesims trennt die Geschosse. Aufwändig ist auch die Rahmung der Portale.

Als man 1847 die Hauptstraße, die heutige B 38, durch das Weschnitztal anlegte, wurde der südliche Park am Weschnitzufer vom Schloss abgetrennt. Auch hierfür hatte Leonhard Stahl ursprünglich die Pläne erarbeitet. In seiner heutigen Form als Landschaftsgarten mit Weiher und Platanenallee geht das Gelände auf eine Änderung des Gartenarchitekten Friedrich Ludwig von Sckell 1787 zurück. Am Parkeingang steht, in Anlehnung an das Schloss, eine in barocken Formen 1873 erbaute Remise.

Der Park nördlich des Schlosses, gleichfalls ein Landschaftsgarten, erstreckt sich weit in das Liebersbachtal hinein und wurde in seiner heutigen Form wohl erst zur Mitte des 19. Jahrhunderts angelegt. ●

B

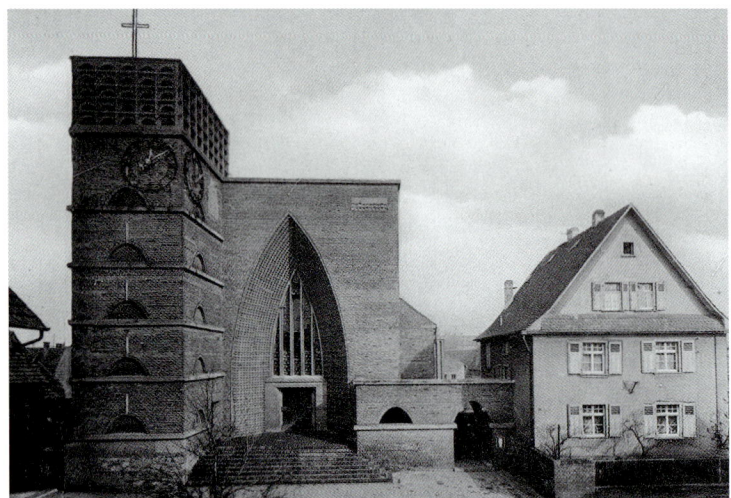

Bischofsheim
Christkönig Kirche

Die Christkönig Kirche kurz nach ihrer Fertigstellung

- ❌ Hochheimerstraße 3
- 🕐 derzeit (Okt. 2006) Di. 9.00 bis 18.00 und nach Vereinbarung
- ℹ Pfarrbüro Hochheimer Straße 3

Die Christkönig Kirche war der erste größere Entwurf eines Sakralbaus, den der später berühmte Architekt und Baumeister Dominikus Böhm (1880-1955) aus Köln 1926 realisierte. Bewusst griff Böhm mit der Wahl des Baustoffs Backstein auf Merkmale der umliegenden Wohn- und Arbeitsstätten auf, um die Kirche in das Lebensumfeld der Bevölkerung zu integrieren.

Die straßenseitige Fassade, in sichtbaren Backsteinschichten aufgeführt und horizontal kaum gegliedert, wird durch den eindrucksvollen, parabelförmigen, sich nach innen verjüngenden Portalbereich bestimmt, der die Macht und die Kraft des Glaubens symbolisiert. Links davon erhebt sich der ebenfalls in rotem Backstein aufgeführte viereckige Turm, der durch insgesamt sechs horizontale Bänder gegliedert wird.

Der Innenraum, aus Gussbeton gefertigt, greift die Parabelform als architektonisches Element auf und fokussiert den Blick des Betrachters auf den Altar, der architektonisch mit dem Gemeinderaum eng verbunden ist. Dies soll die Trennung von Gemeinde und Kirche symbolisch aufheben. Die Seitenschiffe, ebenfalls parabelförmig überwölbt, erscheinen eher als Umgang denn als Seitenschiff.

Beeindruckend ist das Kruzifix über dem schlichten Altarblock: aus getriebenem Messing von Hans Wissel gefertigt, zeigt es den stark abstrahierten Corpus Christi, dessen Gesamteindruck ihn als Sieger über Leiden und Tod erscheinen lässt.

Zunächst heftig umstritten, zählt die Kirche heute zu den programmatischen Bauten der neueren deutschen Kirchenbaukunst. ●

Bischofsheim
Ortsdamm

Der historische Ortskern von Bischofsheim ist von einem fast vollständig erhaltenen ovalen Damm umgeben, der sich entlang der Dammstraße, Im Klinker, Ginsheimer Straße, Darmstädter Straße und Schulstraße erstreckt. Außer in dem Bereich Schulstraße hebt er sich noch heute deutlich im Siedlungsbild ab. Im Kreuzungsbereich mit der Mainzer Straße ist auch die ehemalige Dammpforte noch gut erkennbar.

Wann genau der Damm angelegt wurde, lässt sich heute nicht mehr feststellen. Da Bischofsheim aber an einem heute trockenen Altmainarm liegt, darf davon ausgegangen werden, dass er schon früh den Ort gegen Hochwasser zu schützen hatte. Mit Fortschreiten der Siedlungsentwicklung musste natürlich auch der Damm immer wieder modernisiert werden. So erfuhr er noch im 19. Jahrhundert eine kleine Erweiterung im Bereich der Straße Im Klinker. In der Mitte des gleichen Jahrhunderts begann der Wandel Bischofsheims vom landwirtschaftlich geprägten Ort zur Arbeitergemeinde, nachdem 1858 die Ludwigseisenbahn das Dorf erreicht hatte. Binnen weniger Jahrzehnte änderte sich die Sozialstruktur zur Eisenbahnergemeinde. Hunderte zugezogene Familien benötigten Wohnraum und die Gemeinde erschloss mehr und mehr Bauland außerhalb des Ortsdamms.

Nach dem Jahrhunderthochwasser im Winter 1882/83 plante die Gemeinde nochmals eine Erweiterung des Ortsdamms, die aber nie ausgeführt wurde. Bis dahin hatte ein großer Teil der zuvor angelegten Bahnstrecken auch Dammfunktionen übernommen. Vor allem aber war das Dammsystem entlang des Mains ausgebaut und verbessert worden.

Auch andere Orte im Überschwemmungsbereich von Rhein und Main, beispielsweise Astheim oder Ginsheim waren zum Schutz gegen Hochwasser von einem Damm umgeben. Einzigartig in Bischofsheim ist, dass er sich hier fast vollständig erhalten hat. ●

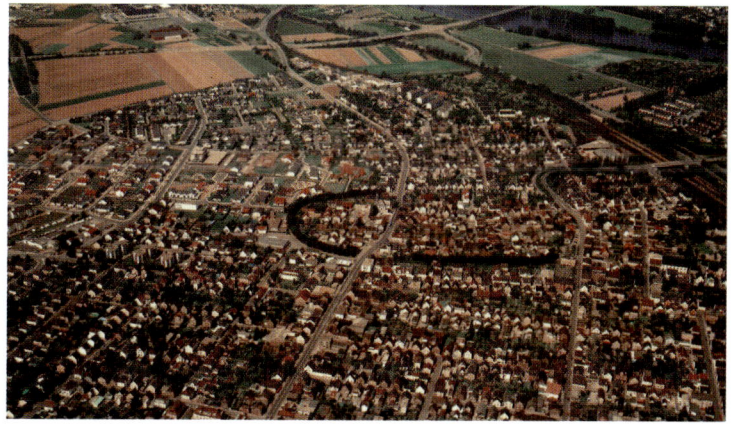

Der Ortsdamm stellt sich als grünes Oval im Luftbild dar

Brensbach

B

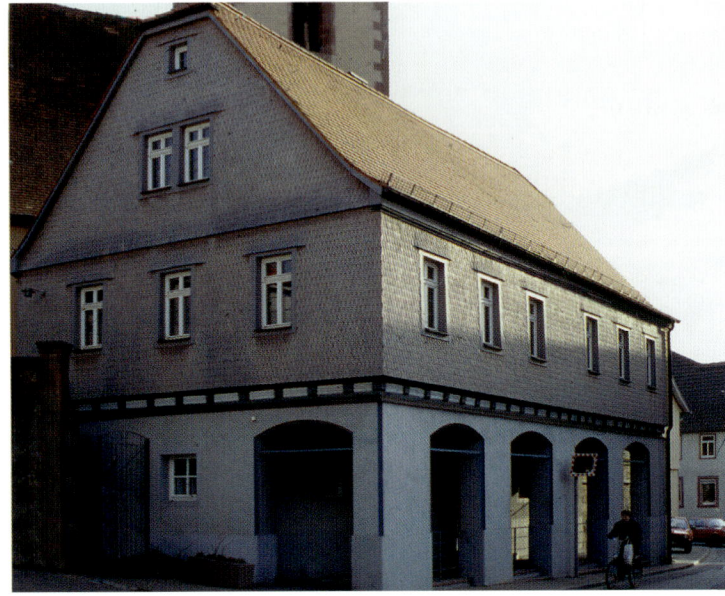

Brensbach

Altes Rathaus mit Schnellertsmuseum

Das alte Rat- und Schulhaus in Brensbach

⊗ Höchster Straße 3

☁ Ev. Kirchengemeinde Brensbach

ℹ jeden ersten Sonntag im Monat
von 14-17 Uhr und nach telefonischer
Anmeldung unter Tel.:
06161-1555, -1428 oder 06063-4670

Neben der Kirche liegt das 1811 als Schule erbaute das alte Rathaus. Im Jahr zuvor, 1810, hatte die Gemeinde beschlossen, das bisherige Schulhaus zu verkaufen und zusammen mit Nieder-Kainsbach ein neues „beym Kirchhoff" zu bauen. Es steht wie sein Vorgängerbau am Fuße des Kirchhügels dicht neben dem Turm und ist ein zweigeschossiges Gebäude mit verschindeltem Fachwerk, Krüppelwalm und steinernem Unterge-schoß. Seit etwa 1900 wurde es als Rat-haus genutzt. Der geplante Abbruch konnte durch den Einspruch eines Bür-gers verhindert werden.

In den Jahren 1987-1989 erfolgte eine durchgreifende Renovierung, wobei man wegen der Enge der Straße die vor-dere Traufseite auf Arkaden stellte, um einen Durchgang für Fußgänger zu erhal-ten. Neben den Räumen für kirchliche Arbeit beherbergt es seit 1989 im Dach-geschoß das Museum der Forschungsge-meinschaft Schnellerts e. V. Hier sind in zahlreichen Vitrinen alle bisher auf dem Ruinengelände der sagenumwobenen Burg Schnellerts, bekannt als Sitz des berühmten „Odenwälder Landgeists", gemachten Funde übersichtlich zusam-mengestellt und mit Erläuterungen ver-sehen. Sie zeigen das Leben der ehema-ligen Burgbewohner und das gewaltsame Ende der Burg. ●

Brensbach
Evangelische Kirche
Sankt Markus

❌ Höchster Straße 1

♦ Ev. Kirchengemeinde Brensbach

❶ Pfarrhaus, Tel.: 06161-449

Die Errichtung der Pfarrei Brensbach dürfte auf die Schenken von Erbach zurückgehen. Sie wird erstmals 1387 erwähnt, als Schenk Heinrich dem Pfarrer einen Malter Korn vermachte. Der älteste Bauteil der Kirche ist der westlich vorgelagerte, um 1503 entstandene Turm mit Spitzhelm. Die Fertigstellung des dreijochigen Langhauses mit Netzgewölbe und des östlich anschließenden Polygonalchors erfolgte im Jahre 1527 in pseudobasilikaler Form über einem fast quadratischem Grundriß, d. h. das Mittelschiff ist zwar höher als die beiden Seitenschiffe, besitzt aber keine Fenster. Dieses Langhaus trat wohl an die Stelle eines kleineren romanischen Vorgängerbaus.

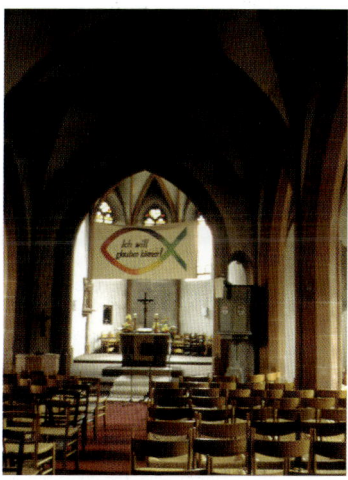

Blick zum Altar der Sankt Markuskirche

Im Inneren findet sich als einziges Überbleibsel der alten Markuskirche ein frühgotischer Taufstein aus der Zeit um 1450. Das achteckige Becken wird von einem Rundpfeilerstumpf getragen, der von drei Plastiken flankiert wird, einem Löwen, einem Hund und einem bekränzten Menschenkopf. Das Kruzifix darüber stammt aus dem 16. oder 17. Jahrhundert.

Die Steinkanzel gehört zu den wenigen erhaltenen Einrichtungen dieser Art und ist ein herausragendes Schmuckstück der Region. Ihre drei in den Kirchenraum weisenden Felder sind in ihrem oberen Drittel mit verschlungenem Astwerk geschmückt. Daran hängt je ein Wappen, links das der Landgrafen von Hessen, in der Mitte das der Schenken bzw. Grafen von Erbach, rechts das des Baumeisters Karl Wernher. Unter dem hessischen Wappen sind die Jahreszahl 1526, das Jahr der Einführung der Reformation, und die Initialen des protestantischen Wahlspruchs „VDMIAE" (Verbum Domini manet in aeternum, auf Deutsch „Das Wort des Herrn bleibt bis in alle Ewigkeit"), eingehauen.

Der eingewölbte Chor erinnert deutlich an den der Kirche in Fränkisch-Crumbach aus dem Jahr 1485. An den Stirnwänden des Mittelschiffs befinden sich die Bilder der Zwölf Apostel aus der Zeit um 1710. Obwohl im Barock entstanden, fügen sie sich gut in das spätgotische Gesamtbild ein. Weiterhin sind mehrere Grabmäler aus dem 16. und 18. Jahrhundert zu nennen.

Südlich der Kirche schließt sich der von einer ehemals starken Wehrmauer umgebene, bis etwa 1800 benutzte Kirchhof an. Die dort bis nach dem Zweiten Weltkrieg vorhandenen alten Grabsteine wurden leider zerschlagen und entfernt. Am Aufgang zur Kirche links steht das 1919 eingeweihte, von einem Adler bekrönte Kriegerdenkmal. ●

B

Breuberg-Neustadt
Burg Breuberg

⊗ Auf dem Breuberg

☁ Land Hessen

❶ März bis Oktober täglich 9-12 Uhr und
13-17 Uhr, im Winter nur Gruppen
nach Absprache mit dem Burgwart,
Tel.: 06165-1309

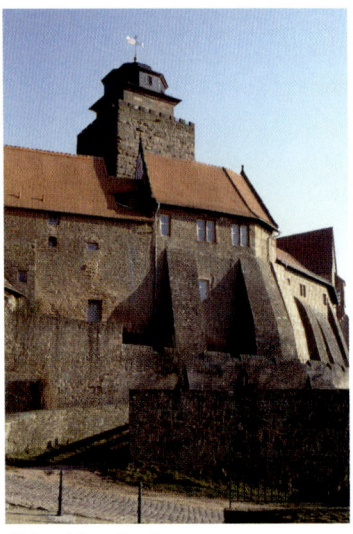

Blick auf Burg Breuberg

Die Burg Breuberg zählt zu den eindrucksvollsten und am besten erhaltenen
Burgen Deutschlands. Sie liegt auf dem
mächtigen spornartigen Kegel des Breu-
bergs, der nach Süden und Osten steil
zum Mümlingtal abfällt und nach Nordwesten hin über einen Sattel mit dem
Scheuerberg verbunden ist. Die Kernburg
wurde im 12. Jahrhundert durch das
Geschlecht der Reiz von Lützelbach,
Vögte der Reichsabtei Fulda, zur Sicherung der klösterlichen Besitzungen im
nördlichen Odenwald erbaut. Seit etwa
1220 nannten sie sich Herren von Breuberg. Nach wechselvoller Geschichte
kam sie 1942 in das Eigentum des Deutschen Reiches und wurde Fremdarbeiter-
lager. Seit 1949 im Eigentum des Landes
Hessen wird sie heute als Jugendherberge und Museum genutzt.

Zu der kleinen Kernburg, dem ältesten Bestand, gehören der Bergfried
(ohne den späteren Aufsatz) und die bis
zu 14 Meter hohe Ringmauer, an die sich
Gebäude aus romanischer und frühgotischer Zeit anlehnen. Diese Anlage ist
durch den Zwinger und durch den tiefen,
trockenen Ringgraben doppelt gesichert.
Eine erste Erweiterung erfolgte gegen
Ende des 14. Jahrhunderts mit der westlich angefügten Vorburg. Das Torhaus
war ehemals mit einer Zugbrücke ausgestattet, die doppeljochige Steinbrücke
stammt erst von 1812. Über dem Tor
befindet sich eine Wappentafel des Grafen Michael II. von Wertheim. Rechts
davon erblickt man den Kopf eines
Landsknechts mit martialischem Schnauz-
bart, der die Zunge herausstreckt. Es ist
der „Breilecker", der der Sage nach als
Trutzkopf Belagerer der Burg verspottete.

Links schließt sich der Johann-
Casimir-Bau, das ehemalige Erbachische
Herrenhaus, an, das im Obergeschoss
den Rittersaal mit wertvoller Stuckdecke
von 1613 enthält. Die niedrige Saalhöhe
von 2,5 Metern wirkt etwas bedrückend.
Das mittelere Deckenfeld zeigt die in 32
Wappen dargestellte Ahnenprobe des
Erbauers. Die breiten Außenfelder und
der rundum laufende Fries tragen eine
Überfülle figürlicher Darstellungen aus
der klassischen Mythologie.

Die erhaltene Fassade des Werthei-
mer Zeughauses weist ein Renaissance-
Portal mit der Halbfigur eines Armbrust-
schützen von 1528 auf. Sie ist das Werk
des Baumeisters Hans Stainmillers. Eine
Kostbarkeit spätmittelalterlicher Fach-
werk-Architektur ist die Rentschreiberei,
die um 1470 entstand und in ihrem Gefüge noch ältere Züge als das 1484 erbaute Michelstädter Rathaus ausweist. ●

Breuberg-Neustadt
Marktplatz mit Marktbrunnen und Marktkreuz

❌ Ortsmitte / Geisrain Nr. 1

◆ Stadt Breuberg

❶ frei zugänglich

Der Marktbrunnen ist Mitte des 19. Jahrhunderts in neogotischem Stil errichtet worden. Er ist der letzte von ehemals drei auf diesem Platz stehenden Brunnen. Auf einem neueren Podest von drei Stufen steht die quadratische, mit Maßwerk verzierte Brunnenbütte, in deren Mitte sich der von einer gotischen Fiale bekrönte Brunnenstock befindet. Neben dem Brunnen lädt die 1984 neu gepflanzte Dr.-Buchholz-Linde (Marktlinde) zum Gedenken ein.

Zwei Häuser weiter östlich des Marktplatzes befindet sich auf einem kleinen Platz ein in Deutschland einmali-

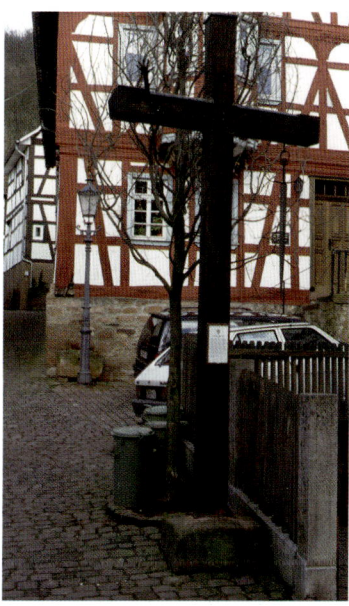

Das Marktkreuz mit Schwurhand und Schwert

ges schlichtes hölzernes Kreuz, das bereits 1646 erstmals urkundlich erwähnt wurde. Es trägt auf seinem Kreuzbalken eine aufrechte Schwurhand und ein nach unten hängendes Schwert. Die Hand ist als Zeichen der Marktgerechtigkeit, das Schwert als Zeichen der damit zusammenhängen Gerichtsbarkeit, beziehungsweise des Königbanns, der den Marktfrieden garantierte, zu deuten. Dieses Zeichen weist darauf hin, dass hier innerhalb eines Burgfriedensbezirks zu bestimmten Tagen Handel getrieben werden konnte. Das Kreuz wurde zwischenzeitlich mehrfach erneuert. Im Hintergrund (Geisrain 1) steht das „Fürstenhaus" oder „Rodensteiner Haus", ein mit einem Erker geschmückter, bedeutender Fachwerkbau von 1569. ●

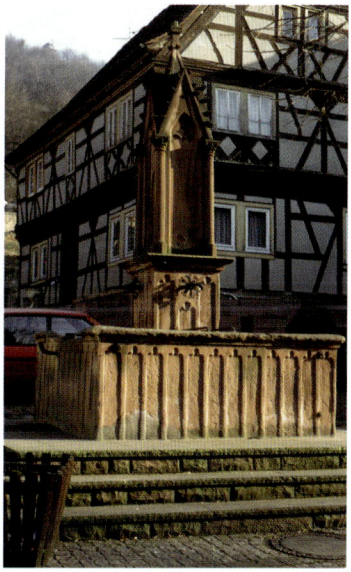

Der Marktbrunnen

B

Breuberg-Rai-Breitenbach
Evangelische Kirche

> ⊗ Friedhofsweg
>
> ◔ Ev. Kirchengemeinde Rai-Breitenbach
>
> ❶ Pfarrhaus/Pfarrbüro Neustadt,
>   Tel.: 06165-1270

Die Wehrkirche, ein bescheidener Bau, ist eine der ältesten Kirchen des Odenwaldes. Sie war ursprünglich dem heiligen Bartholomäus geweiht und bildete mit der Siedlung im Mittelalter eine selbständige Pfarrei. Der Kirchhof besitzt noch seine Ummauerung aus Bruchstein und einer Abdeckung aus „Bischofsmützen".

Zwei kleine, aus einem Stein herausgearbeitete Fenster im Schiff und der Triumphbogen mit einem kräftigen Kämpfer deuten auf einen frühromanischen Ursprung hin. Vorhanden ist außerdem noch ein charakteristischer romanischer Taufstein ohne jegliche Kunstform. Die gotischen Fenster, deren Gewände keine Kehle zeigen, stammen ebenfalls aus

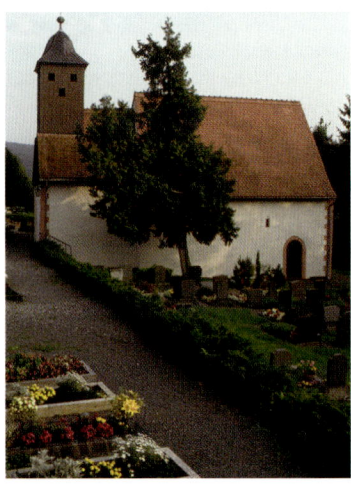

Die ehemalige Wehrkirche von Rai-Breitenbach

sehr früher Zeit, vermutlich aus dem 13. Jahrhundert. Bemerkenswert sind die Reste der um 1500 entstandenen Wandmalereien im Chorraum. Sie bilden einen Fries, der in fortlaufender Folge das Leben Jesu darstellt. Dachstuhl und Dachreiter wurden nach einem Brand im Dreißigjährigen Krieg erneuert. Restaurierungen erfolgten in den Jahren 1924 bis 1928 und 1987.

Rechts des Eingangs zum Kirchhof befindet sich das Gefallenendenkmal von W. Wedel. ●

Breuberg-Sandbach
Evangelische Kirche

> ⊗ Kirchweg
>
> ◔ Ev. Kirchengemeinde Sandbach
>
> ❶ Pfarrhaus/Pfarrbüro, Tel.: 06163-912406

Die Sandbacher Pfarrkirche liegt auf einem Felssporn, dem Kirchberg, weithin sichtbar über Dorf und unterem Mümlingtal. Als einstige Mutterkirche der Herrschaft Breuberg und schon 1320 erwähnt, diente sie als Grablege der Breuberger Linie der Grafen zu Wertheim. Davon ist noch der prächtige Grabstein des Grafen Michael III. (1529-1556), geschaffen 1559 von Peter Dell dem Jüngeren aus Würzburg, erhalten.

Die ehemalige Wehranlage mit zweifachem starkem Mauerring und der 1445 errichteten zweiten Kirche wurde 1786-1789 durch ein stattliches barockes Bauwerk, eine rechteckige Saalkirche mit Rundbogenfenstern und dreiseitigem Chor ersetzt. Dabei erhielt der alte Westturm 1789 einen spätbarocken Haubenhelm. Altar, Kanzel, Empore und Orgel liegen auf einer Achse in Chormitte und verleihen dem lichten Raum eine strenge Symmetrie.

Größere Renovierungen, 1908 und von den 1970er Jahren bis 1986, sind so umsichtig ausgeführt worden, dass das

B

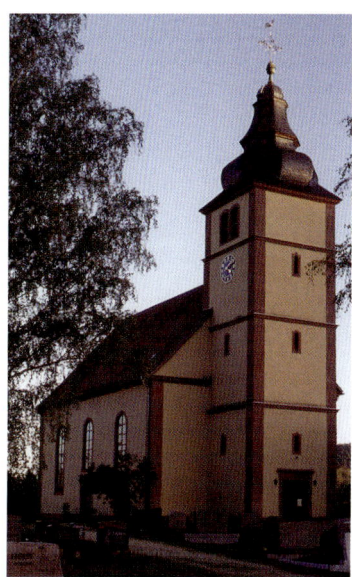

Die evangelische Pfarrkirche in Sandbach

Gebäude als eines der letzten vor rund 200 Jahren erbauten Barockkirchen des Odenwaldes erhalten werden konnte. ●

Breuberg-Wald-Amorbach
Gemeindebackhaus im Oberdorf

- ✖ Kirchstraße 9
- ◈ Stadt Breuberg
- ❶ Besichtigung während des Backesfestes am 1. Wochenende im Juli, sonst nur von außen

Im Jahre 1839 versuchte Hessen letztmalig, in den Landesteilen, in denen es noch statt gewerblicher Bäcker überwiegend Privatbacköfen gab, Gemeindebackhäuser einzuführen. In Südhessen gelang dies nur im Rodgau und am nördlichen Rand des Odenwaldes, während der gesamte übrige Teil des Gebirges seine Privatbacköfen behielt. Hier waren sie einerseits mit den Schweineställen kombiniert, andererseits wurden sie nicht mehr ausschließlich zum Backen, sondern vor allem zum Dörren von Obst benötigt. Dörrobst wurde in großen Mengen in die Städte ausgeführt und diente auch den zahlreichen Amerika-Auswanderern als Reiseproviant während der Überfahrt.

Inzwischen sind die Gemeindebackhäuser bis auf die in Hering, Heubach und Wald-Amorbach abgebrochen. In Wald-Amorbach gab es im Ober- und im Unterdorf je ein Gemeindebackhaus. Als 1951 eine Bäckerei eröffnete, wurden beide nicht mehr benutzt. Man lieferte sein Mehl beim Bäcker ab und bezog gegen ein geringes Entgelt sein Brot. Das Backhaus im Unterdorf wurde zu einer Filiale der Volksbank umgebaut. In dem 1843 für 800 Gulden errichteten Backhaus im Oberdorf wurde 1964 der Ofen aus Platzgründen entfernt. Das Gebäude diente später als Düngerlager, zuletzt stand es leer. Im Rahmen des Dorferneuerungsprogramms wurde es 1982 renoviert und mit einem neuen Ofen versehen. Seitdem wird von mehreren Backgemeinschaften wieder regelmäßig Brot gebacken und seit 1984 am ersten Wochenende im Juli alljährlich das „Backesfest" gefeiert. ●

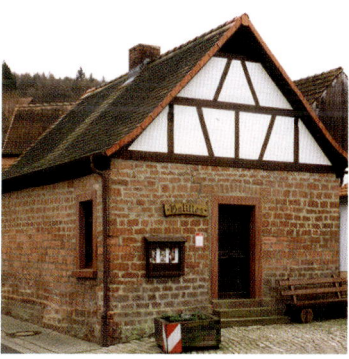

Das Gemeindebackhaus Wald-Amorbach

B

Brombachtal-Kirch-Brombach
Evangelische Kirche

⊗ Hauptstraße 2

⊕ Ev. Kirchengemeinde Kirch-Brombach

ⓘ So bis 17 Uhr oder nach Vereinbarung, Pfarrhaus/Pfarrbüro, Tel.: 06063-1471

Im Mittelalter gab es auf dem heutigen Kirchhügel eine Burganlage von beträchtlichen Ausmaßen, die im Jahr 1324 als „castrum Branbach" erwähnt wurde. Auf diesem Areal wurde um die Mitte des 15. Jahrhunderts (vor 1461) die spätgotische Kirche errichtet, der Turm ist am Portal mit 1467 datiert. Die Ummauerung des sie umgebenden Wehrkirchhofs ist vollständig erhalten. Ihre Pforte trägt die Jahreszahl 1510, die des abgeteilten Pest-Begräbnisplatzes die Zahl 1577.

Die Kirche war Mittelpunkt eines ausgedehnten Kirchspiels und gehörte bis zur Reformation zum Chorherrenstift Sankt Alban in Mainz. Nach einem Brand wurden die Mauern des Langhauses 1714-1715 in barockem Stil erneuert und dieses mit einer Flachdecke versehen. Aus dieser Zeit stammen ebenfalls das auch den Chor überziehende Mansarddach und der heutige Turmhelm. Im Inneren des Gotteshauses haben sich das ursprüngliche Netzgewölbe über dem Rechteckchor und das Rippengewölbe der Sakristei erhalten. Im Gewölbe des Chors wurden 1914 Fresken, Rankenwerk mit Evangelistenmedaillons, an den Wänden eine Kreuzigungsszene (um 1510) und ein Weltgericht entdeckt.

Als Prunkstück der Ausstattung ist der zwischen 1515 und 1518 entstandene Altaraufsatz, ein Werk aus der Schule Hans Backoffens, besonders zu erwähnen. Er gilt als das bedeutendste gotische Kunstwerk des Odenwaldkreises. Der Mittelschrein enthält unter Rankenbaldachinen drei farbig gefasste Heili-

genfiguren im Bischofsornat. In der Mitte thront der Heilige Alban, der Patron der Kirche, flankiert von seinen Gefährten, den Missionsbischöfen Ursus und Theonestus. Auf den Flügeln sind das Streitgespräch des Heiligen mit seinen Widersachern und das Martyrium der drei Missionare, das der Legende nach im Jahr 406 vor den Toren der Stadt Mainz stattfand, zu sehen. Die Rückseite zeigt den Heiligen Hieronymus und den Einsiedler Antonius, auf der Predela (Altaraufsatz) sind der Schmerzensmann zwischen Maria und Johannes und Engel mit dem Schweißtuch der Heiligen Veronika dargestellt.

Zu erwähnen ist ein lebensgroßes Holzkruzifix aus dem frühen 16. Jahrhundert im Schiff. Die übrige Ausstattung wie Orgel, Kanzel und Taufstein stammt zum größten Teil aus dem frühen 18. Jahrhundert.

Auf der Südseite des Langhauses steht die 1883 gepflanzte, prächtig gewachsene Luther-Linde. ●

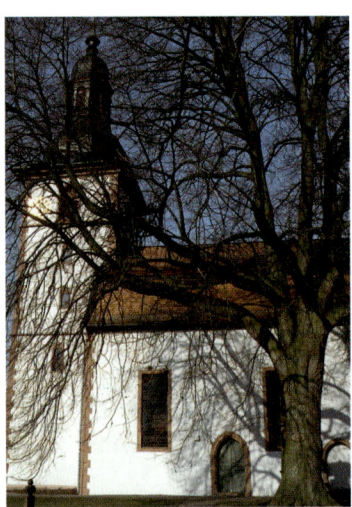

Die Kirche mit der Luther-Linde in Kirch-Brombach

Bürstadt

Bürstadt
Grundwasserwerk
im Bürstädter Wald

❌ Im Osten des Ortes von der alten Durchgangsstraße Richtung Schwimmbad, Sportplatz in die Wasserwerkstraße abbiegen, knapp 3 Kilometer geradeaus, im Wald gelegen. Wasserschutzgebiet, öffentlicher Parkplatz am Waldrand.

◆ EWR AG

❓ Besichtigung nur in Gruppen mit Führung möglich,
nach vorheriger Terminabstimmung.

ℹ EWR AG, Wasserwerkstraße 1,
68642 Bürstadt, Tel.: 06241-848453

Nachdem das Flusswasserwerk der Stadt Worms wegen der zunehmenden Verschmutzung des Rheins nicht mehr den Erfordernissen entsprach, beschäftigte man sich in Worms seit 1899 mit dem Bau eines neuen Wasserwerks. Wegen der guten Wasserqualität entschied man sich damals für die teuerste Lösung, der Bohrung von Brunnen im Bürstädter Wald. Nach nur einjähriger Bauzeit konnte im Oktober 1905 das neue Grundwasserwerk in Betrieb genommen werden. Die Baupläne stammten vom Wormser Stadtbaumeister Georg Metzler.

Das Wasserwerk, noch heute durch den originalen Zaun von der Straße abgetrennt, besteht aus drei Gebäuden: Pumpstation mit Meisterwohnung, Filterhaus und Arbeiterwohnhaus. Das langgestreckte, weiß verputzte Backsteingebäude der Pumpstation steht auf einem Sandsteinsockel. Die eingeschossige Pumpenhalle mit ihren Rundbogenfenstern ist recht schlicht gehalten. Daran schließt sich der zweigeschossige Trakt mit Werkstatt- und Büroräumen sowie der Meisterwohnung an. Dieser ist mit seiner verspielten Dachlandschaft mit Fachwerkgiebeln und verschindelten Flächen von malerischer Wirkung. Hier vermischen sich einfache Formen des Jugendstils mit dem romantisierenden Heimatstil. In ähnlichen Formen ist das Wohnhaus gestaltet, das damals für vier Arbeiterfamilien eingerichtet war. Entsprechend den damaligen Arbeiterwohnungskonzepten gehörte zu jeder Wohnung ein Garten mit Ställchen.

Das inzwischen modernisierte Filterhaus ist von der Straße nicht einsehbar. Die beiden Gebäude an der Straße haben ihr ursprüngliches Aussehen bewahren können. Damit ist ein gutes Beispiel für ein Technikgebäude erhalten geblieben, bei dem nicht nur rein funktionale, sondern auch ästhetische Gesichtspunkte eine Rolle spielten.

Mehrere Leitungen des Wasserwerks im Bürstädter Wald führen nach Worms. Etwa 60 Prozent des geförderten Wassers geht in die Wormser Stadtteile, 40 Prozent in die umliegenden hessischen Orte. ●

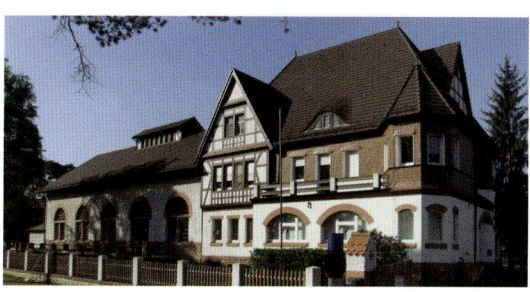

*Das über 100 Jahre alte
Grundwasserwerk*

Büttelborn

B

Büttelborn

Rathaus

⊗ Mainzer Straße 18

↕ von außen frei zu besichtigen

Das Rathaus in Büttelborn gehört nicht nur zu den ältesten erhaltenen Rathäusern im Kreis, sondern auch zu den am prunkvollsten verziertesten. Es wurde 1581/82 erbaut, nur fünf Jahre später als das Rathaus in Groß-Gerau.

Das Erdgeschoss dürfte früher aus einer einzigen offenen Halle bestanden haben, die erst später von massiven Mauern eingefasst wurde. Der mächtige doppelte Unterzug ruht auf zwei achteckigen Holzsäulen, von denen eine bis ins Dach durchstreicht.

Darüber erhebt sich eine eindrucksvolle Fachwerkkonstruktion mit Fenstererkern und figürlichen Darstellungen. Hier findet sich in einem mit Winkelstab und Bandgeflecht verzierten Eckständer die Jahreszahl 1581. Zwischen den Fenstern der Westseite ist das Büttelborner „Sauerkrautmännchen" eingestellt. Es zeigt in Schnitzwerk einen Kraut reibenden Mann. Das Inschriftenfeld über seinem Kopf trägt die Inschrift „IM RIED ZU BÜTTELBORN / GIBT'S GUT HAFER UND KORN / DOCH DAS BEST WAS MAN BAUT / IST BÜTTELBORNER SAUERKRAUT".

1730 fanden bauliche Veränderungen statt, als im Erdgeschoss eine Gemeindeschmiede und ein Wachlokal eingerichtet wurden.

1835 wurden im Rahmen einer umfassenden Renovierung die Rahmen der Fenstererker abgeschlagen und das gesamte Fachwerk verputzt. Zudem entfernte man die alte Außentreppe und verlegte den Zugang zum Obergeschoss in das Innere. Außerdem befanden sich nun im Erdgeschoss eine Arrestzelle und das Spritzenhaus. 1903 legte die Gemeinde das Fachwerk wieder frei, musste aber viele Teile, darunter den Fenstererker ersetzen. Zu dieser Zeit wurde auch das „Sauerkrautmännchen", eine Arbeit des Darmstädter Bildhauers Bernhard Pitro, hinzugefügt. 1935 erfuhr das Rathaus mehrere Umbauten, nicht zuletzt um nationalsozialistischen Organisationen Raum zu bieten. Auch nach dem Zweiten Weltkrieg wurden im Erdgeschoss Veränderungen vorgenommen. ●

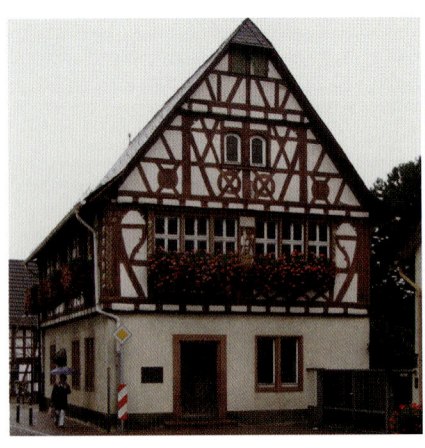

Das Büttelborner Rathaus von 1582

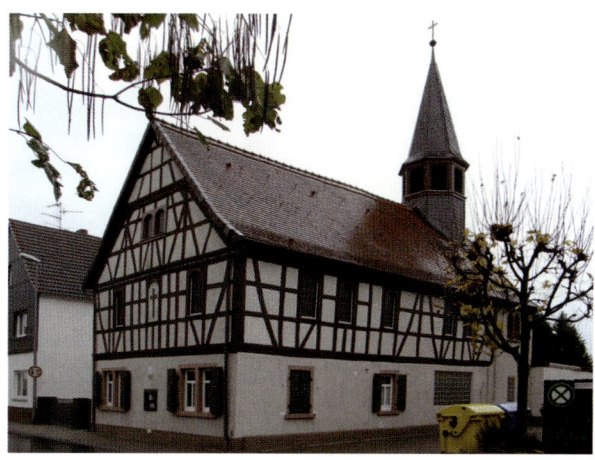

Die evangelische Kirche in Klein-Gerau

Büttelborn-Klein-Gerau
Evangelische Pfarrkirche

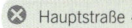 Hauptstraße 4

Die Gemeinde Klein-Gerau pfarrte, wie Worfelden auch, zunächst nach Groß-Gerau ein. Schon seit dem späten 14. Jahrhundert ist jedoch im Ort eine eigene kleine Kapelle nachweisbar. Mit der Reformation wurde auch die Klein-Gerauer Kirche evangelisch, verfiel aber in der Folgezeit zusehends, bis sie 1547 durch ein Feuer großen Schaden nahm. Später nutzte man für den Gottesdienst vermutlich einen Raum im Rathaus. Spätestens mit dem Bau des neuen Rathauses 1729 kann dies als gesichert gelten.

Etwa zur gleichen Zeit wurde auch das Schulhaus baufällig und die Gemeinde plante, neben dem Rathaus einen zweiten Mehrzweckbau aus Schule und Kirche zu erbauen. 1753 schuf man einen zweistöckigen Bau mit massivem Erdgeschoss und Obergeschoss aus Fachwerk. Hier findet sich, schon auf den künftigen Zweck gerichtete, im Rähm die Inschrift: „WEISE MIR HERR DEINEN WEG DAS ICH WANDLE IN DEINER WAHRHEIT UND ERHALTE MEIN HERZ BEI DEM EINIGEN DAS DEINEN NAMEN FÜRCHTE SO WILL ICH DIR DANCKEN HERR MEIN GOTT VON GANZEM HERZEN UND DEINEN NAMEN EHREN EWIGLICH AMEN PSALM 86 V II 12 KI GA DN 29 IVINI 1753".

Im Erdgeschoss befanden sich ein Schulraum und die Lehrerwohnung, im Obergeschoss der Betsaal. Über diesem erstreckt sich eine farblich mit Pflanzenornamenten gestaltete Kassettendecke, hier findet sich, in Spiegelschrift, das Jahr der Ausmalung „ANNO 1766". Die Bemalung schuf der Hof- und Hinterglasmaler Nikolaus Michael Sprenger. Die Verkleidung der Unterzüge wurde mit Bibelzitaten verziert.

In der Schule unterrichtete von 1790 bis 1804 der Lehrer Philipp Wilhelm Opel, dessen Enkel die späteren Opel-Werke in Rüsselsheim gründeten.

1928 verkaufte die politische Gemeinde der kirchlichen das Gebäude und die Lehrerwohnung wurde frei. Kurze Zeit später wurden Baumaßnahmen, beispielsweise ein Anbau mit Dachreiter, durchgeführt. ●

B

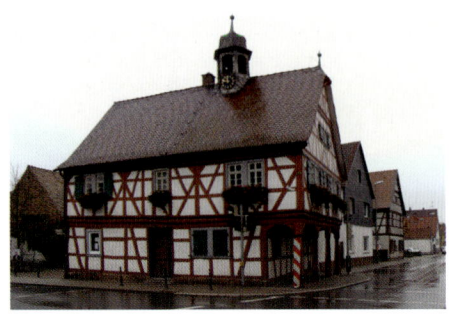

Das Rathaus in Klein-Gerau

Büttelborn-Klein-Gerau

Rathaus

⊗ Erich Kästner Straße 1

❶ von außen frei zu besichtigen

Das alte Rathaus gehört zu den wenigen Rathäusern im Kreis, die weitgehend unverändert erhalten sind. Es ist zweigeschossig aus Fachwerk abgezimmert, vor der Nordwand des Erdgeschosses erstreckt sich eine der seltenen offenen Vorlauben mit vier Holzsäulen. Im Obergeschoss streben Mannfiguren die Bundwände und Eckständer der dreizonigen Konstruktion ab. Hier stehen zudem aufrechte und mit Nasen verzierte Rauten sowie geschwungene Kurzstreben in den Brüstungsgefachen. Über dem mit Schiefer gedeckten Dach erhebt sich ein polygonaler Dachreiter mit Uhr und Glocke. Ein Neidkopf schaut vom Giebel auf die Hauptstraße.

Das Rathaus wurde als multifunktionales Gemeindehaus in den Jahren 1728-1729 an der Stelle eines älteren, etwas kleineren, erbaut.

An der Vorderseite barg es ein großes Zimmer und über einem nachträglich eingebauten Keller eine niedrige Kammer. Zentral lag eine Küche sowie der Kellerzugang, im hinteren Bereich eine Backstube. Der Ofen lag außerhalb, angelehnt an die Hinterwand.

Im Obergeschoss befand sich der Ratssaal, der zeitweise auch als Betsaal diente. Hinten liegen zwei Räume, die als Wohnung und später als Laden für den Bäcker genutzt wurden.

Mit dem Bau der Kirche 1753 gab man den Betsaal im Rathaus auf.

In der Nacht vom 17. auf den 18. April 1932 brannte das Rathaus, der Dachstuhl und ein Teil des Obergeschosses wurde ein Raub der Flammen. Auch nach den sofort eingeleiteten Wiederaufbauarbeiten war in dem Gebäude eine Bäckerei untergebracht, deren Betrieb erst 1935 eingestellt wurde. Der Ofen wurde 1953 abgebrochen. Renovierungsarbeiten in den 1990er Jahren brachten es in seinen heutigen Zustand.

Die Arbeitsteilung zwischen Bäcker und Wohnbevölkerung war genau festgehalten, immerhin handelte es sich um eine so genanntes gemeindliches Backhaus. Der Bäcker als Pächter des Backhauses hatte für jeden Einwohner den Teig zu machen, Holz und Wellen stellten die Einwohner. Dafür erhielt der Bäcker eine geringe Summe Geld, da er das ganze Jahr über Brot backen musste. Dagegen hatte er auch Pflichten für die Gemeinde zu übernehmen. So oblag es ihm, unentgeltlich zu drei festgesetzten Zeiten am Tag die Glocke zu läuten und die Uhr aufzuziehen, für das Läuten der Totenglocke stand ihm abermals ein Lohn zu. ●

Büttelborn-Worfelden
Evangelische Kirche

- Unterdorf 37
- Evangelische Kirchengemeinde Worfelden, Pfarrgasse 15
- Sonntags nach den Gottesdiensten und nach Vereinbarung, Tel.: 06152-2107

Die evangelische Kirche in Worfelden ist in mehrerer Hinsicht etwas Besonderes: Zum einen ist es eine der wenigen Kirchen in Südhessen mit freiliegendem Fachwerk, zum zweiten gehört sie zu den ältesten Kirchen Südhessens und schließlich steht hier eine der ältesten Orgeln Hessens aus dem Jahre 1624.

Bereits vor Einführung der Reformation 1526 stand an der Stelle der Kirche eine Kapelle, die aber während des Dreißigjährigen Krieges zerstört wurde. Unter Verwendung älterer Bauteile wurde 1696 das neue, heute noch stehende Gotteshaus erbaut.

In der Folgezeit erlebte die Kirche eine wechselvolle Baugeschichte. So wurde 1836 auf den desolaten Zustand hingewiesen und ein Abbruch ins Auge gefasst. Diesem konnten ausgiebige Reparaturen aber entgegen wirken. Trotz ähnlicher Bestrebungen in den 1920er Jahren blieb die alte Fachwerkkirche erhalten. Größere Renovierungen konnten aus Kostengründen 1931 nicht durchgeführt werden, erst ein Kriegsschaden 1945 führte zu Reparaturarbeiten. Gleichwohl erging Ende 1950 abermals der Beschluss des Staatsbauamtes, die Kirche zu schließen. Bei umfassenden Renovierungen in den Jahren 1970-1974 wurden abermals Schäden beseitigt und der Entschluss getroffen, das Fachwerk freigelegt zu belassen. Nur zwanzig Jahre später (1992-1994) erhielt die Kirche eine neue innere Farbausstattung.

Eine besondere Geschichte hat die Orgel: Sie wurde 1623-1624 durch den Bamberger Orgelbaumeister Adam Knauth geschaffen und in der Darmstädter Schlosskirche der hessischen Landgrafen aufgestellt. Als dort 1709 eine neue Orgel eingebaut wurde, schenkte der Landgraf die alte der Stadt Zwingenberg. Dort schaffte man sich 1830 eine neue Orgel an und reichte die alte nach Worfelden weiter. Sie gehört zu den wenigen Orgeln, die den Dreißigjährigen Krieg ohne größere Beschädigungen überstanden haben. ●

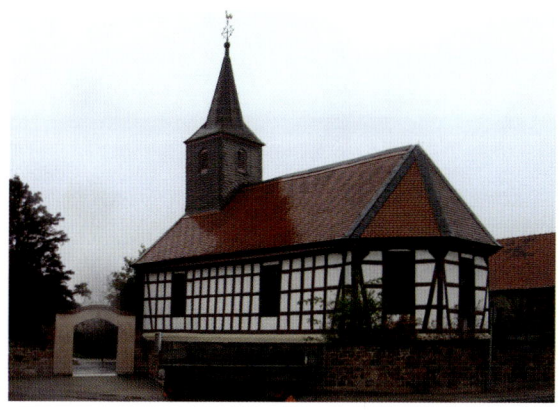

Die evangelische Kirche in Worfelden

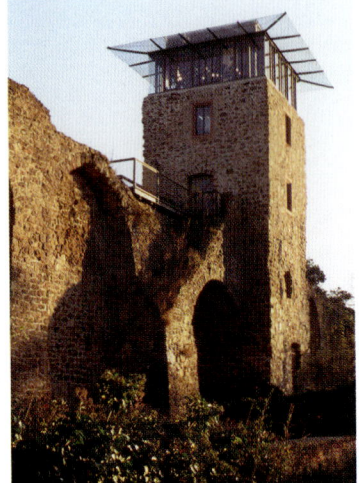

Der Hinkelsturm in der Stadtmauer

Firmen und Institutionen unterstützt, konnte der 1989 gegründete Trägerverein Freundeskreis im Mai 1997 das kleine Museum eröffnen. Es verzeichnet seitdem einen regen Besucherstrom. Auf drei Stockwerken wird das frühere Leben in der Altstadt, von der nach der Brandnacht am 11. September 1944 nur der Gasthof „Goldene Krone" übrig geblieben ist, dargestellt. Dazu kommen Ausstellungen durch den Freundeskreis. ●

Darmstadt
Altstadtmuseum Hinkelsturm

⊗ Kaplaneigasse

☁ Stadt Darmstadt

ℹ von April bis Oktober jeweils Sa u. So von 14-16 Uhr, Führungen anmelden

ℹ Freundeskreis Stadtmuseum Darmstadt e. V., Tel.: 06151-24215

Der Name des Turms leitet sich von dem riesigen Hünenstein her, der im Dialekt „Hinkelstein" genannt wird und dicht daneben liegt. Der ehemalige Wehrturm war Teil der ersten Stadtmauer, die nach der Stadtrechtsverleihung 1330 durch Kaiser Ludwig den Bayern errichtet wurde. Der seit 1909 in städtischem Eigentum befindliche Turm hat zahlreiche Veränderungen mitgemacht. Bei der teilweisen Zerstörung im Zweiten Weltkrieg verlor er 1944 das Dach; 1952 wurde er provisorisch instand gesetzt. 1994-97 wurden der Zwinger frei gelegt, das Mauerwerk saniert und ein Stahlkranz mit modernem Dach aufgesetzt. Durch großzügige Spenden ansässiger

Darmstadt
Bismarckturm

⊗ Dommerberg, B 449 in Richtung Mühltal bis Wanderparkplatz „Am Bismarckturm". Von dort aus ca. 500 Meter bergauf.

ℹ nur von außen zu besichtigen

Nördlich der Landstraße 449 in der Mitte zwischen Böllenfalltor und Traisa erhebt sich auf dem Dommerberg (264 Meter) der 1904-1908 im Auftrag der Darmstädter Studenschaft von Gustav Schmoll

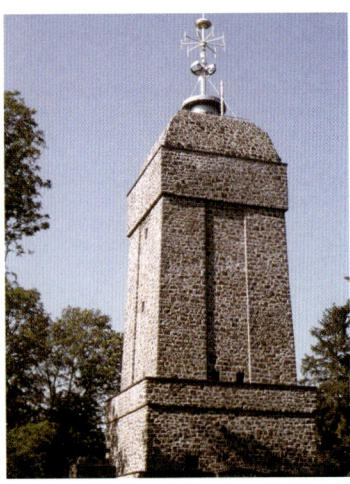

Der Bismarckturm auf dem Dommerberg

von Eisenwerth und Heinrich Stumpf errichtete 26 Meter hohe Bismarckturm. Die Studenten folgten dem Beispiel der meisten Hochschulen und zahlreicher Gemeinden, die zu Ehren Bismarcks Denkmäler und Türme errichteten. Seine eigenartig trutzige Erscheinung, eine Betonkonstruktion mit grau-grünem Basaltbruchstein verkleidet, lässt an ein in die Höhe gezogenes viereckiges Tintenfass einer alten Schreibgarnitur denken. Tatsächlich legte Schmoll von Eisenwerth seinem Entwurf die Idee einer Feuersäule mit Aussichtsplattform zu Grunde.

Die Studenten hielten alljährlich am 21. Juni hier ihre Sonnwendfeier ab. Nach 1945 wurde der Turm als Wetterstation und von der US-Army und der Bundespost als Funkstelle benutzt. 1973 und 2004 erfolgten Sanierungen, dabei wurde der Feuerschale auf der Spitze eine Messfunkantenne aufgesetzt.

Einer Erinnerung an Bismarck begegnet man in Darmstadt noch auf dem Ludwigsplatz (1905 enthüllt).

Weitere Bismarcktürme stehen bei Lindenfels auf der Litzelröder Höhe, 1906-1907 erbaut, und auf dem Hemsberg bei Bensheim (1902 eingeweiht). ●

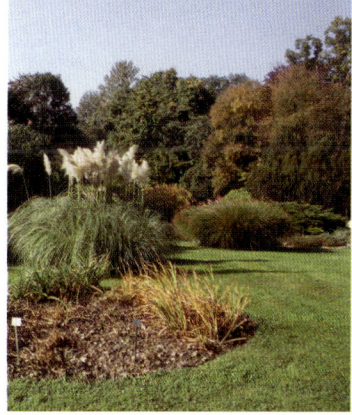

Darmstadt

Botanischer Garten der Technischen Universität

✖ Schnittspahnstr. 5

⛰ Technische Universität

🕐 1. April - 30. September:
Mo-Sa 7.30-19.30 Uhr,
So und Feiertage 7.30-12 Uhr
1. Oktober - 31. März: Mo-Sa 7.30-16 Uhr,
So und Feiertage 7.30-12 Uhr

Gewächshäuser: Mo-Fr 9.30-12.30 Uhr,
13.30-15.30 Uhr

Öffent. Verkehrsmittel: K-Bus vom Hbf
bis Botanischer Garten/Vivarium

ℹ Infos und Führungen nach Anmeldung:
Tel.: 06151-163502

Unter den Parks und Gärten Darmstadts ist der Botanische Garten ein echter Geheimtipp. Er ist dem Fachbereich Biologie der TU-Darmstadt angegliedert und beherbergt auf etwa 4,5 Hektar Freigelände und rund 1000 Quadratmetern Gewächshausfläche circa 8000 Pflanzenarten. Der erste Botanische Garten wurde 1814 im Schlossgraben eingerichtet. Nach mehrmaligen Standortwechseln zog er 1874 an den Ostrand der Stadt auf ein vom Darmbach durchflossenes Waldgelände um. Sein Erscheinungsbild wird immer noch durch den bedeutenden Dendrologen Leopold Dippel (1827-1914) geprägt. Er trug im Laufe der Zeit die noch heute bedeutsame Sammlung ausländischer Gehölze zusammen. Unter seinen Nachfolgern Joseph Anton und später Carl Anton Purpus gelangte in der ersten Hälfte des 20. Jahrhunderts eine Vielzahl neuer, vor allem amerikanischer Pflanzen in den Garten.

Unter den Gewächshauspflanzen sind besonders die Kakteen und zahlreiche Orchideen bemerkenswert. ●

Blumen und Sträucher im Botanischen Garten

D

Darmstadt
Firma Merck KG aA

- ❌ Frankfurter Str. 120
- ◉ privat
- ❗ Merckmuseum / Archiv nach Rücksprache Tel.: 06151-722029
- ℹ Tel.: 06151-722029

Der aus Schweinfurt stammende Apotheker Friedrich Jacob Merck erwarb 1668 in Darmstadt die heute noch im Familienbesitz befindliche Engel-Apotheke am Luisenplatz. Damit begann die Firmentradition des ältesten pharmazeutisch-chemischen Unternehmens der Welt. Mit einer Reihe von Alkaloiden und ihren Salzen erfolgte nach 1827 der Übergang zur industriellen Produktion von Chemikalien. Bereits 1860 produzierte man mehr als 800, um 1900 schon rund 10000 Artikel. Zunächst befand sich die Produktionsstätte auf einem ehemaligen Gartengrundstück im Osten der Stadt, dem heutigen Mercksplatz. Da sich hier aber keine Erweiterungsmöglichkeiten boten, erwarb man ein größeres Areal an der nach Frankfurt führenden Straße im Norden. 1901-04 wurde die gesamte Fabrik dorthin verlegt. Der Erste Weltkrieg brachte große Verluste, man verlor die Auslandsniederlassungen, darunter die US-Tochterfirma Merck & Co, die seitdem unabhängig ist.

In den 1920er Jahren wurde die Produktion durch Pflanzenschutzmittel und Vitaminpräparate erweitert. Ein schwerer Luftangriff 1944 zerstörte ca. 70% der Gebäude ganz oder teilweise und tötete 60 Menschen.

Durch intensive und erfolgreiche Forschung und Entwicklung, u. a. bei Flüssigkristallen für LCDs, Pigmenten für Autolacke, analytischen Reagenzien wuchs das Unternehmen stark an. 1980 überschritt der Umsatz die Milliardengrenze, 2004 wurden 5,9 Milliarden Euro

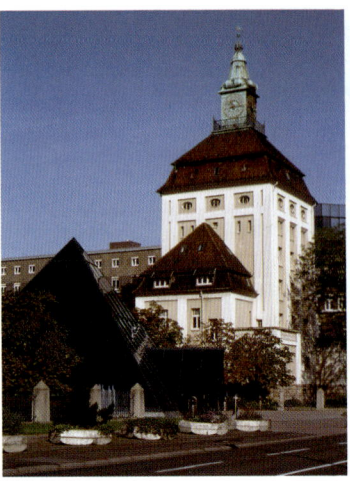

„Pützerturm" der Firma Merck von 1905

Umsatz erzielt. Heute beschäftigt das Pharma- und Chemieunternehmen in Darmstadt rund 7500, weltweit etwa 29000 Mitarbeiter.

Der 1905 nach Plänen des Architekten Friedrich Pützer (1871-1922) geplante Turm markiert weithin sichtbar den Eingang zum Werksgelände und gilt heute als Symbol der Firma Merck. ●

Darmstadt
Hauptbahnhof / Wasserturm / Bahngalerie

- ❌ Platz der Deutschen Einheit
- ◉ Deutsche Bahn AG

Nach den Plänen Friedrich Pützers (1871-1922) wurde im Westen der Stadt ein neuer Durchgangsbahnhof erbaut und im Jahre 1912 in Betrieb genommen. Es ist ein lang gestreckter Bau mit herausgehobenem Mittelteil. Über einem Gürtel niedriger Vorbauten erheben sich die auffällig vertikal gegliederten Fenstergruppen. Nach Süden schließt sich der

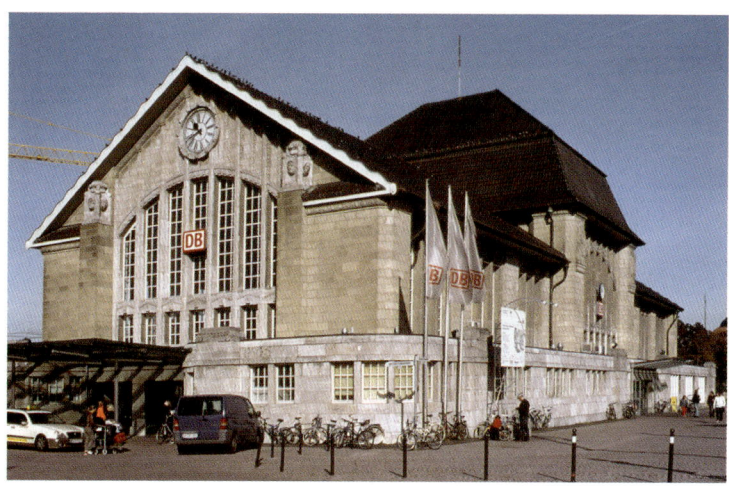

Blick auf den Bahnhof

Wasserturm auf dem Bahngelände (unten)

„Fürstenbahnhof" an, der heute ein Restaurant beherbergt. Von der sich quer anschließenden Bahnsteighalle erreicht man über Treppen, beziehungsweise neu eingebaute Fahrstühle die sechs Meter tiefer liegenden Bahnsteige. Im Zweiten Weltkrieg wurde der Bahnhof stark beschädigt. Bei den Umbauarbeiten in den 1960er und 1970er Jahren wurde das Innere erheblich verändert, so verschwanden viele historische Stilelemente, die erst bei einer Sanierung in den Jahren 1998-2000 teilweise wieder rekonstruiert wurden. Auch gegenwärtig finden zahlreiche Abriss-, Umbau- und Sanierungsmaßnahmen statt. Das heutige Bild prägt die großzügige, 2002 sanierte Empfangshalle mit Jugendstilelementen.

Der Baukörper der Bahnsteighalle wurde jüngst durch eine Bahngalerie nach Westen erweitert. So erhielt auch die Weststadt, ein seit 1994 nach urbanen Aspekten geplantes Viertel, einen eigenen Zugang. Der westliche Bahnhofsvorplatz als Pendant zum östlichen, dem Platz der deutschen Einheit, erhielt den Namen Europaplatz.

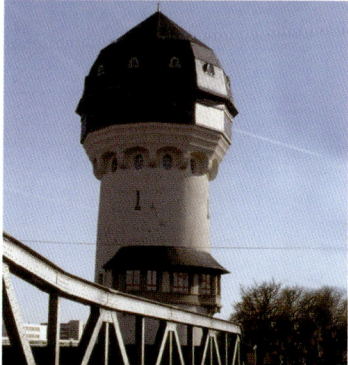

Nördlich der Gesamtanlage Hauptbahnhof wurde nach Plänen des Mainzer Baurats Friedrich Mettegang ein Wasserturm in Kombination mit einem Stellwerk erbaut. Mit der Elektrifizierung der Bahn 1970 verlor er seine Funktion als Wasserspeicher für die Dampflokomotiven. Seit 1985 ist er in Privatbesitz und wird als Atelier und Tonstudio benutzt. Die übrigen Räume werden für Feste und Veranstaltungen vermietet. Die letzte Restaurierung fand 2003 statt. ●

D

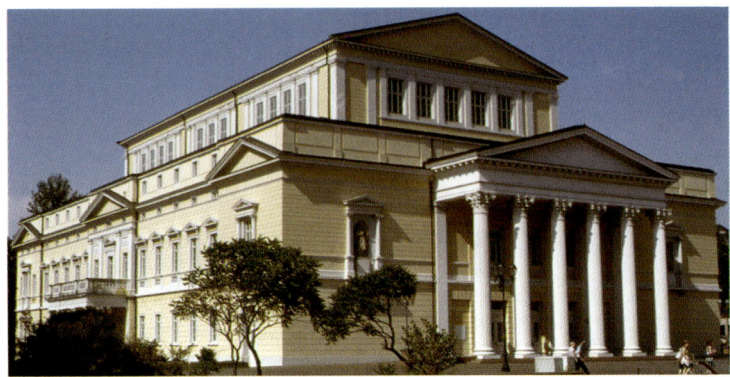

Darmstadt
Haus der Geschichte

Haus der Geschichte im ehem. Mollerbau

❌ Karolinenplatz 3

🕐 Mo 8.30-19.30 Uhr,
Di-Do 8.30-17.30 Uhr, Fr 8.30-15 Uhr

ℹ️ Tel.: 06151-165900

Im Jahre 1810 übernahm Ludewig I., ein großer Opernliebhaber, eine in Schwierigkeiten geratene Schauspielergesellschaft und führte sie als „Großherzogliches Residenz-Theater" weiter. Bereits 1819 wurde ein von Georg Moller (1784-1852) erbautes neues Haus eröffnet, das 1871 nieder brannte.

Zunächst beauftragte man Gottfried Semper mit einem Neubau, doch entschied man sich später, den Mollerbau weitgehend in seinen ursprünglichen Dimensionen wiederzuerrichten. Die festliche Einweihung fand 1879 statt. In den Jahren 1918-1919 vollzog sich der Übergang vom Hof- zum Hessischen Landestheater.

Im August 1944 musste es schließen und brannte wenige Wochen später nach Bombentreffern aus. 1986-1993 wurde es unter teilweiser Wahrung der alten Substanz und Rekonstruktionen wieder errichtet. In ihm sind heute neben dem Hessischen Staatsarchiv Darmstadt das

Archiv und Sammlungen der Stadt, das hessische Wirtschaftsarchiv, das Universitätsarchiv und zwei historische Vereinigungen untergebracht. Das Vestibül, die beiden repräsentativen Treppenhäuser, der sehenswerte Karolinensaal und ein kleinerer Vortrags- und Theatersaal werden für Ausstellungen und kulturelle Veranstaltungen genutzt. ●

Darmstadt
Herrngarten

❌ Zugang z. B. über Zeughausstraße, Friedensplatz und Frankfurter Straße

🏙️ Stadt Darmstadt

🕐 frei zugänglich

Aus mehreren Gartenarealen entwickelte sich ab dem 16. Jahrhundert Darmstadts größter und ältester Park. 1567 legte Landgraf Georg I. zusätzlich zu dem an das Schloss angrenzenden Nutzgarten auch einen Lustgarten an. Nach Vergrößerungen, Anlage von französischen und englischen Stilelementen und Verlegung der Straße nach Frankfurt entstand seit Anfang des 19. Jahrhunderts ein großzügiger Landschaftsgarten mit Wiesenflächen, Baumgruppen, Wegen,

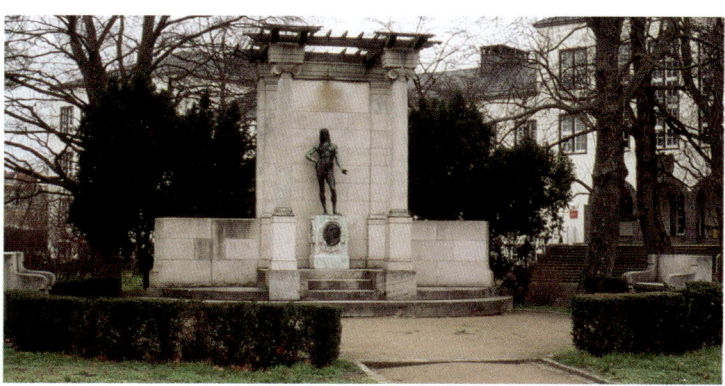

Das Goethedenkmal im Herrngarten

Denk- und Grabmälern sowie einem Teich. Seit 1802 ist er der Bevölkerung zugänglich.

Durch die Errichtung verschiedener Gebäude und einer Durchgangsstraße (Zeughausstraße) wurde der Garten verkleinert und vom Schloss getrennt. Seit dem Jahr 2000 gehört der Herrngarten der Stadt, in ihm finden jährlich zahlreiche kulturelle und sportliche Veranstaltungen statt. ●

Darmstadt
Hessisches Landesmuseum

❌ Friedensplatz 1

🔵 Land Hessen

🕐 Di-Sa 10-17 Uhr, Mi 10-20 Uhr, So 11-17 Uhr

Ludewig I. (1753-1830) begann bereits als Erbprinz im Sinne der Spätaufklärung systematisch Objekte aus den vier Hauptbereichen des Wissens: Antike, Technik, Natur und Kunst zur Belehrung der Bevölkerung zu sammeln. Seit 1779 wuchsen seine Sammlungen unterstützt durch den Kabinettssekretär Ernst Christian Schleiermacher (1755-1844) schnell an. Mit dem Erwerb der Samm-

lung des Barons von Hüpsch 1805 und weiterer bedeutender Nachlässe erlangten die Bestände überregionale Bedeutung. 1820 übertrug er als Großherzog seine Sammlungen dem Hessischen Staat.

Zwischen 1830 und 1880 wurden zahlreiche Gemälde, darunter Breughels „Elster auf dem Galgen", Zeichnungen, Waffen, antike Gegenstände und Münzen erworben. 1874 begann man mit der Sammlung von Fossilien aus der Grube

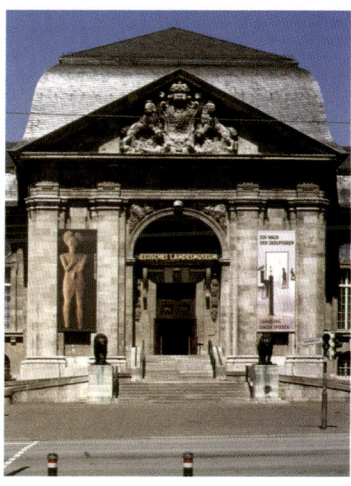

Hessisches Landesmuseum

D

Messel. Die räumliche Enge im Schloss führte 1897-1906 zu dem heutigen Neubau von Alfred Messel (1853-1909) mit dem 1918 eingeführten Namen Hessisches Landesmuseum. Geldmangel erzwang in den 1920er Jahren die Veräußerung einzelner Bestände.

Die Nationalsozialisten vereinnahmten das Museum im Sinne ihrer Kulturpolitik, wodurch zahlreiche Werke der Modernen Kunst als „entartet" verloren gingen. Von geringen Verlusten durch Plünderungen abgesehen, überstanden die ab 1940 ausgelagerten Bestände den Krieg, das Gebäude selbst wurde im September 1944 zerstört.

Seine Wiedereröffnung erfolgte 1955. Ab diesem Zeitpunkt erhielt die moderne Kunstsammlung unter anderem durch den Unternehmer und Mäzen Karl Ströher (1890-1977) und die Skulpturensammlung von Simon Spierer einen Schwerpunkt, deren Neubau 1984 eingeweiht wurde. Bis zur Gegenwart erwarb das Museum weitere wertvolle Gegenstände, darunter 1989 den „Block Beuys", aber auch Kunstgegenstände des Barock und bedeutende Sammlungen wie die Fossilien der Grube Messel wurden angeschafft. ●

Darmstadt
Kongresszentrum „Darmstadtium"

❌ Ecke Alexander- und Holzstraße

🔵 Stadt Darmstadt

ℹ Tel.: 06159-710, www.darmstadtium.de

Im Jahr 2000 wurde mit der Planung eines neuen Wissenschafts- und Kongresszentrums begonnen. Nach dem Entwurf des Wiener Architekten Talik Chalabi erfolgte am 11. Oktober 2004 der erste Spatenstich. Das Richtfest war am 24. Juni 2006. Im Dezember 2007 soll es unter dem Namen „Darmstadtium",

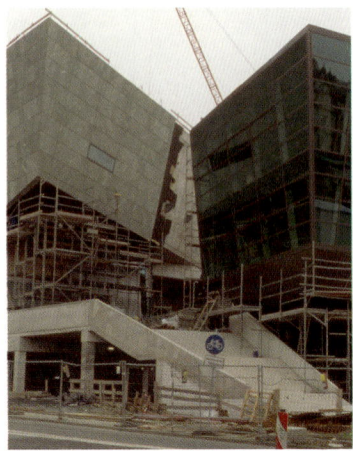
Kongresszentrum im Bau

benannt nach dem 1994 von der Gesellschaft für Schwerionenforschung (GSI) entdeckten Element 110, eröffnet werden. Vorgesehen sind ein Kongresssaal mit bis zu 2000 Plätzen, 20 Konferenz- und Seminarräume, ein Restaurant und 420 Tiefgaragen-Parkplätze. Auch ein Museum virtueller Computerwelten, „Cybernarium", wird hier untergebracht. ●

Darmstadt
Ludwigshöhturm

❌ auf der Ludwigshöhe östlich von Bessungen

🔵 von außen jederzeit, Turmbesteigung gegen Gebühr möglich

ℹ Führungen und Wanderungen: Tel.: 06151-951500 www.ludwigshoeheturm-darmstadt.de

Das 19. Jahrhundert war eine Zeit, in der Bewohner der Städte die benachbarten Landschaften für sich entdeckten und sich ein regional spürbarer Tourismus entwickelte. Gegen Ende dieses Jahrhunderts gründete man Wandervereine, deren Ziel es unter anderem war, Wanderwege auszuschildern. Für Darmstadt und den Odenwald wurde 1882 der Odenwaldklub gegründet.

Die Ludwigshöhe, der Bessunger Hausberg, wurde schon 1818 als Wanderziel „gefunden". Noch im gleichen Jahr errichtete man dort einen kleinen Tempel und 1838 durfte eine Schankwirtschaft eröffnet werden, dessen Wirt wenig später sogar im Dialektlustspiel „Datterich" erwähnt wird. Am 24. September 1882 wurde der Ludwigshöhturm, an der Stelle des älteren Tempels gebaut, eingeweiht. Ein 1887 errichtetes Restaurant mit Hotel brannte 1898 ab und wurde durch einen Neubau ersetzt. Während des Zweiten Weltkrieges unterhielt hier die Wehrmacht eine Luftabwehrstelle, die amerikanische Soldaten nach 1945 größtenteils wieder abbrachen. Seit 1976 nahm sich die „Bürgeraktion Ludwigshöhe" der Anlage an und ließ den Ludwigshöhturm restaurieren. ●

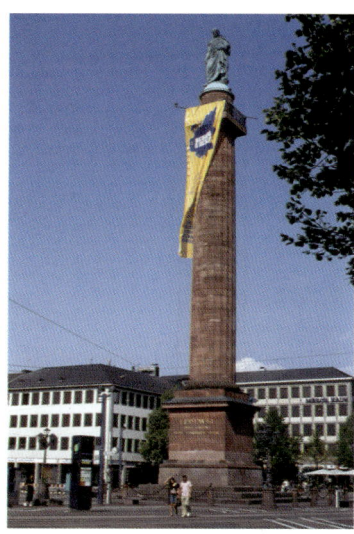

Der „Lange Ludwig" auf dem Luisenplatz

Darmstadt

Luisenplatz mit Ludwigsmonument

✖ Stadtmitte

✪ Plattform an bestimmten Festtagen geöffnet

ℹ Bürgerinformation 06151-132310

Der Platz an der Oberen Rheinstraße, seit 1820 nach der Großherzogin Luise (1757-1830) benannt, bildet heute das Verkehrszentrum Darmstadts. Auf ihm wurde 1840-1844 das Ludwigsmonument von 39 Metern Höhe, ein Säulendenkmal nach Plänen Georgs Mollers errichtet. Es ist eins der Wahrzeichen der Stadt und wird im Volksmund „Langer Ludwig" genannt, weil auf seiner Spitze die von dem Münchener Bildhauer Ludwig Schwanthaler entworfene Statue Ludwigs I. (1753-1830) steht. Durch den Beitritt zu Napoleons Rheinbund 1806 wurde die Landgrafschaft zum

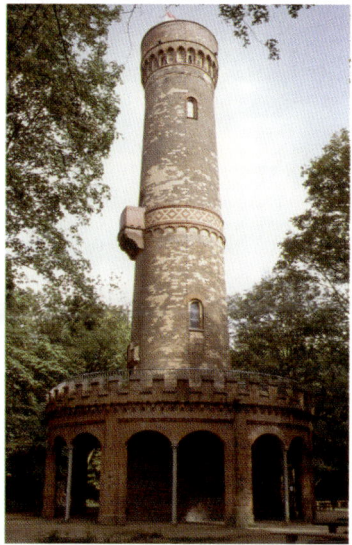

Der Ludwigshöhturm bei Bessungen

D

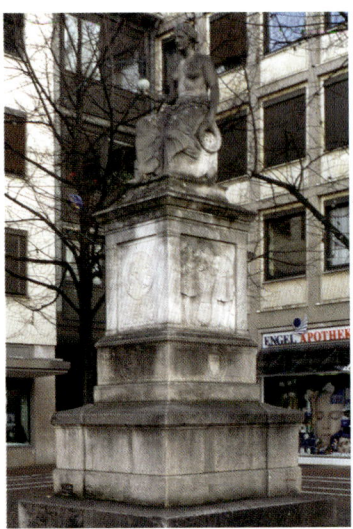

Liebigdenkmal

sitzt eine weibliche Figur, die auch als Allegorie der Wissenschaft gedeutet wird. Die Vorderseite des Sockels zeigt ein Portrait Liebigs, an den Seiten sind Szenen aus seiner Lehrtätigkeit zu sehen. ●

Darmstadt
Mathildenhöhe

⊗ Mathildenhöhe, frei zugänglich

⬢ Stadt Darmstadt

ℹ Institut Mathildenhöhe, Olbrichweg 13

Mittelpunkt des Jugendstils und der Künste in Darmstadt ist die Mathildenhöhe. Um 1800 ließ Prinz Christian auf einer Anhöhe am Ostrand der Stadt einen romantischen Park anlegen, der nach Prinzessin Mathilde von Bayern (1813-1862) benannt ist. Dort wurden am Südwestabhang nach 1833 der Platanenhain mit seinen Figurengruppen, 1877-1880 der Hochwasserbehälter mit den Ausstellungshallen von Joseph Maria Olbrich, die Russische Kapelle (1897-1899), das Ernst-Ludwigs-Haus (um 1905), der 48,5 Meter hohe Hochzeitsturm (1907-1908), neben dem Ludwigsmonument ein Wahrzeichen Darmstadts und eine Reihe von Villen errichtet.

Mit der 1899 von Großherzog Ernst Ludwig ins Leben gerufenen Darmstädter Künstlerkolonie erlangte die Mathildenhöhe internationale Bedeutung. Persönlich berief der Großherzog sieben Künstler: Joseph Maria Olbrich (1867-1908) aus Wien, den Maler Hans Christiansen (1866-1945) aus Paris, den Bildhauer Rudolf Bosselt (1871-1938) aus Frankfurt, den Maler und Architekt Peter Behrens (1868-1940), den Architekt Patriz Huber (1878-1902), den Maler Paul Bürck (1878-1947) aus München und den Bildhauer Ludwig Habich (1872-

Großherzogtum erhoben. Die Besucherplattform befindet sich neun Meter unterhalb der Statue.

Das Kollegiengebäude, 1777-1780 erbaut, bildete bis zu seiner Zerstörung im September 1944 den politischen Mittelpunkt des Landes Hessen-Darmstadt. Es wurde als einziges Gebäude an der Nordseite des Platzes 1949-1952 im alten Stil wieder aufgebaut und dient seit 1953 als Regierungspräsidium. Alle anderen Ruinen wurden abgerissen und durch Neubauten ersetzt. An der Nord-West-Seite des Platzes entstand so 1962 das Post- und Posttechnische Zentralamt. Blickfang an der Süd-West-Ecke ist die Stadt- und Kreissparkasse Darmstadt (Samesreuther 1956, Seidel, Hausmann u. Partner 1980), die Südseite nehmen Luisen-Center und Neues Rathaus (erbaut 1975-1977) ein.

Westlich vor der Merckschen Engel-Apotheke befindet sich das 1913 von Heinrich Jobst geschaffene Liebig-Denkmal für Darmstadts berühmtesten Sohn, den Chemiker Justus von Liebig (1803-1873). Auf einem abgestuften Sockel

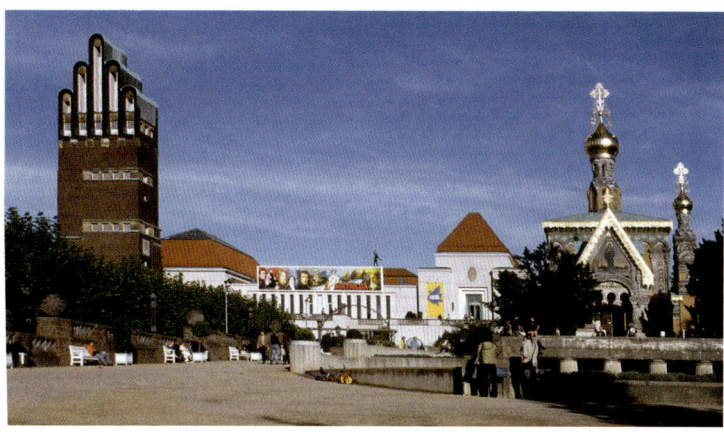

Die Mathildenhöhe, ein Wahrzeichen Darmstadts

1949) aus Darmstadt. In den folgenden Jahren wechselten die Künstler mehrfach. Eine erste Ausstellung 1901 mit dem Titel „Ein Dokument Deutscher Kunst" orientierte sich an der Idee des Gesamtkunstwerks und versuchte, sämtliche künstlerische Bereiche bis hin zur Gartengestaltung zu umfassen. Eine zweite Ausstellung 1904 rückte die bürgerliche Wohnkultur in den Mittelpunkt.

Der Erste Weltkrieg beendete die Aktivitäten. Als anders geartete Nachfolgeeinrichtung ist das Institut Mathildenhöhe anzusehen, das seit 1976 bzw. 1994 die städtischen Aufgaben im Bereich Bildender Kunst und Kultur und das Erbe der Künstlerkolonie pflegt und zahlreiche, zum Teil bedeutende Ausstellungen initiiert.   ●

Darmstadt
Orangerie

⊗ Bessunger Straße 44

⬛ Land Hessen / Stadt Darmstadt

➊ frei zugänglich

Im Dreißigjährigen Krieg wurden die Gebäude des erstmals 1446 erwähnten Bessunger Harnischhof zerstört. 1699 erwarb Christian Eberhard von Kameytski (1671-1726) das Anwesen und legte Gärten, Orangerie und Gewächshaus an. Bereits 1714 ging der Hof in Besitz des Landgrafen Ernst Ludwig (1667-1739) über, der das Gelände durch Louis Remy de la Fosse und Johann Caspar Ehret zu einer prachtvollen Gartenanlage mit Orangerie (1719) ausbaute. Das Gebäude brannte 1774 vollständig ab und wurde erst 1782 durch Johann Martin Schuhknecht (1724-1790) wieder aufgebaut.

Die Gartenanlage wurde 1802 der Öffentlichkeit zugänglich gemacht. Mit der ersten Rosenausstellung 1870 begann die Tradition der Gartenbauausstellungen in Darmstadt. Während beider Weltkriege baute man hier Kartoffeln und Gemüse an. Heute entspricht der Garten größtenteils seinem historischen Vorbild. Die Orangerie selbst diente neben der Überwinterung exotischer Pflanzen unterschiedlichen Nutzungen, unter anderem als Fest- und Theatersaal, Lazarett, Ausstellungs-, Exerzier- und Konzerthalle. In den Jahren 1975-1978

D

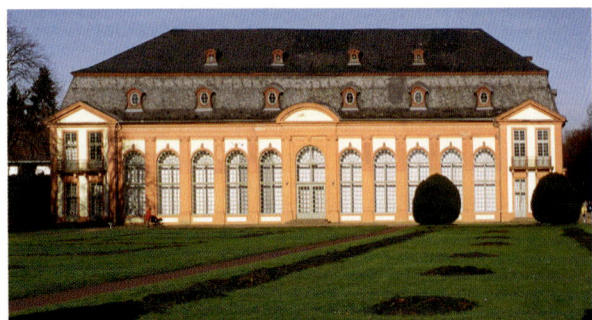

Blick über den Park auf die Orangerie

wurden spätere Anbauten abgebrochen, das eigentliche Gebäude restauriert und als Bürgerhaus hergerichtet. Das westliche, ehemalige landgräfliche Gewächshaus beherbergt heute ein Restaurant.●

Darmstadt
Prinz-Emil-Schlösschen

⊗ Prinz-Emil-Garten
⬆ Nachbarschaftsheim Darmstadt e. V.
ⓘ Tel.: 06151-63278

Der Minister Friedrich Carl Freiherr von Moser (1723-1798) ließ 1775-1776 im Norden von Bessungen durch den Dieburger Gartenarchitekten Andreas Siebert einen englischen Landschaftsgarten mit Tempel, Ruine, Eremitage, Weiher und chinesischem Pavillon anlegen, in dessen Mitte der Bessunger Baumeister Johann Martin Schuhknecht (1724-1790) 1775-1778 ein barockes Sommerschlösschen errichtete.

1780 ging die Anlage in den Besitz der landgräflichen, beziehungsweise späteren großherzoglichen Familie über, 1836 gelangte sie in den Besitz von Prinz Emil (1790-1856). Nach dessen Tod fiel der Garten an den Fiskus. Zwischen 1897 und 1914 lebten Prinz Franz Joseph Battenberg und seine Familie im Schlösschen, das von Heinrich Metzendorf 1898 umgebaut wurde. Nach 1918 verwilderte der Garten und wurde schließlich von der Stadt Darmstadt 1927 gekauft. Aus finanziellen Gründen wurden Teile als Baugrundstücke verkauft. Im Zweiten Weltkrieg wurden Garten und Schlösschen zerstört. In den ersten

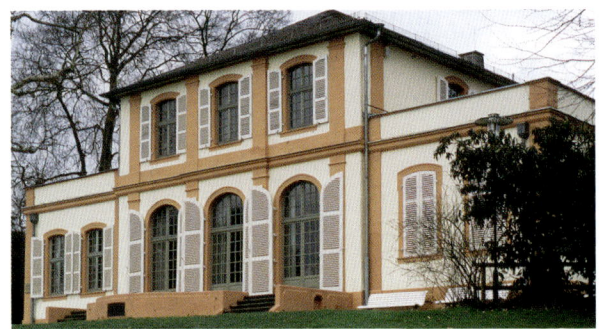

Die Westfassade des Prinz-Emil-Schlösschens

Nachkriegsjahren wurde das Gebäude äußerlich in alter Form wieder aufgebaut. Eine durchgreifende Sanierung der gesamten Anlage erfolgte 1986-1988. Heute hat der gemeinnützige Verein Nachbarschaftsheim Darmstadt e. V. hier seinen Sitz. Er hält Kurse, kulturelle Veranstaltungen und Ausstellungen für alle Alters- und Bevölkerungsschichten ab. ●

Darmstadt
Prinz-Georg-Palais (Porzellanschlösschen) mit Prinz-Georg-Garten

✖ Schloßgartenstraße 10

🕐 Palais: Mo-Do 10-13 Uhr und 14-17 Uhr,
Sa, So u. Feiertage 10-13 Uhr,
Fr. geschlossen

Park 1. März - 31. Oktober 7-19 Uhr,
1. November - 28. Februar 8-19 Uhr

ℹ Museum Tel.: 06151-713233
www.porzellanmuseum-darmstadt.de

Das an der Nordseite des Herrngartens um 1710 für Landgraf Ernst Ludwig vermutlich von Louis Remy de la Fosse erbaute Palais trägt seinen Namen nach dem Enkel des Bauherrn, dem Prinzen Georg Wilhelm. Zum Garten hin wird es von zwei symmetrisch gelegenen Wirt-

schaftsgebäuden und einem schmiedeeisernem Zaun mit Tor begrenzt. Seit 1908 ist es Domizil der Großherzoglich-Hessischen Porzellansammlung, die von Ernst Ludwig Großherzog von Hessen und bei Rhein (1868-1937) gegründet wurde. Er machte den über Jahrhunderte gewachsenen Besitz der fürstlichen Familie der Öffentlichkeit zugänglich.

Im Zweiten Weltkrieg nach Oppenheim am Rhein bzw. in das Jagdschloß Kranichstein ausgelagert, kehrte die Sammlung 1951 zurück. Nach der Sanierung des Gebäudes wurde das Museum schließlich 1999 eröffnet. Schwerpunkt der Sammlung mit über 4000 Objekten bilden Erzeugnisse der Kelsterbacher Manufakturen, aber auch die von Höchst, Frankenthal, Meißen, Nymphenburg, Sèvres, Wien und St. Petersburg sind mit größeren Beständen vertreten. Einzelstücke aus nahezu allen europäischen Manufakturen ergänzen die Sammlung.

Der südöstlich vor dem Prinz-Georg-Palais gelegene Rokokogarten mit Teehaus und Volière wird von Schlossgartenstrasse, Technischer Universität und Herrngarten begrenzt. Er bestand ursprünglich aus zwei Gartenarealen. Um 1700 gelangte der Garten in den Besitz von Generalfeldmarschall Rudolf von Pretlack, der durch den Mainzer Architekten Maximilian von Welsch das lang gestreckte Gartenhaus an der Ostseite

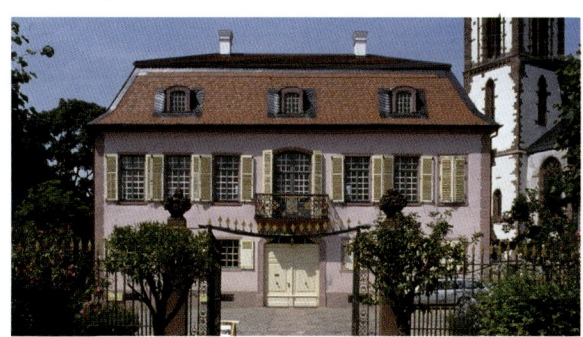

Prinz-Georg-Palais, auch Pozellanschlösschen genannt

69

D

errichten ließ. Nach wechselhaftem Schicksal und großen Veränderungen, so diente der Garten beispielsweise im Zweiten Weltkrieg als Schrebergartengelände, erhielt er ab 1951 wieder seine ursprüngliche geometrische Form und präsentiert sich heute als einer der in Hessen seltenen historischen Nutz- und Ziergärten. ●

Darmstadt
Sankt Ludwigskirche

❌ Wilhelminenplatz

🕐 April-Oktober Mo-Sa 10-17 Uhr,
November-März 10-16 Uhr,
So nach dem 10 Uhr Gottesdienst

Die erste, nach der Reformation erbaute katholische Kirche steht in engem Zusammenhang mit dem Aufstieg der Landgrafschaft zum Großherzogtum 1806. Bereits 1803 waren durch die Säkularisation große Teile des katholischen Kurmainz nach Hessen einverleibt worden, was religiöse Toleranz gebot.

Georg Moller errichtete 1822-1827 an exponierter Stelle nach dem Vorbild des römischen Pantheons einen Zentralbau. Ein Kranz von 28 korinthischen, mit Stuckmarmor verkleideten Säulen trägt eine beachtliche Kuppel von 33 Metern Durchmesser. Es ist zu vermuten, dass Großherzog Ludewig I., dessen Name sich im Patrozinium verbirgt, daran dachte, den seit 1818 vakanten Bischofssitz von Mainz nach Darmstadt zu verlegen. Als zweiter Pfarrer war von 1817-1830 Johann Conrad Dahl hier tätig, der heute noch als Historiker von Rang bekannt ist. Zwei bedeutende Grabmäler, das der Großherzogin Mathilde (1813-1862), der ersten Katholikin im hessischen Herrscherhaus und das des Prinzen Friedrich von Hessen (gest. 1867), schmücken die Kirche.

In der Brandnacht vom 11. zum 12. September 1944 wurde sie zerstört. Ihr Wiederaufbau erfolgte 1954-1955 mit leichten Veränderungen durch Clemens Holzmeister aus Wien. Veränderungen im Innern führten zur Neugestaltung der Altarinsel 2002, zur farbigen Fassung der Wände und dem Einbau einer Winterhalter-Orgel 2005. ●

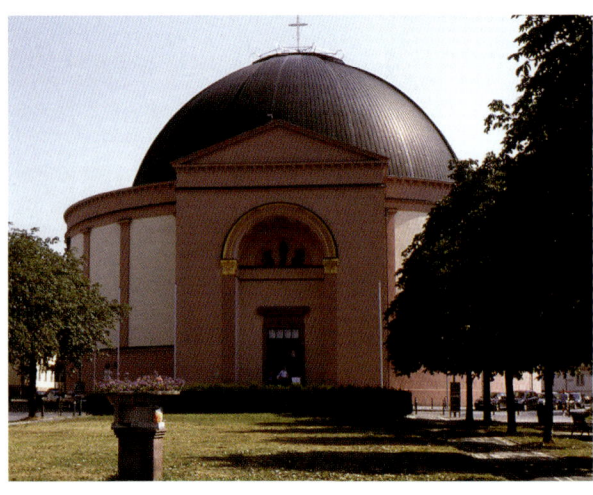

Sankt Ludwigskirche am Wilhelminenplatz

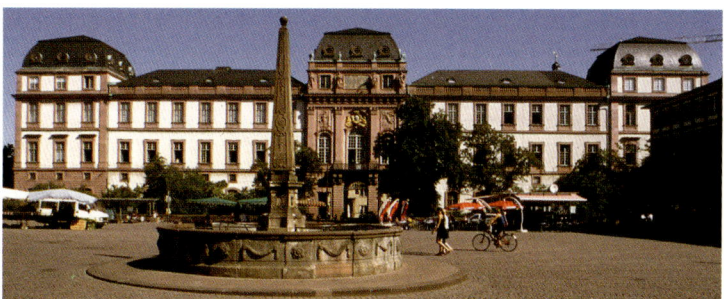

Darmstadt
Schloss
(Universitäts- u. Landes-
bibliothek, Schlossmuseum)

Südfassade des Darmstädter Schlosses

- ❌ Schloss, 64283 Darmstadt
- 🚍 Technische Universität
- ⏰ Ausleihe und Lesesäle:
  Mo-Fr 9-22 Uhr, Sa 9-18 Uhr
- 📞 Tel.: 06151 165850 (Bibliothek)

  Museum

- ❌ Marktplatz 15
- 🚍 Technische Universität
- ⏰ Öffnungszeiten: Mo-Do 10-13 Uhr,
  14-17 Uhr, Sa u. So 10-13 Uhr
  Besuch nur im Rahmen einer Führung

Aus einer Wasserburg des 13. Jahrhunderts der Grafen von Katzenelnbogen entwickelte sich das Residenzschloss. In der Folgezeit wurden durch Vernachlässigung und Krieg die meisten Gebäude zerstört. Nach der Residenzerhebung 1567 errichtete man bis 1597 zahlreiche Neubauten: Herrenbau, Kanzlei, Marstall und Zeughaus. Weitere Zubauten entstanden im 17. Jahrhundert: Glockenbau, Holländischer Bau, Brückenhäuschen und Prinz-Christian-Bau.

Nach dem Brand von 1715 entwarf Remy de la Fosse (um 1659-1726) eine gewaltige barocke Vierflügelanlage mit zentralem Turm. Als 1726 circa ein Vier-

tel des Entwurfs ausgeführt war, mussten weitere Arbeiten wegen Finanznot eingestellt werden. Erst Anfang des 19. Jahrhunderts erfolgten einige weitere Ausbauten. 1842 räumte Ludwig II. das Schloss fast vollständig dem Vorläufer der heutigen Universitäts- und Landesbibliothek und den Großherzoglichen Sammlungen, dem späteren Hessischen Landesmuseum. Nach dem Ersten Weltkrieg ging das Schloss in den Besitz des Volksstaates Hessen über. 1944 brannte der gesamte Komplex aus. Ab 1946 begann unter Wahrung des äußeren Erscheinungsbildes ein langwieriger Wiederaufbau.

Grundstock der Universitäts- und Landesbibliothek bildete die Büchersammlung Georgs I. ab 1568. Dieses Jahr wird als Gründungsdatum der Hofbibliothek angesehen. Während der Säkularisation 1803 fanden mehrere Klosterbibliotheken Aufnahme. Ab 1817 war die Bibliothek öffentlich zugänglich. Die Bestände vermehrten sich durch Neuanschaffungen, Aufnahme von Sammlungen und Dauerleihgaben kontinuierlich, sodass trotz des erheblichen Kriegsverlustes 1944 von 400000 Bänden die Bibliothek heute mit rund 1,6 Millionen Büchern, 6800 Zeitschriften, zahlreichen Sammlungen und Online-Datenbanken zu den großen deutschen Forschungseinrichtungen zählt.

D

Das Schlossmuseum wurde auf Initiative des Großherzogs Ernst Ludwig in den Räumen des Altschlosses eingerichtet und 1924 eröffnet. In der Brandnacht vom 11. auf den 12. September 1944 wurden große Teile der Einrichtung zerstört. Nach dem Wiederaufbau des Schlosses konnte es 1965 erneut eröffnet werden. Es gibt mit seinen Einrichtungs- und Gebrauchsgegenständen einen Einblick in die fürstliche Kultur des 17. bis 19. Jahrhunderts. Bedeutendstes Exponat ist die „Darmstädter Madonna" von Hans Holbein d. J. 1525-1526. ●

Darmstadt
Stadtkirche

> ❌ An der Stadtkirche
> ⏰ Mo-Fr. 9-16 Uhr, Sa 9-12 Uhr,
>   So nach dem 10 Uhr Gottesdienst

Die Stadtkirche, seit 1596 Begräbnisstätte der Landgrafen von Hessen-Darmstadt, geht auf eine fränkische Begräbniskapelle zurück. Später stand hier auf dem ältesten Friedhof der Siedlung eine hochmittelalterliche Marienkapelle als Filiale der Pfarrei Bessungen. Nachdem sie 1369 zur Pfarrkirche erhoben wurde, erfolgten mehrere Um- und Erweiterungsbauten. Im Schlussstein des Turmgewölbes befindet sich das älteste Stadtwappen Darmstadts aus der Zeit um 1400. Seit 1526 ist sie die evangelische Traditionskirche der Residenz. 1627-1631 erhielt der Turm seine heutige Gestalt, der zeitweise auch als Feuerwache diente. Der Umbau des Langhauses, bei dem die Seitenschiffe verbreitert wurden, geschah 1686-1687. Nach Plänen von Georg Moller wurde 1845 das Mittelschiff vergrößert.

Ein Luftangriff Ende August 1944 zerstörte die Kirche. Ihr Wiederaufbau durch Karl Gruber 1951-1953 prägt ihr heutiges Aussehen. Das Langhaus erhielt dabei ein quergestelltes Dach und eine vergrößerte Turmlaterne. Im Innern befindet sich an der Stirnseite des Chores das Epitaph für Landgraf Georg I. und seiner Frau Magdalene von Lippe, geschaffen von Peter von Osten 1588-1589. Unter dem Chor liegen die beiden stuckverzierten Gewölbe der Fürstengruft, die 1826 von den Mausoleen auf der Rosenhöhe als Begräbnisstätten abgelöst wurden. ●

Darmstadt
Vivarium

> ❌ Schnampelweg 4
> ⏰ 1. April bis 30. September 9-19 Uhr,
>   sonst 9-17, respektive 18 Uhr.
> ℹ️ Tel.: 06151-133394
>   www.darmstadt.de/freizeit/vivarium/
>   index.html

In den alten Gewächshäusern der Stadtgärtnerei im Orangeriegarten eröffnete 1956 das Schulvivarium seine Pforten. Sein Gründer, der Biologe Heinz Ackermann (1921-1986), wollte mit dieser Einrichtung Schule und Bevölkerung an die Natur heranführen. 1962 übersiedelte

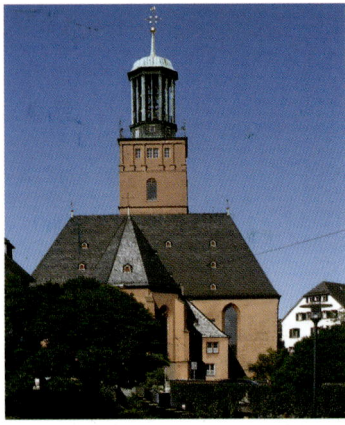

Die Darmstädter Stadtkirche

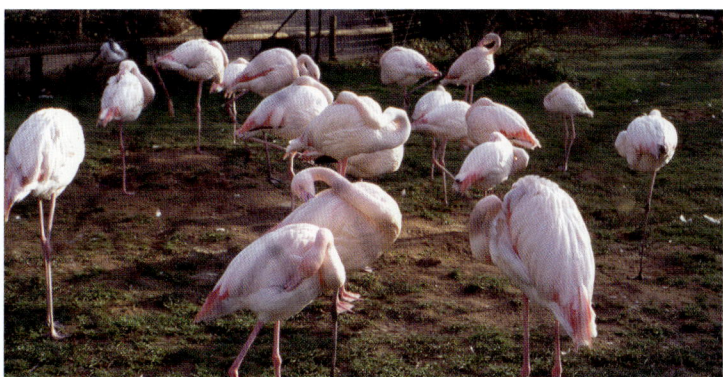

Flamingos im Vivarium

das Schulvivarium in die Nähe des Botanischen Gartens. Seit dieser Zeit wurden dort eine Vielzahl von Häusern, Hallen, Gehegen und Anlagen erbaut, wie Säugerwarmhaus (1962), Aquarien- und Terrarienhalle (1963/64), Wärterwohnhaus (1965), Gaststätte und Kassenkiosk (1972), Afrikahaus (1975) und das Binturonghaus (2005) für die größte Schleichkatze der Welt. Das Vivarium bietet auf vier Hektar Fläche Lebensraum für 700 Tiere aus 150 Arten. Zu den seltenen Tieren zählen Krokodilschwanz-Höckerechse, Chinesische Riesensalamander oder die Seychellen-Riesenschildkröte, aber auch der kleine Vasapapagei, Mönchsgeier und Schopfmakaken.

Seit seiner Eröffnung 1965 ist es zum einen ein gern aufgesuchter Ort für Erholung, Freizeit und Information über die Tierwelt, zum anderen durch Beteiligung an nationalen und internationalen Tierschutzprogrammen eine wissenschaftliche Einrichtung, unterstützt durch die Kaupiana, eine 1961 gegründete Vereinigung von Freunden und Förderern.

Das Besucherzentrum hält Informationen über die Zusammenhänge von Natur-, Arten- und Umweltschutz vor. Schwerpunktthemen können in Zusammenhang mit Sonderführungen und gemeinsam mit einer Pädagogin erarbeitet werden. ●

Darmstadt
Waldspirale (Hundertwasser-Haus)

❌ Friedberger- / Bad Nauheimer Straße

🏠 Bauverein AG Darmstadt

ℹ️ Monatliche Rundgänge,
info darmstadt, Luisencenter,
Mo-Fr. 9.30-19 Uhr, Sa 10-15 Uhr,
Tel.: 06151-9515013

Als letztes der recht eigenartigen Gebäude des Wiener Künstlers Friedensreich Hundertwasser (1928-2000) entstand 1998 in einjähriger Bauzeit die Waldspirale im Bürgerparkviertel, die im September 2000 eingeweiht wurde. Es ist ein spiralförmig angelegter Wohnkomplex mit 105 individuell gestalteten Wohnungen, einem Restaurant, einem Café und zwei kleinen Geschäften.

Die Fassaden sind mit bunten Keramiksäulchen versehen, ihre Ansicht folgt keinem gängigen Gestaltungsraster, das heißt, einzelne Fenster „tanzen aus der Reihe". Jedes der mehr als 1000 ist ein Einzelstück, keines gleicht einem anderen. Das Dach ist als ansteigender, mit Bäumen bewachsener Waldweg angelegt und teilweise begehbar, es wird

D

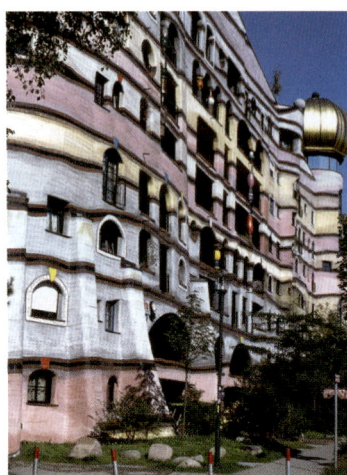

Ostfassade der Waldspirale

bekrönt von orientalisch anmutenden Zwiebeltürmen. Als Baumaterial wurde überwiegend Beton mit recycelten Zusätzen verwendet.

Die Konstruktion folgt dem Gedanken, Wohnraum nicht auf Kosten von Natur und Mensch entstehen zu lassen, sondern ein gemeinsames Erlebnis von Stadt und Natur zu verwirklichen. ●

Darmstadt
Weißer Turm

- ❌ Ernst-Ludwigs-Platz 3
- ☁ Stadt Darmstadt
- ❶ Freundeskreis Weißer Turm, Tel.: 0171-9568590

Dieser Wehrturm stand an dem strategisch wichtigen westlichen Eckpunkt der zwischen 1330 und 1418 errichteten Darmstädter Stadtmauer. Nach dem Aufkommen der Feuerwaffen verlor er seine Bedeutung und wurde für die seit 1695 entstehende Neue Vorstadt zu einem Uhr- und Glockenturm umgebaut. Dafür

wurde er kurz vor 1710 um ein Stockwerk erhöht, ein Kuppeldach aufgesetzt und der Turm ringsum geschlossen. 1738 wurde er erstmals „Weißer Turm" genannt. Nach Veränderungen in seiner Umgebung in der zweiten Hälfte des 19. Jahrhunderts erhielt er 1870 seinen heutigen Eingang und die eiserne Wendeltreppe im Innern.

Der Platz davor heißt seit 1860 „Ernst-Ludwigs-Platz". Als Verkehrshindernis wurde mehrmals der Abbruch des „Weißen Turmes" gefordert. Der 1944 zum Teil zerstörte Turm wurde jedoch 1949-1954 mit einem weiteren Stockwerk versehen wieder aufgebaut. Er diente zunächst als Depot, stand dann aber mehrere Jahre leer. Seit 1997 nimmt sich der „Freundeskreis Weißer Turm" seiner an und nutzt ihn für kulturelle Veranstaltungen, besonders für Fotoausstellungen. 2002 wechselte der rund 40 Meter hohe Turm für einen symbolischen Kaufpreis in Höhe von einem Euro vom Land Hessen in das Eigentum der Stadt. ●

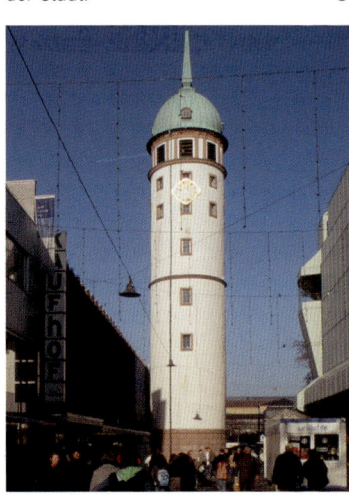

Blick durch die Fußgängerzone auf den „Weißen Turm"

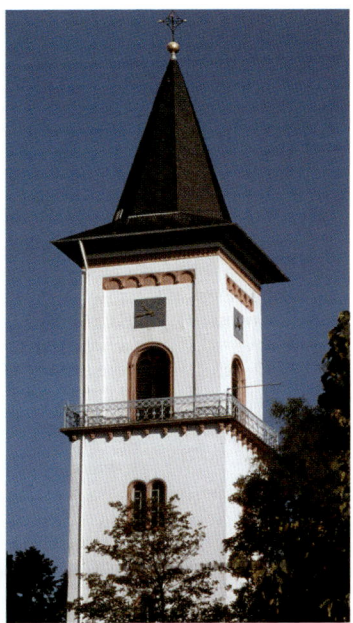

Die Dreifaltigkeitskirche in Eberstadt

Darmstadt-Eberstadt
Haus der Vereine

D

⊗ Oberstraße 16

⬙ Bezirksverwaltung Eberstadt

⊙ Besichtigung von außen jederzeit

❶ Tel.: 06151-132423

Das Haus war ursprünglich eine der zahlreichen Brauereien im Ort, die um 1687 errichtet wurde und bis 1919 bestand. Nach mehreren Besitzerwechseln kam das Anwesen 1972 an die Stadt. Nach Abbruch verschiedener Nebengebäude wurden ab 1981 das barocke Wohnhaus von 1783 und das Brauhaus im Hof restauriert und als Vereinshaus ausgebaut. Nur das Kühlhaus, ein sehr seltenes gewerbliches Denkmal der ehemaligen Brauerei und Küferei Diefenbach, blieb unverändert erhalten. Heute haben hier 13 Vereine ihre Bleibe gefunden und 30 weitere nutzen zeitweise seine Einrichtungen. ●

Darmstadt-Eberstadt
Dreifaltigkeitskirche

⊗ Heidelberger Landstraße 103

❶ Pfarramt Tel.: 06151-55332

Auf der Eberstädter Düne südlich des Ortes wurde um 1520 an der Stelle einer fränkisch-karolingischen Kapelle durch die Herren von Frankenstein die Dreifaltigkeitskirche errichtet.

Bereits 1604 vergrößerte man die Kirche um etwa die Hälfte. 1715, 1850-1851 und 1912 erfolgten größere Renovierungen und Veränderungen durch den Architekten Friedrich Pützer. Schließlich erhielt die Kirche 1961 durch Erweiterung des Langhauses durch Nischen ihr heutiges Aussehen. ●

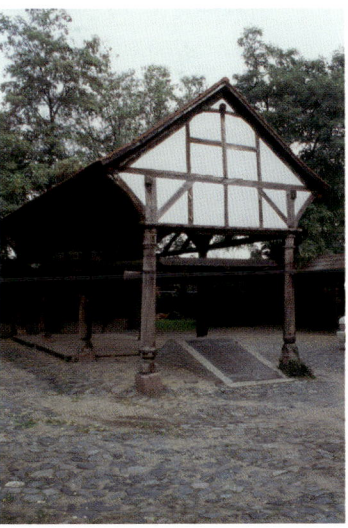

Kühlhaus

D

Darmstadt-Kranichstein

Eisenbahnmuseum

⊗ Steinstraße 7

◉ Verein Museumsbahn e. V.

◉ So 10-16 Uhr, von April bis September
auch Mi 10-16 Uhr
Besuch nur im Rahmen einer Führung

ⓘ Tel.: 06151-376401
www.museumsbahn.de

Der gemeinnützige Verein Museumsbahn e. V. ist Träger des 1976 im alten, 1898 errichteten Ringlokschuppen des Bahnbetriebswerks Kranichstein eröffneten Museums zur Geschichte des Eisenbahnwesens. Es bewahrt die Erinnerung an die beiden großen Hauptwerkstätten in Darmstadt, die „Knell" und die Werkstätte am Dornheimer Weg, die bis 1955 bzw. 2000 der Wartung und Instandsetzung des Wagenparks und der Lokomotiven dienten, und zeigt darüber hinaus auch die Bedeutung der Stadt als südhessischer Verkehrsknotenpunkt.

Eine Sammlung von derzeit über 150 Fahrzeugen gibt einen Überblick über die Entwicklung der Eisenbahn von ihren Anfängen bis in die heutige Zeit.

Weitere Schwerpunkte widmen sich den historischen Einrichtungen wie Telegrafenleitung, Bahnsteigsperre, Läutewerke, Schranke und Signal. Auch der harte Arbeitsalltag der Eisenbahner, die Entwicklung von Reisekomfort und die Geschichte von Fahrkarte und Fahrplan sind dargestellt. Zum Museumskonzept gehören schließlich der Betrieb der Bahnstrecke über den Darmstädter Ostbahnhof bis zum Bessunger Forsthaus und eine ausgedehnte Werkstatt. Hier werden Dampflokomotiven mit den erforderlichen Maschinen und Werkzeugen gewartet und dabei alte Handwerkstraditionen ausgeübt, die es sonst nicht mehr gibt: Niettechnik, Kupferbearbeitung, Kesselschmieden.

Um auch die Geschichte der Darmstädter Straßenbahnen zu bewahren, wird der Wagenpark durch Straßenbahnfahrzeuge der HEAG AG und deren Vorläufer ergänzt. Auch hier finden jährlich zu besonderen Anlässen Fahrten der Dampfvorortbahn mit dem „Feurigen Elias" (Dampflok) zwischen Darmstadt und Griesheim statt.   ●

Am Ringschuppen des Eisenbahnmuseums

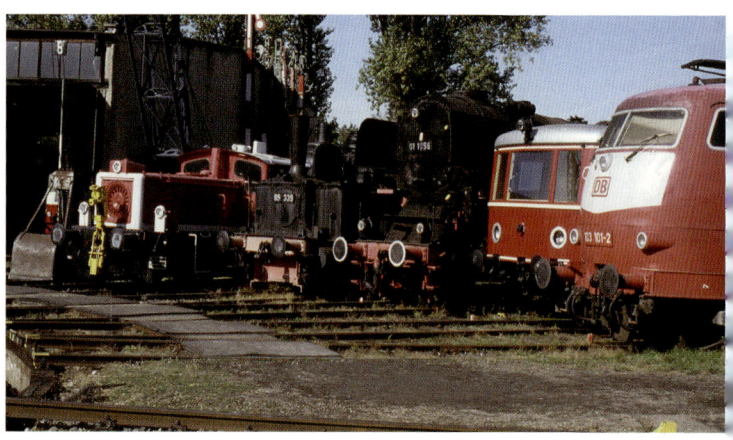

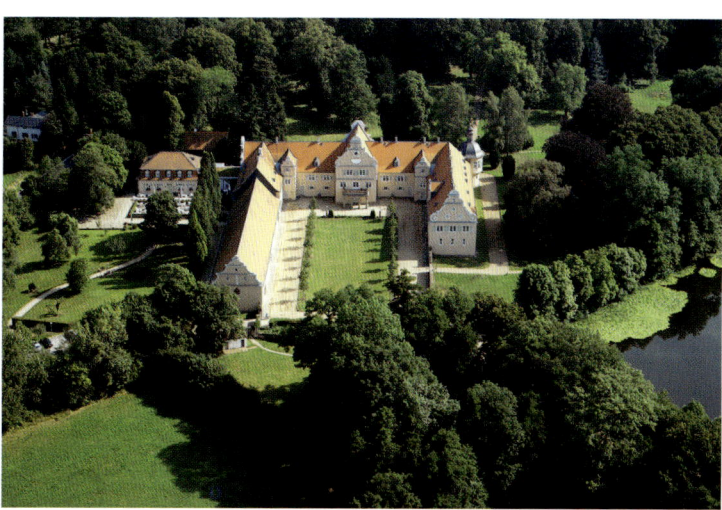

Blick über den Park auf Jagdschloss Kranichstein

Darmstadt-Kranichstein
Jagdschloss Kranichstein

❌ Kranichsteiner Str. 261

🍃 Stiftung Hessischer Jägerhof

ℹ 1. April - 31. Oktober Mi-Sa 13-18 Uhr,
So / Feiertage 10-18 Uhr ,
1. November - 31. März Mi-Sa 14-17 Uhr,
So / Feiertage 10-17 Uhr

ℹ Tel.: 06151-718613,
www.jagdschloss-kranichstein.de

Anstelle einer Einsiedelei entstanden im 16. Jahrhundert das Jagdschloss Kranichstein, dessen Name von Henne Kranich von Dirmstein herrührt, ein Hofgut mit Meierei, eine Schäferei und Fischteiche. Das Schloss wurde unter Landgraf Georg I. zu einer repräsentativen Renaissanceanlage ausgebaut. Mit einer umfangreichen Erneuerung nach dem Dreißigjährigen Krieg wurde auch der Wildpark vergrößert und ein Teil davon zu einem Lustgarten umgestaltet. Im 18. Jahrhundert wurde das Schloss Mittelpunkt landgräflicher Jagdkultur, Anfang des 19. Jahrhunderts entwickelte es sich zu einem beliebten Darmstädter Ausflugsziel, seit 1804 besteht dort eine Gastwirtschaft. 1917 entstand hier das Museum Jagdschloss Kranichstein. Nach verschiedenen anderweitigen Nutzungen während und nach dem Zweiten Weltkrieg, unter anderem als Krankenhaus, Altenheim und Schule übernahm die Stiftung Hessischer Jägerhof 1952 das Schloss vom großherzoglichen Haus und eröffnete nach umfangreichen Renovierungen 1953 das Museum. Baumängel erzwangen seine Schließung. 1998 konnte das Schloss nach Sanierungen wieder eröffnet werden.

Der Sammlungsschwerpunkt liegt auf der Darstellung der Jagd als Bestandteil der Kulturgeschichte von der Frühzeit bis in die Gegenwart. Eine umfangreiche Waffensammlung dokumentiert die Entwicklung der Waffen und der Waffentechnik über vier Jahrhunderte. ●

D

Darmstadt-Wixhausen
Kirche und Pfarrhofreite

- ✖ Römergasse 13-15
- ◈ Ev. Kirchengemeinde Wixhausen
- ❶ Öffnungszeiten und Führungen auch für Kinder nach Vereinbarung
- ❶ Tel.: 06150-7731

Die Pfarrhofreite der evangelischen Kirchengemeinde ist ein geschlossener Gebäudekomplex, der aus einem mittelalterlichen Rittersitz entstanden ist. Zum Baubestand gehören die Kirche, das Pfarrhaus von 1776, eine Scheune von 1827 und das Gebäude des Dorfmuseums.

Die 1295 zur selbständigen Pfarrkirche erhobene Kapelle wurde 1774-1776 von Martin Schuhknecht zu einer barocken Saalkirche erweitert, behielt aber den romanischen Turm von 1150, der statt des heutigen Satteldaches im Mittelalter vier Giebel hatte. Dieser war Teil einer Tiefburg und ist das älteste Baudenkmal der Stadt Darmstadt. In ihm befinden sich ein Uhrwerk aus dem 16. Jahrhundert und die Sankt Blasius-Glocke von 1519. Als Baubestand des Mittelalters sind auch Teile des romani-

schen Schiffs von 1295 und der gotische Hochchor von 1370-1410 anzusehen. 21 Emporenbilder, eine gotische Tafel von 1551, ein ebenfalls gotisches Sakramentshäuschen und die Dreymann-Orgel von 1823 stehen als ältere Kunstwerke der modernen Kunst gegenüber. Diese wird durch ein Fresko von Eberhard Schlotter von 1951 und zwei Physikfenster Thomas Duttenhoefers von 1997, die sich auf die Grundlagenforschung der Gesellschaft für Schwerionenforschung (GSI) beziehen, repräsentiert. ●

Darmstadt-Wixhausen
Dorfmuseum

- ✖ Untergasse 1
- ◈ Ev. Kirchengemeinde Wixhausen
- ❶ Öffnungszeiten und Führungen auch für Kinder nach Vereinbarung
- ❶ Tel.: 06150-83630

In den letzten Jahrzehnten sind zahlreiche Heimatmuseen entstanden, darunter auch das Wixhäuser Dorfmuseum der evangelischen Kirchengemeinde, das 1980-1981 als Reaktion auf die 1977 erfolgte Eingemeindung des Ortes nach Darmstadt eröffnet wurde. Es ist unterge-

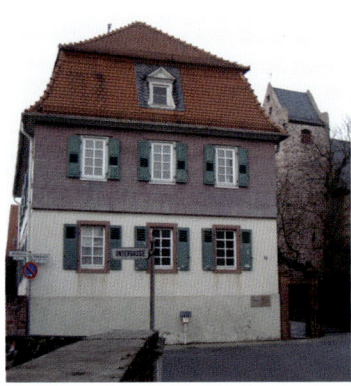

Pfarrhaus mit Kirche im Hintergrund

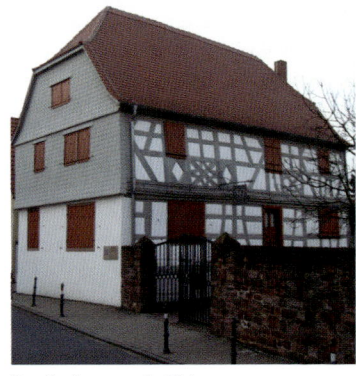

Das Dorfmuseum in Wixhausen

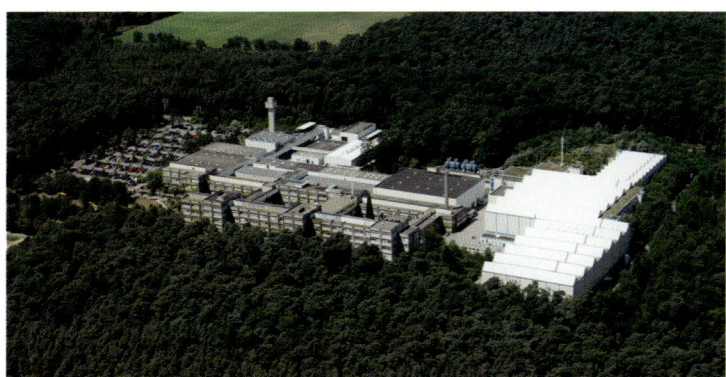
GSI aus der Luft

bracht in einem restaurierten Fachwerkhaus aus der Zeit um 1700, dessen Hofreite auf den mittelalterlichen Sattelhof zurückgeht. Neun Räume, darunter Rauchküche mit offener Feuerstelle, „gute Stube" und Hausbackofen, sind mit Hausrat, Möbel und Wäsche eingerichtet und dokumentieren die häuslichen Lebensverhältnisse des 18. und 19. Jahrhunderts.

Bäuerliche Gerätschaften weisen auf die Landwirtschaft als Ernährungsgrundlage des Dorfes hin und werden durch die Darstellung eines Teils des notwendigen Handwerks wie Schuster, Wagner und Sattler ergänzt. ●

Darmstadt-Wixhausen
Gesellschaft für Schwerionenforschung (GSI)

❌ Planckstraße 1
🌐 Bundesrepublik Deutschland/Land Hessen
ℹ www.gsi.de

Die GSI ist eine von der Bundesrepublik Deutschland und dem Land Hessen geförderte Großforschungseinrichtung, die den Bau und Betrieb von Beschleunigern zur Grundlagenforschung mit schweren Ionen betreibt. Die jetzige Beschleunigeranlage besteht aus einem 120 Meter langen Linearbeschleuniger und einem Beschleunigerring von über 200 Metern Umfang. Damit werden Geschwindigkeiten von bis zu 270.000 km/sec erreicht. Hinzu kommen angewandte Forschungen wie die Behandlung von Tumoren.

Seit ihrer Gründung im Jahr 1969 hat die GSI wichtige Beiträge zur Physik geliefert. Da aber zu neuen Erkenntnissen ständig aufwändigere Geräte benötigt werden, soll in den nächsten Jahren östlich der heutigen Anlage der neue Teilchenbeschleuniger FAIR gebaut werden. Er soll rund 2500 Forschern aus dem In- und Ausland einzigartige Experimente erlauben und stellt damit einen wichtigen Beitrag zur Sicherung des Forschungsstandortes Deutschland dar.

Allein sechs neue chemische Elemente wurden von der GSI entdeckt, darunter 1994 das Element 110, das 2003 in einem Festakt den Namen Darmstadtium (Symbol Ds) erhielt. Es ist nicht stabil und zerfällt in Bruchteilen von Sekunden. Damit ist Darmstadt die einzige Stadt Deutschlands und weltweit die siebte, nach der ein Element benannt ist. Auch das neue Wissenschafts- und Kongresszentrum hat den Namen Darmstadtium erhalten. ●

Dieburg

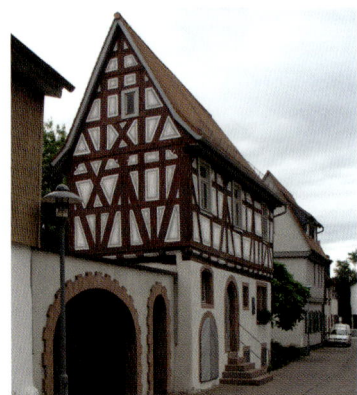

Dieburg
Innenstadt

ℹ️ Stadtverwaltung Dieburg
Am Markt 4, 64807 Dieburg
Tel.: 06071-20020

Als verkehrsgünstig gelegene Ansiedlung mit Straßenverbindungen in alle Himmelsrichtungen war Dieburg schon in römischer Zeit bekannt. Das wurde auch für die wirtschaftliche Entwicklung seit dem Mittelalter von großer Bedeutung.

Über den historischen Marktplatz führte die Zuckerstraße ehemals von der Altenstädter Pforte zum Steinweger Tor, also mitten durch die Stadt. An der Hauptdurchgangsstraße hatten sich Wirtsleute sowie handel- und gewerbetreibende Bürger niedergelassen. Einige reich dekorierte Fachwerkhäuser zeugen deshalb von früherer Wohlhabenheit.

Als einziger erhaltener Ständerbau Dieburgs hat das schmale giebelständige Fachwerkhaus, Zuckerstraße 4 nicht nur für die Stadt einen ganz hohen Stellenwert. Seine Erbauungszeit ist für das Jahr 1384 nachgewiesen. Die mittelalterliche Fachwerkkonstruktion des Ständerbaus mit Verblattungen der Aussteifungshölzer ist besonders gut erhalten. Das Erdgeschoss ist im Laufe der Jahrhunderte

Blick in die Löwengasse

massiv erneuert worden. Ungewöhnlich für Fachwerk dieser Zeit sind die vier großen hölzernen Kreuzstockfenster, die im Obergeschoss die gesamte Giebelfront ausfüllen. Sie sind sonst nur von bedeutenderen Steinbauten bekannt.

Den Eingang zur Badgasse rahmen die spätmittelalterlichen Fachwerkhäuser Nummer 17 von 1470 und das Haus Nummer 19 von 1466. Nummer 17 ist zweigeschossig und sein Obergeschoss kragt von Konsolen gestützt weit hervor. Die Fußstreben sind leicht geschwungen sodass ein dekoratives Band entsteht. Zwischen 1803 und 1869 war hier das jüdische Bethaus untergebracht. Wie andere Bürgerhäuser in der Straße zeigt auch das Nachbarhaus Nummer 15 von 1592, dass die Dekorationselemente im Laufe der Renaissance und des Barock durch Mannfiguren, Andreaskreuz und Feuerböcke, Klötzchenornament, Taustab am Eckpfosten und Krüppelwalm immer mehr zunahmen.

In der Badgasse wie in den anderen kleinen Nebenstraßen waren im histori-

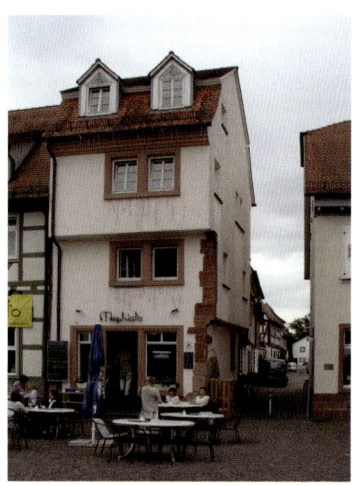

Teil des Marktplatzes

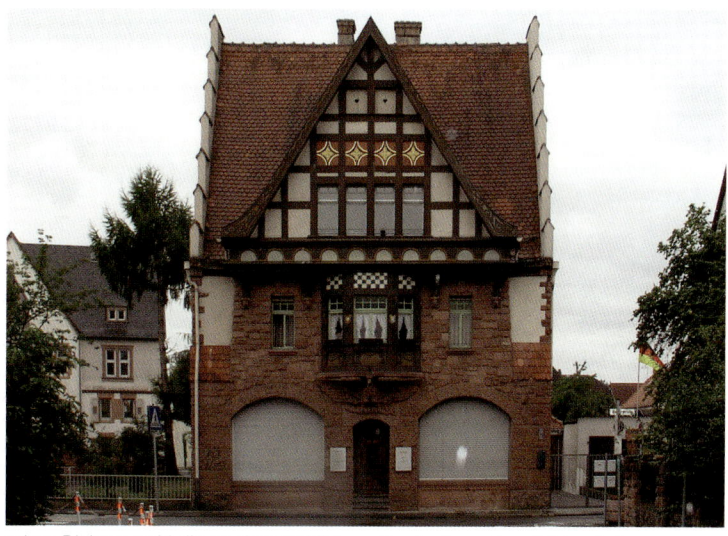

Das Gasthaus „Zum Reichsadler"

schen Dieburg wohl die weniger wohlhabenden Einwohner ansässig. Dafür fällt hier aber das Haus Nummer 10 ins Auge. Es ist das Badehaus und wurde 1579-1581 erbaut. Das Fachwerk ist nach Originalbefund heute wieder in Ocker gestrichen. Die rekonstruierte Fassade mit perspektivischer Quaderbemalung ist in der Stadt besonders auffällig. Parallel zur Badgasse führt die Löwengasse vom Marktplatz aus nach Süden auf die ehemalige Stadtmauer zu. Traufständig liegt ein schmales Häuschen (Nummer 6) auf hohem Sockel an der Straße. Im Scheitel der rundbogigen Kellertür ist das Baujahr 1576 angegeben. Der Eckständer an der Süd-Westecke weist allerdings darauf hin, dass das mittelalterliche Vorgängergebäude in diesem Jahr umgebaut wurde. Das Fachwerkobergeschoss kragt leicht vor, darüber erhebt sich das steile Pultdach. Neben den Mannfiguren sind die geschnitzten Kopfwinkelbänder besonders aufwändig gestaltet. Auch wenn es sich um ein bescheidenes Wohngebäude handelt, ist festzustellen, dass die Schaufassade in ihrer farbigen Fassung

zum Markt hin doch repräsentativ ausgestaltet ist.

Wer sich auf den Weg zur Wallfahrtskirche Sankt Maria begibt, sollte einen Stopp in der Marienstraße 23 machen. Mit seinen ausgeprägten Schmuckformen – wie dem Erker, der von einem mächtigen Adler gestützt wird – ist das ehemalige Gasthaus und Hotel „Zum Reichsadler" von 1905 ein beachtliches Gebäude des traditionalistischen Stils. Ist die Architektur von der Formensprache des Späthistorismus geprägt, so treten in den Schmuckformen Elemente des Jugendstils auf. Etwa gleichzeitig mit ihm wurden das Knabenschulhaus (Marienstr. 18), das Amtsgericht und zwei Wohnhäuser (Altstadt 17 und 19) gebaut. Gasthäuser hatten in diesem Bereich traditionell einen guten Standort. Die bekannte Gastwirtschaft „Petermanns Garten", das Gasthaus „Zum Schwarzen Adler" mit der Thurn und Taxis'schen Posthalterei waren bereits etabliert. ●

D

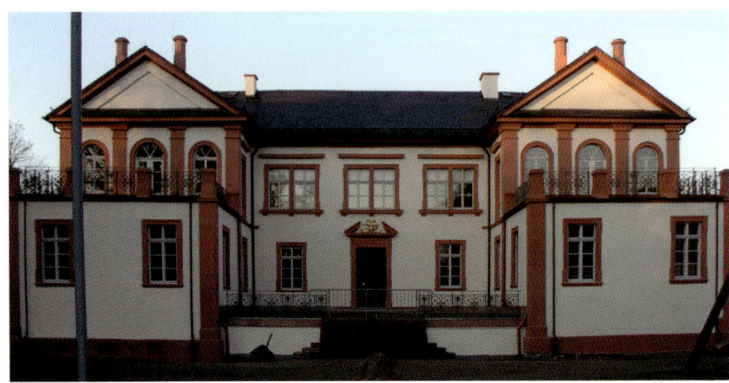

Dieburg
Schloss Fechenbach

Das Schloss Fechenbach (oben), Blick durch den Park auf das Schloss (unten)

- ✕ Fechenbachpark am Markt
- ◆ Stadt Dieburg
- ⓘ Di bis So 10-17 Uhr (Wiedereröffnung des Museums am 30. Juni 2007)
- ⓘ Anmeldungen für Führungen: Stadtverwaltung Dieburg, Am Markt 4, 64807 Dieburg, Tel.: 06071-20020

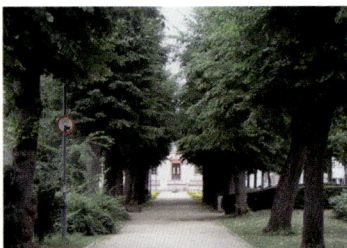

Vom Marktplatz führt durch den Park eine von Linden gesäumte Allee direkt auf die Freitreppe der zweigeschossigen Dreiflügel-Anlage. Links vom Weg steht das Mahnmal zum Gedenken an die jüdische Gemeinde Dieburg, rechts führt er am modernen Erweiterungsbau von 1977 des klassizistischen Rathauses vorbei.

Die heutige Ansicht des Schlosses stammt von 1860, als der Kreisbaumeister Krauß im Auftrag der Familie von Fechenbach dem barocken Vorgängerbau eine neue klassizistische Form gab. Der Vorgängerbau war 1717 von Johann Pleikard von Ullner als eingeschossiges Gebäude mit Mansarddach und zentralem Zwerchhaus über dem Eingang errichtet worden. Krauß stockte das Gebäude auf, beließ allerdings jeweils die Hälfte der vorderen Flügel eingeschossig. Die Qualität des Gebäudes zeigt sich in

seiner ausgewogen proportionierten baukünstlerischen Gestaltung. Die Rundbogenfenster im Obergeschoss werden durch Pilaster gegliedert, geohrte Sandsteingewände fassen die Fensteröffnungen ein. Das Portal wird im gebrochenen Giebel durch das Allianzwappen des Johann Pleikard von Ullner und der Maria Theresa von Haxthausen geschmückt.

Für die Stadt hat das Schloss eine besondere Bedeutung, als Sitz zweier Adelsgeschlechter, aus deren Familien namhafte Persönlichkeiten des 17. bis 19. Jahrhunderts hervorgingen. Noch bis 1939 wohnte hier Gabriele von Fechenbach. Dann kam das Gebäude in Besitz der Stadt, die 1951 darin das Stadtmuseum einrichtete.

Auf der Parkseite des Schlosses führt die Wasserpforte vom ehemaligen

Adelshof der Ullner und Fechenbacher zur Gersprenz. Das von ionischen Säulchen gestützte Portal schmücken Wappensteine in Zweitverwendung: dem Allianzwappen der Ullner und Kratz von Scharfenstein von 1564 steht auf der Gersprenzseite der so genannte Meerweibchenstein gegenüber.

Die Nähe zum Wasser machte eine umfangreiche Sicherung und Trockenlegung des Kellergeschosses notwendig. Bei der aufwändigen, kompletten Restaurierung des Schlosses in den Jahren 2002 bis 2007 sind außerordentlich qualitätsvolle Ausmalungen mit verschiedenen farblichen Raumfassungen entdeckt worden. Nachgearbeitet und gesichert zeigen sie die wohnliche Ausgestaltung und das damalige repräsentative Verständnis der Freiherren von Fechenbach aus der Mitte des 19. Jahrhunderts.

Ebenso wird das Museum mit neuer Konzeption wieder einziehen. Insbesondere die Zeit Dieburgs als römischer Garnisonsstandort wird neu bewertet und anschaulich dargestellt. Der Mithras-Stein und die Jupitergigantensäule werden dabei besondere Schwerpunkte bilden. ●

Dieburg
Wallfahrtskirche Sankt Maria

❌ Altstadt 18-20

☁ Diözese Mainz

🕐 täglich, außerhalb der Gottesdienste

ℹ Pfarramt St. Peter und Paul
Tel.: 06071-22377
www.st-peter-paul.de

Seit dem Mittelalter ist Dieburg Wallfahrtsort. Die katholische Kirche Sankt Maria mit ihrem Gnadenbild der gotischen Pieta ist ein zentraler Ort der Marienverehrung.

Die Vorgängerkirche aus dem 8. Jahrhundert war als Mainzer Sprengel die Mutterpfarrei für die gesamte Umgebung. Südlich in nur zehn Metern Entfernung zur Pfarrkirche entstand 1232 eine kleine Marienkapelle. Hier war der erste Standort der Pieta und spätestens mit ihrer Aufstellung um 1420 begannen die Wallfahrten.

Einige Jahrzehnte vorher schon, gegen Ende des 14. Jahrhunderts, war

Die Pietà im Hochaltar von Sankt Maria

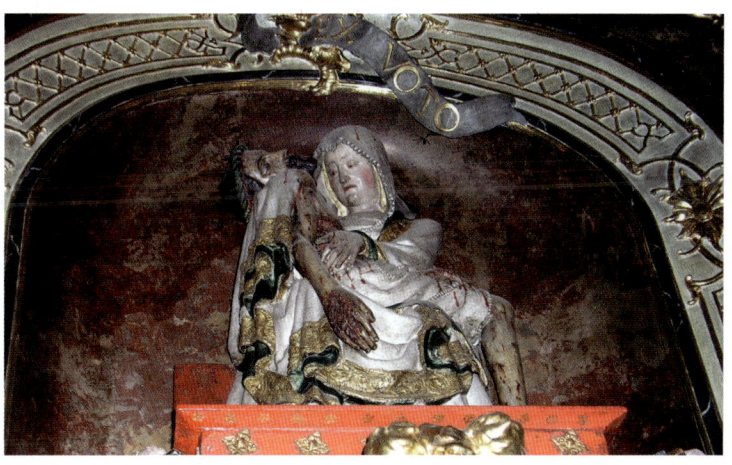

D

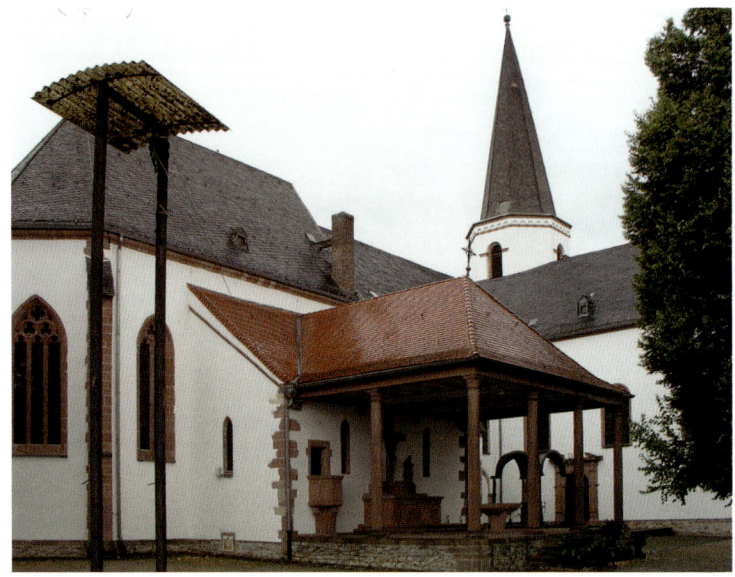

Die Wallfahrtskirche Sankt Maria in Dieburg

die nahe gelegene Pfarrkirche durch einen gotischen Chor mit Sakristei, die Erhöhung des Westturms und das Abreißen der niedrigen Seitenschiffe verändert worden.

Die Reformation führte zu einem Rückgang der Marienverehrung und der Wallfahrten. 1569 schließlich wurde aus der ehemaligen Pfarrkirche die Wallfahrtskirche Sankt Maria und Dieburg entwickelte sich zum religiösen Zentrum im Mainzer Oberstift.

Nachdem die Kirche zu klein geworden war, wurde die Marienkapelle 1697 niedergelegt und der südliche Querhausarm gebaut, der den Innenraum der früheren Kapelle zum Teil in seiner Rotunde aufnahm. 1712-1717 wurde das Querhaus durch den nördlichen Arm vervollständigt. Die Kirche bekam eine neue Ausstattung. 1749 stiftete der Mainzer Erzbischof und Kurfürst Friedrich Karl von Ostein auf Grund eines Gelübdes einen

neuen Hochaltar, in dem die Pietà ihren endgültigen Standort fand.

1921-1929 wurden die Außenanlagen grundlegend verändert. Die Außengottesdienste, bis dahin unter dem gotischen Kruzifix neben dem Eingang abgehalten, konnten an einen neuen Außenaltar auf die Nordseite des Chores verlegt werden. 1948 wurde das ehemalige Friedhofsgelände schließlich umgestaltet und die Stationskapellen der Sieben Schmerzen Mariä fanden ihren Platz.

Das Gnadenbild hat ein unbekannter Dieburger Meister um 1420 gearbeitet. Die innen hohle Skulptur ist aus gegerbtem Leder mit Mörtelauftrag, der von Leinwandschichten gehalten wird. Arme und Beine der Christusfigur sind aus Holz. In der Dieburger Pfarrkirche Sankt Peter und Paul befindet sich eine um ungefähr 20 Jahre früher entstandene Pietà gleicher Machart – wohl vom gleichen Meister. Die Pieta der Wallfahrtskirche ist ein Meisterwerk der Gotik. ●

Dieburg
Ehemalige Wasserburg

- ✖ Albinistraße 23
- ◉ Kreis Darmstadt-Dieburg
- ◉ während der Öffnungszeiten des Kreishauses
- ❶ Tel.: 06071-8812000

An der Stelle des heutigen Landratsamtes von Darmstadt-Dieburg stand eine Wasserburg, die im 12. Jahrhundert zwischen Gersprenz und Leergraben entstand und durch Burggraben und Wälle geschützt war. Alleine der spätgotische Turm an der Albinistraße aus dem 14./15. Jahrhundert ist von den Rundtürmen der einstigen Zwingeranlage übrig geblieben. Die ehemalige Wasserburg war mit zwei mächtigen Mauern mit der Stadt verbunden, deren Reste entlang des Parkplatzes zu sehen sind. Als der Mainzer Erzbischof und Kurfürst Diether von Ysenburg hier residierte, erlebte das Schloss in der zweiten Hälfte des 15. Jahrhunderts (1459–1482) seine Glanzzeit.

Reichsfreiherr Franz Joseph von Albini (1748-1816) führte es nach der Übernahme Dieburgs 1802 durch Hessen-Darmstadt zu einer zweiten Blüte. Er ließ 1809 den zweigeschossigen Südflügel mit Walmdach und vorgezogenen Eckrisaliten entlang der Schlossgasse neu aufbauen. 1857 kaufte die Stadt das Albinischloss und nutzte es für Schulzwecke, bevor es zum Verwaltungsgebäude umgebaut wurde.

Nach Abbruch von Teilen der Stadtmauer präsentiert sich der Ostflügel heute in neogotischen Formen. Er wurde als Kreisamtsgebäude von Baurat Wilhelm von Riefel errichtet und nimmt deutlich Bezug zum ehemaligen Nordostturm. Das Obergeschoss des Turmes aus Bruchsteinmauerwerk erhebt sich über einem auf Konsolen ruhenden Arkadenkranz. Das ehemalige Toilettenhäus- chen aus Sandstein mit profilierter Fassadenplatte springt deutlich hervor. 1906 wurde der Turm rekonstruiert.

In den 60er Jahren des 20. Jahrhunderts wurde der achtgeschossige Neubau der Kreisverwaltung ohne Rücksicht auf den Grundriss der ehemaligen Wasserburg angefügt.

Im Innenhof der Anlage fällt der sandsteinerne Bildstock ins Auge. Auf doppelstöckigem Sockel erhebt sich ein Schaft mit abgefasten Ecken, der von vier Giebeln bekrönt wird. Die vier Seiten schmücken ein Wappen mit Mainzer Rad, ein Steinmetzzeichen und die Jahreszahl 1592. Das Kruzifix im vorderen Giebelfeld trägt die Inschrift: „HANS BRÜCHER, HANS LIPPERT". Der Bildstock wurde 1922 vom alten Münsterer Weg an der Gemarkungsgrenze Dieburg/Münster hierhin versetzt. ●

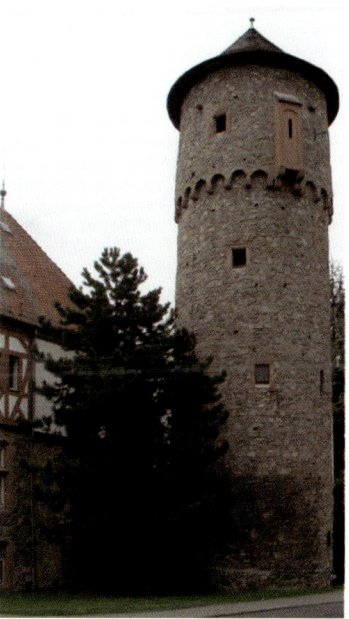

Der Schlossturm der ehemaligen Burganlage

85

Dietzenbach

Kreis Offenbach **Dietzenbach**

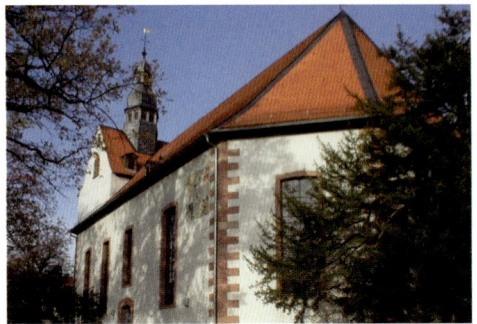

*Die evangelische Kirche
in Dietzenbach*

Dietzenbach
Ortsbild

❌ Christuskirche: Darmstädter Straße 51
Ev. Pfarrhaus: Pfarrgasse 3
Trinkborn: Borngasse

🛈 von außen jederzeit

Dietzenbach liegt im Zentrum des Kreises Offenbach, in der Mittelzone zwischen den Landschaften Dreieich, Rodgau und der Mainregion. Diese zentrale
Lage war der Grund, die 1970 zur Stadt
erhobene Gemeinde mit Sitz der Kreisverwaltung auszustatten.

Die Siedlung wird geprägt durch die
nördlichen Odenwaldausläufer mit einzelnen Erhebungen und die von hier nach
Norden zum Main fließende Bieber. Am
Übergang des Wingertsberges zur Ebene
wurde das 1220 erstmals urkundlich
erwähnte Dorf „Dicenbah" angelegt, von
dem nur noch Reste erkennbar sind.

Beherrscht wurde die ältere Siedlung
von der gotischen Vorgängerkirche
Sankt Martin, heute Christuskirche, die
möglicherweise auf eine noch ältere
Gründung zurückgeht. Erhalten ist der
mächtige, untergliederte Westturm. Der
Gesamtbau von 1426 ist geprägt durch
Maßwerkfenster. Er trägt ein ungewöhnli-
ches Satteldach und einen Dachreiter in
Form einer Haubenlaterne. Im schlichten,
verputzten Saalbau des Langhauses von

1753-1754 finden sich eine Chorempore
und eine Kanzel im Stile des Rokoko.
Außerdem ist noch ein Opferstock von
1655 bemerkenswert.

Von dem 1767 und 1803 erweiterten
ehemaligen Wehrkirchhof sind noch die
Ummauerung mit ornamentierten barocken Sandsteinpfosten erhalten geblieben. Neben den Grabplatten des 17. und
18. Jahrhunderts und einem mittelalterlichen Sühnekreuz in dieser Umfassungsmauer ist noch ein Kriegerdenkmal für
den Krieg 1870-1871 aus Sandstein, als
Obelisk auf einem Sockel mit Inschrift,
interessant.

Repräsentativ ist der zweigeschossige verputzte Massivbau mit Krüppelwalmdach des evangelischen Pfarr-
hauses. Es zeigt eine fünfachsige
symmetrische Aufteilung mit traufseitiger
Fassade mit Zahnschnittleiste. Der Mittel-
eingang wird durch eine zweiläufige Treppe erschlossen. Gebaut wurde das Anwesen um 1808-1809.

In der Borngasse besteht der „Trinkborn" und markiert die ehemals hier
entspringende Quelle des Hainborns, um
den die Siedlung Dietzenbach entstanden sein soll. 1984 wurde die heutige
Anlage mit einer Umfassungsmauer
neu erschaffen, nachdem der früher hier
stehende Brunnen Straßenbauarbeiten
weichen musste. ●

Dietzenbach
Geschichtspfad

❌ an der verlängerten Ober-Rodener-Straße

❗ jederzeit

Der nach dem Entwurf der Landschafts-architekten Beuerlein und Baumgartner geschaffene „Geschichtspfad" unweit der „Russenhütte" stellt etwas Besonderes dar und sucht seinesgleichen in der näheren und weiteren Umgebung.

Wozu ein Geschichtspfad ausgerech-net in Dietzenbach? Das einstige Dorf im Wiesengrund mit rund 5000 Einwohnern nach dem Zweiten Weltkrieg hat in den letzten 50 Jahren eine rasante Entwick-lung durchgemacht und ist heute eine dynamische Stadt mit über 34000 Ein-wohnern. Davon ist die große Mehrheit aus allen Teilen Deutschlands hierher gezogen und fast ein Drittel der Bevölke-rung stammt aus mehr als 100 verschie-denen Nationen. Das bedeutet aber auch, dass die alteingesessenen Famili-en, die in Dietzenbach ihre Wurzeln haben, nur noch einen Bruchteil der hier lebenden Menschen ausmachen. Der Geschichtspfad zeigt, dass die Dietzen-bacher Gemarkung seit Jahrtausenden bevorzugter Siedlungsplatz für Menschen aller Epochen und Nationen war, und dass die Stadt eine bewegte und interes-sante Vergangenheit aufzuweisen hat. Dazu trägt auch der Standort innerhalb der parkartig gestalteten Anlage bei.

In unmittelbarer Nachbarschaft einer archäologischen Grabungsstätte, in der zahlreiche Brandgräber aus der späten Bronze- und späten Eisenzeit gefunden wurden, kann sich der Besucher auf eine Zeitreise durch Dietzenbachs Geschichte begeben. An verschiedenen Stationen des Geschichtspfades werden exempla-risch die wichtigsten Ereignisse in der Geschichte der Ortes dargestellt und mit kurzen Informationstexten erläutert.

So wird zum Beispiel die erste urkundliche Erwähnung um das Jahr 1220 durch ein in Stein gehauenes auf-geplatztes Ei mit Worten aus dem lateini-schen Urkundentext symbolisiert. Die Verwüstung des Ortes durch Pest und Brandschatzung im Dreißigjährigen Krieg wird durch ruinenartige Mauerreste und verkohlte Balken dargestellt. Jüngstes Zeugnis ist die Stadtwerdung im Jahre 1970.

Das Projekt wird durch den Regio-nalpark RheinMain und die Stadt Diet-zenbach getragen. ●

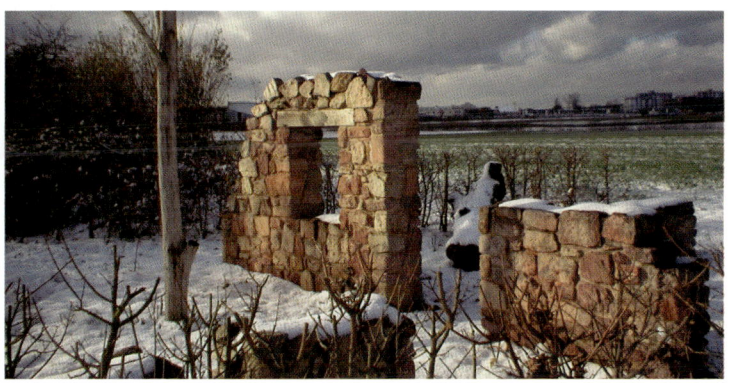

Die Ruinen symbolisieren die Zerstörung Dietzenbachs im Dreißigjährigen Krieg

D

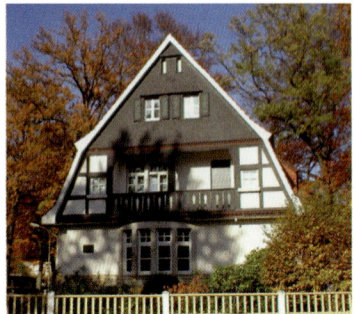

Dreieich-Buchschlag
Villenkolonie

❌ nördlich der Buchschlager Allee
(L 3262) im Bereich Falltor, Zaunweg

🕐 von außen jederzeit

Die Gründung der Villenkolonie Buchschlag an der Main-Neckar-Bahn geht
zurück auf den Frankfurter Kaufmann
und Sozialreformer Jakob Latscha. Er
entwickelte, fernab der Großstadt, die
Vision eine Siedlung zur errichten, die
von kleineren Beamten, Personen des
Großbürgertums und Künstlern bewohnt
werden sollte und keinen bodenspekula-
torischen Einflüssen unterlag.

Erfolgreiche Verhandlungen mit dem
Grundstückseigentümer, der großherzoglichen Regierung in Darmstadt, münde-
ten 1904 in der Gründung der „Woh-
nungsgesellschaft Buchschlag". Ziel war
es, Bauwilligen Ein- und Zweifamilien-
häuser mit Gärten von wenigstens 1000
Quadratmetern anbieten zu können. Der
Kaufpreis sollte 12000 Mark für ein Ein-
familienhaus und 20000 Mark für ein
Zweifamilienhaus nicht überschreiten.
Der niedrige Bodenpreis wurde mit der
ästhetisch anspruchsvollen Gestaltung
begründet, denn die Hessische Domä-
nenverwaltung zu Darmstadt legte strenge Richtlinien für die architektonische
Gestaltung der Häuser an. Der „villenarti-

Typisches Haus der Villenkolonie

ge Charakter" der Häuser wurde vertrag-
lich geregelt.

Auf der Grundlage eines 1904 durch
den Darmstädter Baurat und Professor
Hofmann vorgelegten Bebauungsplanes
entwarf der Professor und Städtebauer
Friedrich Pützer, ebenfalls aus Darmstadt, einen Plan, den das Kreisbauamt
1905 schließlich genehmigte. Im ersten
Bauabschnitt sollten hier 50 Villen
entstehen. 14 Architekten waren an den
Planungen zu der Villenkolonie beteiligt.
Ein zunächst vorgesehenes Ortszentrum
mit Rathaus, Schule, Kirche und Läden
wurde nicht ausgeführt, sodass Latschas
ursprüngliche Idee eines autarken
Gemeinwesens nicht verwirklicht werden
konnte.

Der Rundgang durch die Villenkolonie Buchschlag zeigt das Spektrum der
ländlichen Baukunst von 1905 bis etwa
1915. So finden sich Anklänge an den
Darmstädter Jugendstil ebenso wie die
ländlich-heimatlich orientierte Formensprache des „Heimatstils". Vergleichsweise schmucklose Gebäude weisen
bereits in die Architektur der Zwanziger
Jahre. Die Anlage gehört zu den größten,
in sich abgeschlossenen Siedlungen der
Gartenstadtbewegung. ●

Dreieich-Dreieichenhain
Burg und Stadt

☁ Geschichts- und Heimatverein
Dreieichenhain e.V.

🕐 jederzeit

ℹ Ludwig-Erk-Haus, Alte Schulgasse 4,
Tel.: 06103-8049640
www.burg-hayn.de

Dreieichenhain, das bis in die 30er Jahre
des 18. Jahrhunderts „Hain in der Dreieich" genannt wurde, verdankt seine
Entstehung der Lage im Zentrum des

Das Untertor in Dreieichenhain

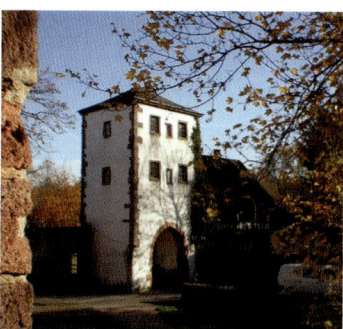

seit dem 9. Jahrhundert bestehenden Königsforst und späteren Wildbann Dreieich. Im 10. und 11. Jahrhundert wurde hier ein königlicher Jagdhof errichtet, der dem allmählich einsetzenden Auflösen des Königsgutes entgegenwirken sollte. Die Vogtei bestand aus einem Herrenhaus mit Nebengebäuden und einem breiten, durch Holzpfähle befestigten Ringgraben. Ab dem 11. Jahrhundert waren die Reichsministerialen die Herren von Hagen, die von diesem Stammsitz ihren Namen herleiteten und sich später nach ihrem neuen Domizil der Burg in der Wetterau von Hagen-Münzenberg nannten.

Unter der Herrschaft derer von Hagen wurde gegen Ende des 11. Jahrhunderts die wasserumwehrte Turmburg errichtet und im ausgehenden 12. Jahrhundert zur Reichsburg mit Bergfried, Palas und Wirtschaftsgebäuden erweitert. Zugleich entstand die erste städtische romanische Ansiedlung. Sie reichte zunächst nur bis zur ehemaligen Mittelpforte, dem damals einzigen Zugang, und bestand hauptsächlich aus einer Ansammlung von Burgmannenhöfen wie Fronhof, Bereiterhof und Wildhof mit den zugehörigen Gesindewohnungen. Aus dem Jahre 1256 stammt die erste Erwähnung als Stadt. Nachdem 1268 der Hagen-Münzenbergische Besitz durch Erbteilung zu 5/6 an Falkenstein und zu 1/6 an die Grafen von Hanau gelangt war, wurde neben dem weiteren Ausbau der Burg die Stadt nach Westen auf etwa die doppelte Fläche bis zum Obertor erweitert. Diese Vorstadt der Handwerker und Gewerbetreibenden erhielt ebenfalls eine Befestigung. Die alte Ringmauer wurde mit Wällen, Gräben und Weihern bastionsartig verstärkt.

1401 stiftete die kinderlose Anna von Falkenstein das Hospital und die Kirche. Doch schon wenig später übernahmen die Grafen von Isenburg das Falkensteiner Erbe. Sie teilten sich zunächst Burg und Stadt gemeinsam mit den Grafen von Sayn und Hanau. Bis 1445 wurde ein aufwändiger Ausbau der Stadt zur Festung nach den neuesten Erkenntnissen der Zeit mit Außenanlagen und Bollwerken betrieben. Vor der Mittelpforte lag zunächst ein Marktplatz, der allerdings gegen Ende des 16. Jahrhunderts überbaut wurde.

Schon früh bestand eine Lateinschule. Die Mehrzahl der Bewohner waren Handwerker und Ackerbürger. 1549 wurde die Reformation eingeführt, 1556 der Sitz der Wildbanngerichtes von Langen nach Dreieichenhain verlegt.

Vom Dreißigjährigen Krieg und seinen Zerstörungen blieb die Stadt weitestgehend verschont, doch hatte sie in der Folgezeit durch Verarmung stark zu leiden. Der Abzug zahlreicher Behörden ließ im Laufe des 19. Jahrhunderts aufgrund veränderter wirtschaftlicher Voraussetzungen die Stadt zur Ackerbürger- und Arbeitergemeinde werden. 1710 ging der Hain ganz in Isenburgischem Besitz über und kam 1816 an Hessen.

Schon im 18. Jahrhundert kam es zu ersten Abbruchmaßnahmen in der Burg, weitere historische Gebäude folgten. 1833 fielen Spital und Mittelpforte. 1875 wurde das erste Haus außerhalb des Mauerberinges vor dem Obertor erbaut. ●

D

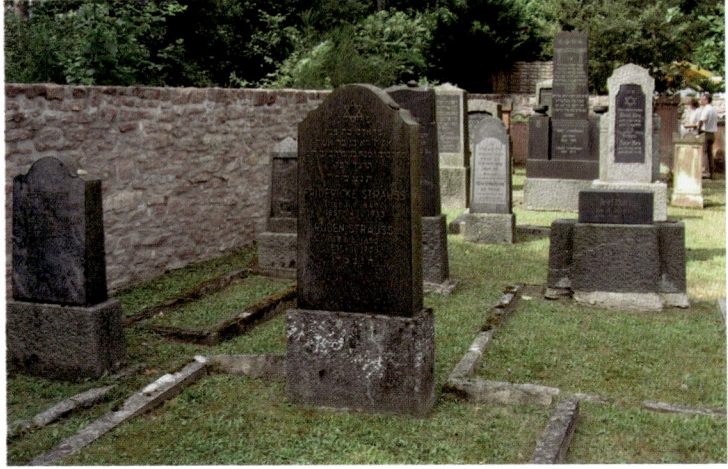

Dreieich-Dreieichenhain

Jüdischer Friedhof

⊗ östlich der Koberstädterstraße (K 172)
Wacholderweg

☁ Landesverband der Jüdischen
Gemeinden in Hessen

ℹ von außen jederzeit

ℹ Friedhofszweckverband Neu-Isenburg
Neuhöfer Straße 105
63263 Neu-Isenburg
Tel.: 06102-731524

Dreieichenhain gehörte neben Heusenstamm zu den ältesten jüdischen Ansiedlungen in der Dreieich. Der älteste Quel-
lenbeleg nennt im Jahre 1482 erstmals
jüdische Einwohner, für das späte Mittelalter sind zudem immer wieder so
genannte „Schutzjuden" belegt. 1859
zählten auch die Juden aus Dietzenbach,
Götzenhain und Offenthal zu der „Israelitischen Gemeinde" Dreieichenhain. Im
gleichen Jahr endete die Zugehörigkeit
zum Rabbinat Darmstadt und die
Gemeinde wurde dem Rabbinat Offenbach unterstellt. Im Haus Fahrgasse 49
hatte sie seit 1714 ihren Betsaal und eine

Blick über den jüdischen Friedhof

Schule. Der Betsaal wurde in der Reichspogromnacht 1938 ausgeplündert.

Die Vermutung, dass im Keller dieses Hauses eine Mikwe, das Ritualbad,
untergebracht war, ist nicht bewiesen.
Der Hausbrunnen, der in einer Nische
der Außenwand eingebaut war, lässt
einen solchen Schluss noch nicht zu.
Ritualbäder sind jedoch in Sprendlingen
und Langen erhalten.

Vor 1933 lebten 28 Juden in Dreieichenhain. Sie waren Metzger, Textil-
kaufleute, Viehhändler, Schuhhändler
und kaufmännische Angestellte.

Am Wacholderweg, südwestlich der
Altstadt am Wald gelegen, befindet sich
der jüdische Friedhof. Er wurde mit seiner geschlossenen Umfassungsmauer
1875 auch für die Orte Götzenhain und
Offenthal angelegt. Heute sind hier noch
23 Grabsteine zu finden. Die letzte Beisetzung fand am 30. Oktober 1936 statt.

Weitere jüdische Friedhöfe sind im
Kreis Offenbach in Egelsbach, Langen,
Sprendlingen, Heusenstamm, Seligenstadt, Klein-Krotzenburg und Mühlheim
erhalten. ●

Dreieich-Götzenhain
Der Kirchborn

❌ außerhalb westlich des Ortskerns, am Ende der Kirchbornstraße

ℹ️ jederzeit, aber Naturschutzgebiet!

Das Naturdenkmal Kirchborn hat die stattliche Ausdehnung von rund 3500 Quadratmetern. Der Quellbereich der Gegend ist mit seltenen Sauergräsern, so genannten großwüchsigen Seggen, bewachsen.

14 Meter nordöstlich der in romanischer Zeit gefassten Kirchbornquelle wurde eine größere römische Siedlungsstelle entdeckt. Bei Ausgrabungen, die von 1917 bis 1930 hier durchgeführt wurden, kam ein römischer Kalkofen zum Vorschein. Es handelte sich um einen Kuppelofen mit kreisrundem Brennraum von 5,10 Meter innerem Durchmesser und 0,70 Metern Mauerstärke. Der Aufbau des Götzenhainer Ofens lässt sich mit Kalköfen, die im Rheinland ausgegraben und deren Funktionsweise dort erforscht wurde, vergleichen.

70 Meter nordwestlich des Kalkofens wurde 1967 das Fundament eines römischen Wohnhauses gegraben. Wahrscheinlich handelte es sich hierbei um einen römischen Gutshof, eine Villa Rustica, zu dem vermutlich weitere Gebäude und der Kalkofen gehörten. Offensichtlich wurde der zu Bauzwecken benötigte Kalk an Ort und Stelle aus dem anstehenden Plattenkalkstein hergestellt und darüber hinaus das Kalkbrennen als Nebenerwerb betrieben. Das Gebäude hatte ein Grundfläche von 15,40 mal 11,60 Metern und einen Keller von 2,50 mal 2,30 Metern.

Einige Pfostengruben lassen die Innenaufteilung des Hauses erkennen. In den Hausecken lagen zwei Feuerstellen, die von Kalksteinen kreisrund eingefasst waren.

Vor allem keramische Funde weisen auf eine Besiedlungszeit von der Mitte des 2. bis ins 3. nachchristliche Jahrhundert hin. Es ist anzunehmen, dass die römische Villa erst mit der Aufgabe des Limes um das Jahr 260 nach Christus verlassen wurde. Wie es scheint, fanden die Besitzer noch Zeit, ihr Besitztum in Sicherheit zu bringen. ●

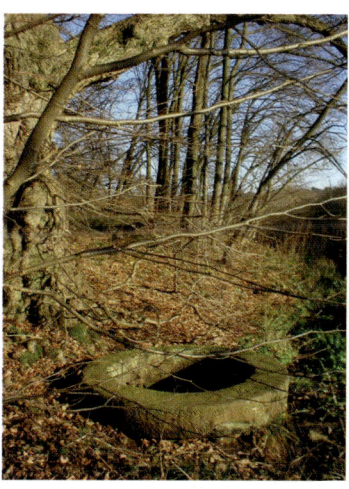

Der Brunnen am Kirchborn

Dreieich-Offenthal
Evangelische Kirche

 Dieburger Straße 1

 von außen jederzeit

Die Offenthaler Kirche ist um das Jahr 1400 von Anna von Falkenstein, der Gemahlin König Günthers von Schwarzburg, gestiftet worden. Alten Nachrichten zufolge muss aber vor der jetzigen Kirche schon eine Wallfahrtskapelle mit einem wundertätigen Marienbild vorhanden gewesen sein. Im Zuge der Reformation wurde um 1530 der Ort durch Erasmus Alberus evangelisch.

Der ältere Teil des Langhauses schließt an die Nordseite des dreiseitig geschlossenen Chores an, was einen winkelförmigen Grundriss zur Folge hat. Der Westturm über offener, rippengewölbter Halle mit Spitzbogenarkaden besitzt Wehrcharakter durch Lichtöffnungen in massivem Mauerwerk.

Der untere Teil des Turmes bildet eine offene Vorhalle mit spitzbogigen, unverzierten Zugängen auf der Nord- und Südseite und mit einem Eingangsportal in das Langhaus auf der Ostseite. Diese Vorhalle wird durch ein Kreuzgewölbe überspannt. In seinem weiteren Aufbau ist der Turm in ein Mittelgeschoss und ein durch ein Gesims getrenntes Obergeschoss geteilt. Im Obergeschoss des Turmes sind die Glocken untergebracht.

Zwischen 1979 und 1980 wurde das Kircheninnere einer grundlegenden Renovierung unterzogen. Die Wahl der Farben erfolgte nach historischem Befund. Die Wandflächen erhielten ein gebrochenes Weiß. Die Stuckleisten der barocken Decke wurden in Hartweiß gefasst, die Hohlkehle in Lichtgrau, der Deckenbereich bis zu den Deckenspiegeln in Lichtgelb und die eigentlichen Deckenspiegel in Lichtgrün angelegt.

Zu der Innenausstattung gehört eine Kanzel und eine Empore aus der Zeit um 1770 sowie eine Orgel, die 1822 der Orgelbauer Gottlieb Dietz schuf. Bemerkenswert ist der geschnitzte Opferstock von 1682. Eine Sakramentsnische mit Eisengitter und zwei kürzlich freigelegten Freskomalereien mit Apostelkreuzen gehen auf das 15. Jahrhundert zurück.

Rechtsdenkmale stellen die drei ursprünglich freistehenden und jetzt im Turm vermauerten Sühnekreuze dar. Sie sind aus heimischem Rotliegenden geschaffen, meist mit gerundeten Armen, Kopf und Kanten, und zählen zu den immer seltener werdenden Rechtsdenkmalen des 13. bis 16. Jahrhunderts. ●

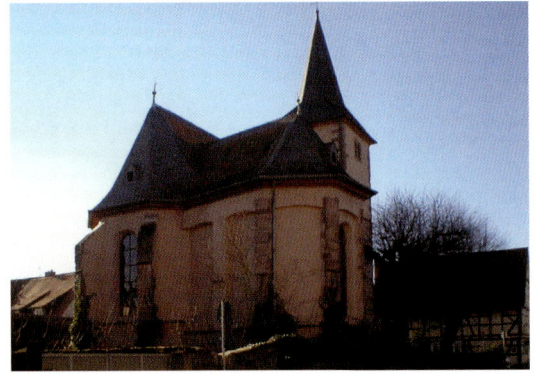

Die evangelische Pfarrkirche in Offenthal

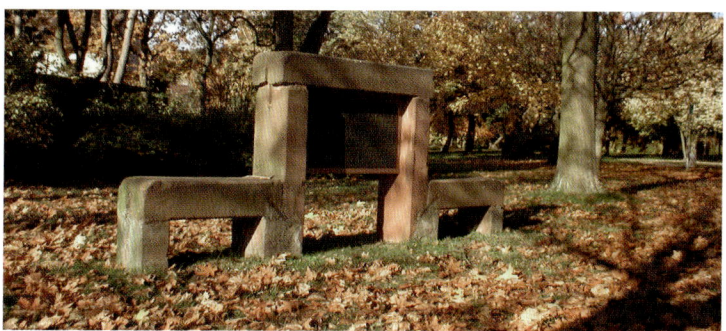

Dreieich-Sprendlingen

Ruhe-Bank

Die steinerne Ruhebank am Hirschsprung

❌ in der Grünanlage kurz vor dem Ortsausgang an der Frankfurter Straße

🕐 jederzeit

Unweit der Siedlung Breitensee beim Hirschsprung befindet sich eine dreiteilige „Ruhe" aus Sandstein, bestehend aus waagrechten und senkrechten Hausteinen, ein Platz zum Abstellen von Lasten. Männer trugen in Südhessen ihre Last auf dem Rücken, Frauen hingegen transportierten meist dazu einen Korb auf dem Kopf. Als Polsterung diente der „Wisch", ein gefütterter Ring, der das Gewicht etwas abmindern sollte. Auf diesen Ring wurde, meist mit Hilfe einer zweiten Person, der Korb gehoben und am Ziel auf die gleiche Weise wieder abgenommen. Rasten wäre unterwegs kaum möglich gewesen, denn allein konnte die Trägerin den Korb nicht mehr aufsetzen. Wenn es an Mauern oder Rainen keine Abstellmöglichkeiten gab, errichtete man daher oft an Wegkreuzungen, in der Ebene oder nach langen Steigungen hohe, steinerne Bänke, die „Ruh" genannt wurden. Hier konnte die Last bequem ab- und ebenso leicht wieder aufgenommen werden.

Die hierzulande gebräuchlichen Ruhen waren zwei- oder dreiteilig. Ein bis zwei waagrechte Balken setzten in unterschiedlicher Höhe an. Der untere Balken war nicht als Sitzgelegenheit gedacht. Der Unterschied in der Höhe der Querbalken ist darin zu sehen, dass der niedrige zum Absetzen der Rückentragekörbe diente, also von Männern zu benutzen war. Als Sitzgelegenheit wären diese Querverbinder wegen ihrer Höhe ungeeignet gewesen.

Solche Art der Ruhen waren einst im Rhein-Main-Gebiet weit verbreitet. Sie wurden fast alle gegen Ende des 18. Jahrhunderts in der napoleonischen Ära errichtet, als verbreitet Chausseebauten zu verzeichnen waren. Heute haben nur wenige Exemplare dieser Kleindenkmäler überlebt.

Die Sprendlinger Ruhe steht nicht mehr an ihrem ursprünglichen Standort an der Frankfurter Straße außerhalb der Ortslage, von wo sie nach hier versetzt wurde. Sie zeigt zudem die Beschilderung eines merkwürdigen Umstandes, der zur Namensgebung „Hirschsprung" beigetragen haben soll: Ein verfolgter Hirsch soll hier einen großen Sprung über eine weite Distanz gemacht haben, um seinen Jägern zu entgehen. Auch eine zweite Ruhe, heute an der Offenbacher Straße, wurde mehrfach versetzt. Weitere derartige Einrichtungen befinden sich bei Offenbach, in Rodgau-Dudenhofen und Seligenstadt. ●

Egelsbach

E

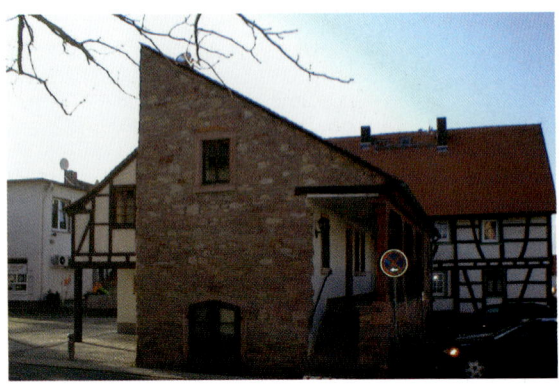

Das ehemalige Wachthaus mit Säulenfront und Arrestraum

Egelsbach
Wachlokal

- ❌ Kirchstraße 1
- ◉ Gemeinde Egelsbach
- ❗ von außen jederzeit

Das Egelsbacher „Arresthaus" ist das ehemalige Wachlokal der Ortspolizei. Der Bautyp des Wachhauses gehört zu einer wenig bekannten Architekturform des Klassizismus, die im Rahmen ländlicher Baukunst hohen Zeugnischarakter besitzt und als Monument der herrschenden Obrigkeit eine prominente Stelle im Ortsbild einnimmt. Außerdem nimmt das Egelsbacher Wachhaus unter einer Reihe der bekannt gewordenen hessischen Bauten gleichen Types eine Sonderstellung ein, da es über dem Kellergewölbe des ehemaligen Rathauses angelegt wurde, wodurch die herkömmlich ebenerdige Säulenvorhalle zu einem reizvollen Loggiamotiv umgedeutet wurde.

Der Großherzoglich Hessische Landbaumeister Georg Moller (1784-1852) kultivierte den Typus des Wachhauses, auch indem er sie meist paarweise anordnete. Sie enthielten zumeist Räume für den Torschreiber, den wachhabenden Offizier sowie eine Mannschaftstube und

zwei Arrestzellen. Die Mehrzahl dieser Gebäude ist leider im Laufe der Zeit verloren gegangen. Allerdings blieb in Mühlheim ein Wachhaus bestehen, das in vereinfachter Form dem Mollerschen Bautypus folgt.

Bereits beim ersten Zarenbesuch auf Schloss Wolfsgarten im Jahre 1899 diente das Egelsbacher Wachlokal als Unterkunft der Ehrenwache. Neben einem Mannschaftsraum für die Soldaten und einer Offiziersstube gab es eine oder mehrere Arrestzellen, auf die die landläufigen Bezeichnung „Arresthaus" zurück zu führen ist.

Im Jahre 1908 wurde an der Westseite ein Anbau errichtet, um „Gebäude und Einrichtungen zeitgemäßen Ansprüchen anzupassen", wie es im damaligen Beschluss der öffentlichen Gemeinderatssitzung hieß.

Lange Zeit nutzte die Landwirtschaftliche Bezugs- und Absatzgenossenschaft den Gewölbekeller als Lagerraum. Unter der Bezeichnung „Freibank" verkauften dort auch die Bauern das Fleisch von notgeschlachtetem Vieh. Im Obergeschoss war zeitweise das Gemeindearchiv untergebracht, außerdem diente das Gebäude als Notunterkunft für Obdachlose und von 1960-1970 sogar als Privatwohnung. Heute hat der Geschichtsverein hier sein Domizil. ●

Einhausen

Einhausen
Fachwerkhaus

- ⊗ Hauptstraße 38
- ⊘ privat
- ⊕ Besichtung von außen jederzeit möglich

Als Kniestockhäuser werden eingeschossige Fachwerkhäuser bezeichnet, die zwischen dem Erdgeschoss und dem Dach einen etwa 60 bis 80 Zentimeter hohen Aufsatz, den Kniestock, tragen. Dieser Aufsatz dient der Vergrößerung des Dachraums und tritt seit dem 18. Jahrhundert auf. Sein Hauptverbreitungsgebiet ist die Rheinebene Südhessens und Baden-Württembergs.

Von den erhaltenen Fachwerkhäusern in Einhausen weist gerade dieses sehr schmuckvoll gestaltete Kniestockhaus viele regionaltypische Merkmale auf und gilt als das schönste und am reichhaltigsten verzierte Haus dieses Types im Ried. Als typisch kann seine Raumaufteilung angesehen werden: Zur Straße hin

befinden sich Stube und Kammer. Durch die Haustür in der Gebäudemitte betritt man den Flur und die sich anschließende Küche. Die rückwärtigen Räume wurden ursprünglich als Stall genutzt.

Das Fachwerk des giebelständigen Wohnhauses ist im Erdgeschoss in einfachen, konstruktiven Formen gehalten. Hier hebt sich einzig ein eindrucksvoller Eckständer hervor, der durch einen gedrehten Taustab verziert ist. Der Kniestock ist auf der Frontseite durch geschwungene Streben, vier Rautenfelder und direkt in der Mitte mit einem vierblättrigen Kleeblatt ausgestattet. Die horizontalen Hölzer sind stark profiliert. In der Mittelachse beider Dachgeschosse befinden sich gekuppelte Rundbogenfenster. Direkt unter dem First ist eine Fratze angebracht.

Das Wohnhaus wird in das Jahr 1730 datiert. Diese Jahresangabe stand als Inschrift in einem Balken eines mittlerweile abgebrochenen Backhauses und wurde als wahrscheinliches Baujahr auf das Haus übertragen. ●

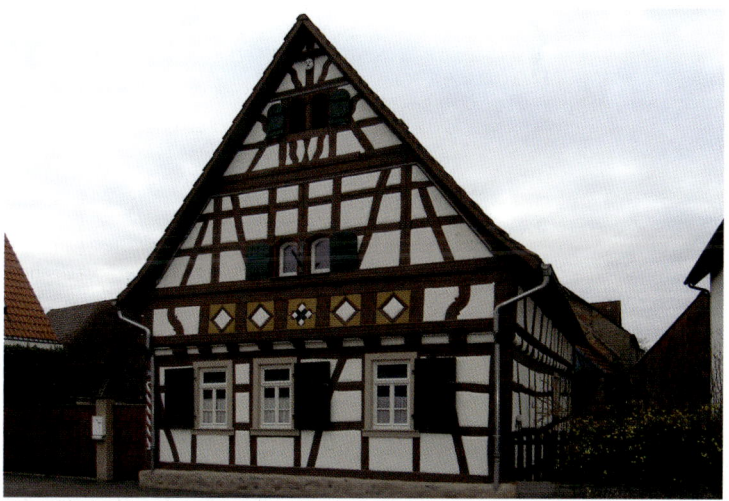

Das Kniestockhaus gilt als das schönste und schmuckvollste im Ried

E

Einhausen

Ehemaliges Schuler'sches Anwesen

- ✖ Ludwig-Jahn-Straße 15
- ✖ privat
- ✚ von außen jederzeit

Das ehemalige Schuler'sche Anwesen ist eine klassizistische mehrseitige Hofanlage aus dem frühen 19. Jahrhundert. Sie besteht aus einem winkelförmigen Wohnhaus, einer 1812 bezeichneten Scheune, Stallungen, einer Remise und einem Backhaus, wobei jedes Gebäudeteil massiv, vorwiegend aus weißem Sandstein, errichtet ist. Die Hofanlage wird weitgehend von einer Mauer umfasst, die Toreinfahrt von zwei mit klassizistischen Vasen bekrönten Pfosten flankiert.

Das Hofgut gehörte seit Anfang des 19. Jahrhunderts dem Oberforstmeister Carl Christian Wilhelm Friedrich Ferdinand Freiherr von Schuler, dem es seinen Namen verdankt. Wer es erbaute, ist nicht abschließend geklärt, vermutlich war es aber Schuler selbst. In seinem Besitz blieb es bis 1875.

Das Anwesen mit seiner schlichten klassizistischen Architektur, dem sichtbaren Mauerwerk und den zeittypischen Details ist nicht nur für Einhausen, sondern für den gesamten Kreis Bergstraße eine Rarität. ●

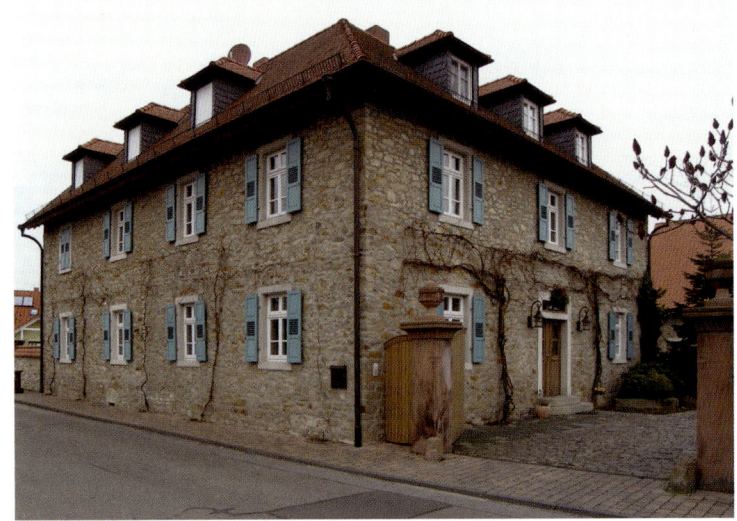

Die klassizistische Hofanlage des Schuler'schen Anwesens

Erbach

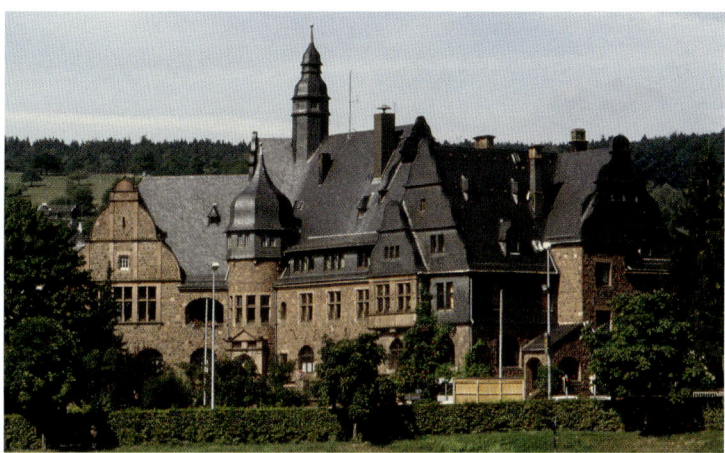

Erbach

Schauseite des Landratsamtes von Osten

Landratsamt

❌ Michelstädter Str. 12

🔵 Odenwaldkreis

🔵 geöffnet während der Dienstzeiten,
Tel.: 06062-700

Das Landratsamt des heutigen Odenwaldkreises gehört dem Baustil der so genannten Deutschen Renaissance an, der alte Teil ist ein „schlossartiges" Gebäude. Seine ehemals freie Lage zwischen Gärten und Wiesen ohne spätere Zubauten betonten diesen Eindruck. An seiner Stelle befanden sich im Mittelalter die Gerichtsstätte, der Zent Erbach und danach eine Ziegelhütte.

Der historische Teil ist ein komplexes Gebäude in Sandstein-Rustika-Mauerwerk mit zahlreichen verschieferten Giebel- und Dachflächen und zwei Türmen. Es erinnert an Bauwerke in Rheinhessen, besonders in Worms, an der Bergstraße und in Darmstadt. Sein Architekt, Karl Christian Hofmann (1856-1933), war – vor seiner Berufung 1897 zum Professor der Baukunst an die TH Darmstadt – Stadtbaumeister von Worms.

Mit der von Napoleon 1806 erzwungenen Mediatisierung verlor die Grafschaft Erbach ihre Reichsunmittelbarkeit und die Residenzstadt Erbach zahlreiche Funktionen, bis sie schließlich mit dem Sitz eines Landratsamts 1822 aufgewertet wurde. Nach drei zum Teil unzweckmäßigen Standorten entschloss man sich 1899 zu einem Neubau, der alle Verwaltungszweige, die Wohnungen des Kreisdirektors und eines Amtsdieners unter einem Dach beherbergte. Nach Plänen von Hofmann wurde das Verwaltungsgebäude in den Jahren 1902-1904 unter der Regie des Hochbauamtes Dieburg von Bauunternehmer und Steinmetz Adam Hild (1861-1939) aus Hetzbach errichtet. Nach einem „Inventarium" aus den Jahren 1908-1909 bestand das Kreisamtsanwesen aus Wohnhaus, Hof, Zier- und Pflanzgarten mit einem Wäsche-Bleichplatz. Umschlossen war es von einer Bruchsteinmauer und Lattenzäunen zwischen Pfeilern. Bereits im Dezember 1903 zogen die ersten Dienststellen in das Gebäude ein. Bemerkenswert ist, dass die Fläche der beiden Wohnungen nur wenig kleiner war als die der

E

Büroräume. Aber schon in den 1930er Jahren musste der Kreisdirektor Räume abgeben, weil die ursprünglich vorgesehenen Diensträume nicht mehr ausreichten. Nach dem Zweiten Weltkrieg erwarb der Kreis das Gebäude vom hessischen Staat. 1952 wurde ein Teil des voluminösen Dachraums zu weiterer Diensträumen ausgebaut.

Dem historischen Bauwerk schließen sich südlich mehrere moderne Erweiterungskomplexe an, 1959 ein zweistöckiger Neubau, der schon 1964 aufgestockt und mit einem Zwischenbau (heutiger Eingang) mit dem alten Gebäude verbunden wurde. 1987 kommt es im Rahmen eines Architektenwettbewerbs zu einer letzten Erweiterung auf der Südwestseite. ●

Erbach
Lustgarten und Orangerie

> ❌ Jahnstraße / Lustgartenstraße
>
> ⬢ Stadt Erbach
>
> ❶ frei zugänglich

Im Jahr 1570 hatte Graf Georg III. von Erbach die an der Mümling gelegene Mühlenwiese erworben und einen ersten, streng geometrisch gegliederten Lustgarten in französischem Stil schaffen lassen.

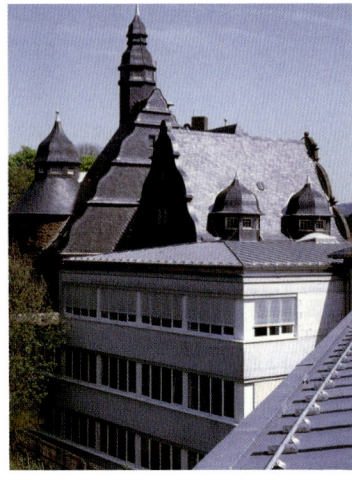

Der Erweiterungsbau von 1960 mit Altbau im Hintergrund

Das an der nördlichen Seite gelegene Orangeriegebäude stammt von 1722 und ist heute Geschäftshaus. Früher diente es der Überwinterung subtropischer Pflanzen, mit denen man im Sommer den Garten zusätzlich schmückte.

Die zum Residenzschloss der Grafen zu Erbach-Erbach gehörende Anlage wurde in den Jahren 1988-1989, unterstützt durch eine Bürgerinitiative, in französischem Stil erneuert. ●

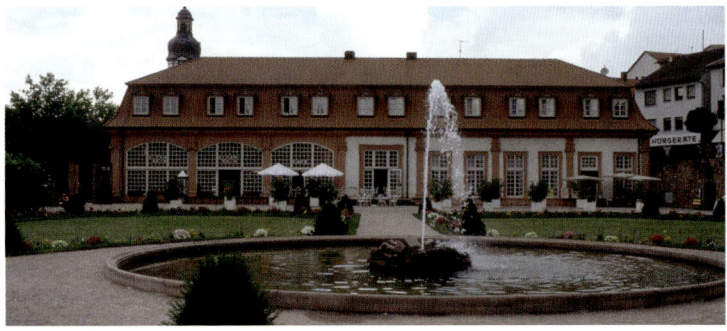

Südfassade der Orangerie

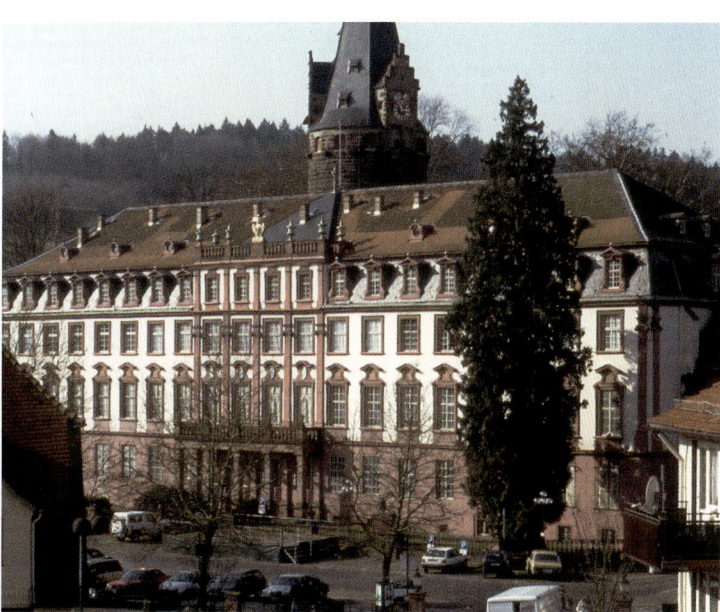

Das Schloss in Erbach

Erbach
Schloss

❌ Marktplatz 8-10

⬆ Land Hessen

ℹ Führungen

März bis Oktober:
Mo-Fr 11, 14, 16 Uhr,
Sa, So, Feiertage 11, 14, 15, 16 Uhr

Adventswochenenden:
Fr-So 14, 15, 16 Uhr

November bis Februar: Führungen finden
bei Bedarf und nach Voranmeldung statt

Januar bis Dezember: Sonderführungen
für Gruppen ab 10 Personen sind nach
Anmeldung jederzeit möglich

ℹ Tel.: 06062-8093611

Der älteste Teil des Schlosses ist der
aus dem frühen 13. Jahrhundert stammende Bergfried. Er bildet den Kern der
ersten ringförmig erbauten Wasserburg
der Schenken zu Erbach. Wegen seines
starken Buckelquader-Mauerwerks ver-
mutete man lange einen römischen
Ursprung. Sein Zinnenkranz wurde 1497
von Schenk Erasmus durch eine Bekrö-
nung mit drei getreppten Zwerchgiebeln
und einem steilhohen Spitzhelm ersetzt.

Graf Georg Wilhelm ließ 1736 einen
Großteil der alten Burg abtragen und das
nüchterne dreigeschossige Schloß zu
zwanzig Achsen und mit Mansarddach
errichten. Die Pläne hierzu fertigte der
Saarbrücker Baumeister Joachim Friedrich Stengel. Ihr heutiges Aussehen
erhielt die Fassade des Hauptbaus
jedoch erst mit der Anbringung von Säu-
lenimitationen und Fensterverzierungen
1900-1902. Diese barocken Stilelemente
sind aus zinkblechverkleidetem Holz
gefertigt.

E

Durch die Tordurchfahrt des Archivbaus gelangt man in den Schloßhof. Hier finden sich rechts der „Alte Bau" sowie der ehemals als Kornspeicher genutzte Kanzleibau. Beide stammen aus dem 16. Jahrhundert und erfuhren Ende des 19. Jahrhunderts eine umfassende Restaurierung.

Im Schloß befinden sich die berühmten Sammlungen des Grafen Franz I. zu Erbach (1754-1823) in prächtig ausgestatteten, überwiegend museal genutzten Räumlichkeiten. 1803 wurde der zwei Geschosse umfassende Rittersaal mit seinen neogotischen Stern- und Netzgewölben angelegt. 1865 erfolgte die Einrichtung der Hirschgalerie, deren geschnitzte Holzdecke (um 1685) aus der Prämonstratenserabtei Rot a. d. Rot stammt. Die beiden „Römischen Zimmer" enthalten zahlreiche Kunstwerke des klassischen Altertums, vor allem Marmorbüsten. Die 1813 erbaute Hubertuskapelle birgt den Sarkophag Einhards und den Schöllenbacher Schnitzaltar. ●

Erbach

Städtel mit Tempelhaus

- historischer Stadtkern / Städtel Nr. 15
- Land Hessen
- Betrachtung nur von außen

Städtel bezeichnet den ursprünglich von einer Stadtmauer umgebenen historischen Stadtkern Erbachs. Hier wurden im 13. Jahrhundert zunächst sechs Burgmannensitze, größere Anwesen, angelegt. Die Burgmannen waren adelige Gefolgsleute der Erbacher Schenken, die u. a. einen Abschnitt der Stadtmauer zu unterhalten und zu verteidigen hatten.

Das Tempelhaus ist ein in der Mitte der nördlichen Stadtmauer gelegener großer Wehr- und Wohnturm. Er stammt wahrscheinlich aus dem 13. Jahrhundert (Dachstuhl dendrochronologisch datiert

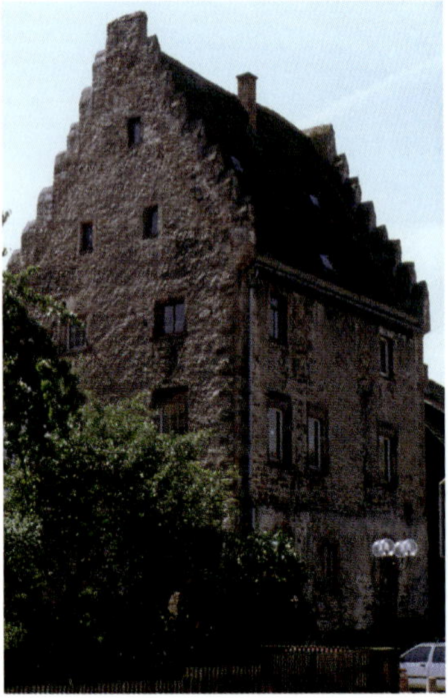

Der Burgmannensitz Tempelhaus

auf 1368) und bildete den Mittelpunkt des Burgmannensitzes derer von Echter. Die Herkunft des Namens Tempelhaus ist noch nicht geklärt. ●

Erbach-Dorf-Erbach

Erdbachversickerung

- beiderseits der Eulbacher Straße
- Stadt Erbach
- frei zugänglich

Die auf den umliegenden Höhenzügen des Odenwaldes längst abgetragenen Kalkschichten entgingen im Michelstädter Graben der Verwitterung. So ragt eine Scholle Muschelkalk zwischen Dorf-Erbach und Stockheim als Sporn in das Tal der Mümling hinein. Der aus dem Dreiseetal kommende Erdbach fließt an seinem südlichen Hang entlang. An der Stelle, wo er in fünf Öffnungen am Fuße einer kleinen Felswand versickert,

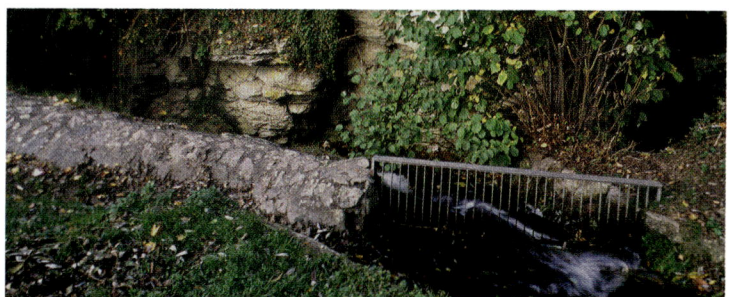

Die Haupteinflussstelle in die Versickerung

wird er zum Rinnsal. Die Ausflußstelle befindet sich in ca. 100 m Luftlinie nördlich davon entfernt nahe bei der Stockheimer Mühle. Messungen mit Farbzusätzen ergaben, daß das Wasser hierfür bis zu 23 Stunden benötigt. Dies läßt auf ein ausgeprägtes Gangsystem mit Seen schließen, das Höhlenforscher bereits auf einer Länge von ca. 400 m begehen konnten. Das Erdbach-Höhlensystem bildet die größte Karsterscheinung Südhessens. ●

Erbach-Günterfürst
Brunnenstube

❌ Geißbergweg beim Kinderspielplatz

🏙 Stadt Erbach

❗ frei zugänglich

Unterhalb des heute verschwundenen standesherrschaftlichen Hofguts befindet sich eine sehr alte steinerne Quellkammer, die über ihrer Tür die Jahreszahl 1580 trägt. Die ungewöhnliche Abdeckung mit runden Sandsteinplatten scheint jüngeren Datums zu sein. Jahrhundertelang hat die Brunnenstube ausschließlich den wenige Schritte davon entfernt befindlichen Gemeindebrunnen des Oberdorfes gespeist; 1809 wurden die Brunnen dreier weiterer Höfe angeschlossen. Als nach 1822 auch im Unterdorf aus Gründen der Feuersicherheit und der Gesundheitsfürsorge ein weiterer Gemeindebrunnen angelegt werden sollte, kam es zu einer langwierigen Auseinandersetzung. Mit dem Bau der Gemeindewasserleitung 1899-1900 wurden Quellkammer und Brunnen überflüssig. 1941 legte man unterhalb der Quellkammer in der Brunnenwiese einen Brandweiher an. ●

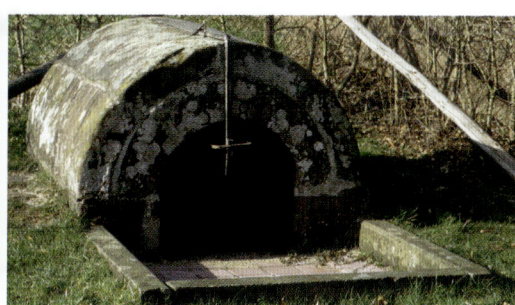

*Die Brunnenstube
von 1580*

Fischbachtal

F

Fischbachtal-Lichtenberg
Schloss, Bollwerk und Ortsbild

> Museum Schloss Lichtenberg
>
> ❌ in Lichtenberg (Ausschilderung folgen)
>
> 🕐 März bis Ende Oktober Mi-Fr 15-18 Uhr,
> Sa, So und Feiertage 11-18 Uhr
>
> ℹ Herr Wackerfuß, 64401 Groß-Bieberau,
> Tel.: 06162-2470
> info@breubergbund.de

Weithin überragen das Fischbachtal Bollwerk und Schloss „uff dem lichten Berge". Diesen reizvollen und strategisch wichtigen Standort hatten die Grafen von Katzenelnbogen für den Bau einer Burganlage gewählt, die, schon vor 1228 gegründet, sich zu einem Zentrum der katzenelnbogischen Herrschaft entwickelte.

Mit dem Erbe dieser Grafschaft übernahm Hessen 1479 deren mächtige Stellung an Main und Rhein und dehnte seinen Einflussbereich in den Süden aus.

Unter Landgraf Wilhelm II. verfestigte sich diese Machtstellung, der Ausbau der Burg Lichtenberg zur Festung wurde vorangetrieben. Sichtbar wird die Stärkung der Verteidigungskraft mit dem Bau des mächtigen Bollwerks im Jahr 1503.

Zwanzigjährig übernahm Georg I. von Hessen-Darmstadt die Regentschaft und entschied sich, Lichtenberg zu einem repräsentativen Renaissance-Schloss und zukünftigen Witwensitz auszubauen. Gleichzeitig hatte er sich zur Aufgabe gemacht, in Kranichstein ein neues Jagdschloss zu erstellen und musste zudem den Wiederaufbau der zerstörten Residenz in Darmstadt durchführen lassen.

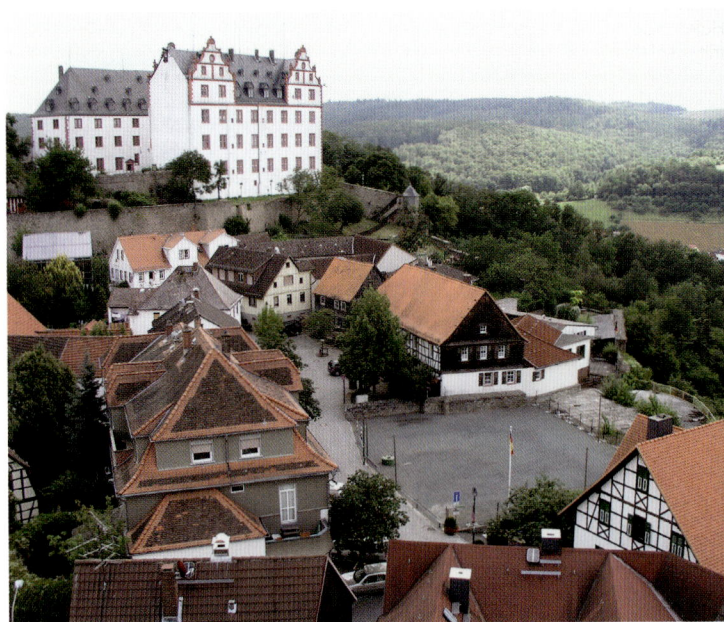

Blick über die Altstadt auf Schloss Lichtenberg

Das neue Renaissanceschloss beeindruckt durch seine Ausgewogenheit, obwohl aus Rücksicht auf den Vorgängerbau der dreiflügelige Grundriss unregelmäßig blieb. Nur sparsam sind Schmuckelemente eingesetzt: Schneckengiebel, im Hof ein achteckiger Treppenturm mit geschweifter Haube.

Georgs Baumeister waren Jacob Kesselhut und Jakob Wustmann, jedoch wird dem jungen Bauherrn selbst die Einführung des Renaissancestils im Lande zugeschrieben. Nicht nur die späteren Schlossgebäude in Darmstadt, sondern auch die Rathausbauten in Darmstadt und Pfungstadt übernahmen diesen neuen Lichtenberger Stil.

Um 1800 wurde Lichtenberg als fürstliche Residenz aufgegeben. Anfang des 19. Jahrhunderts fielen Stadtmauer und äußeres Stadttor zu Gunsten der Ausdehnung des Dorfes. Zu den kleinen Höfen kamen Gasthäuser hinzu, denn mit der Romantik hatte rund um das Schloss „darauf gesunde Luft" der Fremdenverkehr begonnen. Das alte Schulhaus 1904 und einige Villen im Heimatstil wurden errichtet. Ab 1913 gab es Fremdenzimmer und im Schloss Sommerwohnungen. Seit 1951 zieht ein Museum die Besucher an.

Der freistehende Batterieturm steht 400 Meter westlich auf einem vorgelagerten Bergsporn. Den zweigeschossigen Turm, dessen Mauern eine Stärke von 5,90 Metern haben, schließt ein Zinnenkranz ab. Über dem Eingang ist im ersten Stock ein mit spätgotischem Maßwerk verzierter Ausgusserker vorgebaut. Die Innenräume, in denen die Geschütze Aufstellung fanden, sind überkuppelt. Die Öffnungen im Scheitel dienen dem Abzug der Pulverdämpfe.

Das Bollwerk ist ein eindrucksvolles Monument der Festungsarchitektur, die sich im 16. Jahrhundert durch das Aufkommen der Feuerwaffen einer neuen Herausforderung stellen musste. ●

Fränkisch-Crumbach

F

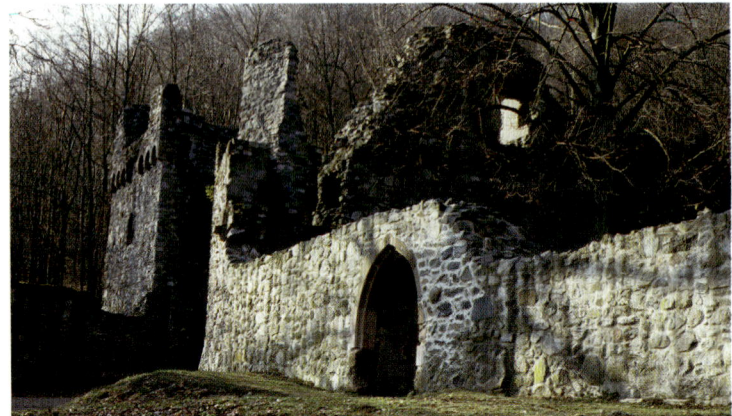

Fränkisch-Crumbach

Die Ruine Rodenstein, Ansicht von Süden

Burgruine Rodenstein

- ⊗ nordwestlich von Fränkisch-Crumbach
- ⊗ privat
- ⊕ frei zugänglich

Am Ende des Eberbacher Tales liegt mitten im Wald die Ruine der Burg Rodenstein. Als vermutlich gegen Ende des 13. Jahrhunderts die Burg Reichenberg an Erbach verloren ging, erbauten die Herren von Crumpach, ein altes Rittergeschlecht, am Südosthang des Rimdidim eine Hangburg und nannten sich fortan Herren von Rodenstein. Sie hatten außer der Herrschaft Fränkisch-Crumbach noch größere Besitzungen an der Bergstraße, in Rheinhessen, besonders in Worms und in der Herrschaft Breuberg.

Der älteste Teil der Anlage ist die annähernd viereckige Kernburg mit 24 mal 30 Metern Kantenlänge. Im 14. Jahrhundert wurde diese erstmals durch einen Palas („Steinerner Stock") mit starker Schildmauer und einen Zwinger mit zwei Tortürmen erweitert. Durch Verpfändung erfolgte eine Teilung der Burg in mehrere Herrschaften, die erst 1511 endete. Besonders durch den Bau eines neuen Zwingers mit starker Bastion im Süden wurde die Burg um 1550 entscheidend befestigt. Aus dieser Zeit stammen auch die beiden Flankierungstürme im Nordosten und Nordwesten. Eine Zeichnung von Valentin Wagner aus dem Jahr 1634 zeigt die Burg auf ihrem baulichen Höhepunkt. Seit dem Tod des Adam von Rodenstein 1635 war sie unbewohnt und verfiel bereits vor dem Aussterben des Geschlechts 1671. Vor allem der Miteigentümer Hauptmann von Kamptze zu Gottau beschleunigte 1640 den Verfall durch rücksichtslose Entnahme von Dachziegeln und Gebälk, da er das Baumaterial für sein Gut in Georgenhausen benötigte. Auch als sich 1801 die Herren von Prettlack in Fränkisch-Crumbach ein Schloss erbauten, holten sie die Steine fast vollständig von der Burgruine. Seit 1885 wurde die Ruine mehrfach restauriert, zuletzt 2001. Berühmt sind Ruine und Rittergeschlecht seitdem unter anderem Johann Viktor von Scheffel (1855-1860) und Werner Bergengruen (1925-1926), die die Sage vom Rodensteiner und seinem Wilden Heer literarisch bekannt machten. ●

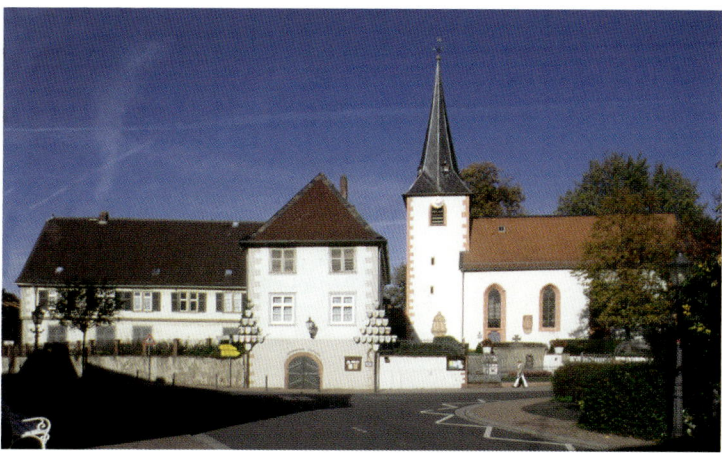

Fränkisch-Crumbach
Evangelische Kirche

Schloss, Kellerbau und Kirche von Süden

- ⊗ Bahnhofstraße 4
- ⊗ Ev. Kirchengemeinde Fränkisch-Crumbach
- ⊕ So ab 10 Uhr an den Gottesdiensten oder Pfarrhaus/Pfarrbüro, Tel.: 06164-2253

Die Grabkirche der Herren von Rodenstein bildet am Ostausgang des Dorfes zusammen mit dem Gemmingischen Schloss, 1575 von Philipp von Rodenstein als „festes Haus" errichtet, und dem Kellerbau, dem ehemaligen Rentamt (seit 1980 Heimatmuseum) eine sehenswerte Baugruppe. Die im Kern romanische Kirche, ursprünglich dem Heiligen Laurentius geweiht, erhielt nach der im Schlussstein des Chores befindlichen Jahreszahl und einem Steinmetzzeichen von Baumeister Hans Eseler oder dessen Onkel Konrad von Mosbach, 1485 einen Turm und einen Chor mit Rippengewölbe. Bemerkenswert ist ihre reiche Ausstattung mit Grabdenkmälern im Innern, sie bilden den eigentlichen Reichtum der Kirche. An der Nordwand des Langhauses befindet sich das Hans Eseler zugeschriebene ausdrucksstarke Epitaph des Junkers Hans III. von Rodenstein, der auf einer Pilgerfahrt nach Rom am 2. April 1500 verstarb und dort auf dem Deutschen Friedhof bei Sankt Peter begraben wurde. Das Epitaph ist eines der bedeutendsten Bildwerke der deutschen Spätgotik. Die Epitaphien im Chor für Hans IV. von Rodenstein (†1531) und seine Gattin Anna Baier von Boppard (†1560) sind Beispiele guter Renaissancedenkmäler. Der Großteil der heutigen Ausstattung stammt aus den 60er Jahren des 19. Jahrhunderts.

Kulturgeschichtlich interessant ist auch die „Türkentrommel", ein runder Tisch, der auf drei Delphinen als Beinen steht. Sie wurde von dem in Fränkisch-Crumbach ansässigen Freiherrn von Prettlack als Kriegsbeute von der Schlacht gegen die Türken vor Wien (1683) mitgebracht und der Kirchengemeinde als Tauftisch gestiftet. Die „Türkentrommel" lieferte auch die Grundlage der Sage vom Sieg des Rodensteiners über die Türken. ●

F

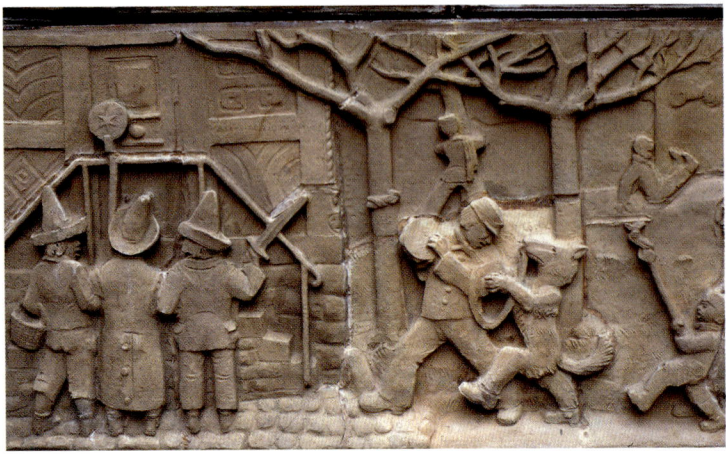

Fränkisch-Crumbach

Rodensteiner-Relief
am Kellerbau

Der Rodensteiner Relief und das Odenwälder Jahresbrauchtum, Ausschnitt

❌ Bahnhofstraße 2

🏠 Heimatmuseum Rodenstein e. V.

➊ frei zugänglich

Das Großrelief „Der Rodensteiner im Mittelpunkt des Brauchtumsjahres" wurde 1936-1937 von Bildhauer Adam Winter (1903-1978) auf Anregung seines Bruders, des bekannten Bau- und Volkskundeforschers Heinrich Winter (1898-1964), geschaffen. Es spiegelt das einstige Jahresbrauchtum im Ried, an der Bergstraße und im Odenwald wider und ermöglicht in idealisierter Form Einblicke in teilweise vergessene Bräuche und ihre Zusammenhänge mit Jahreskreis und Lebenslauf.

Den Mittelpunkt bildet der Rodensteiner, der – als Verkörperung der überall auf der Erde verbreiteten Sage des „Wilden Jägers" – mit wehendem Mantel auf einem Hengst durch die Lüfte reitet, begleitet von Raben. Um ihn sind an den vier Seiten, die den Jahreszeiten entsprechen, stets wiederkehrende Handlungen

und Ereignisse der bäuerlichen Arbeit und des Brauchtums dargestellt.

Das rund vier Quadratmeter große Relief aus gebrannten Tonplatten hat ein bewegtes Schicksal hinter sich. Jahrelang lag es unter dem Trümmerschutt des ausgebrannten Hessischen Landestheaters in Darmstadt, bis es schließlich auf Initiative der Museumsstraße Odenwald-Bergstraße restauriert und aus seinen einzelnen Teilen zusammengefügt 1993 an der Ostwand des Kellerbaus, dem ehemaligen Rentamt der Herrschaft Fränkisch-Crumbach, angebracht wurde. Es ist ein heimat- und kulturgeschichtliches Denkmal ersten Ranges. Zum Vergleich sei die ebenfalls aus Ton hergestellte Kreuzigungsgruppe des Hanauer Künstlers Reinhold Ewald (1890-1974) an der Westfassade der katholischen Kirche in Bad König erwähnt. ●

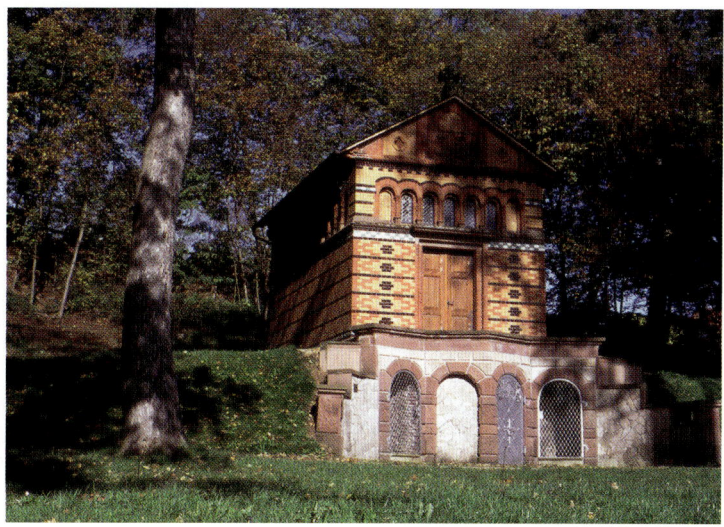

Fränkisch-Crumbach
Sarolta-Kapelle

Die Sarolta-Kapelle über dem Mausoleum

❌ Darmstädter Str. 1-5a
   im Gemmingenschen Park

🔷 Verein „Crumbacher-Denk-Mal!" e. V.

ℹ Tel.: 06164-912127

Östlich des Orts ist von der Kreisstraße 70 unmittelbar nach der katholischen Kirche im Park des Schlosses der Freiherren von Gemmingen-Hornberg ein eigenartiges, im neoromanisch-byzantinischen Stil 1892 errichtetes Gebäude zu sehen. Es ist das Mausoleum der von Gemmingen.

Die zwischen zwei abgetreppten Stützmauern befindliche Brustmauer verläuft zickzackförmig. Vier Rundbogentüren führen in die Ruhe- und Gedenkstätte der freiherrlichen Familie. In vier künstlerisch hervorragend gearbeiteten Marmorsarkophagen ruhen der Hessische Kammerherr Baron Adolf von Gemmingen-Hornberg und seine Gemahlin Gräfin Sarolta, eine Stern-

kreuzordensdame der Kaiserin und Königin von Österreich-Ungarn, sowie die beiden Töchter Franziska und Ernestine. Auch die Gedenktafeln für ihre weiteren fünf Kinder sind hier angebracht.

Die sich darüber erhebende Kapelle zeigt sowohl außen als auch innen neben dem vorherrschenden Rotbraun des Klinkermauerwerks eine Vielzahl von Figuren aus schwarzen, blauen und weißen Fliesen und Klinkern. Der Obergaden wird von einer Terrakotta-Säulenreihe gebildet. Eine bemalte Holzdecke schließt den Kapellenraum nach oben ab. Eindrucksvoll sind auch die weiße und die schwarze Madonna beiderseits des Tabernakels auf dem Altar.

Bis Anfang der 1960er Jahre diente die Kapelle den katholischen Gläubigen im Ort zu kirchlichen Zwecken. Danach verfiel sie zunehmend, bis der im Jahr 2000 gegründete Verein „Crumbacher-Denk-Mal!" sich ihrer annahm, Wildwuchs beseitigte und mit der Restaurierung begann. ●

F

Fürth-Ellenbach

Schlangenhaus

- ⊗ Schlierbacher Straße 40
- ◉ privat
- ⓘ Besichtung von außen jederzeit möglich.

Eine Besonderheit im Odenwald sind die so genannten Schlangenhäuser, die heute nur noch gelegentlich zu finden sind.

In Ellenbach gehört das giebelständig an der Straße stehende, weit ausladende, zweigeschossige Wohnhaus mit Satteldach zu einem Hofanwesen. Im Obergeschoss und im Giebel zeigt das Fachwerk als Schmuckformen die so genannte „Mannfigur". Unter den Stubenfenstern befinden sich Andreaskreuze. In der Mitte der Hofseite führt

eine Freitreppe zu der originalen hölzernen Eingangstür. Am Eckständer über der Hofeinfahrt windet sich eine geschnitzte Schlange, die aus einem Herzen zu trinken scheint. An der hofseitigen Fläche dieses Ständers sind übereinander eine viereckige Tafel sowie ein sechsstrahliger Stern angebracht. Hier finden sich zudem die Inschriften „HAN GEORG KRIECHBAUM HAT MICH ERBAUT 1797" sowie „PF ZI 1797". Die Initialen „PF" werden dem Lindenfelser Zimmermann Peter Förster, respektive seiner Familie zugeschrieben. Förster übte sein Handwerk in der dritten Generation aus und lebte vom 16. März 1767 bis zum 9. März 1838. Neben dem Schlangenhaus in Ellenbach gibt es weitere in Schlierbach, Glattbach, Lauten-Weschnitz, Hornbach und Unter-Hambach bei Heppenheim. ●

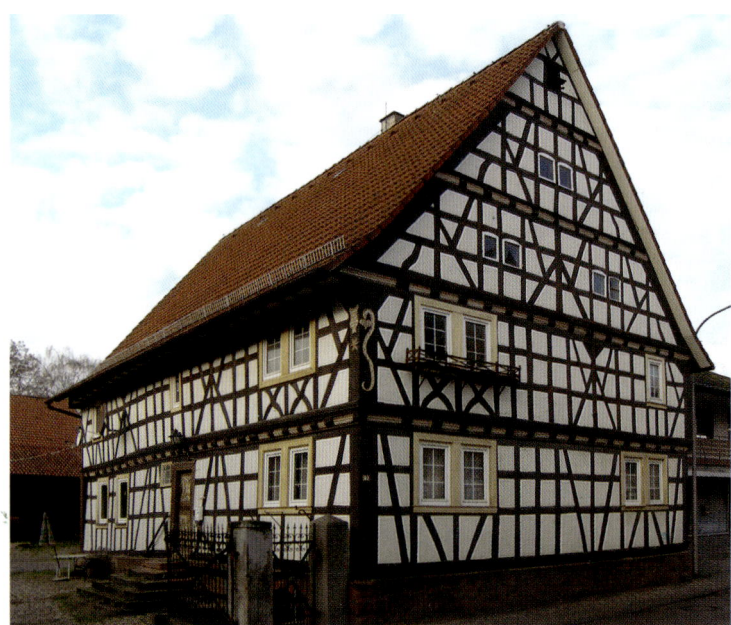

Am Eckständer über der Hofeinfahrt ist die geschnitzte Schlange gut sichtbar

*Die Walburgiskapelle auf dem
Kapellenberg*

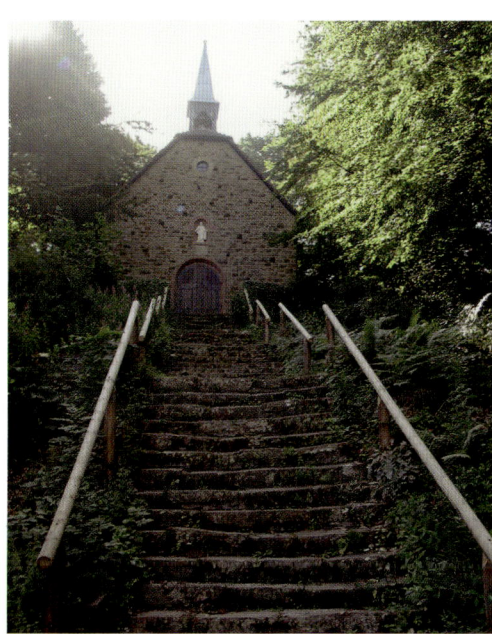

Fürth-Weschnitz
Walburgiskapelle

> ⊗ Fürth-Weschnitz, auf der B 460 in
> Richtung Erbach, kurz hinter dem Orts-
> ausgang Naturparkplatz „Kapellenberg"
> anfahren. Von dort führen Rundwander-
> wege zur Walburgiskapelle.
> Fußweg mind. 20 Minuten.
>
> ⬙ Kath. Kirchengemeinde Fürth
>
> ⓘ Besichtigung von außen jederzeit
>
> ⓘ Pfarrhaus Tel.: 06253-5027

Die Walburgiskapelle, auf dem Kapellenberg über dem Ort Weschnitz gelegen, ist
mit der Waldschneise, die sich zu ihr
hochzieht, schon aus der Ferne zu erkennen. Sie soll auf der Stelle eines Heilig-
tums aus vorchristlicher Zeit errichtet
worden sein. Seit karolingischer Zeit sind
hier Wallfahrten überliefert. Walburga, die
im 8. Jahrhundert lebte und in Franken
wirkte, stammte aus England und folgte
zusammen mit ihrem Bruder Willibald
dem Missionar Bonifatius nach Deutschland. Die Platte ihres Grabes sondert
angeblich das heilkräftige „Walburgisöl"
ab. Dadurch wird sie als Heilige im ländlichen Bereich hoch verehrt.

Ein Kapellenbau von 1671 ist auf
dem Kapellenberg belegt, ein weiterer
erfolgte 1815. An die kleine, rechteckige
Kapelle wurde 1935-1937 ein schlichter
Saalbau aus Bruchstein angebaut. Treppen führen den steilen Berghang hoch,
direkt auf die Eingangsfassade mit Heili-
gennische zu. Darüber erhebt sich ein
Dachreiter mit Glöckchen. Von hier hat
man einen hervorragenden Blick über
Höhen und Täler bis zu der auf einer
Bergkuppe gelegenen Stadt Lindenfels.
Im Wald hinter der Kapelle ist ein Platz
mit steinernem Altar für Wallfahrtsgottes-
dienste im Freien angelegt. ●

Gernsheim

G

Gernsheim
Magdalenenstraße

❌ Magdalenenstraße 71 und 63

➊ von außen frei zugänglich

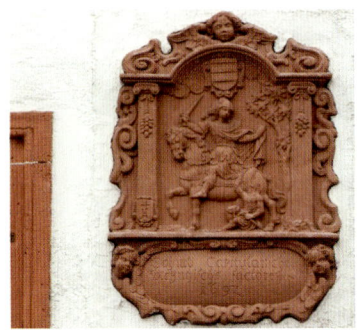

Hauswappen am Haus Magdalenenstraße 63

Das Haus Magdalenenstraße 71 ist zumindest in Teilen Zeugnis für spätmittelalterliche Bauten in diesem Bereich der Stadt. Da kaum bauliche Reste aus der Zeit vor 1689, dem Jahr des großen Brandes in der Stadt, auf uns gekommen sind, kommt dem sandsteinernen, auf den Schöfferplatz weisenden Torbogen eine besondere Bedeutung zu: er weist auf einen Vorgängerbau hin und trägt in seinem Scheitel neben einem Medaillon die Jahreszahl 1500. Die lebhafte Fachwerkkonstruktion des Obergeschosses mit durch Nasen verzierte Andreaskreuze in den Brüstungsgefachen und stilisierten Mannfiguren mit ebenfalls verzierten Kurzstreben stammt aus dem Jahr 1711. Über der Eingangstür befindet sich das Wappen Cüntzers, der zu dieser Zeit domkapitularischer Faktor in Gernsheim war. Die Sonnenuhr ist nachträglich angebracht und trägt die Jahresangabe 1790 sowie die Initialen DK, die für Dionysius Kaltenhäuser stehen.

Das massive Haus Magdalenenstraße 63 der ehemaligen domkapitularischen Faktorei mit hohem Dach und breiten Doppelfenster wurde bereits kurz nach dem großen Stadtbrand 1692 errichtet und demonstriert Macht zu einer Zeit, als die meisten Einwohner arm waren und nur kleine Fachwerkhäuser bauen konnten. Die Jahreszahl steht auf einem äußerst repräsentativen Stein. Er zeigt das Wappen des Domkapitels, darunter reitet zwischen zwei Pfeilern der Heilige Martin, der seinen Mantel mit einem Bettler teilt. Auch hier ist das Cüntzersche Wappen zu sehen. Darunter findet sich in einem Medaillon die Inschrift „Dohmb Capitularische Mayntzische Factory 1692". ●

Das Haus Magdalenenstraße 71 prägt den Schöfferplatz

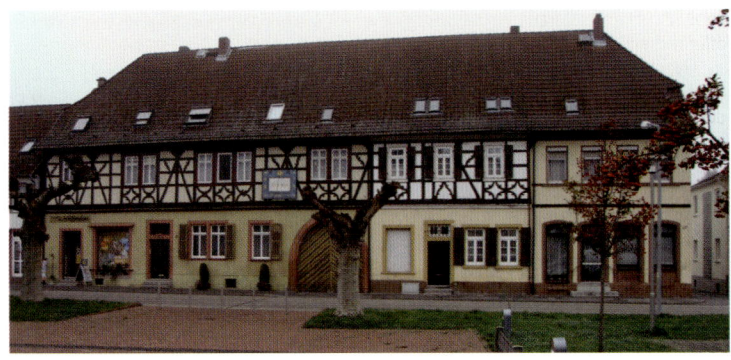

G

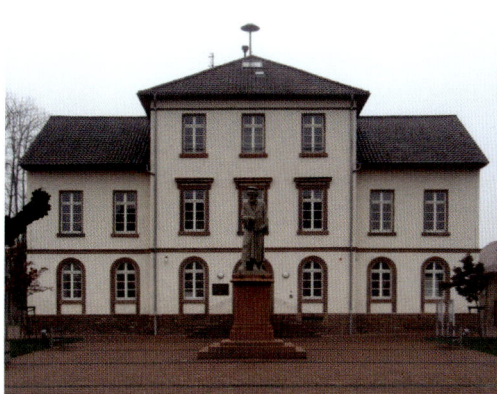

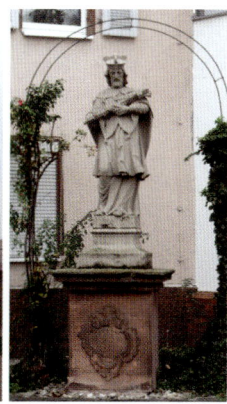

Gernsheim
Schöfferplatz

Das Schöffermuseum und der Brückenheilige Johannes von Nepumuk (rechts)

ℹ Schöfferplatz: frei zugänglich

Museum: Mi 17-19 Uhr und jeden ersten Sonntag im Monat von 10 12 Uhr

ℹ Tel.: 06258-1058

Der Schöfferplatz ist einer der zentralen Plätze in Gernsheim. Hier stehen die Denkmäler für Peter Schöffer und den Brückenheiligen Johannes von Nepumuk. Letzteres stammt aus dem Jahr 1771 und trägt auf seinem Sockel eine lateinische Inschrift, die auf Deutsch „Dieses Bild hat setzen lassen Herr Reiner Neeff, Faktor des Mainzer Domkapitels, und Ehefrau Katharina. Zur öffentlichen Verehrung" bedeutet.

Noch heute wird gelegentlich davon ausgegangen, dass Peter Schöffer, einer der Miterfinder der Buchdruckerkunst, zwischen 1420 und 1430 in Gernsheim geboren wurde. Neuere Forschungen deuten jedoch an, dass er in Groß-Rohrheim das Licht der Welt erblickte.

Sein Denkmal schuf 1836 der Bildhauer Johann Baptist Scholl, damit gehört es zu den ältesten Standbildern für einen deutschen Kulturträger auf einem öffentlichen Platz. Schöffer trägt das Gewand eines weltlichen Richters aus Mainz. Er hält in seiner linken Hand eine Tafel mit Matrizen und Patrizen mit der Jahreszahl 1450. Der Sockel trägt auf allen vier Seiten Darstellungen: auf der Vorderseite eine deutschsprachige Inschrift, auf der Rückseite eine lateinische Inschrift, die auf die Vorzüge hölzerner beweglicher Lettern hinweist, links das Wappen Schöffers und rechts das Wappen des Druckereibesitzers Fust, dem Schwiegervater Schöffers.

Nach der Einweihung erhielt der damals von Kastanienbäumen umgebene Platz den Namen Schöfferplatz.

Das Museum der Stadt Gernsheim ist seit 1978 im Schöfferhaus, der 1823 erbauten Schule untergebracht. Neben der stadtgeschichtlichen Ausstellung widmet sich eine eigene Abteilung dem Drucker Peter Schöffer. Weitere Schwerpunkte der Ausstellung sind Religion (unter besonderer Berücksichtig der Wallfahrtskapelle Maria Einsiedel), vor- und frühgeschichtliche Funde und römische Keramik sowie eine ostdeutsche Heimatstube. ●

G

Gernsheim
Wallfahrtskapelle Maria Einsiedel

❌ am Riedlinie-Wanderweg des Odenwald-klubs etwa 1,5 Kilometer südöstlich von Gernsheim

🕐 täglich von 9-19 in den Sommermonaten und 9-17 Uhr in den Wintermonaten

Die Wallfahrtskapelle Maria Einsiedel gehört zu ältesten Wallfahrtsorten des Rieds. Das genaue Alter lässt sich heute nicht mehr feststellen, vermutlich geht sie auf einen schon 829 erwähnten Ein-siedler-Hof zurück. Sicher ist jedoch, dass bereits um 1500 eine zuvor baufäl-lig gewordene Kapelle wieder aufgebaut wurde. Aus dieser Zeit hat sich vor allem der 1499 fertiggestellte Chor mit polygonalem Abschluss erhalten. An diesen schließt sich das eher nüchterne, rechteckige Kirchenschiff mit flacher Holzdecke an, dessen Errichtung bis 1508 abgeschlossen war.

Die dem Portal vorgelagerte Säulenhalle stammt ebenso aus dem Jahr 1871, wie die Sakristei. Bemerkenswert ist das Gnadenbild der schmerzhaften Muttergottes, das wohl aus dem frühen 14. Jahrhundert stammen dürfte. Ebenso wichtig ist das spätgotische Gnadenbild der stehenden Madonna mit Jesuskind, das, ursprünglich aus Böhmen stammend, eine Stiftung der Freiin Marg. Sophie von Frankenstein ist. Sie übergab die Statue am 2. Juli 1650 in die Kapelle, wo sie auf dem linken Seitenaltar aufgestellt wurde. In Erinnerung an diese Übertragung wird zu diesem Datum, Mariä Heimsuchung, das Hauptwallfahrtsfest begangen. Die letzte umfassende Renovierung fand 1999 statt.

Im Inneren zeugen links des Einganges Votivtafeln von der Kraft des Glaubens.

Die Kapelle wird von einem Kreuzweg umgeben, deren sandsteinerne Stationen mit bemalten Blechschildern hölzerne Bildnisse ersetzten. Sie wurden 1893 durch neugotische Backsteinhäus-chen mit größeren Stationsbildern abgelöst, diese wiederum 1929 durch 14 Bildstöcke mit Terrakottabildern.

Vor der Säulenhalle sind heute Sitz-plätze und ein Altar für „Kirche im Freien" aufgestellt. Die großen Wallfahrtstage sind heute Mariä Heimsuchung (2. Juli) oder der dem Fest nächste Sonntag, Mariä Schmerzen (15. September) und der Diözesensonntag der Heimatvertrie-benen (1. Sonntag im Juni).

Vor der Kapelle stehen eine um 1700 errichtete Mariensäule sowie am Eingang zum Wallfahrtsort ein Sandstein-relief der Familie Brentano-Bernardo mit der Kreuzabnahme von 1736. ●

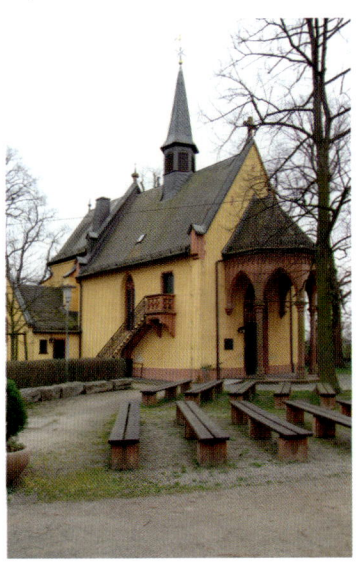

Die Wallfahrtskapelle Maria Einsiedel

Das Rathaus von Allmendfeld

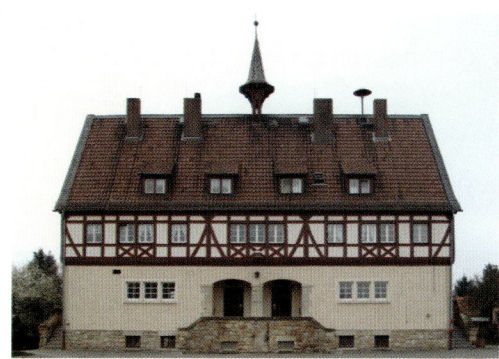

Gernsheim-Allmendfeld
Ortsbild

🕐 Der Ort ist jederzeit zu besichtigen

Allmendfeld ist die größte der vier hessischen Erbhofsiedlungen und wurde neben Riedrode, Rosengarten und Hessenaue nach Plänen der nationalsozialistischen Siedlungs- und Agrarpolitik geplant und errichtet.

Mit der Gründung derartiger Siedlungen wollte die NSDAP einerseits ihre agrarpolitischen Vorstellungen umsetzen, andererseits durch den massiven Einsatz von Arbeitslosen die Arbeitslosigkeit in Südhessen senken. Das 1933 erlassene Reichserbhofgesetz sah eine Mindestgröße je landwirtschaftlicher Einheit von 7,5 Hektar vor und verbot die Teilung des Besitzes. Gerade Südhessen, dessen Feldfluren durch die Realerbteilung sehr kleingliedrig zersplittert waren, sollte als agrarpolitisches Musterprojekt entwickelt werden. Die ersten Erbhöfe entstanden in dem neu gegründeten „Erbhofdorf" Riedrode (Kreis Bergstraße).

Mit den Entwässerungsarbeiten im Bereich des späteren Allmendfelds wurde im Juli 1933 begonnen, hier wurden nur ein Jahr später 450 so genannte Arbeitsmänner eingesetzt. Die Grundsteinlegung des Rat- und Schulhauses erfolgte am 20. März 1937, die „Dorfweihe" am 29. Mai 1938.

Nach seiner Fertigstellung bestand der Ort aus 48 Neubauernhöfen und zwei Handwerkerstellen (Schmied und Bäcker). Die Gemarkung umfasste 1082 Hektar.

Die Bebauung folgte einem detaillierten Plan: Die vier Straßen (heute Wald-, Raiffeisen- und Hauptstraße sowie Berleweg) bilden ein großes Viereck. Die im Ried sonst unüblichen „alemannischen" Häuser umfassen Wohn- und Wirtschaftsteil unter einem Dach (Einhaus) mit einer Grundfläche von rund 360 Quadratmetern. Sie stehen im Abstand 120 Metern zueinander und waren ursprünglich von einem 5 Hektar großen Feld- und Gartenland umgeben. Zentrum des Ortes bildete der Dorfplatz mit Gemeinschafts- und Rathaus (Raiffeisenstraße 3). Es ist das großzügigste Rathaus der vier neuen Siedlungsdörfer. Eine Kirche war nicht vorgesehen. Die gesamte Anlage kommt sehr deutlich in den beiden parallel verlaufenden Straßen Waldstraße und Hauptstraße zum Ausdruck. Das Haus Waldstraße 11 ist noch heute im wesentlichen unverändert erhalten.

Im Mai 1939 lebten hier 400 Personen sowie 66 „Arbeitsmaiden" des Reichs-Arbeits-Dienst-Lagers. Seit dem 1. Januar 1972 ist Allmendfeld Ortsteil der Stadt Gernsheim. ●

Ginsheim-Gustavsburg

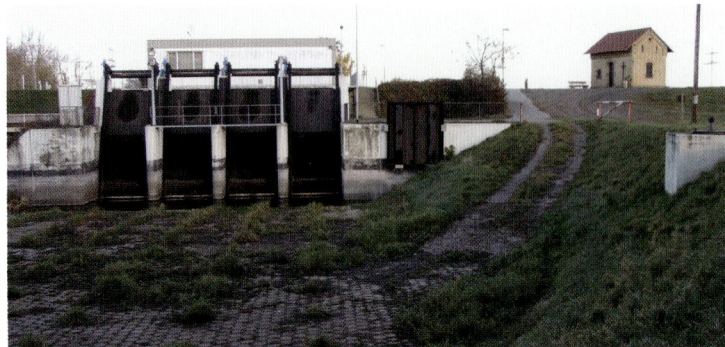

Ginsheim-Gustavsburg — Ginsheim

Die Schwarzbachschließe mit Rottenhaus

Rottenhaus mit Schwarzbachschließe

- ❌ rund 200 Meter südlich des Orts, Bestandteil der Regionalparkroute und R 6
- ❶ die Anlage ist von außen frei zugänglich

Der Schwarzbach ist der einzige etwas größere Bach im Kreisgebiet und dient als Vorfluter für Apfelbach, Mühlbach, Hegbach, Gundbach und Geräthsbach, aber auch für eine Vielzahl von künstlich geschaffenen Gräben, wie dem Schlimmergraben oder dem Landgraben. Dieses Gewässersystem leitet das Oberflächen- und die Grundwässer eines rund 480 qkm großen Gebietes dem Rhein zu. Bei Ginsheim mündet der Schwarzbach in den Altrhein.

Hier steht das Schwarzbachpumpwerk. Es geht zurück auf eine 1878 erbaute Schließe, die mittels zweier Stemmtore verhinderte, dass sich bei Rheinhochwasser das Wasser zurück in den Bach staute und die anliegenden Gebiete überflutete. Ihre Möglichkeiten waren jedoch bald erschöpft und es zeigte sich, dass das angestaute Druckwasser nicht abfließen konnte. So wurde am 8. Juni 1913 das Schwarzbachpumpwerk eingeweiht. Nun stand eine Pumpe zur Verfügung, die das Wasser jederzeit

abführen konnte. Weitere wasserbauliche Maßnahmen und Kapazitätsengpässe führten zu weiteren Erneuerungen. Die heutige Anlage stammt aus dem Jahr 1979 und hat über vier Schöpfwerkspumpen eine Förderleistung von zwölf Kubikmetern pro Sekunde. Nach abermaligen Erneuerungen 1993 wird aktuell wieder eine Leistungssteigerung durch den Bau eines zweiten Pumpwerks diskutiert.

Unmittelbar neben dem Pumpwerk steht ein so genanntes Rottenhaus, erbaut aus gelben Backsteinen. Auf seiner Vorderseite trägt es ein 2004 angebrachtes Wegekreuz zur Ökumene. Rottenhäuschen haben sich im Kreisgebiet nur wenig erhalten und dienten als Schutzhütte für die Rotten und deren Gerät. Als „Rotte" bezeichnet man eine Gruppe zumeist aus Männern, die bei akutem Hochwasser den Wasserstand und den Zustand des Deiches beobachten. Jeder betroffene Ort hat mindestens eine Rotte zu stellen. Um deren Bezirke abzustecken, wurden Rottensteine aufgestellt, von denen einer, der der Astheimer und der Bauschheimer Rotte, ebenfalls hier steht. ●

Ginsheim-Gustavsburg – Gustavsburg

Cramer-Klett-Siedlung

Entlang der Königswarter-, Müngstener-, Gerber-, Werder- und Augsburger Straße liegt die so genannte Cramer-Klett-Siedlung als eines der beiden historischen Siedlungszentren des Ortes. Diese Siedlung gehört zu den wenigen, im wesentlichen ungestörten Anlagen der Gartenstadtbewegung aus der Zeit um die Jahrhundertwende zum 20. Jahrhundert. Die Kolonie sollte durch die moderne, städtebau-künstlerische Anlage der Straßen und Plätze und durch die architektonische Gestaltung der einzelnen Gebäude unter Verwendung einfachster Mittel ein angenehmes Gesamtbild ergeben. Die Anlage entwarf um 1897 der Darmstädter Oberbaurat Prof. Hofmann, der dafür auf einen frühen Bebauungsplan von Prof. Friedrich Pützer zurückgriff. Parallel geführte, leicht geschwungene Straßenverläufe, die sich an der asymmetrischen Erweiterung der Augsburger Straße, dem Cramer-Klett-Platz treffen, sollten ein organisch gewachsenes Dorf nachbilden. Um dennoch die Kolonie als Produkt einer Gesamtkonzeption hervorzuheben, legte man in der frühen Planungsphase die Häuser exakt symmetrisch an.

Auftraggeber für diese eindrucksvolle Siedlung war die Firma Cramer & Klett, ohne deren Ansiedlung der Ort Gustavsburg vermutlich nie entstanden wäre. Später ging daraus die Firma MAN hervor.

Nachdem die Anlage im Laufe der Zeit in Verfall geraten war, wurde Ende der 1980er Jahre ein großes Sanierungsprojekt gestartet, das 1992 seinen Abschluss fand.

Unmittelbar im Anschluss liegt die weltweit einzige Musterhaussiedlung der Firma MAN, deren Fertighäuser nach dem Zweiten Weltkrieg aus Stahl gefertigt wurden (Müngstener- und Robert-Koch-Sraße). ●

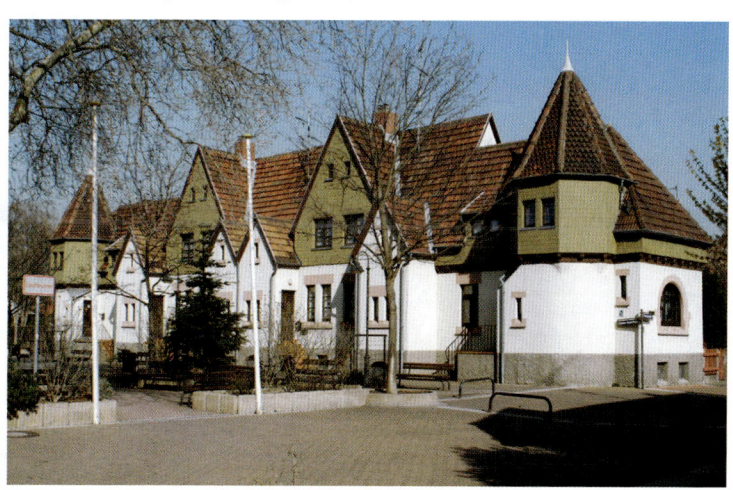

Blick auf den Cramer-Klett-Platz

G

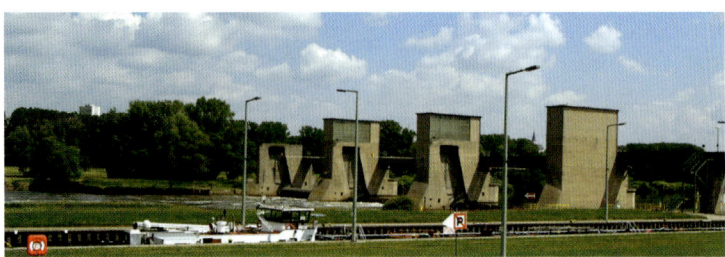

Ginsheim-Gustavsburg – Gustavsburg

Schleuse Kostheim

Die Schleuse Kostheim, heute die verkehrsreichste Schleuse Deutschlands

❌ nördlich des Orts über den Main,
Bestandteil der Regionalparkroute

❶ Die Schleuse ist frei zugänglich

Der Bau der Schleuse Kostheim steht in Zusammenhang mit der vergleichsweise spät erfolgten Kanalisierung des Mains im späten 19. Jahrhundert. Zuvor hatte sich der bekannte Wasserbauingenieur Cuno Gedanken zu dem Projekt gemacht und Pläne vorgelegt. Seinen Überlegungen zufolge lag ein Problem darin, dass der Wasserstand des Mains von dem des Rheins abhing und bei Hochwasser bis Rüsselsheim und weiter zurück aufstauen konnte. Um einer Versandung vorzubeugen, sah Cuno den Bau einer Sperr- und Schiffsschleuse mit einem rund 3 Kilometer langen Seitenkanal vor, der für bis zu 60 Schiffe auch als Nothafen dienen sollte. Das Stauwerk selbst sollte aus einem Nadelwehr und einer Sperrschleuse bestehen. Bei einem Nadelwehr stauen senkrecht stehende Stäbe, die Nadeln, das Wasser auf. Diese Konstruktion ist vergleichsweise preiswert aber wenig stabil und muss bei starkem Eisgang abgebaut werden. Tatsächlich zur Ausführung kam dann zwar die Schleusenkammer und das Nadelwehr, der Bau des Seitenkanals aber unterblieb. Ab etwa 1900 erfolgte der Bau von Versorgungshäusern im unmittelbaren Schleusenbereich, darunter ein Haus mit Telefonanschluss nach Mainz.

Schon in den 1870er Jahren waren die Frachtzahlen beträchtlich: Es wurden 33500 Tonnen Güter zu Berg und 163300 Tonnen zu Tal transportiert. Hinzu kamen etwa 1500 Flöße, die jährlich Frankfurt passierten und Holz aus den Mittelgebirgen flussabwärts transportierten. Aufgrund des hohen Transportaufkommens musste schon 1913 eine zweite Schleusenkammer erbaut werden. Im Zuge dieser Erweiterungsbauten wurden auch die Schleusenhäuser auf dem hochwasserfreien Plateau neben der Schleuse errichtet.

1930 bis 1934 erfolgte ein vollständiger Umbau der Anlage. Das Nadelwehr wurde entfernt und die heutige Staustufe mit drei Walzenwehren erbaut. Die Gustavsburg zugewandte Kammer hat eine Länge zwischen den Toren von rund 339 Metern, die nördliche Schleuse ist mit 342 Meter noch länger.

Heute ist die Schleuse Kostheim die verkehrsreichste Schleuse Deutschlands. 2002 passierten täglich 74 Schiffe mit rund 22,3 Millionen Tonnen Güter die Staustufe.

Woher die Schleuse den Namen „Kostheim" hat, ist bis heute letztlich ungeklärt. Sie liegt zwischen den Gemarkungen Hochheim auf der rechten und Ginsheim auf der linken Mainseite. ●

Gorxheimertal

Gorxheimertal — Unter-Flockenbach
Abrahamshof

- ⊗ Hauptstraße 188
- ⬟ privat (Restaurant „La Fattoria")
- ⏱ Mo-Sa 12-14.30 Uhr und 17.30-24 Uhr,
  So 12-23.30 Uhr
- ℹ Tel.: 06201-293232
  www.lafattoria.de

Ein beachtenswertes Hofanwesen ist der Abrahamshof im Ortsteil Unter-Flockenbach. Von der ehemals dreiseitigen, zur Straße offenen Hofanlage, ist das etwas von der Straße zurück versetzte, traufständige Wohnhaus hervorragend erhalten. Es zählt zu den größten historischen Wohngebäuden im Kreis Bergstraße. An diesem zweigeschossigen Fachwerkhaus mit zweieinhalb Giebelgeschossen unter dem Satteldach lassen sich zwei Bauphasen ablesen. Ursprünglich wurde es als Wohnstallhaus laut Bauinschrift 1727 errichtet. Um 1800 wurde dann der Wirtschafts- und Stallteil angefügt. Die östliche Gebäudehälfte ist die ältere.

Das Erdgeschoss ist vergleichsweise schlicht aufgeführt, der Stallteil war ehemals gemauert. Im Obergeschoss und Giebel dagegen gibt es Mannfiguren, Andreaskreuze und Rauten mit Nasen. Am Eckständer mit geschnitzter Säule sind das Baujahr und die Initialen des Besitzers eingeschnitzt. Die westliche, jüngere Gebäudehälfte mit Stall und Wirtschaftsräumen ist einfacher gehalten. Mit schrägen Streben und Andreaskreuzen wird die Gesamtwirkung der dekorativen, langen Fachwerkfront doch keinesfalls gemindert. Heute ist das Erdgeschoss als Gaststätte umgebaut.

Auf dem gepflasterten Vorplatz vor dem Wohnhaus steht ein Brunnen mit Doppeltrog aus Rotsandstein. Auf der Vorderseite der Pfeilers ist ein Engelsköpfchen dargestellt, auf der Rückseite die Jahreszahl 1723 eingeritzt. Solche Brunnenanlagen gehörten im Odenwald früher zu jedem größeren Bauernhof. ●

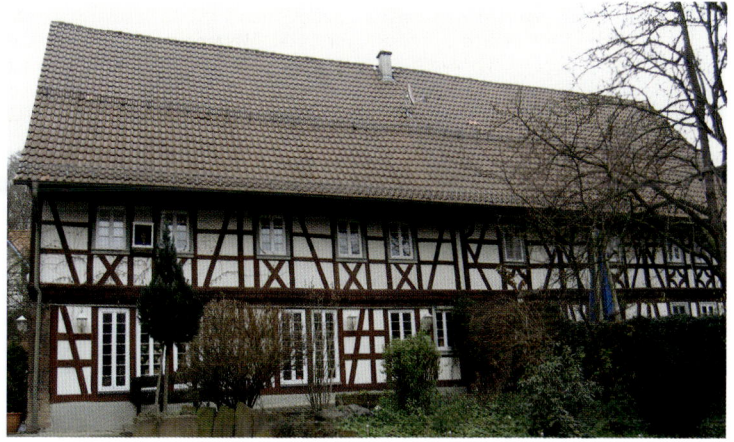

Der Abrahamshof zählt zu den größten historischen Wohngebäuden im Kreis Bergstraße

Grasellenbach

G

Grasellenbach – Gras-Ellenbach

Siegfriedbrunnen

- ❌ etwa 20 Minuten Fußweg südöstlich von Grasellenbach, gut beschildert
- ☁ Gemeinde Grasellenbach
- ❶ frei zugänglich
- ❶ Tel.: 06253-94940
  www.siegfriedbrunnen.de

Viele Orte konkurrieren um das Prädikat, Siegfrieds Todesort in ihrer Gemarkung zu haben, so auch Grasellenbach. In der Nibelungenforschung wird die Quelle bei Gras-Ellenbach recht häufig als der Ort der hinterlistigen Ermordung des kühnen Helden durch den grimmen Hagen genannt. Sie liegt am Fuß des Berges „Spessartskopf", der mit dem „Spehtsharte" in der mittelalterlichen Dichtung gleichgesetzt wird. In der Mitte des 19. Jahrhunderts wurde diese Quelle von dem Geheimen Hofrat Dr. Knapp aus Darmstadt entdeckt und entwickelte sich seither zu einer der Wallfahrtsstätten der Nibelungenfreunde. Das Wasser wurde gefasst und plätschert aus einer Wand aus Bruchsteinmauerwerk heraus. Die Inschrift in einem Steinblock weist sie als „Siegfrieds-Brunnen" aus. 1851 wurde daneben ein gotisierendes Steinkreuz errichtet, in dessen hohen Sockel die Strophe 981 aus der 16. „Aventiure" des Nibelungenliedes in mittelhochdeutscher Sprache eingemeißelt ist, die Siegfrieds Ermordung beschreibt. Gegenüber, in einem flachen Stein, ist eine Wappenlilie eingraviert. Die Anlage entspricht dem romantischen Gedankengut des 19. Jahrhunderts. ●

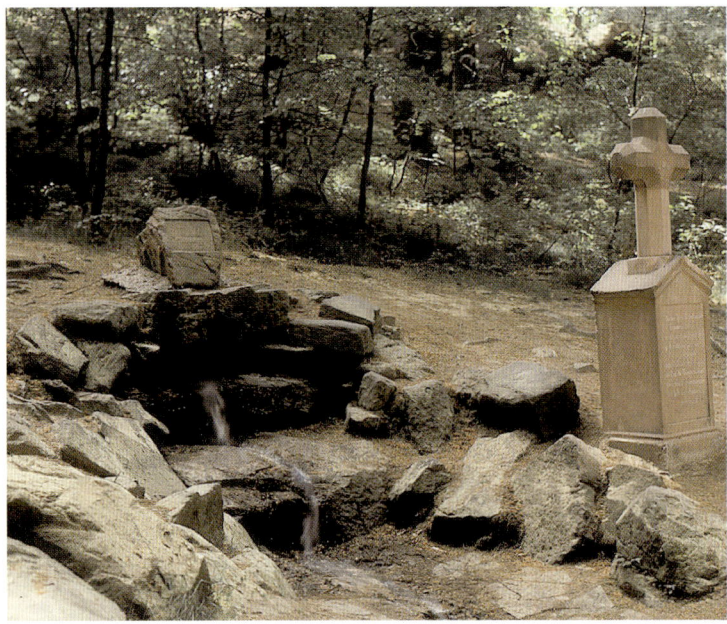

Der Siegfriedbrunnen in Gras-Ellenbach wird als häufig als Todesort Siegfrieds genannt.

G

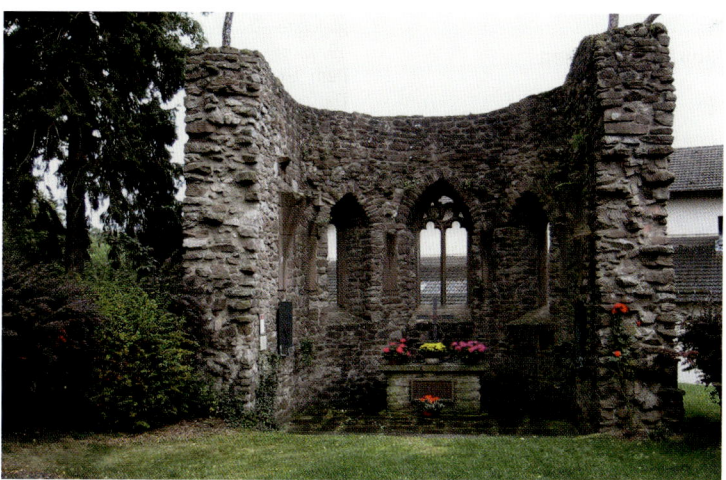

Grasellenbach – Hammelbach

Die Kirchenruine mit steinernem Altar

Kirchenruine

- ⊗ Schulstraße oberhalb der evangelischen Kirche
- ◐ Gemeinde Grasellenbach
- ⊕ frei zugänglich
- ⊕ Tel.: 06253-94940
  www.grasellenbach.de

Auf einer Anhöhe in der alten Ortsmitte von Hammelbach liegt die Ruine einer gotischen Kirche, umgeben vom ummauerten alten Friedhof. Durch das Friedhofsportal führt der Weg zu dem aus dem 14. Jahrhundert stammenden Kirchlein mit einem dreiseitigen Altarraum aus dem 15. Jahrhundert. Seit der Reformation im 16. Jahrhundert diente es beiden Konfessionen als Simultankirche. 1705 bekamen es allein die Katholiken zugesprochen, aber schon bald wurde das Gebäude vernachlässigt und bereits 1781 galt es als verfallen. Nur der Chorraum mit 3/8 Schluss ist erhalten geblieben. In den drei Seiten befindet sich jeweils ein spitzbogiges Maßwerkfenster. Im Inneren haben sich die Gewöl-

beansätze erhalten. Dieser offene Raum mit steinernem Altar wurde 1962 als Gedenkstätte für die Opfer des Ersten und Zweiten Weltkrieges und den in Gefangenschaft Verstorbenen eingerichtet. Die Rückwand der Ruine dient seit ihrer Rekonstruktion 1925 als Gedenkstätte für die Opfer des Ersten Weltkriegs. Davor sind einige alte Grabsteine abgestellt.

Auf dem umgebenden alten Friedhof, der als Park mit Rasenflächen gestaltet ist, steht ein Kriegerdenkmal für die Gefallenen von 1870-1871. Reste alter Grabsteine sind in die Friedhofsmauer eingelassen. In der Friedhofsmauer zur Straße hin befinden sich zwei tonnengewölbte Räume, die als Arrestzellen dienten.

Nahe der Friedhofsmauer, aber außerhalb des Bezirks, steht ein Backhaus, das 1766 in Ober-Ostern erbaut und 1987 an seinen jetzigen Standort versetzt wurde. Hier fallen vor allem die aufwändigen Kratzputzarbeiten in den Gefachen ins Auge. ●

G

Groß-Gerau

Jüdischer Friedhof

⊗ Theodor-Heuss-Straße

🕐 nach Vereinbarung

ℹ Grünflächenamt der Stadt Groß-Gerau,
Tel.: 06152-716274

Wie die Friedhöfe in Alsbach oder Dieburg, war der jüdische Friedhof in Groß-Gerau ein so genannter Verbandsfriedhof des damaligen israelitischen Friedhofsverbandes Groß-Gerau.

Das Verbandsgebiet grenzte im Norden an den Main, im Westen an den Rhein, die südliche und östliche Verbandsgrenze beinhaltete die Gemeinden Biebesheim, Crumstadt, Griesheim, Weiterstadt, Arheiligen, Egelsbach, Langen und Walldorf.

Beigesetzt wurden die Mitglieder der so genannten Beerdigungsbruderschaften (Chewra Kaddischa) aus den beteiligten jüdischen Gemeinden. Der 1841 gegründete Friedhof hat mit schweren Zerstörungen die dreizehn Jahre des Nationalsozialismus überdauert.

Auf dem Friedhof befinden sich aber auch noch Grabsteine von zwei wesentlich älteren jüdischen Friedhöfen Groß-Geraus, von denen der letzte 1939 zur Erweiterung des damaligen Kreisamtsgebäudes hinter der heutigen Sparkasse zwangsweise geräumt werden musste. Exhumierte Gebeine dieses Friedhofes wurden durch jüdische Gemeindemitglieder auf den jetzigen Friedhof verbracht und in einem Gemeinschaftsgrab ein zweites Mal beigesetzt. Etwa zur gleichen Zeit wurden die Aussegnungshalle und das Ehrenmal für die jüdischen Gefallenen des Ersten Weltkrieges zerstört.

Heute erinnert ein Gedenkstein an diesen Frevel, da nach Jüdischem Glauben die Einrichtung von Friedhöfen und Beerdigungen „auf Ewigkeit" zu erfolgen haben.

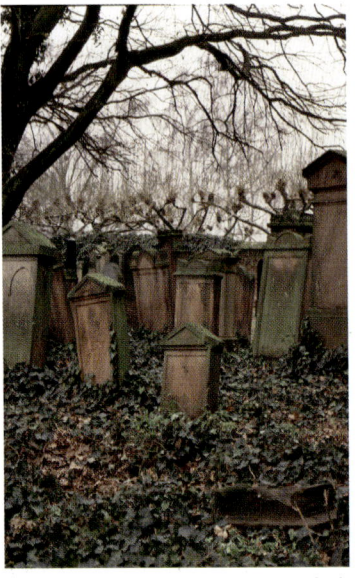

Blick über den jüdischen Friedhof in Groß-Gerau

Auf den rund 5700 Quadratmetern des Friedhofes sind noch etwa 1200 Grabsteine vorhanden. Die letzte Beisetzung vor dem Zweiten Weltkrieg fand 1938 statt. Bei vielen Familiengrabsteinen aus dem ersten Drittel des 20. Jahrhunderts fehlt die Inschrift des jeweiligen Ehepartners, deren Schicksal oder Verbleib nur erahnt werden kann.

Nach dem Holocaust kehrte nur ein jüdischer Bürger, der Sohn des früheren Friedhofaufsehers, nach Groß-Gerau zurück. Er pflegte den Friedhof in der Tradition seines Vaters und wurde 1996 hier beigesetzt.

Bis zum heutigen Tag suchen Angehörige und Hinterbliebene aus aller Welt gelegentlich den Friedhof auf, um an den Gräbern ihrer verstorbenen Vorfahren oder Verwandten zu gedenken. ●

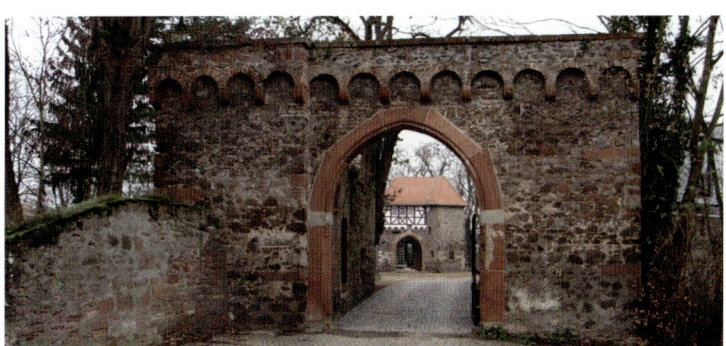

Groß-Gerau – Dornberg

Ehemaliges Schloss Dornberg

❌ Fasanerie: Gernsheimer Straße
Schloss Dornberg: Hauptstraße 1

ℹ️ Das Parkgelände der Fasanerie ist frei
zugänglich, der Tierpark hat von März
bis Oktober täglich von 9-18 Uhr, von
November bis Februar täglich von 9-17
Uhr geöffnet.

Das ehemalige Wasserschloss Dornberg
wurde im 12. Jahrhundert durch die Herren von Dornberg erbaut. Im 13. Jahrhundert erweiterten es die Grafen von
Katzenelnbogen zu einer Residenz und
übergaben den Besitz 1479 im Zuge der
Erbfolge an die Landgrafen von Hessen,
die es als Jagdschloss nutzten. Nachdem
französische Truppen das Schloss
besetzt hatten, brannten sie es bei ihrem
Rückzug 1689 ab. Die Steine der Ruinen
dienten später als billiges Baumaterial.
So wurden sie beispielsweise für den Bau
der Einfassungsmauer der benachbarten
Fasanerie verwendet.

Erhalten hat sich neben dem so
genannten Amtshaus ein Torbogen aus
dem 15. Jahrhundert sowie Teile der
historischen Umfassungsmauer mit
Turm. In der ersten Hälfte des 18. Jahrhunderts wurde ein weiteres Gebäude
hinzugefügt, das als Wohnung für die
Jagdgäste in der Fasanerie diente. Heute

Das Schloss Dornberg

sind in den dazugehörigen Gebäuden ein
Kultur- und Bildungszentrum und Räume
der Kreisvolkshochschule untergebracht.

Nach Überqueren der Bundesstraße
betritt man die zwischen 1722 und 1726
entstandene Fasanerie. Errichtet unter
Landgraf Ernst Ludwig diente sie dem
Adel als Jagd- und Erholungsgebiet. Dem
Aufbau des Parks liegen zwei, sich rechtwinklig kreuzende Wege als Blickachsen
zu Grunde, die von Nord nach Süd,
beziehungsweise von Ost nach West
führen. Dazwischen trifft man auch auf
Wiesen, einen Teich, künstliche Hügel
und geschwungene Wege. Der überwiegende Teil der Fläche ist bewaldet. Hier
waren in erster Linie Fasanen beheima-
tet, für die Jagd züchtete man Rot- und
Dammwild. Heute ist hier ein Tiergarten
mit etwa 700 Tieren untergebracht. ●

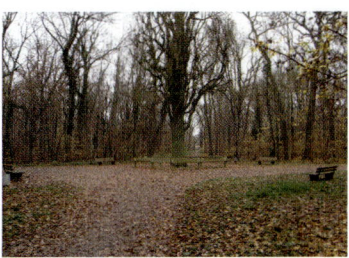

Blick auf den Tiergarten in der Fasanerie

121

G

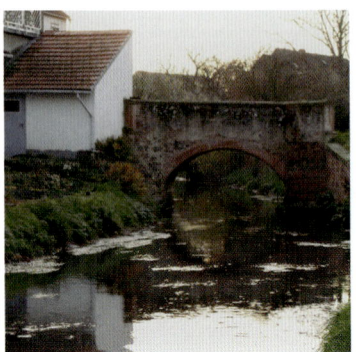

Der Landgraben mit Brücke von 1750

Groß-Gerau – Wallerstädten
Riedentwässerung

✖ Brücke und Landgraben liegen
nördlich des Orts in der Verlängerung
der Straße „Hanfgraben"

ℹ frei zugänglich

Der heutige Kreis Groß-Gerau war aufgrund seiner Lage zwischen Rhein, Main
und Neckar schon immer von Hochwasser bedroht. Viele Ortschaften schützten
sich, indem sie sich mit einem Damm
umgaben. Bis auf ganz wenige Reste
sind diese heute verloren gegangen.

Erstmals im 14. Jahrhundert deichte
man die Flüsse ein. Diese Dämme mussten jedoch immer wieder verstärkt und
erhöht werden. Trotz aller Bemühungen
und kontinuierlicher Weiterentwicklung
stand 1882/83 das Land zwischen Darmstadt, Rüsselsheim und Raunheim fast
vollständig unter Wasser.

Neben dem Wasser der beiden
großen Flüsse Rhein und Main stellt auch
das der Bäche und das Grundwasser
eine Gefahr dar. Dieser versuchte man
Herr zu werden, indem Abflussgräben
gezogen wurden. Nach ersten, nur von
wenig Erfolg gekrönten Versuchen, ließ
Landgraf Georg I. 1582 den großen
Landgraben anlegen. Er folgt von Dorn-
heim kommend den alten Neckarschlin-
gen und biegt dann über Wallerstätten

nach Trebur zum Schwarzbach ab. In den
1820er Jahren war es der Großherzogli-
che Oberbaudirektor Dr. Claus Kröncke,
der den großen Rheindamm und wenig
später ein erneuertes Grabensystem
anlegen ließ.

Um das Wasser der Gräben und
Bäche abzuleiten, bedurfte es Öffnungen
in den Dämmen. Diese gefährdeten aber
wiederum das Hinterland, wenn die Flüsse höheres Wasser führten. Deshalb
waren (und sind) sie mit so genannten
Schließen versehen, die Wasser nur in
eine Richtung durchlassen. Heute werden zudem Pumpwerke eingesetzt, die
das Wasser ableiten, auch wenn der
Rhein höher als normal steht.

Während der Hochwasser waren
Dammwachen, so genannte Rotten, eingesetzt, die den Zustand der Dämme zu
überwachen hatten. Damit jede Gruppe
wusste, für welchen Bezirk sie auf dem
Damm zuständig waren, wurden Rottensteine gesetzt. Sie sind mit den jeweiligen Ortsnamen beschriftet und
markieren Anfang und Ende eines
Rottenbezirkes.

Noch heute lassen sich vor allem
entlang des Rheindamms diese kulturgeschichtlich wichtigen Zeugnisse finden.
Hier sind beispielhaft die Schwarzbach-
pumpe und das Rottenhäuschen bei
Ginsheim, die Schließe mit Schieber-
anlage nördlich von Groß-Rohrheim aber
auch Rottensteine bei Astheim oder
Erfelden zu nennen.

Auch in Wallerstädten haben sich
Teile der frühen Riedentwässerung erhalten. Dazu gehören in erster Linie die
Reste des Ortsdamms, aber auch der
Landgraben, der in der Verlängerung der
Straße „Hanfgraben" von einer ein-
bogigen Sandsteinbrücke aus dem Jahr
1750 überspannt wird und der Hanfgraben, der wenig östlich in den Landgraben mündet. ●

Groß-Rohrheim

Groß-Rohrheim
Kröncke-Denkmal

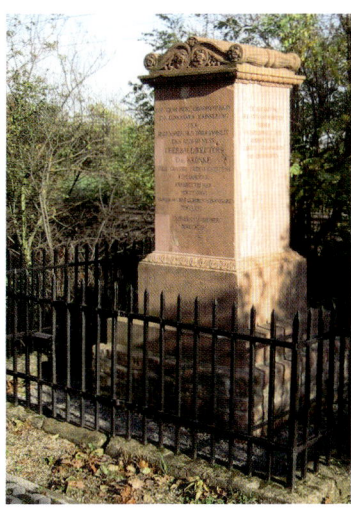

❌ B 44 von Groß-Rohrheim nach Klein-Rohrheim und Gernsheim, auf der rechten Straßenseite neben der Bahnlinie, vor einer Brücke.

🔺 Gemeinde Groß-Rohrheim

🕐 Besichtung jederzeit möglich

ℹ Tel: 06245-907770
www.gross-rohrheim.de

*Der quadratische Gedenkstein
für Claus Kröncke*

Das Kröncke-Denkmal, zwischen Groß- und Klein-Rohrheim, kann als etwas Besonderes gelten: Es gehört zu den ganz wenigen Denkmälern, die bereits zu Lebzeiten des Geehrten errichtet wurden. Den quadratischen Gedenkstein mit seinen typisch klassizistischen Formen schuf der Darmstädter Hofbildhauer Philipp Johann Joseph Scholl 1836 im Auftrag der Gemeinde Groß-Rohrheim. Die ebenso schlichte wie strenge Stele steht auf einem gestuften Podest. Sie ist von einem volutenförmigen Giebel bekrönt, der die zeitgenössischen Stilelemente zeigt. Alle vier Seiten des Denkmals tragen Inschriften. Hier werden die Lebensdaten von Kröncke ebenso aufgeführt, wie dessen Leistungen bei der Riedentwässerung. Auf einer Seite ist sogar der Rheindurchstich am Kühkopf dargestellt.

Claus Kröncke wurde am 29. März 1771 an der Niederelbe geboren. Nachdem er zunächst als Professor in Gießen unter anderem Wasserbaukunst, Straßenbaukunst und Rechnungswesen gelehrt hat, wurde er 1802 als Steuerrat und Rheinbauinspektor nach Darmstadt berufen. 1838 ließ er sich in den Ruhestand versetzen und verstarb am 5. November 1843.

Regelmäßig richteten Hochwasser und Dammbrüche im Ried große Schäden an. Neben der ständigen Bedrohung ihrer Existenz, sah Kröncke durch die ungesunden Sumpfgebiete auch die Gesundheit der Menschen gefährdet. Erst nach Abschaffung zahlreicher kleinerer Herrschaftsgebiete am Rhein 1803 durch die Säkularisation war es möglich geworden, großflächige Projekte zu realisieren. So schuf Kröncke ein weitverzweigtes Kanal- und Dammsystem zur Riedentwässerung. Weiterhin sind seine gemeinsam mit dem Badischen Oberbaudirektor Johann Gottfried Tulla durchgeführten Arbeiten für den Rheindurchstich am Geyer 1828-1829 hervorzuheben. Dadurch entstanden kürzere Schifffahrtsstrecken und wertvolles Ackerland.

Weiterhin war Kröncke an Verbesserungen im Steuerwesen, der Abschaffung der Leibeigenschaft, des Frondienstes, des Zehnten und der Grundrenten beteiligt. Nicht zuletzt diese Tätigkeiten machten ihn zu einem auch in den Gemeinden hochgeschätzten Mann und führten letztlich zur Errichtung des Denkmals. ●

Groß-Umstadt

G

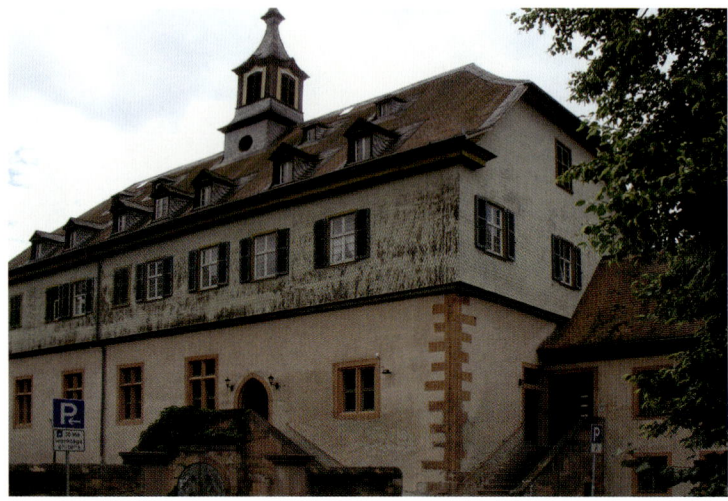

Groß-Umstadt

Das Pfälzer Schloss aus der Zeit um 1500

Adelshöfe und Kirche

❌ Lage im Text beschrieben

ℹ️ Groß-Umstadt, Tourist-Service
Tel.: 06078-781260

Schon früh wurde Groß-Umstadt als idealer Standort für Ansiedlungen ausgemacht. So finden sich auf dem erhöhten Platz der Evangelischen Kirche römische Siedlungsspuren. Nachdem die Reichsabtei Fulda, seit 766 im Besitz der Umstädter Mark, Teile ihres Besitzes belehnt und verkauft hatte, ergaben sich wechselnde Herrschaftseinflüsse. Mit kurzen Unterbrechungen bestimmten seit 1287 die Hanauer und in deren Nachfolge Hessen-Darmstadt und seit 1390 Kurpfalz wesentlich die Geschicke der Stadt. Die Präsenz ihrer Stadthalter dominierten seit dem frühen Mittelalter das Stadtleben, sie ermöglichten aber auch das Heranwachsen eines reichen und selbstbewussten Bürgertums.

Die frühmittelalterliche Stadt entstand innerhalb eines fast regelmäßigen Gevierts um den Marktplatz. Die Hanauer Vogtei (heute Darmstädter Schloss) und die Vogtei des Klosters Fulda (heute Pfälzer Schloss) bildeten zwei Eckpunkte der Stadtbefestigung.

Seit dem 11. Jahrhundert sind Marktrechte, seit 1263 Stadtrechte belegt. Eine Lateinschule wurde 1387 gegründet, ein Hospital 1451 gestiftet. Die Kirche wurde zwischen 1490 und 1494 zu ihrer heutigen Gestalt um- und ausgebaut.

Mit der auffallend großen Zahl von Grabmälern an der Außen- und Innenwand der Kirche sind die Namen der einflussreichen Familien der Stadt verbunden.

Von der Blüte der Stadt, die ihren Höhepunkt in der Zeit um 1600 hatte, sind mit den sieben Adelshöfen, den bürgerlichen Fachwerkwohnbauten, dem Rathaus in der Altstadt, sowie den Hofanlagen in der Vorstadt eine Vielzahl historischer Zeugnisse überliefert.

Das Wamboltsche Schloss (Curtigasse 6) ist als repräsentativer und stilprägender Renaissancebau für die Stadt-

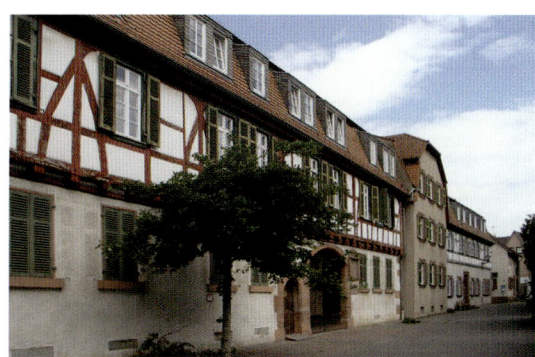

*Blick in die
Rodensteiner Straße*

architektur von besonderer Bedeutung. Er ist einer der sieben Adelssitze innerhalb der Altstadt. Die Freiherrn Wambolt zu Umstadt bewohnten ihre an Stelle des heutigen Schlosses stehende Stammburg wohl seit dem Mittelalter. Wie schon mehrere seiner Vorfahren stand Philipp III. Wambolt (1545-1601) in kurfürstlichen Diensten. Zwischen 1600 und 1602 wurde der Nordflügel entlang der Curtigasse im Renaissancestil errichtet. Abgeschlossen wurde der Schlossumbau mit dem dahinterliegenden Südflügel 1671.

Die vier anderen Adelssitze lehnten sich an die Stadtmauer an. Der Hof der Gans von Otzberg (Brunnengasse 14, Anfang 16. Jahrhundert) lag im Südosten, das Curti-Schloss (anstelle der Max-Planck-Schule, Ende 16. Jahrhundert) direkt neben dem Stadttor im Westen. Die strategisch bedeutsamsten Standorte in den Ecken der Stadtbefestigung besetzten die großen Schlösser der Darmstädter (Hanauergasse 15, Anfang 18. Jahrhundert) im Nordosten und der Pfälzer (Pfälzer Gasse 16, um 1500) im Südwesten.

Das Wamboltsche Schloss

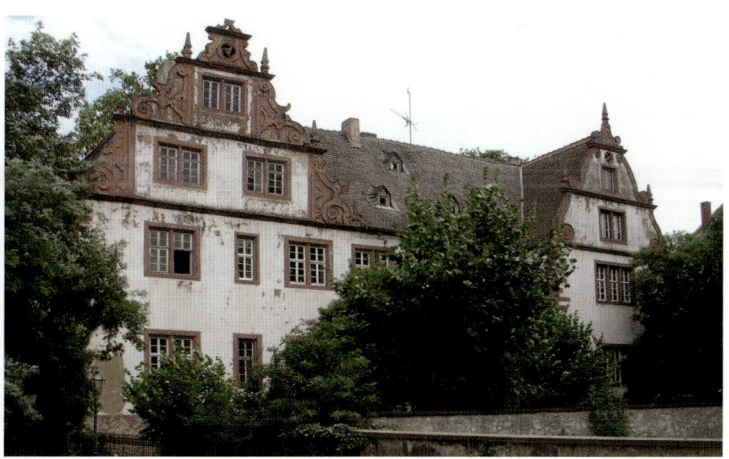

G

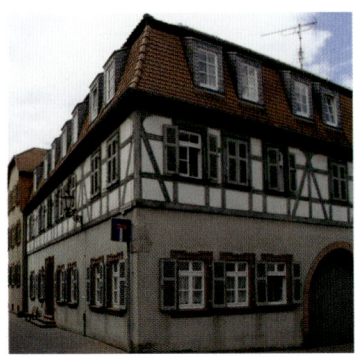

Der Rodensteiner Hof

Die beiden kleinsten Adelssitze waren der Rodensteiner Hof (Rodensteiner Str. 3 Mitte 16. Jahrhundert) und Heddersdorfer Hof (Rodensteiner Str. 4, 17. Jahrhundert), die gegenüber im Innern der Stadt Platz gefunden hatten.

Im späten 18. und frühen 19. Jahrhundert entwickelte sich langsam die östliche Vorstadt mit einer Anzahl von Fachwerkgehöften. Westlich der Altstadt erweiterte sich die Stadt im 19. Jahrhundert mit zahlreichen Massivhäusern in der gesamten Stilpalette des Historismus. Mehrere Gründerzeit-Villen zeugen von einem erneuten wirtschaftlichen Aufschwung um die Wende zum 20. Jahrhundert. ●

Groß-Umstadt
Rathaus

❌ Hanauer Gasse 1

🔼 Stadt-Groß-Umstadt

ℹ Besichtung jederzeit möglich

ℹ Groß-Umstadt, Tourist-Service
Tel.: 06078-781260

Das 1605 vollendete Groß-Umstädter Rathaus ist eines der prächtigsten und fortschrittlichsten Rathausgebäude seiner Zeit.

Schon hundert Jahre zuvor gab es ein Rathaus neben der Kirche. Im Laden im Erdgeschoss wurden Markttage abgehalten und bei schlechtem Wetter auch zu Gericht gesessen.

Gegen Ende des 16. Jahrhunderts entschlossen sich die Ratsherren zu einem aufwändigen Neubau für ihre rund 1000 Einwohner zählende Stadt. Nach Abriss des alten Gebäudes wurde im März 1604 der Grundstein gelegt – bis 1605 war der Neubau fertig gestellt.

Der zweigeschossige Putzbau dominiert mit seiner Eingangsfassade den Marktplatz. Die Mittelachse wird betont durch das Säulenportal mit den beiden Wappen von Kurpfalz und Hessen-Darmstadt, sowie dem zweigeschossigen Zwerchgiebel vor steilem Satteldach. Die

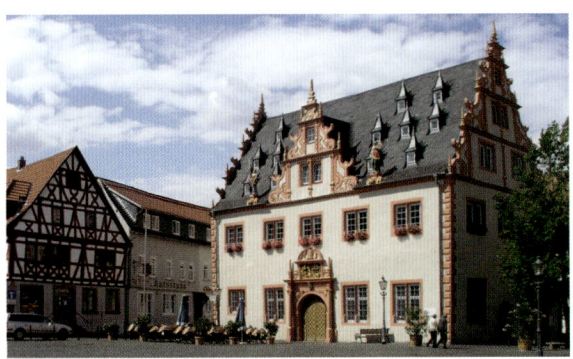

Blick über den Markt auf das Rathaus

Seitenfassaden mit den hoch aufragenden dreigeschossigen Giebeln sind nicht minder repräsentativ. Die hervorragend gearbeiteten und vielfach vergoldeten Schmuckelemente aus Sandstein sind es, die dem Gebäude seinen prächtigen Ausdruck verleihen.

Die weite Säulenhalle des Erdgeschosses war wieder Gerichtssaal. Im ersten Stock befand sich die einstmals reich dekorierte Ratsstube.

Auf der Suche nach einem Baumeister haben die Ratsherren sich wohl an Philipp III. Wambolt von Umstadt gewendet, der sich kurz vorher in Rathausnähe einen modernen Schlossflügel hatte errichten lassen. Sein Baumeister Johannes Schoch soll die Pläne für den Neubau geliefert haben.

Steinmetze waren Hans Maurer und Georg Schönick, die aus Aschaffenburg und Würzburg nach Groß-Umstadt gekommen waren. Für die Figuren der Justitia (Gerechtigkeit) und Prudentia (Klugheit), die auf dem Dachrand Aufstellung fanden, ging der Auftrag jedoch wieder an einen Bildhauer, der in kurpfälzischen Diensten tätig war: an Sebastian Götz. Der Vergleich mit den Justitia-Figuren am Heidelberger Schloss (Friedrichsbau) legt dies nahe. Von der Innenausstattung, den Wandmalereien und Stuckdecken sind nur noch Reste erhalten. ●

G

Groß-Umstadt – Heubach
Ortsbild

🕐 von außer jederzeit frei zu besichtigen

ℹ️ Groß-Umstadt, Tourist-Service
Tel.: 06078-781260

Im Tal des Pferdsbaches, an der Grenze des Buntsandstein-Odenwalds liegt Heubach, das bereits im 12. Jahrhundert als Bickenbacher Besitz nachgewiesen ist. Auf dem großen Platz „Am Dorfbrunnen" laufen sieben Straßen sternförmig zusammen, an denen sich die Siedlung als Haufendorf entwickelte.

Der Marktplatz in Heubach mit Brunnen, im Hintergrund das Schulhaus und die Kirche

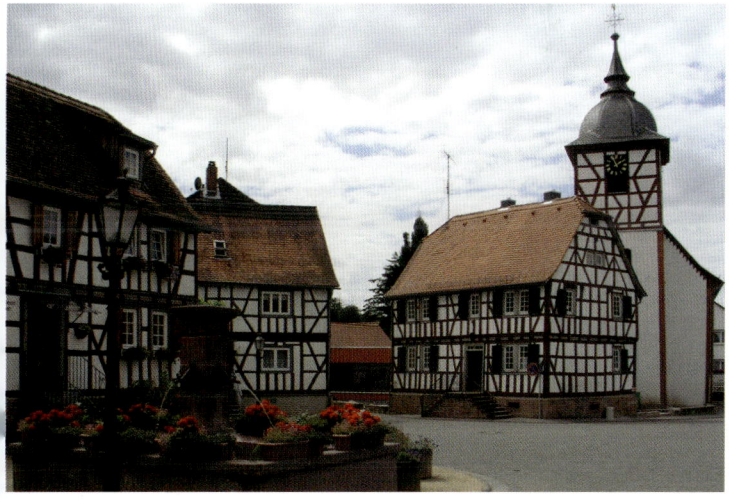

Stattliche Fachwerkhäuser aus dem 18. und 19. Jahrhundert prägen das Ortsbild. Große Scheunengebäude, Ställe und Weinkeller weisen auf die intensive landwirtschaftliche Nutzung der Heubacher Gemarkung und einen gewissen Wohlstand hin.

Der Dorfplatz mit dem Sandsteinbrunnen aus dem 19. Jahrhundert und dem Ehrenmal erhielt durch drei Fachwerkhäuser eine neue maßstabgebende Bebauung. Eines dieser zweigeschossigen repräsentativen Gebäude ist das ehemalige reformierte Schulhaus von 1806 mit Freitreppe, das neben der evangelisch-reformierten Pfarrkirche von 1843 steht. Der Vorgängerbau der Kirche aus dem 12. Jahrhundert musste 1754 durch einen Neubau ersetzt werden. Der romanische Turm wurde 1843 durch ein Fachwerkgeschoss erhöht und damit der Platzbebauung angepasst. Nach der Reformation evangelisch geworden, wurde die ursprünglich Bartholomäus geweihte Kirche aus der Zeit um 1700 als Simultankirche genutzt. 1894 erhielt die katholische Gemeinde mit der neogotischen Hallenkirche Sankt Bartholomäus (Erzberger Str. 36) wieder einen eigenen Andachtsraum.

Gleichzeitig mit dem Umbau der Kirche am Dorfbrunnen war aber noch eine weitere Kirche gebaut worden – der kleine, schön proportionierte, barocke Saalbau (Erzberger Str. 11) im Auftrag der evangelisch-lutherischen Gemeinde im Jahr 1754-1755.

Die drei Heubacher Kirchen bringen die seit der Reformation bisweilen komplizierten Verhältnisse in Erinnerung, die infolge der Abhängigkeit von wechselnden Landesherren und deren Konfessionszugehörigkeit entstanden.

Die Fachwerkarchitektur des Dorfes wurde gegen Ende des 19. Jahrhunderts um Massivbauten von eher städtischem Gepräge bereichert. Hierzu zählen neben anderen die Schule in der Erzberger Straße 10, das Lehrerhaus in der Erzberger Straße 8 und das ehemalige Rathaus in der Wilhelm-Leuschner-Str. 70. Schöne sandsteinerne Architekturteile verweisen auf die zahlreichen Steinhauer, die in den Steinbrüchen der Umgebung Arbeit gefunden hatten. An ihren Einzug 1820 erinnert eine Tafel mit Ziegenbock und Inschrift (Wilhelm-Leuschner-Str. 73). ●

Groß-Umstadt – Kleestadt
Evangelische Pfarrkirche

❌ Friedrich-Ebertstraße

☁ Stadt-Groß-Umstadt

🕐 nach Vereinbarung

ℹ Evangelisches Pfarramt, Bahnhofstr. 39, Tel.: 06078-2254

Die evangelische Pfarrkirche steht anstelle der früheren Marienkapelle aus dem 13. Jahrhundert. Zu dieser Zeit war das Dorf im Besitz der Herren von Eppstein, die es 1425 an Hanau verkauften, wodurch es unter die Herrschaft Babenhausen kam.

Kleestadt hat sich, wie für Haufendörfer typisch, um die zentral gelegene Kirche herum entwickelt. Gab es keine Stadtmauer, war oft der Kirchhof befestigt. Bei der Kleestädter Kirche ist die Wehrhaftigkeit besonders auffällig, weil sie auf einer Erhebung gebaut, von starken Stützmauern umgeben ist.

Verstärkt wird der Eindruck durch den gotischen Torbau in der Nordecke, durch dessen Bogenöffnungen und tonnengewölbte Halle man auf den Kirchhof gelangt. Das Wächterstübchen in Fachwerk mit übergreifendem Walmdach wurde im 18. Jahrhundert angebaut.

Die dreischiffige Kirche mit schlankem Westturm ist mehrfach umgebaut und erweitert worden. Der gotische Chor

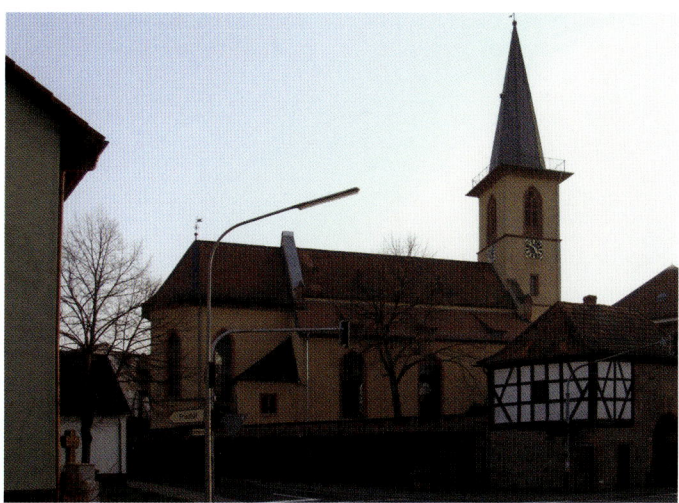

Die evangelische Pfarrkirche in Kleestadt

entstand in der ersten Hälfte des 15. Jahrhunderts, 1560 wurde das südliche Seitenschiff angefügt, 1833 der Turm verändert und 1861 das nördliche Seitenschiff ergänzt.

Im Zuge dieses grundlegenden Umbaus wurde die gesamte Kirche erhöht und innen flach eingedeckt (Seitenschiffe etwas niedriger als Hauptschiff). Damit war endgültig ein pseudobasilikaler Raum entstanden, wie er dem historischen Hanauer Einflussbereich eigen ist.

Von besonderer Qualität sind die 1936 freigelegten Wandmalereien, die zusammen mit denen von Frankfurt und Mainz (Karmeliterkirchen) zu den bedeutendsten ihrer Zeit in Hessen gehören. Im 15. und 16. Jahrhundert war der gesamte Chor mit Szenen aus dem Leben Christi, Aposteln, Evangelisten-Symbolen, Engeln und Ornamenten ausgemalt worden. ●

Groß-Umstadt – Klein-Umstadt

Wehrkirche

❌ Rathausgasse

🕐 nach Vereinbarung

ℹ️ Evangelisches Pfarramt, Bahnhofstr. 39, Tel.: 06078-2254

Klein-Umstadt gehörte seit dem Mittelalter zu Groß-Umstadt und entwickelte sich in Abhängigkeit von dessen Herrschaftsgeschichte. Am neogotischen Rathaus – einem Sandsteinbau von 1869 – weitet sich die Durchgangsstraße zu einem kleinen Platz auf. Bei einigen Hofreiten aus dem 18. und 19. Jahrhundert finden sich die Baujahre in den typischen, überdachten Hofeinfahrten.

Vorbei an der giebelbekrönten Ostfassade des Rathauses mit Sonnenuhr und Glockentürmchen, führt der Weg über einen malerischen Treppenaufgang zur evangelischen Pfarrkirche. Sie beherrscht den höchsten Punkt Klein-Umstadts und bildet zusammen mit dem Friedhof den südlichen Abschluss des Ortes.

G

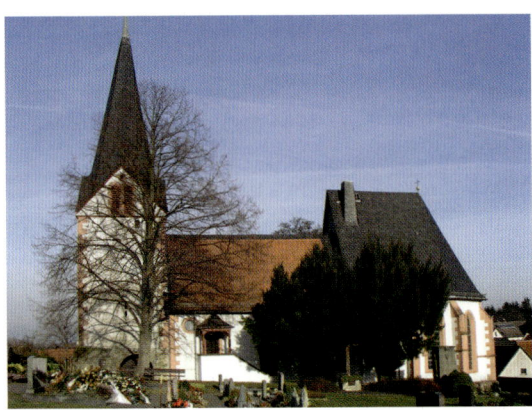

*Blick über den Friedhof
auf die Kirche*

Heute noch ist erkennbar, dass die Kirche mit ihrer exponierten Randlage ein wichtiger Verteidigungspunkt des mittelalterlichen Dorfes war. Zusätzlich durch eine eigene Mauer befestigt, war sie in die Wehrmauer des Dorfes einbezogen, deren mittelalterliche Reste östlich und westlich der Friedhofsmauer ebenfalls noch vorhanden sind.

Wahrscheinlich ist die Kirche 1425 einschiffig mit lang gestrecktem gleichbreitem Chor und mächtigem Westturm gebaut worden. Das Langhaus wurde im 18. Jahrhundert angehoben. Noch höher wurde das Dach des Chores gezogen, als dieser 1840 unter Entfernung der alten Gewölbe umgebaut wurde. Nördlich an ihn schließt sich die Sakristei mit quadratischem Grundriss an. Der wehrhafte Turm hat keine Fenster, nur Lichtschlitze. In den Giebeln befinden sich gekoppelte Schallöffnungen, darüber erhebt sich der achtseitige Helm.

Im Inneren dominiert der barocke Gesamteindruck in gefälliger dörflicher Prägung. Die flache Holzdecke ist mit Rankenwerk dekoriert, die umlaufenden Emporen in Langhaus und Chor ebenfalls mit Malereien versehen. Die Kanzel von 1415 aus rotem Sandstein ist mit ihrem barocken Schalldeckel das bedeutendste Ausstattungsstück. Mit dem spätgoti-

schen Maßwerkrelief in den Brüstungsfeldern des Kanzelkorpus, der auf einer Rundsäule steht, ist sie eine der seltenen und ältesten Steinkanzeln im hessischen Raum. Auf der anderen Seite des Triumpfbogens befindet sich ein Grabmal aus dem 16. Jahrhundert mit den Wappen der ortsansässigen Familie Weiß von Fauenbach und von Karben. ●

Groß-Umstadt – Richen
Ortsbild

> ❌ Rathaus:
> Hauptstraße gegenüber der Kirche
> Spritzenhaus: Am Stiel 12
>
> ⬡ Stadt-Groß-Umstadt
>
> ❶ von außer jederzeit frei zu besichtigen
>
> ❶ Groß-Umstadt, Tourist-Service
> Tel.: 06078-781260

Richens Gründung geht bis ins 14. Jahrhundert zurück. Im Mittelpunkt der Ortschaft, an einer Straßenkreuzung der Hauptstraße, stehen sich die Barockkirche und das neogotische Rathaus gegenüber. Der barocke Saalbau von 1758/59 mit Turmaufsatz, offener Laterne und geschwungener Haube hatte einen mittelalterlichen Vorgängerbau. Das Rathaus wurde in der zweiten Hälfte des 19. Jahrhunderts gebaut und erinnert mit seinen Sandsteinquadern, den architektonischen Schmuckformen und dem Glockenturm über der Giebelseite an das Rathaus von Klein-Umstadt.

Von der Hauptstraße führt die Schmiedstraße nach Westen auf die Dorfstraße. Hier haben sich zahlreiche Hofreiten mit giebelständigen Fachwerkhäusern aus dem 17. und 18. Jahrhundert erhalten (Schmiedestraße 4 von 1715, Dorfstraße 11 von 1731, Dorfstraße 18 von 1738, Dorfstraße 7 und 5 von 1797). Die großen Sandsteintore prägen das Dorfbild. Einige von ihnen sind mit Wappen und Jahreszahlen im Scheitel versehen. Teilweise sind es Doppeltore mit großer Einfahrt und anschließender Handpforte.

Von der Kirche nach Osten geht die Straße Am Stiel ab. An ihr liegt freistehend das Spritzenhaus (Nr. 12) von Richen – ein technisches Kulturdenkmal. Um 1900 entstanden das massive Gebäude für die Wagen und der Trockenturm für die Schläuche. Der Turm auf quadratischem Grundriss ist aus Holz gebaut und mit einem Mansarddach gedeckt. Das winkelförmige eingeschossige Haus wurde im historisierenden Heimatstil mit Fachwerkzwerchhaus, Bossenquaderung an den Gebäudeecken, rundbogiger Einfahrt und Tür mit Sandsteingewänden ausgestattet.

Hundert Jahre früher waren im nahe gelegenen Kleestadt die Räume für die Feuerwehr noch mit dem Ratssaal kombiniert worden. Mit dem technischen Fortschritt war der Spritzenhausbau für die Gemeinden zu einer selbstständigen Bauaufgabe geworden. ●

Oben:
das Rathaus in
Richen,
unten:
das Spritzenhaus,
heute technisches
Kulturdenkmal

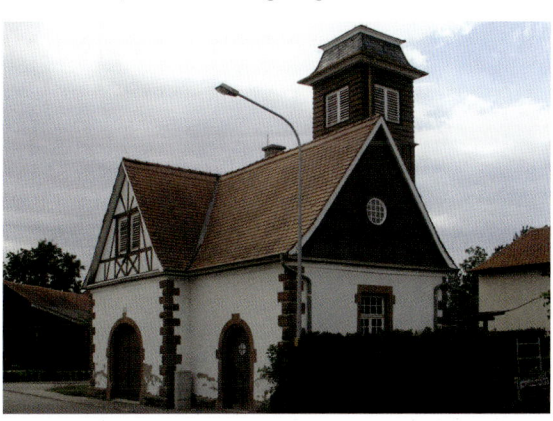

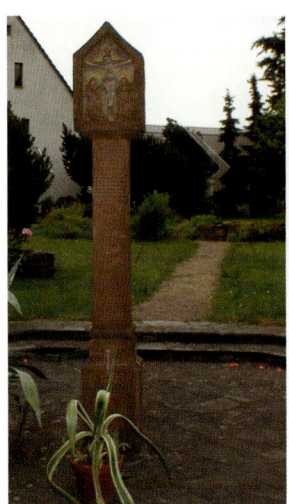
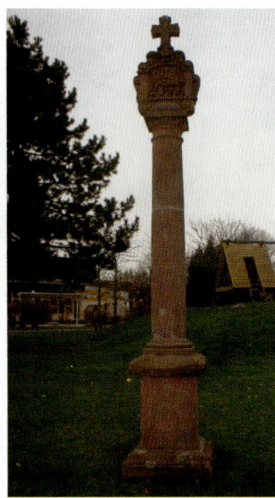

Bildstock in der Hauptstraße (links), in der Geschwister-Scholl-Straße (rechts)

Hainburg-Hainstadt
Bildstöcke

❌ Ortsteil Hainstadt:
Ecke Hauptstraße/Carl-Ulrich-Straße

Ortsteil Klein-Krotzenburg, auf dem Gelände des Kindergartens Ecke Liebigstraße/Geschwister-Scholl-Straße

ℹ️ jederzeit

Im Ortsgebiet von Hainstadt konnte durch Grabungen im Bereich der heutigen Kastellstraße eines der ältesten römischen Kastelle am Main gefunden werden. Es wurde um 90 nach Christus im Übergangsgebiet vom Wetterau- zum Mainlimes errichtet und bestand nur etwa 20 bis 25 Jahre. Nachdem der Limes als Grenze aufgegeben wurde und römische Herrschaft geendet hatte, ließen sich im ehemaligen Kastellbereich Alemannen nieder, jedoch fiel die Siedlung in der ersten Hälfte des 5. Jahrhunderts wieder wüst.

Der heutige Ort Hainstadt geht auf eine spätmerowingische Siedlung des 7. Jahrhunderts zurück und soll 801 erst-

mals urkundlich genannt worden sein. Allerdings stammt die erste gesicherte Erwähnung aus dem Jahre 1288. Damals gehörte Hainstadt mit der Auheimer Mark zum Maingau und unterstand dem Zentgericht Steinheim. Aus dem Besitz der Herren von Hainhausen und später derer von Eppstein gelangte Hainstadt durch Verkauf zusammen mit dem Amt und der Stadt Steinheim 1425 an das Erzbistum Mainz, von wo es um Zuge der Säkularisation 1803 an Hessen-Darmstadt kam.

Ausgehend von einer Siedlung entlang der Mainuferstraße, der früheren Geleitsstraße von Seligenstadt nach Frankfurt am Main (heute Hauptstraße), hat das industrielle Wachstum eine Ausdehnung des Ortes nach Westen und hin zur Bahn ausgelöst. Industrieansiedlungen gab es schon im letzten Jahrhundert an der Straße nach Offenbach.

Zu den bemerkenswerten Zeugnissen gehören auch mehrere Bildstöcke. Einer davon ist aus Sandstein geschaffen und steht in der Hauptstraße. Auf seiner Vorderseite zeigt er eine Kreuzigungsdarstellung als Votivbild in Reliefmanier. Im

Hainburg

Eine Station des Planetenweges am 6 Kilometer langen Mainuferweg

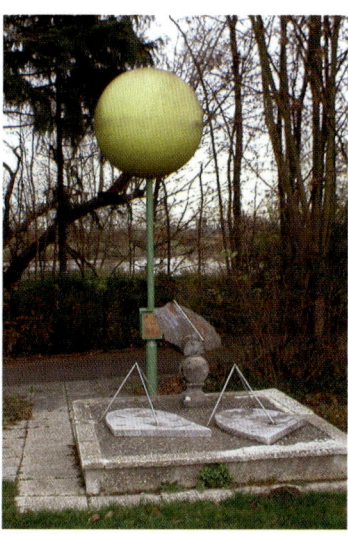

Pfeiler trägt er eine Inschrift aus dem Jahr 1676, die an zwei im Main ertrunkene Knaben erinnert. Die Inschrift lautet: „1676 DEN 16 / JUNI SEIN JOHAN / VALTENTIN SCHLIZ / UND JOHAN ADAM / STURM 8 JAHR / IHRES ALTERS HIR / IM MEIN ERTRUNKE / UNSER LEBEN IST G / ESHWIND HINGEFA / HREN WIE DER WIND / IN DEM WASSER JESU / ZU WO WIR HABEN E / WIG RUH IHR ELTERN GUTE NACHT / UNSER HOCHZEIT IST / VOLLBRACHT".

Ein weiterer, künstlerisch wertvollerer Bildstock steht in Klein-Krotzenburg. Es ist ein typisches Flurdenkmal im Umkreis der Abtei Seligenstadt, am Wege zur Marienwallfahrt. Heute befindet er sich allerdings mitten im Wohngebiet an der Geschwister-Scholl-Straße. Der Bildstock ist ebenfalls aus Sandstein gearbeitet, auf hoher Säule befindet sich ein Votivbild mit der Pietà als Relief, Voluten und bekrönendem Kreuz. Darunter befindet sich die Inschrift „IN DER NOT IN DEM TOD BITT FÜR UNS MARIA".

Im Postament sind die Initialen HK sowie die Jahreszahlen 1701 und 1734 eingearbeitet. ●

Hainburg-Hainstadt
Planetenweg

> ❌ am Mainufer, der Weg beginnt schräg gegenüber der Einmündung der Carl-Ulrich-Straße in die Hauptstraße
>
> ⏰ jederzeit

Der 1988 eingerichtete Planetenweg in Hainburg zählt zu den ältesten Einrichtungen dieser Art in der Bundesrepublik Deutschland. Entlang des Mains vom Pechsteg im Ortsteil Hainstadt bis nach Seligenstadt wurde er gemeinsam mit der Kreuzbergschule errichtet und bildet das Sonnensystem im Maßstab 1:1 Million

ab. Auf diese Weise werden die kaum vorstellbaren Entfernungen und Größenverhältnisse dargestellt.

Die Sonne als Ausgangspunkt steht am südlichen Ortsrand von Hainburg, Pluto als äußerster Planet, befindet sich auf dem Gebiet der Stadt Seligenstadt. Dazwischen verläuft der sechs Kilometer lange Mainuferweg mit seinen unterschiedlichen Stationen.

Hierzu zählt auch eine Deutschlandkarte, auf der alle Städte mit Planetenwegen verzeichnet sind. Dies sind der 1971 in Hagen entstandene Weg ebenso wie zwanzig weitere, die später errichtet wurden. Die Formen der einzelnen Stationen eines solchen Weges sind ebenso vielfältig wie die verwendeten Verkleinerung-Maßstäbe, die sich aus den jeweiligen örtlichen Gegebenheiten ergeben. Im Maßstab des Weges in Hainburg ist der Mensch erst 38 Zentimeter weit ins Weltall vorgedrungen. Das entspricht hier der dargestellten Entfernung zwischen Erde und Mond, während Venus und Mars immerhin 42 beziehungsweise 48 Meter entfernt liegen. ●

H

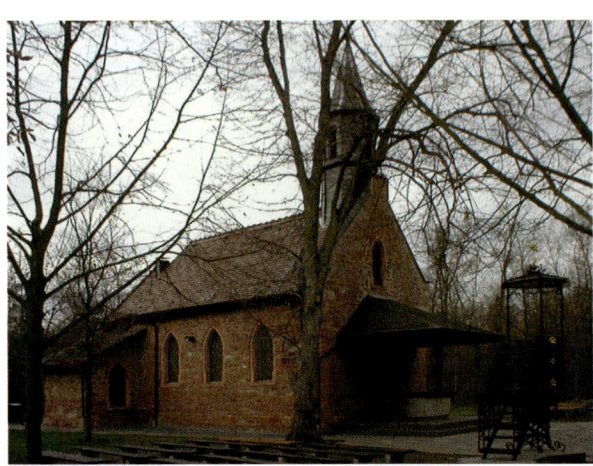

*Marienkapelle
Liebfrauenheide*

Hainburg – Klein-Krotzenburg
Liebfrauenheide

⊗ südwestlich außerhalb des Ortes im Wald, Zugang vom verlängerten Triebweg

ℹ von außen jederzeit

Seit Mitte des 18. Jahrhunderts ist der Gnadenort der Schmerzhaften Mutter Gottes auf der Liebfrauenheide im Wald bei Klein-Krotzenburg Ziel ausgedehnter Wallfahrten. Die 1867 erbaute Kapelle birgt ein kleines, aus Holz geschnitztes und farbig gefasstes Gnadenbild aus der Zeit um 1620, das die sitzende Mutter Gottes mit dem toten Christus nach der Kreuzabnahme zeigt.

Um 1730 traten erstmals Wallfahrten an diesem Ort auf. Die Lage der Kapelle im Wald und der ständig zunehmende Zustrom der Wallfahrer waren die Gründe, dass die ältere, 1736 erbaute Kapelle um 1749-1750 merklich vergrößert wurde. Relativ schnell hatte sich hier die Wallfahrt zur Liebfrauenheide entwickelt. Dies ging allerdings zu Lasten der Dieburger Wallfahrt. Gewöhnlich kamen an Maria Geburt, dem Hauptwallfahrtstag nach Dieburg, etwa zwölftausend Wallfahrer.

Nachdem die Liebfrauenheide-Wallfahrt an Popularität deutlich zugenommen hatte, besuchten 1753 nur noch 4000 Menschen die Wallfahrt nach Dieburg. Gemeinsam mit ihrem Pfarrer schickten daraufhin Bürger aus Dieburg einen Brief an den Mainzer Erzbischof und baten, die Wallfahrt zur Liebfrauenheide zu verbieten, da sie nicht approbiert sei!

Dies geschah aber nicht und der Strom der Wallfahrer nahm weiter zu. 1866 wurde mit dem Neubau der Gnadenkapelle begonnen, 1868 war sie in einfachen gotisierenden Formen aus Natursteinmauerwerk mit einem Dachreiter und einem überdachten Freialtar fertig gestellt.

Am 26. Juli 1869 hielt hier Bischof Freiherr von Ketteler seine Rede zur sozialen Lage der Arbeiterbewegung. Die schöne, aus Eisen geschmiedete Kanzel, die auf dem freien Platz vor der Kapelle steht, wurde 1905 zu seinem Andenken errichtet. Der überdachte Altar vor dem Eingang der Kapelle kam 1935 hinzu.

Heute hat die Wallfahrt zur Liebfraueheide eine ungebrochene Tradition und das Gnadenbild fasziniert den Gläubigen. ●

Hainburg — Klein-Krotzenburg
Ehemalige Synagoge

⊗ Kettelerstraße 6

⬤ Gemeinde Hainburg und Landkreis
   Offenbach

🕐 nach Vereinbarung

ℹ Arbeitskreis Ehemalige Synagoge,
   c/o Erich Weih, Auheimer Straße 23,
   63512 Hainburg, Tel.: 06182-5344

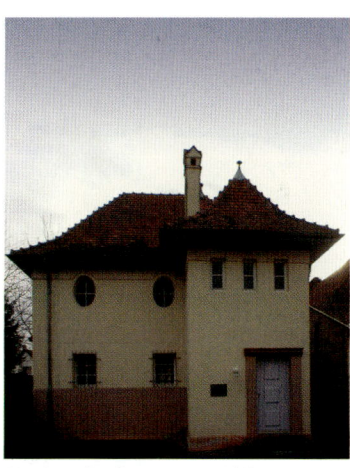

Die ehemalige Synagoge von 1913

Die Erwähnung des Juden Raphael von Klein-Krotzenburg ist durch den Verkauf eines Wiesengrundstückes in Seligenstadt im Jahre 1680 bezeugt. In der Folge wurden hier immer wieder vereinzelt Juden genannt. Bis 1871 gehörten die Klein-Krotzenburger Juden zur Israelitischen Gemeinde Seligenstadt, in diesem Jahr gründete sich im Ort eine eigene Gemeinde und richtete zunächst einen eigenen Friedhof ein.

Um die Wende zum 20. Jahrhundert zählte man in Klein-Krotzenburg etwa 30 Juden. Ihre Zahl stieg in der Folgezeit weiter, was den Vorstand der jüdischen Gemeinde veranlasste, den Bau einer eigenen Synagoge zu beginnen. Diese wurde 1913 nach zweijähriger Bauzeit eingeweiht. Dennoch war die Zahl von circa acht bis zehn Familien zu gering, um einen eigenen Gottesdienst abzuhalten. Oft mussten junge Männer aus Seligenstadt und anderen Orten eingeladen werden, um zehn männliche Mitglieder zu erreichen, ohne die eine Thoralesung nicht stattfinden konnte.

Am 10. November 1938, dem Tag der Reichspogromnacht verwüsteten SS-Leute die Synagoge durch Brandanschlag und ließen Plünderungen zu, mit der Folge, dass Versammlungen nicht mehr stattfinden konnten. Von den 363 Synagogen in Hessen wurden seinerzeit 145 zerstört, 54 in der Zeit nach 1945 abgerissen und die erhaltenen restlichen 164 Synagogen einer anderen Nutzung zugeführt, da es in den betreffenden Orten keine Juden mehr gab. Nach dem Tod der elf verbliebenen Klein-Krotzenburger Juden in Konzentrationslagern blieb die Synagoge erhalten und wurde als Holzlager der Ortsgemeinde genutzt.

Seit 1985 diskutierte die Gemeindevertretung über die Renovierung des Gebäudes und dessen Nutzung als Kultur- und Gedenkstätte. 1991 verfasste die Untere Denkmalschutzbehörde des Kreises Offenbach ein Renovierungskonzept, 1994 schließlich wurde der Architekt Gerald Marx mit der Renovierung beauftragt.

Heute ist der Arbeitskreis „Ehemalige Synagoge Klein-Krotzenburg" für die Betreuung der Einrichtung verantwortlich und führt eine Reihe von Veranstaltungen durch, die sich mit der jüdischen Lebensweise und der Aufarbeitung der jüngsten Vergangenheit befassen. ●

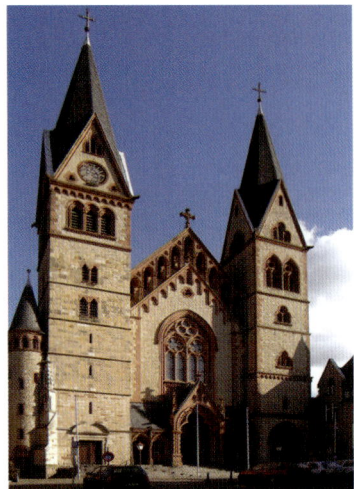

Heppenheim
Katholische Pfarrkirche Sankt Peter

⊗ Kirchengasse 5

⌂ Kath. Kirchengemeinde St. Peter, Heppenheim

🕐 tagsüber geöffnet.

ℹ Tel.: 06252-93090

Die katholische Pfarrkirche Sankt Peter zählt zu den herausragenden Kirchenbauten der Region aus dem frühen 20. Jahrhundert. Wegen ihrer großzügigen, aufwändigen Formen und der weithin sichtbaren, auffällig hohen Vierungskuppel wird sie als „Dom der Bergstraße" bezeichnet.

Die Kirche liegt auf einem Plateau im Osten der Altstadt unweit des Marktplatzes. Der Nordturm der Kirche stammt noch aus dem 12./13. Jahrhundert. Im 15. Jahrhundert wurde der Chor erneuert, nach 1700 das Langhaus. 1900 erfolgte der Abbruch der alten Kirche und bis 1904 konnte der Neubau nach

Kirche St. Peter, „Dom der Bergstraße"

Plänen des Mainzer Professors Ludwig Becker realisiert werden.

Der Sandsteinbau ist im historisierenden Stil mit Formen der Spätromanik und Gotik als dreischiffige Basilika mit Querhaus erbaut. Die breiten gedrungenen Proportionen erinnern an die Romanik. Außen fällt die strenge Gestaltung durch Rundbogenfriese auf. Hier erinnert die Westfassade als Doppelturmfassade mit dem in sechs Geschossen erhaltenen Nordturm aus der Zeit um 1200 eher an die Spätromanik und die Übergangsformen zur Gotik.

Im Inneren dagegen kommt der gesamte Formenreichtum der Hochgotik zur vollen Entfaltung. Die Architektur des Altarraums ist dabei besonders aufwändig. Alle Fenster sind farbig verglast mit Motiven aus biblischen Geschichten sowie Heiligen und Kirchenvätern. Bemerkenswert ist, dass die neogotische Innenausstattung unverändert erhalten geblieben ist. Die Szenen im geschnitzten Hochaltar verdeutlichen das Altarsakrament, im Auszug des Altars ist Petrus als Kirchenpatron dargestellt. Der Altar der rechten, südlichen Kapelle zeigt die Dreifaltigkeit. In der Wand ist ein Relief mit der Abendmahlsszene aus dem Anfang des 16. Jahrhunderts eingemauert, das möglicherweise aus der Burgkapelle der Starkenburg stammt. Ein Kleinod ist der spätgotische Marienaltar mit der Madonna, der Heiligen Katharina und der Heiligen Barbara in der nördlichen, linken Kapelle. Unweit davon, im nördlichen Querhaus, steht eine gotische Madonna aus dem späten 13. Jahrhundert. Die übrige figürliche Ausstattung stammt, passend zur Kirche, überwiegend aus dem frühen 20. Jahrhundert.

Von großem regionalgeschichtlichen Interesse ist die berühmte Steinurkunde im unteren Geschoss des alten Kirchturms. Sie stammt vermutlich aus der zweiten Hälfte des 12. Jahrhunderts, gibt aber vor, eine Grenzbeschreibung des Heppenheimer Kirchspiels von 805 nach Christus zu sein. ●

Heppenheim
Ehemaliger Kurmainzer Amtshof

⊗ Amtsgasse 5

◈ Stadt Heppenheim

❸ Museum: Mi, Do, Sa 14-17 Uhr, Sonn- und Feiertags 17-18 Uhr

❶ Tel.: 06252-69112

Der Kurmainzer Amtshof liegt im nördlichen Bereich der Altstadt und ist direkt vom Marktplatz aus erreichbar. Die Anlage, insbesondere der Hauptbau, wurde in der zweiten Hälfte des 14. Jahrhunderts in Formen der Spätgotik errichtet. Weitere Umbauten und Ergänzungen folgten. Bereits nach dem Dreißigjährigen Krieg wurde die Nutzung als Amtshof aufgegeben, weswegen die Anlage nach einer Zerstörung 1693 nur vereinfacht wiederhergestellt wurde.

Der stattliche Komplex hat die Grundform eines unregelmäßigen Fünfecks. Von den Straßenseiten wirkt er eher streng und wehrhaft, der Innenhof dagegen erscheint durch die unterschiedliche Bebauung aufgelockerter. Die Gebäude sind aus unverputztem Bruchstein mit Werksteingliederung errichtet, einzelne Teile sind aus Fachwerk erbaut.

Der Hauptbau, der Palas, nimmt die gesamte Südfront ein. Er ist zweigeschossig und besitzt hofseitig unterteilte Rechteckfenster. Der rechteckige Kapellenturm springt stark in den Hof vor. Im Saal des Obergeschosses (Kurfürstensaal) sind Wandmalereien aus dem frühen 15. Jahrhundert erhalten. Bedeutend ist vor allem das Fresko an der Nordwand, das über einem gemalten Wandbehang mit Blumenornamenten acht stehende Engel zeigt, die übergroße Wappen halten. Wohl aus der gleichen Zeit und vom gleichen Meister stammt das Engelskonzert in den Gewölbezwickeln des Kapellenchors. Dieser Chor

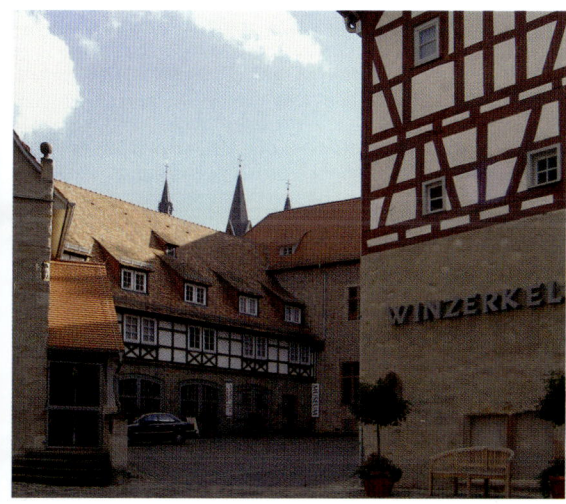

Kurmainzer Amtshof, Ort der Heppenheimer Festspiele

im Obergeschoss weist besonders reizvoll ausgeprägte gotische Formen auf. Den westlichen Abschluss des Palas zur Amtsgasse bildet der polygonale Treppenturm.

Eine Mauer mit Wehrgang stellt die Verbindung zwischen Palas und dem 1610 erbauten Kelterhaus auf der Westseite her, das hofseitig in den Obergeschossen aus Fachwerk errichtet ist. Ebenfalls aus der Zeit um 1600 stammt die so genannte „Eulenburg" auf der Nordseite, ursprünglich der Marstall mit einer Freitreppe zum Hof.

Teile der Gebäude werden von der Winzergenossenschaft genutzt. Im Untergeschoss ist ein Museum der Heppenheimer Heimatgeschichte eingerichtet. Mit modernem museumsdidaktischem Anspruch präsentieren sich zwei ständige Ausstellungsbereiche. Wechselnde Sonderausstellungen ergänzen das museale Angebot. ●

Heppenheim
Marktplatz

> ✖ Richtung Innenstadt ist der historische Marktplatz ausgeschildert
>
> ❶ jederzeit frei zugänglich
>
> ❶ Touristinformation, Großer Markt 9, Tel.: 06252-13-1171
> www.heppenheim.de

Das Herz der Heppenheimer Altstadt ist der Marktplatz. Er zählt zu den schönsten in Südhessen und ist weitgehend unverändert erhalten. Neben großzügigen Bürgerhäusern sind vor allem das Rathaus (Großer Markt 1) und die Apotheke (Großer Markt 5) beachtenswert.

Das an der südlichen Seite des Marktplatzes gelegene Rathaus ähnelt dem in Lorsch und stammt in seinem Kern von 1551. 1705-1706 erhielt das Gebäude nach einem Brand neue Fachwerkobergeschosse. Nach 1910 ließ

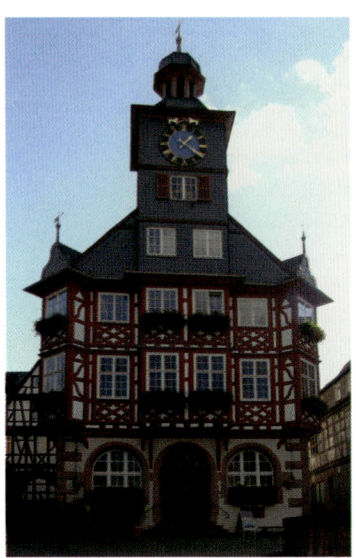

Die Giebelfassade des Heppenheimer Rathauses als eines der besten Beispiele für Schmuckfachwerk des 18. Jahrhunderts.

Heinrich Metzendorf den wohl spätbarocken Schieferbehang entfernen, 1927-1929 schließlich wurde das Rathaus nach hinten verlängert.

Die Giebelfassade zum Marktplatz gilt heute als eines der besten Beispiele für Schmuckfachwerk des 18. Jahrhunderts in der Region. Die dreischiffige, gemauerte Rathaushalle weist rundbogige Tür- und Fensteröffnungen mit mächtigen Sandsteingewänden. Die Mittelachse ist als Erker gestaltet, der sich in den verschieferten Glockenturm fortsetzt. Auch die beiden Gebäudekanten werden durch übereck gestellte Erker mit geschwungenen Dächern betont.

In ähnlicher Weise wurde die schräg gegenüber gelegene Liebig-Apotheke, das ehemalge Gasthaus „Zur Goldenen Rose" gestaltet. 1708 auf den Erdgeschossresten eines schon 1577 genannten Gebäudes erbaut, richtete hier 1792 der aus Luxemburg stammende Christof Pirsch seine Apotheke ein. Justus Liebig, der in diesem Haus 1817-1818 einen Teil seiner Lehre absolvierte, soll bei Experimenten einen Teil des Daches gesprengt haben und deswegen wieder entlassen worden sein. Aufgrund der Ähnlichkeit wird der Bau des Hauses dem gleichen Zimmermann zugeschrieben, der auch das Rathaus konzipierte.

In der Mitte des Marktplatzes erhebt sich der Marktbrunnen aus Rotsandstein, der vermutlich gegen Ende des 17. Jahrhunderts entstand. Auf der Brunnensäule in der Mitte des achteckigen Beckens steht Maria Immaculata, die einer heute unvollständigen Inschrift zufolge 1755 aufgestellt wurde.

Der Marktplatz mit seinen Cafés und Restaurants und dem schönen Blick auf die Starkenburg lädt zum Verweilen ein. Hier wurde der erste „Bollywood-Film" Deutschlands gedreht. ●

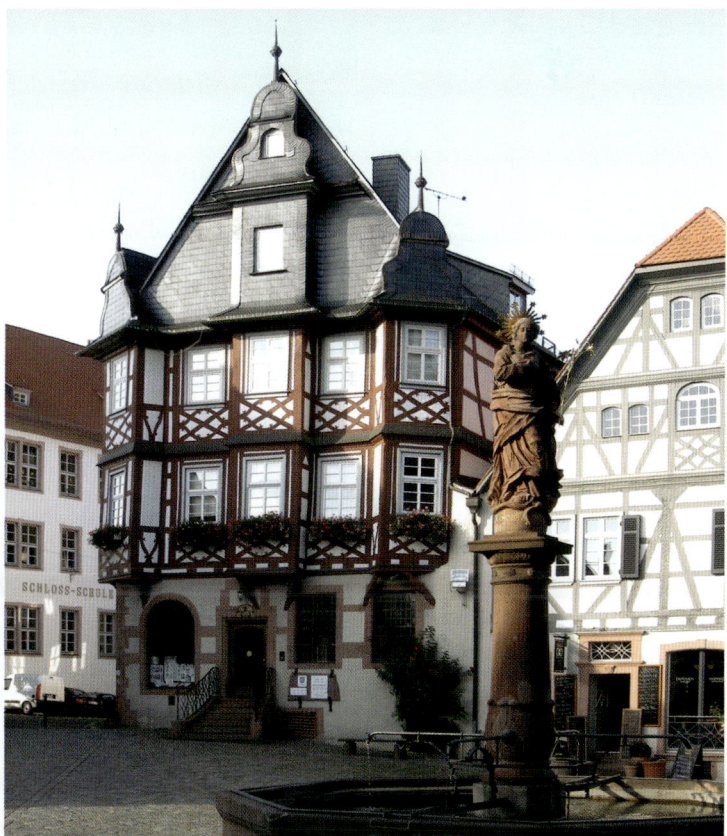

Marktbrunnen mit Maria Immaculata, im Hintergrund die Liebig-Apotheke

H

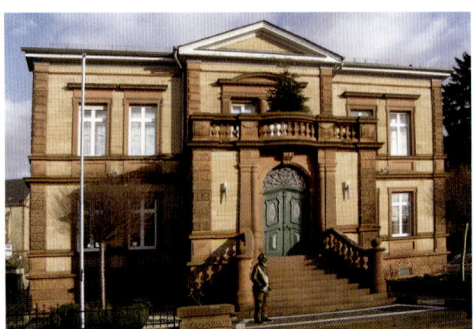

Heppenheim

SparkassenMuseum Starkenburg

- ⊗ Laudenbacher Tor 4
  (Stiftungshaus „Alte Sparkasse")

- ◈ Sparkasse Starkenburg

- ◷ Do 14-18 Uhr, Gruppenführungen
  ab 6 Personen nach Vereinbarung,
  auch samstags, Eintritt frei

- ⊕ Tel.: 06252-1200,
  Info@sparkasse-starkenburg.de
  www.sparkasse-starkenburg.de

Noch vor dem Hessentag konnte im Mai 2004 das erste deutsche Sparkassenmuseum unter professioneller Leitung im 1884 erbauten Sparkassengebäude in Heppenheim eröffnet werden. Auf mehr als 170 Quadratmetern Ausstellungsfläche wird am Beispiel der Gründungsgeschichte der Sparkasse Heppenheim die Entwicklung von Sparkassen im Allgemeinen von ihrer Entstehung im 19. Jahrhundert bis in die Gegenwart aufgezeigt.

Im Vordergrund steht dabei die Vermittlung von Sinn und Zweck öffentlicher Kreditinstitute. Die Ausstellung bedient sich wieder dem Beispiel „Sparkasse Starkenburg", die im Juni 1830 als „Leih-Casse im Landrathsbezirk in Heppenheim" gegründet wurde.

In insgesamt sieben Ausstellungsräumen werden die wesentlichen Themen aufgegriffen, die rund um die „Sparkasse" angesiedelt sind: Sparen, Wertanlage, Kredite, Währungsgeschichte, Sicherheit, Eigenanlage, Mitarbeiter und Technik früher und heute.

Der größte Raum im Museum widmet sich der Entwicklung der Mittel, die man für Geldgeschäfte nutzte: Es beginnt mit den Gulden im Großherzogtum Hessen, führt über die Mark des Kaiserreichs zur Reichsmark, greift die Geschichte der D-Mark auf und reicht bis zur Einführung des Euros. Hier kann auch das Notgeld betrachtet werden, das in Heppenheim ab Herbst 1923 in fünf verschiedenen Scheinen bis zu einem Wert von 10 Milliarden Mark galt. Eine wandgroße Collage veranschaulicht die jeweiligen zeitgeschichtlichen Hintergründe sowohl in politischer, als auch in wirtschaftlicher Hinsicht.

Ein besonderes Thema greift eine Rundvitrine auf. Sie zeigt den ständigen Kreislauf des so genannten Buchgeldes, das – auch „Giralgeld" genannt – nicht als Bargeld, sondern als kurzfristig fälliges Guthaben auf einem Konto vorliegt.

Ein Videofilm und die erste gesprochene Sparkassenwerbung runden den Museumsbesuch ab. Für Kinder und Jugendliche gibt es spezielle, altersgerechte Führungen. ●

Heppenheim
Starkenburg

❌ B 460 Richtung Fürth, an der ersten Ampel nach links den Berg hinauf. Vom letzten Parkplatz knapp 10 Min. Fußweg

🔷 Land Hessen

❓ Besichtigung von außen jederzeit

ℹ️ Jugendherberge Tel.: 06252-77323
Touristinformation Heppenheim,
Tel.: 06252-131171

Die Starkenburg liegt als markanter Punkt nördlich von Heppenheim auf einem Bergkegel und bietet eine beachtliche Aussicht über das Rheintal.

Um 1065 erbaute hier die Abtei Lorsch eine erste nachweisbare Befestigung, die als früheste Höhenburg an der Bergstraße eine besondere strategische Bedeutung hatte. Nach Verfall des Klosters im 12. Jahrhundert kam sie in den Besitz des Erzstift Mainz. In diese Zeit können die ältesten erhaltenen Wehranlagen datiert werden. Die Mauern der unregelmäßigen, langrechteckigen Kernburg stammen dagegen aus der zweiten Hälfte des 13. Jahrhunderts. Drei historische Rundtürme auf den Ecken sind erhalten, beziehungsweise erneuert, ebenso die Türme der Zwingeranlagen.

In der zweiten Hälfte des 17. Jahrhunderts, nach dem Dreißigjährigen Krieg, erfuhr die Anlage durch den Bau von Schanzen und Bastionen erhebliche Verstärkungen und konnte dem Ansturm französischer Truppen 1688-1689 und 1693 trotzen. Um die Jahrhundertwende verlor die Starkenburg mehr und mehr ihre fortifikatorische Bedeutung, bis hier schließlich nur noch eine Handvoll Soldaten dauerhaft stationiert waren. Nach deren Abzug 1765 geriet sie in Verfall, Einwohner umliegender Dörfer bedienten sich ihrer Steine als Baumaterial. Dieser illegale Abbruch sollte durch die Unterschutzstellung 1787 durch Kurfürst Friedrich Karl von Erthal verhindert werden. Damit darf die Starkenburg als das älteste geschützte Baudenkmal zumindest in Südhessen gelten. Rund 100 Jahre später, 1877, begannen erste Aufforstungen des Schlossberges, die zwar dem Zeitgeist entsprachen, der Burganlage aber ihre dominierende Ansicht über der Bergstraße nahmen. 1924 wurde der mitten im Hof frei stehende Burgfried gesprengt und durch einen idealisierten Neubau ersetzt. Dieser prägt bis heute das Gesamtbild der Anlage. 1958 erfolgte der Bau der heutigen Jugendherberge anstelle der ehemaligen Kommandantenunterkunft in der Nordwestecke. ●

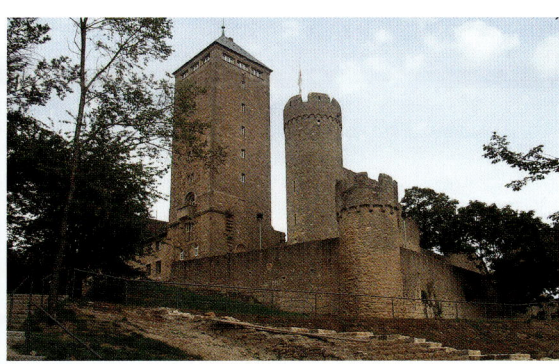

Die imposante Befestigungsanlage der Starkenburg

H

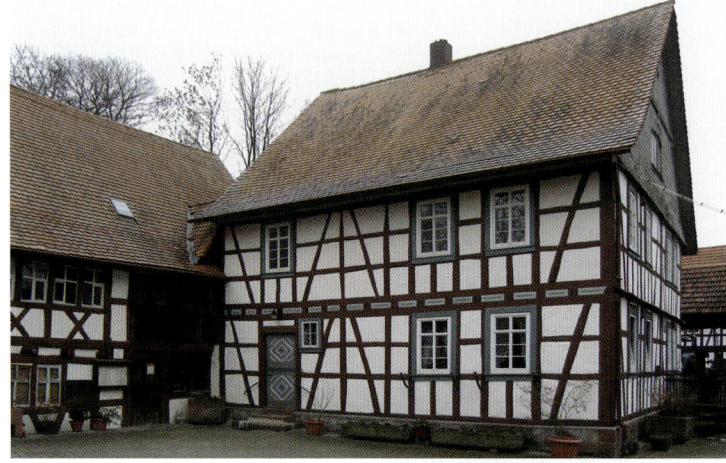

Das Wohnhaus mit einer für den Odenwald typischen Eingangstür, links der Mühlenteil

Heppenheim-Mittershausen
Untere Mühle

❌ Am Pfalzbach 13

🔼 privat

ℹ Besichtigung von außen möglich.
Am Hessischen Mühlentag geöffnet.

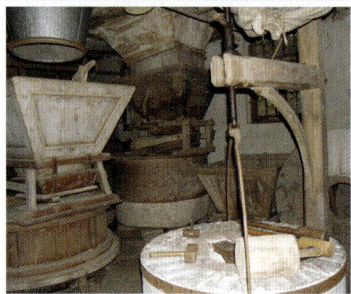

Teile der erhaltenen Mühlanlage

Die Untere Mühle, die sich ehemals im Besitz des Landesherrn befand und an einen Müller verpachtet war, wurde 1371 erstmals urkundlich genannt. Man kann jedoch von einem älteren Ursprung ausgehen. Ihr Schicksal war sehr wechselhaft. Im kriegerischen 17. Jahrhundert wurde sie gleich zweimal zerstört, 1635 und 1693. Beide Male erfolgte umgehend der Wiederaufbau. Weitere Veränderungen folgten, bis die Hofanlage ihr heutiges Aussehen erhielt. Bemerkenswert ist, dass die gesamte technische Mühlenanlage aus dem 19. Jahrhundert vollständig erhalten und betriebsbereit ist. Deshalb wird diese in ihrer Gesamtheit bewahrt.

Das vierseitige Hofanwesen wird zur Straße durch ein Hoftor mit Eisengitter abgeschlossen. Auf den sandsteinernen Torpfosten stehen Vasen aus dem 19. Jahrhundert. Das älteste Gebäude ist der eigentliche Mühlentrakt, ein zweigeschossiger, mit Andreaskreuzen geschmückter Fachwerkbau, vermutlich noch aus der Zeit um 1700. Die Mühlenanlage erstreckt sich über vier Geschosse, inklusive der beiden Dachgeschosse. Die Mühle wurde bis 1943 betrieben, schon zuvor hatte man auf elektrischen Antrieb umgestellt, was zur heutigen Verrottung des Mühlrades führte.

Hesseneck

An diesen Mühlentrakt schließt sich ein Wirtschaftsgebäude an, das ursprünglich auch als Wohnhaus gedient hat. Das heutige Wohnhaus ist in rein konstruktivem Fachwerk mit verschindeltem Giebel errichtet und wirkt sehr gefällig. Hier findet sich im Sturz eine Inschrift, die auf Bauherrn und -jahr hinweist: „DIESEN BAU HAT ERBAUT GEORG BECHTEL UND SEINE EHEFRAU AGNESIA KATHARINA 1858". Bemerkenswert ist auch die für den Odenwald typische, horizontal zweigeteilte polygonale Eingangstür. ●

Hesseneck-Kailbach

Ehemaliger Bahnhof

⊗ Bahnhofstraße 9

◔ privat

❂ Besichtigung nur von außen

Zu dem oben am Hang gelegenen ehemaligen Bahnhof führt von der Siegfriedstraße eine Lindenallee, die Bahnhofstraße, hinauf, die an der Talseite noch mit alten Begrenzungssteinen gesichert ist. Das für die 1882 eröffnete Strecke Erbach-Eberbach/Neckar aus behauenen Sandsteinen errichtete Gebäude weist das damals charakteristische Planungsschema auf. Ein zweistöckiger Hauptbau mit Mittelrisaliten und stark betonten Fenster- und Türgewänden wird an den Giebelwänden von niedrigeren Anbauten begleitet. Nach Norden ist ein geräumiger Wartesaal, nach Süden das eineinhalbstöckige Lagerhaus mit Gleisanschluss angebaut. Ein großes, vorgezogenes Satteldach schützte das Be- und Entladen auf den beidseitig vorgelagerten Rampen. Südlich des Lagerhauses schließt sich parallel der Gleise eine weitere, erhöhte Lagerfläche im Freien an. Zu den Bahnsteigen hin hat das Hauptgebäude den üblichen kleinen Vorbau, das Stellwerk, das die technischen Bedienungseinrichtungen für Weichen, Signale und Nachrichtenübermittlung enthielt.

Der vor über einem Jahrzehnt geschlossene Bahnhof wurde von einem Privatmann erworben. Er hat das Gebäude restauriert und die bereits ausgebauten technischen Vorrichtungen zum Teil ergänzt. Im Jahre 1994 wurde nördlich anschließend von der Bundesbahn eine Bedarfshaltestelle wiedereröffnet. ●

Der ehemalige Bahnhof Kailbach

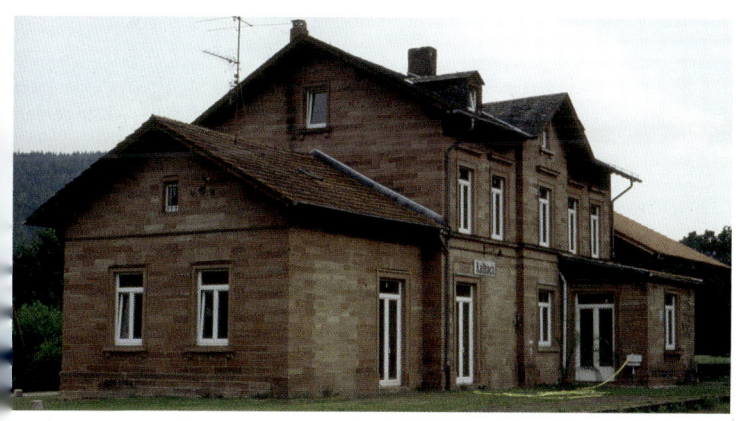

H

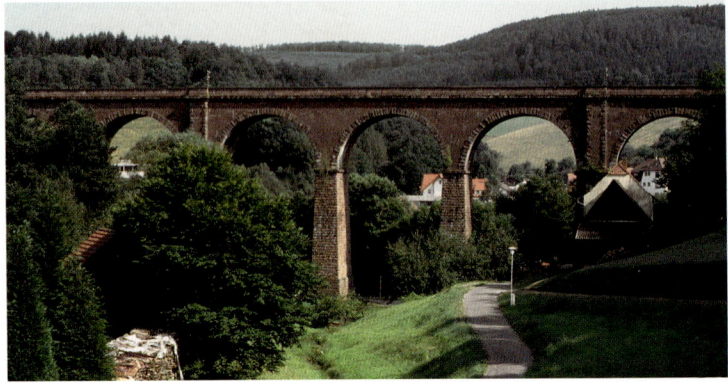

Hesseneck-Kailbach

Blick nach Osten auf das Haintal-Viadukt

Haintal-Viadukt

⊗ südwestlich von Kailbach

◕ Deutsche Bahn AG

❶ frei zu besichtigen

Mit dem Beitritt der Landgrafschaft Hessen-Darmstadt 1806 zum Rheinbund Napoleons war nicht nur die Erhebung zum Großherzogtum, sondern auch ein beachtlicher Gebietsgewinn verbunden. Der Odenwald wurde zum größten Teil hessisch. Zusammen mit einer tiefgreifenden Verwaltungsreform erfolgte die Erschließung der neuen Landesteile durch Straßen, der in der zweiten Hälfte des 19. Jahrhunderts der Bau von Eisenbahnen sich anschloß.

Der von 1878 bis 1882 erbaute, 36 km lange Streckenabschnitt der Odenwaldbahn zwischen Erbach und Eberbach am Neckar hatte schwierige Geländeverhältnisse zu überwinden. Neben dem Krähbergtunnel mußten über 150 größere und kleinere Bauwerke errichtet werden.

Am südwestlichsten Punkt der Gemarkung Kailbach, wenige Meter von der Landesgrenze und vom Oberdorf der badischen Gemeinde Friedrichsdorf entfernt, überspannt das Haintal-Viadukt das gleichnamige Seitental des Itterbachs. In seiner Bauweise ist es eine verkleinerte Kopie des Himbächel-Viadukts. Es besteht aus neun Bögen mit je 15 m Spannweite; seine Länge beträgt 173 m, seine Höhe 30 m. Das Bauwerk ist optisch in drei Gruppen zu jeweils drei Bögen gegliedert. Der dritte und der sechste Pfeiler werden durch risalitartige, bis zur Brüstungshöhe fortgesetzte Mauerverstärkungen hervorgehoben. Die Pfeiler bestehen bis zum Bogenansatz aus Rustikamauerwerk. Nach oben bildet Quadermauerwerk die Flächen, während die Kanten der Mauervorsprünge und Unterseiten der Bögen durch Hausteinbänder betont werden. Den oberen Abschluß bildet eine vorstehende Brüstung, verziert durch ein imitiertes Kragsteinband.

Das Viadukt wurde 1881 durch den Bauunternehmer Bell aus Nürnberg errichtet. Die Gesamtkosten beliefen sich auf 170 000 Mark. Nach Süden hin folgen noch zwei kleinere Viadukte über den Rindengrund und das Kurze Tal mit je einer Länge von 60 Metern und einer Höhe von 20 Metern. ●

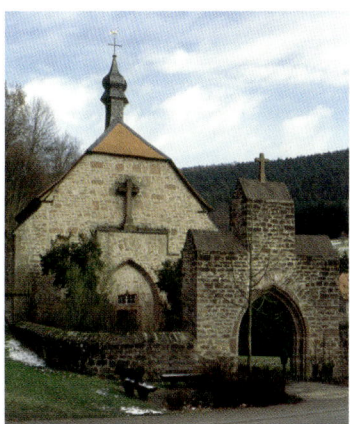

Hesseneck-Schöllenbach

Evangelische Kirche
mit Kirchbrunnen

❌ Siegfriedstraße/Kirchbrunnenstraße

🔄 Ev. Kirchengemeinde Schöllenbach-Bullau

ℹ️ Pfarrhaus/Pfarrbüro, Tel.: 06276-912084

Die Schöllenbacher Kirche wurde unter dem Erbacher Schenken Philipp IV. erbaut und 1465 durch den Bischof von Cyrene gleich der Mutterkirche zu Beerfelden „Unserer Lieben Frau" geweiht. Als eine der zahlreichen Quellenkirchen des Odenwaldes entwickelte sie sich zu einer vielbesuchten Marien-Wallfahrtsstätte. Seit 1507 war hier ein eigener Priester beschäftigt. Nach der Reformation wurde die Pfarrstelle aufgegeben und das Bauwerk verfiel allmählich, vielleicht wurde es auch im Dreißigjährigen Krieg zusätzlich geplündert. Im 18. Jahrhundert wurde das dreijochige Langhaus bis auf das Portal, den jetzigen Eingang zum vorgelagerten Kirchhof, abgetragen. Im Jahre 1782-1783 verschloss man den Chor, der nunmehr den Kirchenraum bildete, mit einer neuen Westwand und

Die Schöllenbacher Kirche von Westen

stützte diese mit Strebepfeilern ab. Die alten Spitzbogenfenster versah man mit schlichten Rundbögen. Unterhalb der Flachdecke sind noch Überreste der alten Gewölberippen sichtbar. Auch erhielt die Kirche damals ein neues Dach und einen Dachreiter. Der heutige Kanzelfuß besteht vermutlich aus Säulenresten des früheren Langhauses.

Der 1503 von Schenk Eberhard XIII. von Erbach anlässlich seiner Hochzeit mit Maria von Wertheim gestiftete Flügelaltar mit dem Stammbaum Christi befindet sich in der Schlosskapelle Sankt Hubertus des Erbacher Schlosses.

Neben dem Portal steht ein Grabkreuz von 1663. Von der Höllklinge südlich von Schöllenbach hat man einen Grenzstein des 18. Jahrhunderts mit Erbacher und Mainzer Wappen an den Eingang des Friedhofes versetzt.

Der Kirchbrunnen, eine starke Quelle, tritt heute unter der alten südlichen Friedhofsmauer hervor, speist einen ehemaligen Waschplatz und ergießt sich in den unmittelbar vorbeifließenden Euterbach. Er war der heiligen Ottilie geweiht, sein Wasser wurde wie das der Hesselbacher Quelle früher gegen Augenleiden genutzt. Erst mit dem Bau der Wasserleitung 1952 verlor der Brunnen seine Bedeutung. ●

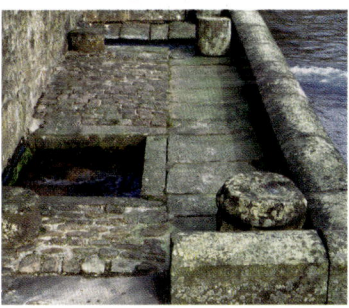

Waschplatz des Kirchbrunnens

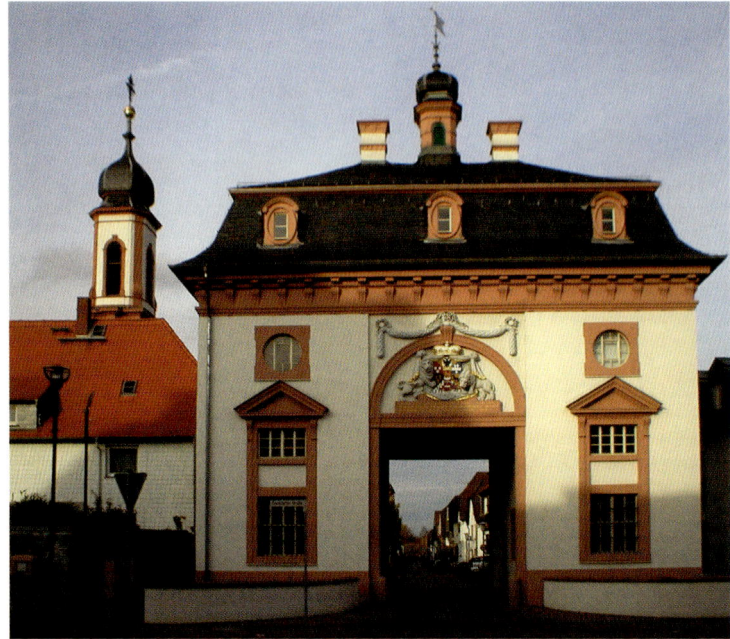

Torbau und katholische Pfarrkirche Sant Cäcilia

Heusenstamm
Ortsbild

❌ Schloss: Im Herrengarten 1
🔺 Stadt Heusenstamm
❌ Kirche: Schloßstraße 2
   Torbau: Schloßstraße 1
ℹ️ von außen jederzeit

Als ehemaliger Residenzort nimmt Heusenstamm eine Sonderstellung im Kreis Offenbach ein. Die das Schloss umgebende, von Bebauung freigehaltene Grünzone der Bieberniederung östlich der Altstadt macht den Zusammenhang von ehemaliger Wasserburg, Schloss und Dorf erlebbar. Als bauliche historische Zeugnisse kommen der Torbau und –

eingebettet in die Wohnbebauung – die katholische Pfarrkirche Sankt Cäcilia hinzu.

Die ehemalige Wasserburg geht zurück auf eine Gründung des Eberhard Waro von Hagen-Heusenstamm in der zweiten Hälfte des 12. Jahrhunderts. 1211 wird sie erstmals urkundlich erwähnt. Nachdem die Burg 1661 in den Besitz der Schönborns gefallen war, ließ Philipp Erwein von Schönborn 1663-1668 ein neues Schloss erbauen, zur Ausführung kam allerdings zunächst nur die Vorderfront. Die kurzen, rückwärtigen Seitenflügel entstanden erst in der zweiten Hälfte des 19. Jahrhunderts. Die alte Burganlage wurde in das Anwesen einbezogen und mittels einer Brücke damit verbunden. Zu Beginn des 18. Jahrhunderts legte Anselm Franz von Schönborn nach französischem Vorbild den Herrengarten mit mehreren Alleen und Teichen an.

1735 ließ Gräfin Maria Theresia von Schönborn den gotischen Vorgängerbau der Kirche niederlegen und einen Neubau als Begräbnisstätte für sich und ihre Familie errichten. Diese neue Barockkirche Sankt Cäcilia in der heutigen Schloßstraße wurde 1744 vollendet und 1756 geweiht. Den Entwurf legte der berühmte Würzburger Hofbaumeister Balthasar Neumann, der Hausarchitekt derer von Schönborn, vor. Hier wendete er etliche für sein Schaffen charakteristische Formen an, die er in seinen späteren Werken weiterentwickelte. Heute zählt diese Kirche zu den schönsten im Kreis Offenbach. Den bedeutenden Rokoko-Altaraufsatz schuf 1742-1744 Johann Wolfgang von der Auwera. Er zeigt ein durchbrochenes, schwungvoll emporwachsendes Muschelwerk und wird von einem hohen Kruzifix bekrönt.

Der mächtige, vierstöckige Torbau liegt an der Frankfurter Straße. Er wurde 1764 zur Erinnerung an den Besuch Kaiser Franz I in Heusenstamm anstelle eines älteren Stadttores erbaut. Seine gestalterischen Details charakterisieren ihn als frühes Werk im Übergang zwischen Barock zum Klassizismus. Auf dem Sandsteinsockel befindet sich eine lateinische Inschrift, die auf den Entstehungsgrund des Gebäudes hinweist. Seit 1853 steht der Torbau im Besitz der politischen Gemeinde Heusenstamm.

Aus dem Jahre 1714 stammt eine Besonderheit an der Außenwand der Kirchhofsmauer eingelassen: ein tönernes Grabkreuz, wohl als individuelle Gestaltung eines Töpfers oder Zieglers. ●

Heusenstamm
Der Galgen

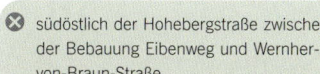

H

❌ südöstlich der Hohebergstraße zwischen der Bebauung Eibenweg und Wernher-von-Braun-Straße.

Die Galgenfundamente liegen in einem umzäunten Naturschutzgebiet, sind aber vom Zaun aus zu sehen

🕐 jederzeit

An einer Düne bei Heusenstamm befinden sich Reste eines alten Galgens, eines wichtigen Rechtsdenkmals.

Das Wort Galgen stammt aus dem Althochdeutschen (galgo) und bedeutet Baumast. In der Tat ist das Hängen eine der ältesten Todesstrafen. Es war die allgemeine Strafe für Diebstahl.

Die Gerichtsstätten lagen meist auf einer Anhöhe, die von einer Altstraße zu sehen war, jedoch immer unweit der Grenze des Centvogtes. Jeder Cent, eine mittelalterliche Verwaltungseinheit, der der „Blutbann" zustand, hatte ihren eigenen Galgen. Dieser war jedoch nicht nur Exekutionsstätte, er war zugleich Zeichen der Halsgerichtsbarkeit schlechthin. Dies kommt unter anderem in der Rechtssymbolik zum Ausdruck, wenn Gerichtsherren das Recht „an Stock und Galgen" verliehen wird, womit eben die Halsgerichtsbarkeit gemeint ist.

Die „Carolina", ein mittelalterliches Gesetzeswerk, nennt Vorschriften zur Errichtung von Galgen. Größe und Beschaffenheit sind aber recht unterschiedlich. Die Zimmer'sche Chronik (um 1556) schreibt hierzu: „dann vor alter herkommen, dass alle Halsgerichte, so untermauert oder auf Säulen stehen auf des Reiches Boden, die aber so in die Erde eingelassen oder in den Boden eingegraben, die gehören Fürsten, Herren, Edelleuten und anderen, so vom Reich regaliter und den Bann über das Blut haben."

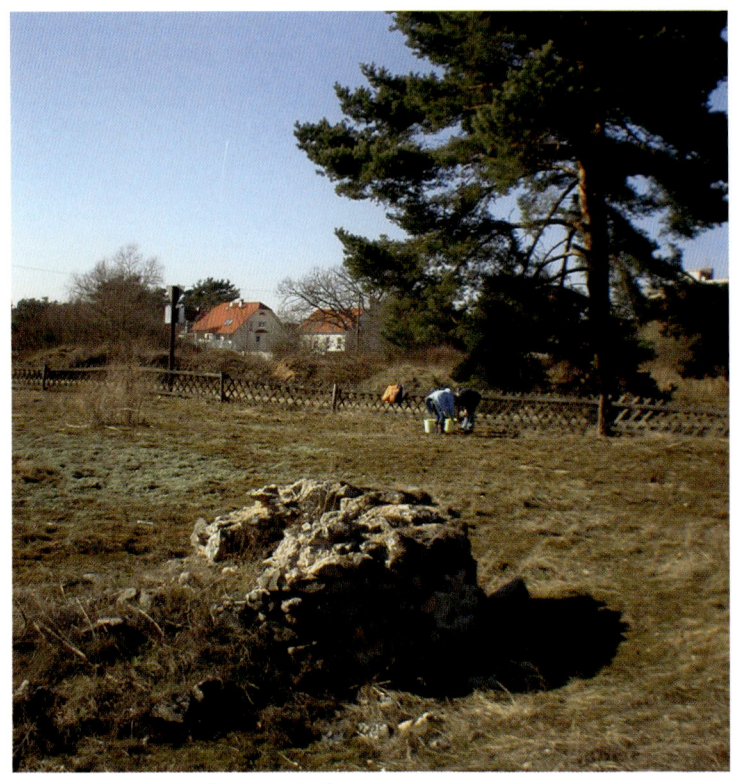

Die Reste des ehemaligen Galgens an der Düne

Bis ins 18. Jahrhundert hielt sich der Rechtsbrauch, dass bei Misslingen der Exekution, etwa wenn der Strick riss oder wenn eine lediges Mädchens erklärte, den Verurteilten zu heiraten, eine Begnadigung des Delinquenten erfolgte. Erst die gemeinrechtlichen Prozessvorschriften des 18. Jahrhunderts haben diesen aus den alten Weistümern hervorgegangen Brauch abgeschafft.

Die Zeit der Aufklärung brachte 1743 das Ende der Hinrichtung durch Erhängen am Galgen. 1812 erging auch in Baden der Ministerialerlass, dass alle Galgen abzubrechen seien. Für Hessen

konnte eine solche Anordnung bislang nicht festgestellt werden. Sie dürfte auch nicht ergangen zu sein, weil gerade in Hessen eine ganze Anzahl von Galgen erhalten sind. Doch ist wohl nach 1820 auch hier die Galgenstrafe abgeschafft worden.

Die in Heusenstamm erhaltenen relikthaften Reste des Galgens fristen ein unbeachtetes Dasein inmitten des Naturdenkmals „Düne am Galgen". Die letzte Hinrichtung fand hier 1764 statt. Grund war der Diebstahl einer goldenen Uhr beim Besuch des Kaisers in Heusenstamm. ●

Heusenstamm
Hofgut Patershausen

❌ zwischen Heusenstamm und Dietzenbach am Patershäuser Weg

❶ von außen jederzeit

Das im Wald zwischen Heusenstamm
und Dietzenbach gelegene Hofgut
Patershausen geht zurück auf eine bene-
diktinische Klostergründung. Die Entstehungszeit des Klosters ist bislang ungeklärt, es bestand jedoch bis in die erste
Hälfte des 13. Jahrhunderts. Dann
erwarb es Ulrich I. von Hagen-Münzenberg und löste es auf. Doch schon 1252
übergab Ulrich II. die Gebäude seiner
Schwester Lucardis, die als erste Äbtissin
nun das Zisterzienserinnen-Kloster
„Corona Virginum" leitete. Durch Stiftun-
gen und Schenkungen zu Wohlstand
gelangt, lebten zur Blütezeit um etwa
1300 mehr als 50 Nonnen im Kloster,
das seine Erträge aus über 200 Ortschaften und 50 Gütern und Höfen
bezog.

Die Reformation führte 1556 zur
Auflösung. Im Besitz der Erzstiftes Mainz
wurde das Kloster dem Jesuitenorden
anvertraut, im Dreißigjährigen Krieg gingen Kloster und zugehöriges Dorf unter.

1741 kaufte Maria Theresia von
Schönborn die Reste von Kloster, Dorf
und Hof Patershausen und ließ es als Gut
in seiner heutigen Form ausbauen. Der
vierseitige geschlossene Gebäudekomplex besitzt ein barockes Herrenhaus mit
Mansarddach. Über dem Eingang des
schlichten fünfachsigen Haupthauses ist
das Allianzwappen Schönborn-Montfort
angebracht.

In die Außenwand des westlichen
Gebäudes ist neben dem Rundbogen der
Hofeinfahrt eine Grabplatte eingelassen.
Sie ist eine qualitätsvolle Steinmetzarbeit
aus rotem Mainsandstein und bis heute
sehr gut erhalten. Sie wurde von Elisa-
beth, der Ehefrau des Ritters Martin von
Heusenstamm, gestiftet, die im Jahre
1508 verstarb. Es ist zu vermuten, dass
der damalige Erzbischof von Mainz einen
guten Steinmetz aus der Dombauhütte
mit der Ausführung des Grabdenkmals
beauftragte.

Ein typisches Sühnekreuz mit kur-
zen, abgerundeten Kreuzarmen steht am
Ufer des Bieberbaches in der Nähe des
Paterhäusers Hof.

1954 wurde die bis dahin selbststän-
dige Gemarkung Patershausen aufgelöst
und in das Gemeindegebiet von Heusenstamm überführt. Seit 1978 ist der Hof
Patershausen mit Feld und Forst im
Besitz der Stadt Heusenstamm und wird
als Bioland-Hof geführt. ●

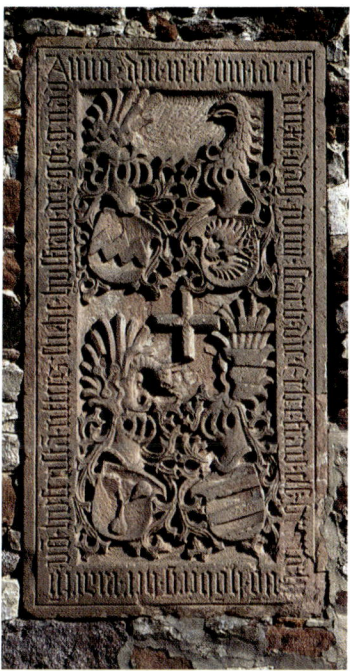

*Die Grabplatte der 1508 verstorbenen Elisa-
beth Brendel von Homburg*

H

Hirschhorn
Burg

> ❌ Von der Karmeliterkirche führt die Treppenanlage weiter in die Untere Vorburg. Auf der Rückseite des Berges führt eine Straße zu Parkplätzen vor der Oberen Vorburg.
>
> 🔺 Verwaltung der Staatlichen Schlösser und Gärten Hessen
>
> 🕐 Besichtigung von außen jederzeit
>
> ℹ️ www.hirschhorn.de

Die Burg erstreckt sich auf einem Bergsporn oberhalb des Städtchens. Zu Beginn des 13. Jahrhunderts wurde hier die erste Befestigung vom Burgherrn errichtet, der sich nach dem Ort „von Hirschhorn" nannte. Bis zum Erlöschen dieses Geschlechts im frühen 17. Jahrhundert waren sie gleichzeitig auch die Stadtherren. Anschließend diente die Burg verschiedenen Zwecken. Heute ist sie als Hotel ein beliebtes Reiseziel.

Der Aus- und Umbau der Burganlage erfolgte schrittweise über die nächsten Jahrhunderte. Um 1350 entstand die Kapelle im Palas, die großzügigen Befestigungsmauern mit Türmen um 1400 unter Hans von Hirschhorn, dem Gründer der Karmeliterkirche. Nach einem Brand 1556 waren Wiederherstellungsmaßnahmen im größeren Stil notwendig.

Erbaut wurde die Burganlage weitgehend aus Sandstein. Den nördlichen Abschluss bildet der mittelalterliche Palas mit einem anschließenden Turm. Auf der Ostseite fügt sich ein weiterer Palas, auch Schloss oder Hatzfeldbau genannt, an. Dieser Putzbau in Formen der Renaissancezeit mit geschwungenen Giebeln, steht auf älteren Grundmauern. Laut Inschrift wurde er von 1582-1586 erbaut und beherrscht die Burganlage. Diese Kernburg wurde von einer noch bruchstückhaft erhaltenen inneren und

äußeren Zwingeranlage mit mächtigen Schildmauern umgeben und zu Beginn des 15. Jahrhunderts großräumig von der Oberen Vorburg mit ihren hohen Wehrmauern und Türmen umschlossen.

Im Süden, wo der Bergsporn besonders eng ist, entstand das Torhaus, das gegen 1600 seine heutige Gestalt erhielt. Auf einem massiven Unterbau mit spitzbogiger Pforte sitzen zwei malerische Fachwerkhäuschen auf. Durch diesen Torbau gelangt man in die Untere Vorburg, die im Laufe des 16. Jahrhunderts angelegt wurde.

Da die Burg in der Neuzeit niemals zerstört wurde, erhält man einen guten Eindruck von einer ausgedehnten und großzügig ausgebauten Ritterburg an der Wende der Neuzeit. Von hier bietet sich ein hervorragender Blick über das Städtchen und das Neckartal. ●

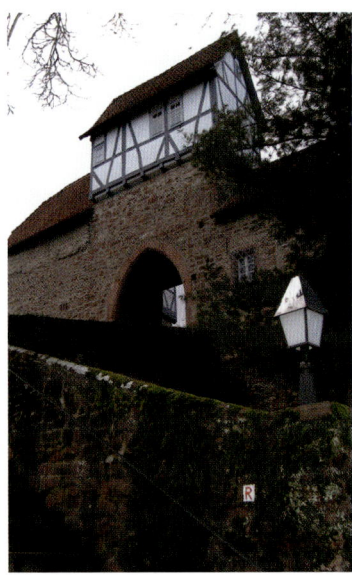

Von der Karmeliterkirche führt diese Treppenanlage in die Untere Vorburg

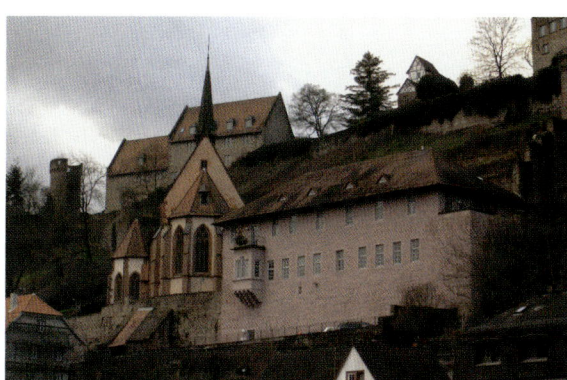

Die Karmeliter-Klosterkirche wurde 1400 oberhalb der Stadt gegründet

Hirschhorn

Ehemalige Karmeliter-Klosterkirche Mariä Verkündigung

⊗ Klostergasse

◉ Kath. Kirchengemeinde Hirschhorn

➊ April (Ostern) bis Oktober 10-18 Uhr

➊ Tel.: 06272-2234
www.kath-gemeinde-hirschhorn

Im Jahre 1400 wurde die Kirche am Berghang oberhalb der Stadt auf einem Felsvorsprung von Ritter Hans von Hirschhorn und seiner Gemahlin Iland von Dhaun gegründet. Und 1406 konnte sie bereits als Klosterkirche des direkt nördlich daneben erbauten Karmeliterklosters geweiht werden. Die Anlage, die sich an den Berg anschmiegt, prägt entscheidend das Stadtbild. Im 16. und 17. Jahrhundert war die Kirche zwischenzeitlich lutherisch und 1803, in napoleonischer Zeit, wurde sie säkularisiert und das Kloster aufgelöst. Es folgten Jahrzehnte der Zerstörung und des Verfalls, bis sie 1910 schließlich wiederhergestellt und erneut geweiht wurde.

Die gotische Kirche, aus Bruchstein erbaut und mit großen Maßwerkfenstern, gliedert sich in ein einschiffiges Langhaus als Laienraum, eine polygonale Apsis mit Hochaltar und einen rechteckigen Vorchor für die Mönche, der von einem hohen, spitzen Dachreiter bekrönt wird. Nördlich am Chor schließt sich die Sakristei an, südlich am Langhaus die Annenkapelle. Bei ihr fällt das reiche Netzgewölbe mit den figürlich gestalteten Schlusssteinen auf. Bald nach 1600 hat man die steinerne Kanzel am Bogen zum Vorchor angebracht. Die Wände im Vorchor sind mit Wandmalereien aus der Entstehungszeit der Kirche in Kalk-Seccotechnik ausgeschmückt. An der östlichen Stirnwand ist die Verkündigungsszene, die das Kirchenpatrozinium verbildlicht, dargestellt. Von beachtenswerter Qualität ist auch die übrige Innenausstattung mit Figuren, farbigen Glasfenstern und Grabsteinen. Einige gute spätmittelalterliche Arbeiten wurden erst zur Neueinweihung 1910 angeschafft.

Nach abermaligem Verfall wurde 1998 mit der Renovierung der Kirche begonnen, die bis ins Jahr 2006 andauerte. Dabei galt es, einen Großteil der Außenfassade zu erneuern, ein neues Fenster in die Westseite zu setzen und nach und nach auch das Innere zu sanieren. Das zweigeschossige ehemalige Klostergebäude, das weitgehend aus dem Mittelalter stammt, dient jetzt als Pfarrhaus sowie als Gemeinde- und Jugendzentrum. ●

H

Höchst i. Odw.

Evangelische Pfarrkirche und ehemaliges Augustinerinnen Kloster

⊗ Kirchberg

◈ Ev. Kirche zu Hessen und Nassau

ℹ Tel.: 06163-9330113

Das ehemalige, etwa in die Zeit um 1200 zu datierende fuldische Augustinerinnen-Kloster liegt am südlichen Hang des Schorschberges oberhalb des Hetschbaches. Das Kloster Fulda konnte seine Oberhoheit über seine Filialgründung, die ab 1506 mit Benediktinerinnen besetzt war, nur bis in die Zeit der Reformation bewahren. 1569 wurde das Kloster aufgehoben und der Herrschaft Breuberg einverleibt. Seine umfangreichen Besitztümer wurden im „Höchster Klosterfond" zusammengefasst. Dessen Erträge dienen bis heute der Betreuung und Unterhaltung von Pfarreien im Breuberger Land. Der Gebäudebestand mit Kirche, Konventsgebäude, Klosterküche, Refektorium, Hospital und Wirtschaftsgebäude ist seit der Reformation im wesentlichen erhalten geblieben, jedoch durch Modernisierung verändert und durch Neubauten erweitert worden. Östlich des geschlossenen Klosterhofs liegt die ehemals befestigte Propstei, deren spätgotischer Treppenturm (1592) ebenfalls noch besteht. Heute ist das Kloster Jugendzentrum der Evangelischen Kirche zu Hessen und Nassau.

Die Pfarrkirche selbst ist ein Nachfolgebau der Klosterkirche. Sie wurde in den Jahren 1566 bis 1568 errichtet und ist somit der älteste nachweisbare protestantische Kirchenbau des Odenwaldes. Nur die Mauern des gedrungenen romanischen Kirchturms, dessen neuere Spitze aus einem Oktogon emporstrebt, stammen noch aus der Gründungszeit. In halber Höhe befinden sich mehrere

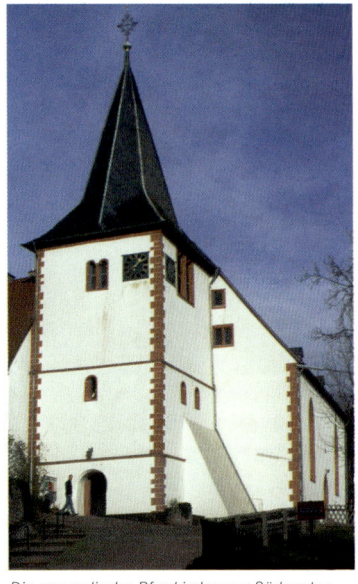

Die evangelische Pfarrkirche von Südwesten

Fenster mit rundem Sturz, über denen ein Gesims eine Art Stockwerkseinteilung andeutet. Das Glockengeschoss besitzt je ein kleines und ein großes Rundbogendoppelfenster. Als ältestes Bauwerk der Gemeinde zählt es zu den eindrucksvollsten Kirchtürmen der Region. Die Innenausstattung stammt mit Ausnahme des Taufbeckens (1611) aus der Zeit nach dem Dreißigjährigen Krieg. Orgel und Kanzel wurden 1708 angeschafft. Über dem Altar hängt ein lebensgroßes Kruzifix aus dem 18. Jahrhundert. Im Kirchenraum sind mehrere Grabsteine aus dem 14. Jahrhundert zu sehen, weitere aus dem 17. und 18. Jahrhundert stehen in Vorhalle und Sakristei. Der Kirchenspeicher diente lange Zeit als Zehntscheune. Unterhalb der Klosteranlage stehen das ehemalige Zenthaus, heute Polizeistation, und das neuerbaute Hotel „Bug Breuberg", ehemals klösterlicher Erbbestandshof. ●

Höchst-Hummetroth
Haselburg

- an der Landstraße 3106, südöstlich von Hummethroth
- Gemeinde Höchst/Odw.
- frei zugänglich

Unter den rund 300 in Hessen bisher bekannten römischen Gutshöfen (villae rusticae) ist die Haselburg eine der größten Anlagen. Ihren Namen erhielt sie bereits um 1800 aufgrund der zahlreich zwischen ihren Mauerresten wachsenden Haselnusssträucher, damals war die Villa noch gut erkennbar. Die Überreste der Umfassungsmauer des engeren Hofbezirks waren durchgängig noch 3-4 Schuh (1 Schuh – etwa 30 Zentimeter) hoch und umschlossen eine Fläche von 285 mal 252 Schritt (etwa 215 mal 190 Meter). In den folgenden Jahrzehnten hat die Bevölkerung der umliegenden Dörfer Steine zu Bauzwecken aus den Mauern ausgebrochen, sodass die Reste der Anlage langsam verschwanden. Der Gutshof bestand aus Herrenhaus (villa), einem seitlich anschließenden Badehaus (balineum), einem Jupiterheiligtum und mehreren Wirtschaftsgebäuden, die noch nicht ergraben sind. In der Mitte des Hauptgebäudes lag ein festlicher Speisesaal, der an der Nordseite mit einer Apsis

versehen war. Außerdem enthielt es mehrere Wohnräume. Im Süden öffnete sich der Saal auf einen Ziergarten, der an drei Seiten von Säulengängen umgeben war. Das Haupthaus geht in seinem Grundriss auf das im östlichen Mittelmeer beheimatete Säulenhallenhaus (peristylum) zurück, was eveneull einen Hinweis auf die Herkunft des Eigentümers oder Architekten gibt. Die Räume waren mit prächtigen Wandmalereien, verglasten Fenstern und teilweise mit Fußbodenheizung (Hypokausten) ausgestattet. Auch das Badegebäude war aufwändig ausgestattet und enthielt mehrere Räume unterschiedlicher Funktion.

In einem Hypokaust fand man einen Ziegel mit einer bemerkenswerten Ritzinschrift, die über die Abrechnung der Tagesproduktion einer Gruppe von Zieglern Auskunft gibt. Die zahlreichen Fundgegenstände ergeben ein gutes Bild vom Aussehen der Anlage und dem Leben ihrer Bewohner. Obwohl die seit 1979 begonnenen Ausgrabungen noch nicht abgeschlossen sind, lässt sich bereits heute feststellen, dass die Lebensgrundlage dieses großen und reichen Gutshofs die Landwirtschaft war. Entstehung und Ende der Haselburg liegen zwischen 90 und 260 n. Chr. Auf den klimatisch rauen Höhen des Odenwalds muss die mediterrane Anlage wie ein exotischer Fremdling gewirkt haben. ●

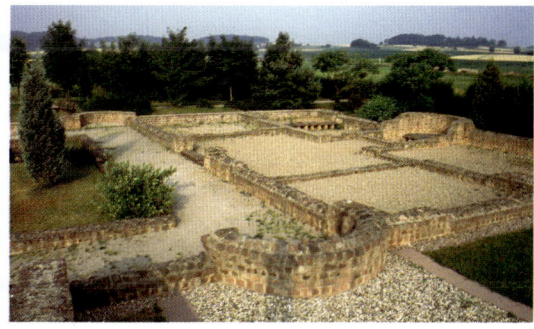

Blick auf die restaurierten Mauern des Haupthauses der Haselburg

Kelsterbach
Neukelsterbacher Straße

- ⊗ Neukelsterbacher Straße
- ✚ frei zugänglich

1699 ließen sich unter Landgraf Ernst Ludwig von Hessen Waldenser Glaubensflüchtlinge in unmittelbarer Nähe des Dorfes Kelsterbach nieder. Ihnen wurden alle Freiheiten zugestanden, wie beispielsweise die freie Religions- und Berufsausübung. Zudem gestattete ihnen die Herrschaft, eigene Hofreiten zu errichten. Dieser Aufbau folgte einem einheitlichen Plan: die neu anzulegende Straße (Neukelsterbacher Straße) wurde in gerader Linie ausgeführt und war bemerkenswert breit. Links und rechts reihten sich die durchweg traufständigen, zweigeschossigen Häuser auf, die im Erdgeschoss oft Läden und Werkstätten bargen. Zunächst entstanden zehn Häuser, die für jeweils vier Familien eingerichtet waren. Es siedelten sich vor allem Seidenweber, Rot- und Weißgerber, Kartenmacher, Pelzwerker und Schlosser an. Noch bis lange ins 20. Jahrhundert trugen diese Häuser im Volksmund den Namen „Welsche Häuser".

In den folgenden Jahren kam es immer wieder zu Auseinandersetzungen mit der einheimischen Bevölkerung. Auch ließen sich in der neuen Siedlung Personen nieder, die das soziale Gefüge störten. Dies führte schließlich dazu, dass schon in der ersten Dekade des 18. Jahrhunderts die ersten Waldenser wieder abzogen. 1712 verließen die letzten ehemaligen Glaubenflüchtlinge den Ort und zogen nach Offenbach, Walldorf, Friedrichsdorf im Taunus oder Holland.

In der zweiten Hälfte des 18. Jahrhunderts siedelten sich erste Juden im Ort an und erwarben das Grundstück Neukelsterbacher Straße 17 mit einem halben Haus, um dort 1796 eine Synagoge zu erbauen. Bis 1938 wurden hier Gottesdienste gehalten. Nur wenig nach 1800 wurde auf dem heute benachbarten Grundstück Neukelsterbacher Straße 23 eine Mikwe, ein rituelles Bad, eingerichtet.

Trotz zwischenzeitlich durchgeführter Moderierungen und Umbauten lässt sich die Grundanlage noch heute sehr gut erkennen. ●

Blick in die Neukelsterbacher Straße

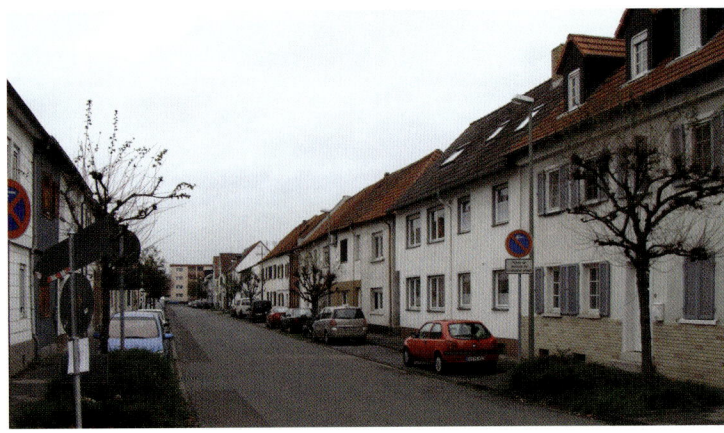

Kelsterbach
Schwedenschanze

❌ nordöstlich Kelsterbach, direkt am Schwimmbad, an der Regionalparkroute

ℹ️ frei zugänglich

Die so genannte „Schwedenschanze", auch „Altes" oder „Steinernes Haus" genannt, liegt am nordöstlichen Rand von Kelsterbach in einem Dreieck, das aus dem Schwimmbad, der Kirschenallee und einem Kinderspielplatz gebildet wird.

Auf der Kelsterbacher Terrasse findet sich, durch einen teilweise noch zwei Meter tiefen Graben von der Straße getrennt, eine eingeebnete, ovale Fläche mit einer Grundfläche von etwa 50 mal 30 Metern. Sie ist rundum von einem fast vier Meter hohen Wall umgeben. Da die Fläche unmittelbar an der Abbruchkante über dem Prallhang der Kelster liegt, ist der Graben als Halsgraben anzusprechen. Es darf vermutet werden, dass die Anlage an ihrer Rückseite ebenfalls von einem Wall umgeben war, der dem Bau der Straße, des Schwimmbades und des Spielplatzes zum Opfer fiel.

Auch im Tal, in unmittelbarer Nähe der Kelster finden sich Wälle und Gräben, deren Funktion noch zu klären ist.

Der Name „Schwedenschanze" führt in die Irre: es handelt sich hierbei keineswegs um eine von schwedischen Truppen angelegte Schanze, sondern nach Bauart und Keramikfunden um eine Burganlage aus dem 8. bis 10. Jahrhundert. Hierauf weisen auch die Bezeichnungen „Altes Haus" und „Steinernes Haus" hin. Die Lage des ursprünglichen Zugangs ist nicht bekannt. Der heutige Eingang von Westen wurde um 1860 angelegt, als die Fläche für Turn- und Gesangsfeste genutzt wurde.

Über die Burg selbst konnten bislang keine schriftlichen Zeugnisse gefunden werden. Gleichwohl lässt sich das historische Umfeld, die urkundliche Ersterwähnung Kelsterbachs 830 und die Lage am Rande des Reichsforstes Dreieich, beleuchten. ●

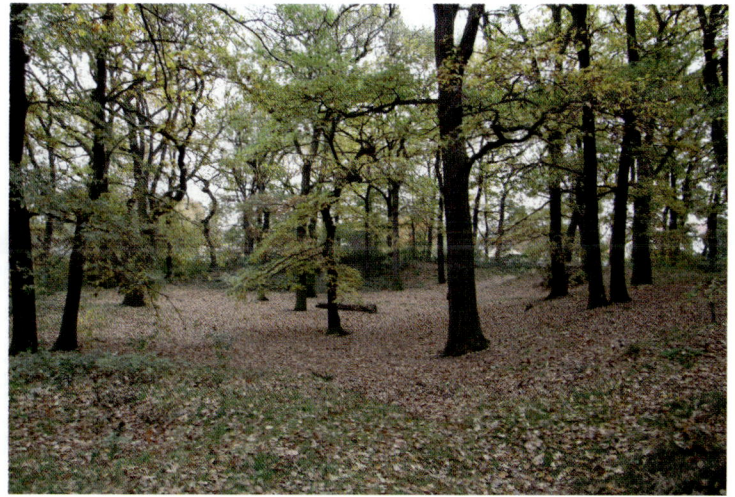

Die „Schwedenschanze" zeichnet sich durch Wall und ebene Fläche deutlich im Gelände ab

L

In diesem besonders schönen Kniestockhaus ist das Heimatmuseum eingerichtet

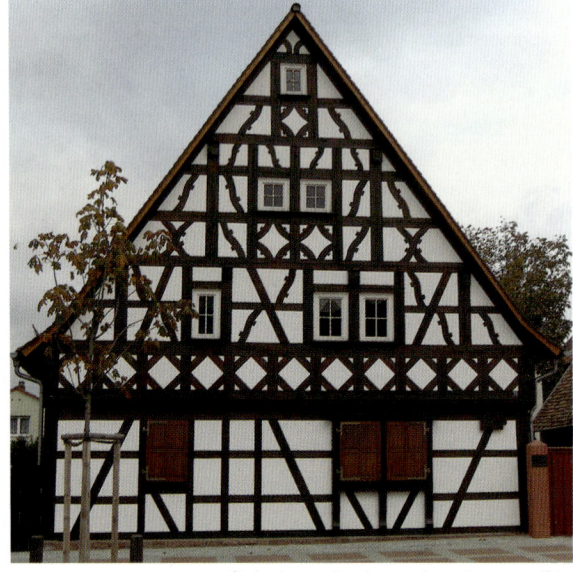

Lampertheim
Hofanlage

- ❌ Römerstraße 21
- ☁ Heimat-, Kultur- und Museumsverein Lampertheim e.V.
- 🕐 jeden 1. und 3. Sonntag im Monat von 10-12.30 Uhr, von April bis Ende September an den übrigen Sonntagen auch 14-17 Uhr.
- ℹ Tel.: 06206-51155 oder 06206-935231

Giebelständige Kniestockhäuser, die als Fachwerkbauten für ländliche Anwesen im 18. Jahrhundert im Ried charakteristisch waren, sind in dieser Straße noch mehrfach vertreten. Ein besonders schönes, das Haus Nr. 21, steht stellvertretend für alle anderen.

Das teilunterkellerte Erdgeschoss des Wohnhauses ist aus relativ einfachem, konstruktivem Fachwerk errichtet. Der Giebel dagegen ist schmuckvoll gehalten. Der Kniestock wird in den Gefachen durch aneinander gereihte Rauten gestaltet. In den darüber liegenden Giebelgeschossen wechseln sich Andreaskreuze und Rauten ab. Hinzu kommen besonders dekorative kurze, geschwungene Streben, die wiederum mit Nasen verziert sind.

Typisch ist auch der Grundriss. Die Fenstergliederung zur Straße lässt im Erdgeschoss die große Stube und die kleine Kammer erkennen. Das Erbauungsjahr ist am Eckständer neben der Pforte zum Hof mit „1737" angegeben. Der an der Traufseite sichtbare, stark gebogene Rähmbalken macht deutlich, wie sehr man sich bei Fachwerkkonstruktionen nach der gewachsenen Form des Holzes gerichtet hat. 1977-1978 wurde das Anwesen restauriert und dient seither als Heimatmuseum. In verschiedenen Abteilungen ist beispielsweise die Wohnung eingerichtet, die der Ausstattung eines alten Lampertheimer Bauernhauses entspricht. Zudem ist eine heimatkundliche Sammlung ausgestellt, die in ihren Anfängen auf eine Sammlung des Lampertheimer Heimatchronisten Carl Lepper zurückgeht. Die dritte Abteilung umfasst alle Nebengebäude wie Ställe, Scheune, Backhaus, eine funktionsfähige Schmiede innerhalb des Hofes und den Weinkeller. Eine weitere Abteilung widmet sich dem Tabak- und Spargelanbau sowie der Tabakverarbeitung. ●

Lampertheim-Hofheim
Katholische Pfarrkirche Sankt Michael

❌ Ecke Kirchstraße/Flatenstraße

🔵 Kath. Gemeinde Hofheim

🔵 Seiteneingang tagsüber geöffnet

🔵 Pfarramt St. Michael Hofheim, Tel. 06241-80306

Bei seinen Aufenthalten in Worms wurde Balthasar Neumann vom Wormser Bischof Franz Georg Graf von Schönborn beauftragt, Pläne für zwei Simultankirchen im Hochstift zu erstellen. Eine davon sollte in Dirmstein in der Pfalz, die andere in Hofheim im Ried stehen. Leider musste man von den ursprünglichen Plänen insofern Abschied nehmen, als dass der Baugrund für die massive Konstruktion zu unsicher war. Deshalb verzichtete man etwa auf die schweren Deckengewölbe. In den Jahren von 1743 bis 1749 wurde das barocke Gotteshaus als Saalkirche mit eingezogenem Chor errichtet. Die Ausstattung erfolgte in den Folgejahren. Seit 1963 ist sie im Alleinbesitz der katholischen Kirche und wurde bis 1964 instand gesetzt. Das Mauerwerk ist verputzt, die architekturgliedernden Teile sind aus Sandstein gefertigt.

Charakteristisch für den Landkirchenbau Neumanns ist die im Vergleich zum übrigen Baukörper aufwändig

gestaltete, geschwungene Westfassade mit herausgerücktem Turm mit Zwiebelkuppel und den konvex gerundeten Wänden. Diese stellen die Verbindung zum Kirchenschiff her. Eine Freitreppe führt zum Portal im Kirchturm, das von einem löwenflankierten Aufsatz mit dem bischöflichen Wappen von 1754 bekrönt ist.

Beachtenswert ist die barocke Innenausstattung, wobei mehrere Teile erst im Zuge der Renovierung 1964 hierher kamen. Die Anlage um die Kirche war früher ein Friedhof. Daran erinnert ein durch eine Kopie ersetztes Kreuz, das um 1750 von einem Künstler aus dem Umkreis des Mannheimer Bildhauers Paul Egell geschaffen wurde. ●

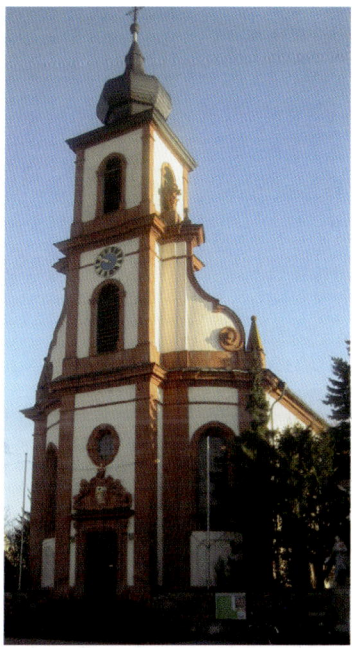

Die aufwändig gestaltete Westfassade der Kirche mit Turm

L

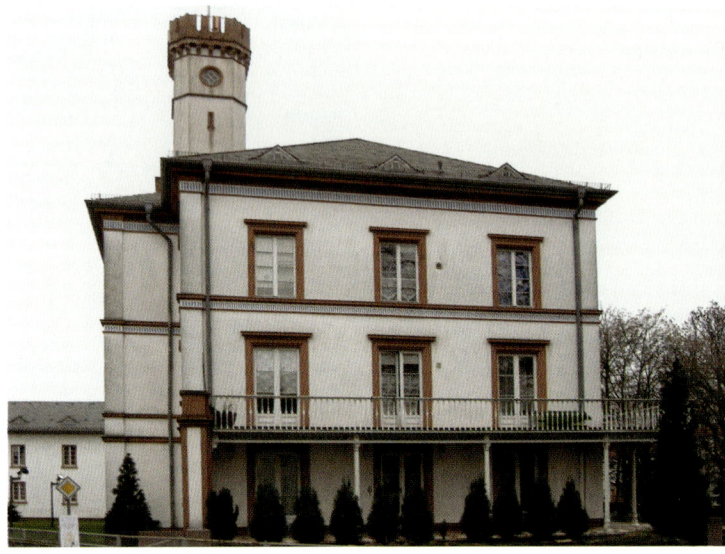

Lampertheim-Hüttenfeld

Teilansicht des Schlosses Rennhof

Schloss Rennhof

- ⊗ Lorscher Straße 1
- ⛰ Litauisches Zentralkomitee
- ➊ von außen frei zugänglich
- ➊ Litauisches Gymnasium, Tel.: 06256-322

Am östlichen Ortsrand, unweit seines Hofguts, errichtete der Frankfurter Baron Carl Mayer Freiherr von Rothschild bis 1853 das Schloss Rennhof. 1889 ging es in den Besitz derer von Löwenstein-Wertheim-Freudenberg über, bis 1917 die Wormser Industriellenfamilie der Freiherrn von Heyl zu Herrnsheim neue Eigentümerin wurde. Seit 1953 ist das Schloss im Besitz des Litauischen Zentralkomitees in Deutschland, das hier seit 1954 ein Privatgymnasium betreibt. Beachtlich ist, dass das Schloss Rennhof heute die Zentralstelle der Litauer in der Bundesrepublik Deutschland ist.

Das Schloss im Empirestil wurde in den 1980er Jahren durch Brand stark beschädigt. Doch ist es in seinem Äußeren weitgehend originalgetreu wiederhergestellt worden. Das Gebäude zählt zu den ganz wenigen Schlössern dieser Epoche. Sehr markant ist dabei der dem dreigeschossigen Mittelbau vorgesetzte Turm, der oberhalb des Daches vom Quadrat in ein Polygon übergeht. Den oberen Abschluss bildet eine zinnenumwehrte Aussichtsplattform.

Den Haupttrakt bildet der quergestellte, zweigeschossige Südbau, in dem der Saal untergebracht ist. Daran schließt sich wieder ein dreigeschossiger Teil mit umlaufender Veranda auf Eisensäulen im ersten Obergeschoss an. Außerdem ist ein weiterer Querbau im Norden an den Mitteltrakt angefügt. Der große Park hinter dem Schloss ist als Landschaftsgarten gestaltet. Ebenfalls nach Norden schließen sich die modernen Schulgebäude des Gymnasiums an.

Langen

Langen
Stadtbild

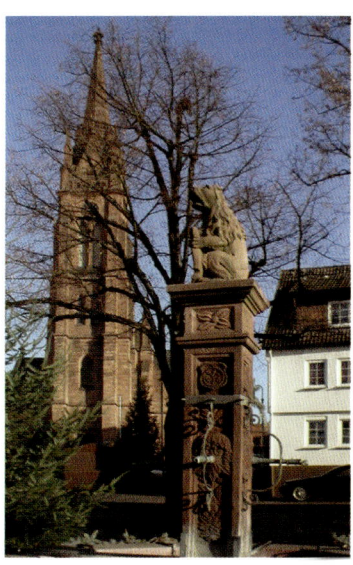

❌ Kirche, ehemaliges Rathaus und
Vierröhrenbrunnen:
Wilhelm-Leuschner-Platz

🕐 von außen jederzeit

Langen wurde 834 zum ersten Male
urkundlich erwähnt, als König Ludwig II.
den Ort „Langungon" mit „der darin
errichteten Kirche" und den „Herrenhäu-
sern" dem Kloster Lorsch zum Geschenk
machte.

Das Gebiet um den Vierröhrenbrunnen, die evangelische Stadtkirche und
das Alte Rathaus bildet heute „die gute
Stube" der Stadt.

Zunächst erregt die große, neogotische Kirche Aufmerksamkeit. Sie wurde
1883 eingeweiht, Baumeister war Johann
Christian Horst (1822-1888). Der jetzige
Kirchenbau orientiert sich unter anderem
am Vorbild der Elisabethkirche in Marburg. Im Verlauf des Eröffnungsgottes-
dienstes wurde der Marktflecken Langen
durch Großherzog Ludwig IV. zur Stadt
erhoben.

Der Vierröhrenbrunnen wurde 1553
errichtet, nachdem eine 1538 begonnene zentrale Wasserleitung fertig gestellt
war. Der Brunnen ist ein frühes Werk der
Renaissance. Seinen Trog bildet ein acht-
eckiges sandsteinernes Becken, in der
Mitte erheben sich Pfeiler mit Arabesken
sowie wasserspeienden Tiermasken, die
die vier Elemente symbolisieren. Darüber
sind das Stadtwappen von Langen und
die Wappen des Amtmanns von Bellers-
heim, des Forstmeisters de Marchi und
des Schultheißen Breescher angebracht.
Der Löwe kam 1720 durch Johann Was-
sem aus Erfurt hinzu, nachdem Langen
im Jahre 1600 Hessisch geworden war.
Eine Nachbildung dieses Brunnens ziert
seit kurzem den Marktplatz des Hessen-
parks in Neu-Anspach.

*Vierröhrenbrunnen und evangelische Pfarr-
kirche*

Das Alte Rathaus ist ein klassizistischer Steinbau und wurde 1826-1827
nach Plänen des Darmstädter Landes-
baumeisters Lerch im Mollerstil gebaut.
Die kubische Form über quadratischem
Grundriss und die strenge, fünfachsige
Gliederung der zweigeschossigen Putzfassade mit Rundbogenfenstern und
Steingesimsen erinnern an das 1823
ebenfalls nach Entwürfen von Lerch
erbaute Rathaus von Seligenstadt.
Bemerkenswert ist der quadratische
Turm über dem flachgeneigten Zeltdach.
Die rückwärtigen Anbauten und Veränderungen der inneren Aufteilung stammen
aus dem Jahre 1927.

An die frühere Bedeutung des
Platzes erinnert ein Mosaik von 1902,
das den Standort der 1839 gefällten
Gerichtslinde markiert. ●

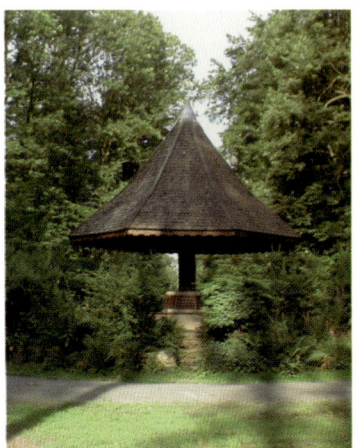

Der Weiße Tempel, ein Schutzpavillon für die herrschaftlichen Jagden

marschallamtes ein neuer Tempel durch den Langener Zimmermann Jean Görich errichtet. Das Dach wurde seinerzeit geölt und mit weißer Ölfarbe gestrichen, weswegen er im Volksmund den Namen „Weißer Tempel" oder „Weißes Häuschen" erhielt. Eine Blechtafel verschwand nach dem Ersten Weltkrieg. Erhalten geblieben ist jedoch noch der 1932-1933 durch den Langener Holzbildhauer Anton Locher eingeschnitzte Soldatenkopf zur Erinnerung an die Gefallenen des Ersten Weltkrieges.

Der markante Pavillon gibt Orientierung im weitläufigen Wald und ist beliebtes Ausflugsziel. Am Samstag vor Pfingsten wird hier ein Waldfest gefeiert. ●

Langen

Ernst-Ludwig-Platz und Weißer Tempel

> ✖ im Wald zwischen Egelsbach und Dreieich-Offenthal an der Höllschneise
>
> ⊙ jederzeit

In den Wäldern bei Langen erinnert noch vieles an die fürstliche Jagd unter Landgraf Ludwig VIII. und Landgraf Ernst-Ludwig. Jagdschirme gab es ehedem eine ganze Reihe. Hier konnten sich der Souverän als Jagdherr mit seinen Gästen unterstellen, während die Treiber das Wild auf den Schneisen darauf zutrieben, damit es bequem erlegt werden konnte.

An der Kreuzung der Höll- mit der Langer Steinkaut-Schneise (1750 „Rondel", 1770 „Ernst-Ludwig-Platz" genannt) ließ Großherzog Ludwig III. um 1855 einen solchen Jagdschirm errichten, der nach ihm „Ernst-Ludwig-Schirm" genannt wurde. Dieser stürzte im Frühjahr 1870 ein. Nach seiner Wiederherstellung durch den Langener Zimmermeister Conrad Wagner im Sommer 1870 fiel er im Frühjahr 1906 einem Sturm zum Opfer. Daraufhin wurde noch im gleichen Sommer auf Kosten des Großherzoglichen Hof-

Langen

Grabhügelgruppe Koberstadt

> ✖ südlich der B 486 zwischen Dreieich-Offenthal und Langen, dort befindet sich ein Parkplatz, von dort aus 5-10 Minuten Fußweg bis zu den ersten Hügeln.
>
> ⊙ jederzeit
>
> ❶ Untere Denkmalschutzbehörde Kreis Offenbach, Tel.: 06074-81804346

Die Gruppe eisenzeitlicher Grabhügel in dem ausgedehnten Waldgebiet östlich von Langen ist seit Beginn des 20. Jahrhunderts untersucht. Die Epoche nennt man nach ihrem Hauptfundort bei Hallstatt auch Hallstattzeit (800 bis 600 v. Chr.). Die reichen Funde aus diesen Hügelgräbern der ehemaligen Waldgemarkung „Hanauer Koberstadt" (heute zur Gemarkung Langen gehörend) führten zu der archäologischen Bezeichnung „Koberstädter Kultur". Die Bezeichnung geht nicht zuletzt auf die individuelle Formgestaltung und Bemalung der dorti-

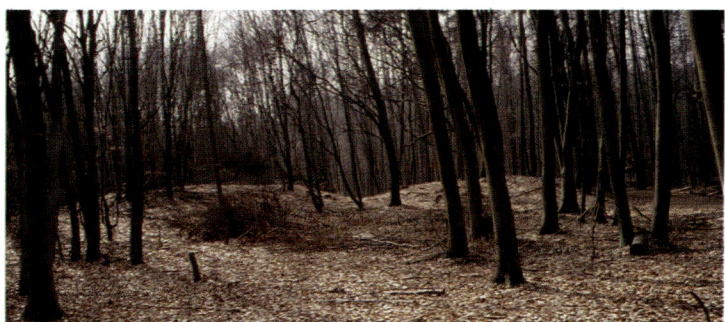

Die Grabhügel in der Koberstadt sind als leichte Erhebungen im Gelände erkennbar

gen Keramik zurück, die sich deutlich von anderen Hallstattkulturen unterscheidet.

Im letzten Jahrzehnt des 19. Jahrhunderts beauftragte Großherzog Ludwig IV. von Hessen-Darmstadt den Archäologen Hofrat Friedrich Kofler unter anderem auch damit, eine Anzahl von Grabhügeln in der Koberstadt zu untersuchen. Eine Vielzahl von Fundobjekten konnte seinerzeit geborgen werden. So wurde 1891 unter anderem ein „Stein" gefunden, bei dem es sich offenbar um einen Monolithen handelt, eine Grabstele (Grabstein) der Hallstattzeit. Sie steht heute vor dem Dreieichmuseum in Dreieichenhain.

Dichtbesiedelte hallstattzeitliche Dörfer dürften in der Region nicht zu erwarten sein, dafür einzelne Gehöfte, die sich durch Konzentration von Scherbenfunden an verschiedenen Plätzen der Gemarkung lokalisieren lassen. Wo die zu erwartende Siedlung der großen Grabhügelgruppe in der Koberstadt lag, konnte bislang noch nicht geklärt werden, da dichter Waldbestand Untersuchungen größeren Umfanges verhindert. Frühere Behauptungen, dass sich in der Koberstadt eine hallstattzeitliche Befestigung befand, sind neuerdings widerlegt worden, da keine sichtbaren Beweise hierfür vorliegen.

Dennoch bleibt der Fundort Koberstadt durch seine reichen Grabfunde für die archäologische Forschung von größter Bedeutung. ●

Langen
Schloss Wolfsgarten

⊗ westlich der K 178 zwischen Egelsbach und Einmündung in die B 486 zwischen Langen und Anschlussstelle Langen auf die A5

⬙ Hessische Hausstiftung

❶ anlässlich der Rhododendronblüte an zwei Wochenenden um Pfingsten

Das inmitten eines weitläufigen Landschaftsparks im Wald südwestlich von Langen gelegene Schloss Wolfsgarten wurde in den Jahren 1721-1724 durch Landgraf Ernst-Ludwig von Hessen-Darmstadt anstelle des früher hier gelegenen Jagdhauses „Pavillon du Champignon" erbaut. Die Planung geht vermutlich auf den damaligen landgräflichen Oberbaumeister Louis de la Fosse zurück. An der Ausführung war wahrscheinlich der Landbaumeister Helfrich Müller beteiligt.

Seit der französischen Revolution blieb das Jagdschloss unbewohnt und verwahrloste, nachdem 1769 große Teile der Innenausstattung nach Darmstadt verbracht wurden. Der spätere Großherzog

L

*Schloss
Wolfsgarten*

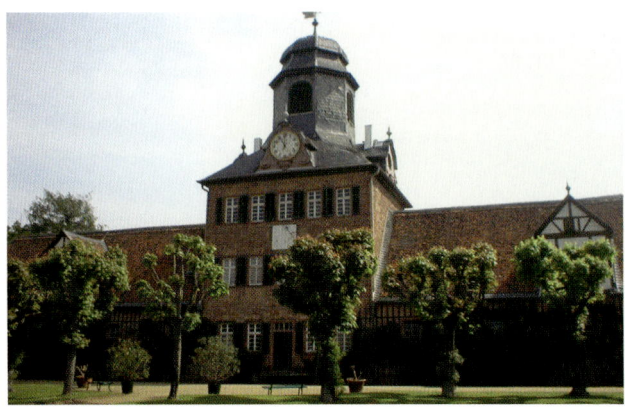

Ludwig III. verhinderte 1834 den geplanten Abriss und begann mit der Renovierung. Unter Ludwig IV. wurde Schloss
Wolfsgarten 1879 zur Sommerresidenz
der hessischen Herrscherfamilie und
diente zu Staatsempfängen. Unter Ernst-
Ludwig, der sich besonders um die För-
derung der Kunst bemühte, erfolgte um
die Jahrhundertwende und danach ein
weiterer Ausbau. So entstanden 1902
das „Prinzessinnenhäuschen" sowie weitere Jugendstilbauten. Nachdem Ernst-
Ludwig abdanken musste, wurde das
Schloss 1919 Staatseigentum, ging aber

1922 in den Besitz der großherzoglichen
Familie über. In den 20er und 30er Jahren des vorigen Jahrhunderts wurden die
groß angelegten Rhododendren-Pflan-
zungen in den Parkanlagen vollendet.

Die Gruppierung von Herrenhaus
und meist eingeschossigen Gebäuden
aus Buntsandstein (früher hell verputzt)
um einen weiträumigen, gärtnerisch
gestalteten, fast quadratischen Hof, erinnert an ein schlossartiges Gut. An der
Ostseite dominiert ein dreigeschossiges
Gebäude mit turmartigem Zentralbau mit
Haubendachreiter und Uhr in einer geschwungen Dachgaube. Im Norden
begrenzen der Prinzen- und Kavaliersbau
in symmetrischer Anordnung den Gebäudekomplex. Das nach Westen orientierte
Herrenhaus wird durch ein erhöhtes
Sockelgeschoß und Mansarddach hervorgehoben. In der Mittelachse führt eine
doppelte Freitreppe zu einer offenen
Galerie. An der nördlichen und südlichen
Schmalseite schließen sich der geometrisch angelegte Herren- und Damen-
garten an.

Heute ist Landgraf Moritz von
Hessen Hausherr auf Schloss Wolfsgar-
ten und öffnet die Anlage zu bestimmten
Zeiten des Jahres, unter anderem zur
Rhododendronblüte an Pfingsten. ●

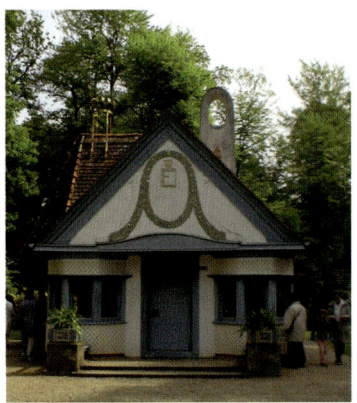

Das Prinzessinnenhäuschen im Schlosspark

Lautertal

Lautertal
Felsenmeer

Zwei Riesen wohnten einst in der Gegend von Reichenbach, der eine auf dem Felsberg, der andere auf dem Hohenstein. Als sie Streit bekamen, bewarfen sie sich mit Felsbrocken. Der Hohensteiner war im Vorteil, denn er hatte mehr Wurfmaterial. So kam es, dass der Felsberger Riese bald unter den Blöcken begraben wurde und gelegentlich hört man ihn noch darunter brüllen. So wurde im Volksmund die Entstehung des Felsenmeeres erklärt.

Der nördlich von Reichenbach oberhalb des Felsenmeeres gelegene Felsberg besteht aus Granit, mit einigen anderen Einschlüssen. Durch die Verwitterung im Laufe von Jahrmillionen, unter Einwirkung von Wasser, Frost und Pflanzen, ist besonders harter Grus abgesprengt worden. Durch Auswaschungen fielen diese Brocken in einer Mulde von einem Kilometer Länge zusammen. Das ist die wesentlich nüchternere Erklärung der Geologen für die Entstehung des Felsenmeeres.

Das Felsenmeer wurde schon in früher Zeit als Steinbruch genutzt. Deutliche Spuren haben hier die Römer hinterlassen, als sie Werkstücke für Gebäude im Trierer Dombereich im vierten nachchristlichen Jahrhundert bearbeiteten. Über 300 teilweise umfangreich bearbeitete Steine sind hier zu finden. Besonders zu nennen sind die Riesensäule und der Altarstein.

Die Arbeitsweise der römischen Steinarbeiter lässt sich gut erkennen: In ausgepickelte breite Taschen oder in eine

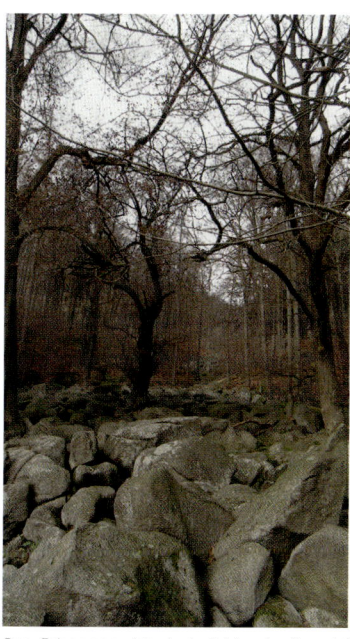

Das Felsenmeer ist ein beliebtes Ausflugsziel und lädt zum Klettern ein

Nut wurden Holzklötze eingesetzt, durch Feuchtigkeit zum Quellen gebracht und so die gewünschten Stücke abgesprengt.

Während der höher gelegene Teil des Felsenmeeres durch die teilbearbeiteten Steine seinen besonderen Reiz hat, laden die kleineren Geröllsteine in der zum Tal hinunterführenden Mulde zum Herumklettern ein. Gerade für Kinder ist das Felsenmeer ein attraktives Ausflugsziel. Ein Informationszentrum des UNESCO Geoparks Bergstraße-Odenwald in der Nähe des Parkplatzes informiert interessierte Besucher über die Erdgeschichte der Geopark-Region, die Entstehung des Felsenmeers, die einzigartige römische Geschichte, die Naturwerkstein-Industrie sowie über den Sagenschatz der Region. ●

Lindenfels

L

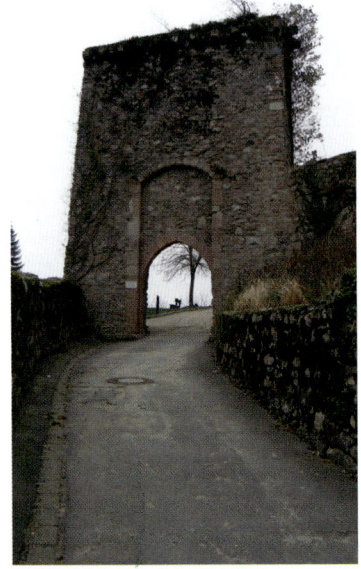

Durch das Tor gelangt man in den äußeren östlichen Burgbereich

Lindenfels
Burg Lindenfels

- ❌ Burgstraße
- 🔼 Land Hessen
- ➊ tagsüber geöffnet
- ➊ Touristikservice Lindenfels,
  Tel.: 06255-30644   www.lindenfels.de

Die Burg Lindenfels liegt auf einem Bergsporn südwestlich der Kernstadt Lindenfels und ist bereits von weitem gut sichtbar.

Sie wurde in ihren wesentlichen Teilen im 12. Jahrhundert vermutlich durch Pfalzgraf Konrad von Staufen erbaut und gilt als Nachfolgebau der 1080 erstmals erwähnten „Slirburg", die Abt Winither vom Kloster Lorsch gegründet hatte. Ihr erhaltenes historisches Mauerwerk dürfte dagegen überwiegend aus dem 13. und 14. Jahrhundert stammen. Im Zuge späterer Stadtbefestigungen wurde auch die Burg weiter ausgebaut und später mehr-

fach ergänzt. Im 18. Jahrhundert geriet sie durch legale und illegale Steinabfuhr in Verfall. Seit Ende des 19. Jahrhunderts wurden mehrfach Instandsetzungsarbeiten zum Erhalt der Ruine durchgeführt.

Die Kernburg liegt sicher auf einer steilen Bergkuppe und ist von einem oberen und einem unteren Zwinger geschützt. Durch ein Tor am Ende der Burgstraße gelangt man in den äußeren östlichen Burgbereich. Dort wird der Besucher zunächst von Fafnir, dem Drachen aus der Nibelungensage begrüßt, den eine Metallskulptur darstellt. Beim weiteren Aufstieg durch diese Vorburg wird die Kernburg umrundet und durch ein Tor im Westen gelangt man schließlich hinein.

In den Ecken oben neben dem spitzbogigen Portal lassen sich noch die Schlitze für die Zugvorrichtung erkennen und in dem darüber liegenden Rundbogenfries befindet sich ein Gusserker für Verteidigungszwecke. Die Konsolen daneben sind als Männerköpfe gestaltet, die einem eventuellen Angreifer die Zunge herausstrecken. Gegenüber diesem Eingang, außen, befindet sich der Burgbrunnen. Die mächtigen Burgmauern bilden ein Zehneck, an dessen Kanten die einzelnen Gebäude angebaut waren. In der Mitte des Hofes erhob sich der mächtige Bergfried, dessen Fundamente durch eine Steinlage angedeutet sind. An der Nordwand neben dem Tor erheben sich die Reste des mehrgeschossigen Palas mit einer hohen spitzen Giebelwand. Der Wehrgang führt über die nördliche Umfassungsmauer bis zu einer Erkernische im Osten, von dort bietet sich ein hervorragender Ausblick.

Von den Gebäuden an der Südseite, einer Kapelle, einer Schmiede und einem Keller sind nur noch Grundmauern erhalten.

Bei dem jährlich veranstalteten „Mittelalterlichen Spektakulum" werden die Besucher bei mittelalterlichen Spielen mit Markttreiben in die Zeit der Ritter und Gaukler versetzt. ●

Lindenfels
Bürgerturm

> ⊗ Wilhelm-Baur-Straße
> ⬡ Stadt Lindenfels
> ❶ von außen jederzeit möglich

Der Bürgerturm in Lindenfels ist ein Wahrzeichen der Stadt, das vermutlich im 14. Jahrhundert im Zuge der Erbauung der Stadtmauer errichtet wurde. Eine Anbindung an diese gibt es allerdings nicht, was den Turm eher als Bergfried einer Burg erscheinen lässt. Sehr beachtlich dabei ist, dass der in 7,75 Meter Höhe befindliche Eingang erst seit dem 650-jährigen Stadtjubiläum im Jahr 1986 durch eine Treppe begehbar ist. Zuvor war der Eingang nur mit einer Leiter zu erreichen.

Das imposante Bauwerk, von dessen Zinnen man einen herrlichen Blick über das Weschnitztal hat, ist etwa 19 Meter hoch und hat einen Durchmesser von acht Metern. Die Mauerstärke beträgt zwei Meter. Weitere Merkmale eines Bergfrieds weist der Bürgerturm durch ein gewölbtes Verlies im Eingangsbereich auf, das nur durch ein Loch in der Decke zugänglich war. Mehrere Mauerschlitze, die sich im Innern des Turms zu Nischenform erweitern, vervollständigen den wehrhaften Charakter. Die Wehrplatte mit einer einfachen, aus Rundbogen entwickelten Brüstung aus dem Jahre 1888 bildet den Abschluss. Außerdem zeigt eine Merian-Ansicht aus dem Jahre 1634 einen Turmhelm in der im

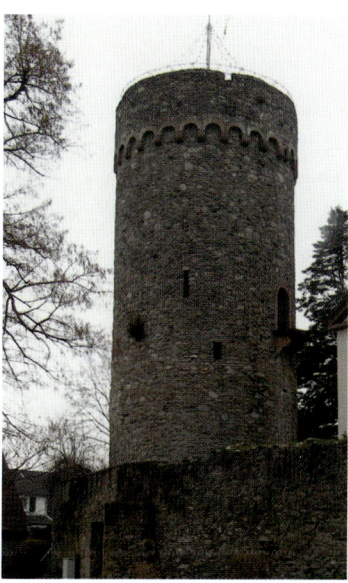

Der 19 Meter hohe Bürgerturm ist ein Wahrzeichen der Stadt

Mittelalter üblichen Kegelform, flankiert von fünf kleineren Türmchen: ebenfalls Indizien eines Bergfriedes. Von dort konnte man sowohl die Weschnitzsenke, als auch den Gebirgsrand mit seinen verschiedenen Fernverkehrswegen überwachen.

Der Bürgerturm war von der Bürgerschaft und nicht wie die übrige Stadtbefestigung von den Landesherren zu unterhalten, was vermutlich zu seiner Bezeichnung führte.

Nun ist geplant, in dem alten Gemäuer ein „Deutsches Drachenmuseum" einzurichten und von der Turmspitze aus Drachendarstellungen von der Steinzeit bis zur heutigen Fantasiedarstellung auf Bildträgern zu zeigen. Dazu soll der Turm eine achteckige Glaspyramide als Dach erhalten, was die chinesische Glückszahl symbolisiert. ●

L

Lindenfels-Schlierbach
Friedhof

- ⊗ Kirchstraße
- ☁ Stadt Lindenfels
- ❶ tagsüber geöffnet
- ❶ Tel.: 06255-3060   www.lindenfels.de

Neben der evangelischen Pfarrkirche liegt der Friedhof. Er unterscheidet sich von anderen Friedhöfen dadurch, dass etwa ein Drittel der Gräber keine Grabsteine, sondern so genannte Grabstickel haben. Grabstickel sind senkrecht stehende, weiße Holzbretter, die an ihrem Kopfende mit einer kleinen Überdachung abschließen. Auf ihrer Vorderseite steht in schwarzer Farbe die schlichte Inschrift „Hier ruht in Frieden ...", darüber ist als einziger Schmuck ein Blumentopf mit farbigen Blumen aufgemalt. Die überwiegende Mehrzahl dieser Grabstickel stammt aus den 1940er und 1950er Jahren, einige sind jüngeren Datums.

Auch wenn die mündliche Überlieferung diese Grabmarken Schweizer Flüchtlingen zuweist, die nach dem Dreißigjährigen Krieg in die Region kamen, so dürfte diese Tradition doch eher in Zusammenhang mit Totenbrettern stehen, wie sie beispielsweise aus dem Bayerischen Wald bekannt sind.

●

Die Grabstickel auf dem Schlierbacher Friedhof

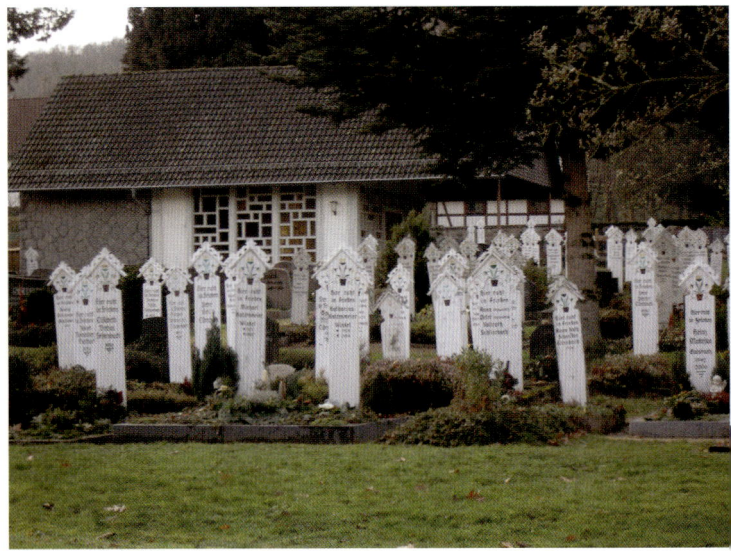

Lorsch

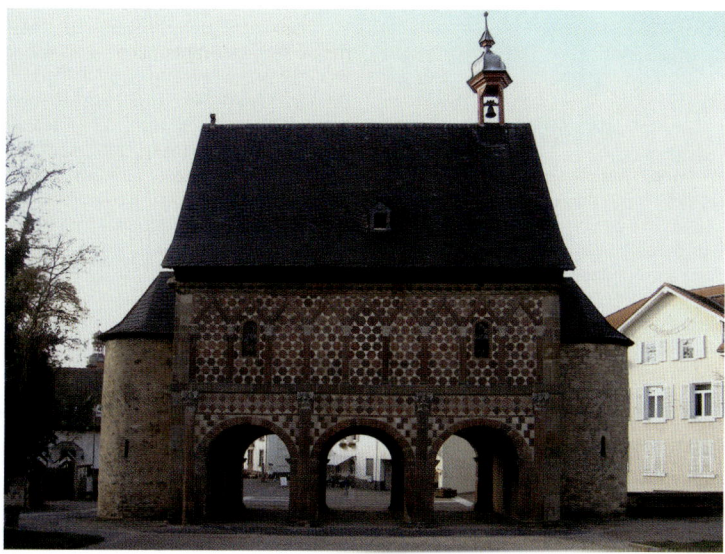

Lorsch
Kloster

Die Königshalle des Klosters Lorsch aus karolingischer Zeit

❌ Museumszentrum Lorsch,
Nibelungenstraße 35

Kloster Lorsch, Nibelungenstraße 32

⬆ Verwaltung der Staatlichen Schlösser
und Gärten Hessen

🕐 Klostergelände frei zugänglich,
Torhalle und Kirche nur mit Führungen
täglich außer montags von 10-17 Uhr,
werktags 8-17 Uhr

ℹ Schlösserverwaltung Tel.: 06251-51446
Museumszentrum Tel.: 06251-103820

Das ehemalige Kloster in Lorsch ist seit 1991 Weltkulturdenkmal der UNESCO. Es ist heute das wohl bedeutendste Bau- und Kulturdenkmal der Region, seine karolingische Torhalle ist einzigartig in Deutschland.

Im Jahre 764 gründeten Gaugraf Cancor und seine Mutter ein Kloster, das von einer Flussschlaufe der Weschnitz inselartig eingeschlossen war. Das Kloster wurde an Erzbischof Chrodegang von Metz, einem Verwandten der Familie, verschenkt. Dieser siedelte dort die ersten Mönche an und veranlasste, dass Reliquien des Heiligen Nazarius hierher überführt wurden. Nur wenige Jahre nach der Gründung baute man auf einer nahe gelegenen Sanddüne, dem Gelände auf dem sich heute der Kirchenrest und die Königshalle befinden, ein größeres Kloster. Dieses konnte 774 geweiht werden und unterstand unmittelbar dem König (Karl dem Großen).

In den folgenden Jahren entwickelte sich das Kloster zu einem geistigen und kulturellen Zentrum. Infolge vieler Schenkungen wuchsen Reichtum und politischer Einfluss des Klosters.

König Ludwig der Deutsche wünschte hier begraben zu werden. So entstand vor dem Altarraum der Klosterkirche eine Gruftkirche (ecclesia varia), die als Grablege für mehrere Mitglieder des karolingi-

L

schen Königshauses diente. Ein mit Pilastern geschmückter Sarkophag könnte der von Ludwig dem Deutschen sein. Ein anderer, der so genannte „Siegfriedsarkophag" stammt aus dem Kloster Hagen.

1090 brannten die Klostergebäude ab, aber bald darauf erfolgte der Wiederaufbau mit der Kirchenweihe 1130. Weitere Brandkatastrophen folgten in späteren Jahrhunderten. Das Klosterleben geriet in Verfall, bis 1228 der Abt seines Amtes enthoben und das Kloster an den Mainzer Erzbischof und Kurfürsten übertragen wurde. Ebenso wurde ihm bis 1232 der weltliche Besitz zugesprochen. Ab 1248 wurde hier eine Propstei des Prämonstratenserordens eingerichtet.

1556, im Zuge der Reformation und durch den Einfluss der Kurpfalz, erlosch das Klosterleben endgültig. Die Baulichkeiten verfielen und wurden zur Wiederverwendung als Baumaterial abgerissen. Die Kirche diente sogar eine Zeit lang als Speicher. Zu Beginn des 19. Jahrhunderts veranlasste der Großherzog von Hessen-Darmstadt den Ankauf des Klosters durch den Staat, um es auf diese Weise zu erhalten. Die seither durchgeführten archäologischen Ausgrabungen, Sicherungs- und Restaurierungsmaßnahmen sind bis heute nicht endgültig abgeschlossen, sodass immer wieder neue Gesichtspunkte zur Geschichte des Klosters ans Licht kommen.

Berühmt war auch die Klosterbibliothek. Für Historiker sehr wichtig ist der „Lorscher Codex", ein zwischen 1170 und 1175 begonnenes Kopialbuch, das alle Schenkungen an das Kloster und dessen Besitz verzeichnet. Es wird heute im Staatsarchiv Würzburg aufbewahrt. Originalurkunden, die als Vorlage der Abschriften dienten, haben sich allerdings nicht erhalten. Da der Codex die älteste geschriebene Geschichtsquelle vieler Orte der näheren und weiteren Umgebung ist, dient er als Nachweis ihrer urkundlichen Ersterwähnung.

Für die Medizingeschichte hochinteressant ist ein in Bamberg befindlicher Codex mit Arzneirezepturen gegen unterschiedlichste Krankheiten und Schmerzen. Da auch dieser einen unmittelbaren Bezug zum Kloster hat, ist in den Parkanlagen im Bereich der ehemaligen Klausurgebäude ein Kräutergarten nach altem Vorbild angelegt worden.

Das Klosterareal war von einer Mauer umgeben, die bis heute bruchstückhaft erhalten ist. Der frühere Klosterbesucher gelangte von Westen, vom Marktplatz kommend, in den Klosterbezirk. Durch das (verschwundene) Westtor führte der Weg auf die Torhalle zu, auch Königshalle oder Michaelskapelle genannt, die aus karolingischer Zeit (8./9. Jahrhundert) stammt. Sie zählt neben der Einhardsbasilika in Steinbach zu den ganz wenigen erhalten Bauwerken dieser Epoche. Das Gebäude au

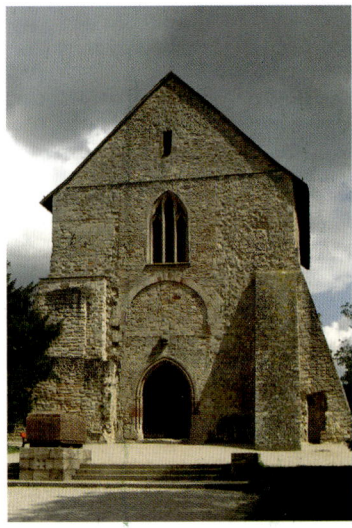

Die Klosterkirche diente zeitweise zum Trocknen von Tabak

rechteckigem Grundriss wird seitlich von zwei runden Treppentürmen flankiert. Das Erdgeschoss öffnet sich in drei Arkaden. Durch verschiedenfarbige Materialien ist die Außenfassade sehr dekorativ gestaltet, wobei die Schmuckelemente teilweise an die römische Antike erinnern. Das Obergeschoss war innen in karolingischer Zeit mit einer Architekturmalerei mit Säulenstellungen auf einer Sockelzone ausgestaltet. Im 14. Jahrhundert, als der Raum als Kapelle diente, erfolgte eine Übermalung im gotischen Stil mit figürlichen Motiven: musizierende Engel, Szenen mit der Muttergottes, dem Schmerzensmann und Gottvater sowie eine Marienkrönung.

Die Halle lag bereits innerhalb des Atriums, das sich zur Kirche hinzog. Diese war dreischiffig, mit gerade geschlossenem Altarraum. Gelobt wurde immer wieder ihre prächtige Innenausstattung. Gerade der Altarraum mit den Nazariusreliquien soll sehr kostbar ausgestattet gewesen sein. Erhalten sind jedoch lediglich die drei westlichen Joche des romanischen Mittelschiffs. Die Öffnungen zwischen den Pfeilern sind zugesetzt. In diesem Raum werden jetzt Architekturteile aus dem Klosterbereich, besonders aus romanischer Zeit, gezeigt. Kirche, Gruftkapelle, wie auch der sich südlich anschließende Kreuzgang mit den Klausurgebäuden, sind durch gärtnerische Gestaltung nachvollziehbar. Südlich des erhaltenen Kirchenrests liegt das barocke kurfürstliche Jagdhaus, das der Mainzer Kurfürst Lothar Franz von Schönborn zur Mitte des 18. Jahrhunderts erbaute und später ein Forsthaus werden sollte.

Direkt neben der Torhalle wurde ein Museumszentrum errichtet. Neben einer klostergeschichtlichen Abteilung beherbergt es auch ein Tabakmuseum sowie eine Abteilung für Volkskunde. Für Kinder bietet die Museumspädagogik zahlreiche Angebote. ●

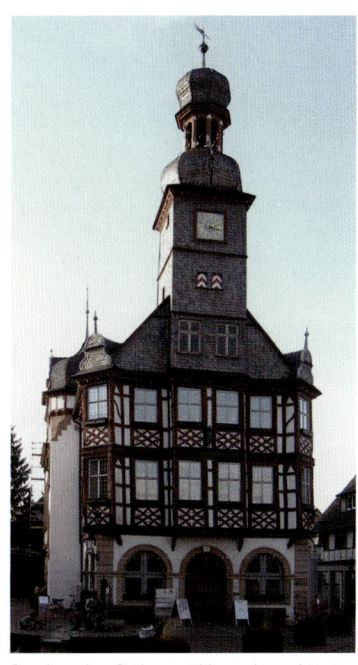

Das Lorscher Rathaus zählt zu den schönsten der Region

Lorsch
Rathaus

❌ Marktplatz 1

⬢ Stadt Lorsch

🕐 Mo - So 10-18 Uhr

ℹ Touristinformation Nibelungenland
  Tel.: 06251-175260

Das alte Rathaus liegt, gegenüber der Torhalle des Klosters, inmitten der Stadt am alten Marktplatz. Auf den Erdgeschossmauern eines früheren Rathauses von 1555 wurde es 1715 als prächtige Fachwerkkonstruktion errichtet, ganz ähnlich dem im benachbarten Heppenheim. Heute zählt es zu den schönsten und interessantesten der Region.

L

Das Erdgeschoss des dreigeschossigen, freistehenden Gebäudes ist gemauert und mit großen, rundbogigen Fensteröffnungen ausgestattet. Das Eingangsportal mit Jahreszahl im Scheitel befindet sich in der als Frontseite gestalteten Giebelseite. In den beiden Fachwerkobergeschossen sind die Brüstungsfelder unter den Fenstern dekorativ durch Kombinationen von Rauten und Andreaskreuzen gestaltet. Die Frontseite wird durch jeweils einen schräg gestellten Erker auf den Gebäudekanten betont. Zentral an der Giebelwand erhebt sich ein weiterer Erker, der in einem Uhrturm endet. Der rückseitige Anbau in Neorenaissanceformen ist eine Erweiterung des frühen 20. Jahrhunderts.

Das Erdgeschoss ist eine dreischiffige Halle mit toskanischen Säulen. Im Saal des Anbaus, dem Nibelungensaal, sind die Geschichte vom Kloster Lorsch und die Nibelungensage in einem aufwändigen Wandgemälde von Georg Behringer aus dem Jahr 1945 zu sehen.

Im Erdgeschoss informiert heute die Touristinformation Nibelungenland über die Region. ●

Lorsch
Tabakscheune

❌ am Aussiedlerhof östlich Lorsch
zwischen Odenwaldallee und Weschnitz

⬤ privat

❶ von außen

Tabakanbau und -verarbeitung haben in Lorsch eine lange Tradition. Bereits Ende des 17. Jahrhunderts wurde der Anbau im Ort urkundlich erstmals erwähnt. Vermutlich kam er aus der Pfalz, in der die Pflanzen seit 1598 angebaut wurden. Um 1920 gab es in Lorsch 200 Pflanzer, die rund 50 Hektar Anbaufläche bearbeiteten. 1984 waren es nur noch 5, 1997 noch 3,7 Hektar. Heute wird kein Tabak mehr angebaut.

Nach der Ernte Ende August, Anfang September mussten die Blätter zunächst getrocknet werden. Bis 1925 benutzten die Pflanzer dafür die ehemalige Klosterbasilika. Danach wurden eigene Tabakscheunen erbaut, von denen sich aber nur wenige erhalten haben.

Diese Tabakscheune wurde um 1937 erbaut. Über einem Betonsockel erhebt sich ein langgestreckter hölzerner Gerüstbau. Über mehrere Geschosse sind Ständer eingebaut, an denen die Blätter aufgehängt wurden. Die verstellbaren Lamellen dienten dazu, die Luftzufuhr im Inneren zu regulieren und so Einfluss auf den Trocknungsvorgang zu nehmen. Nach dem Trocknen wurde der Tabak in Lorsch überwiegend zu Zigarren weiter verarbeitet.

Ausführliche Informationen zum Tabakanbau bietet das Tabakmuseum im Museumszentrum (Nibelungenstr. 35). ●

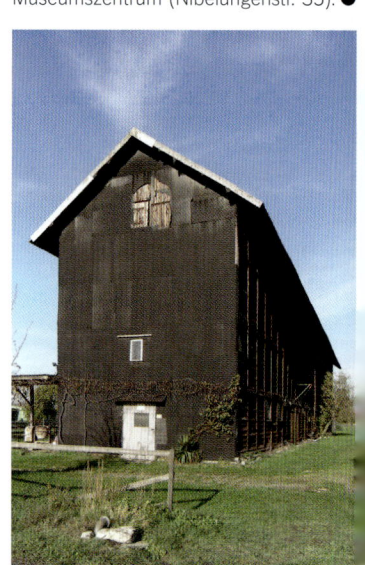

Die 1937 erbaute Tabakscheune

Lützelbach

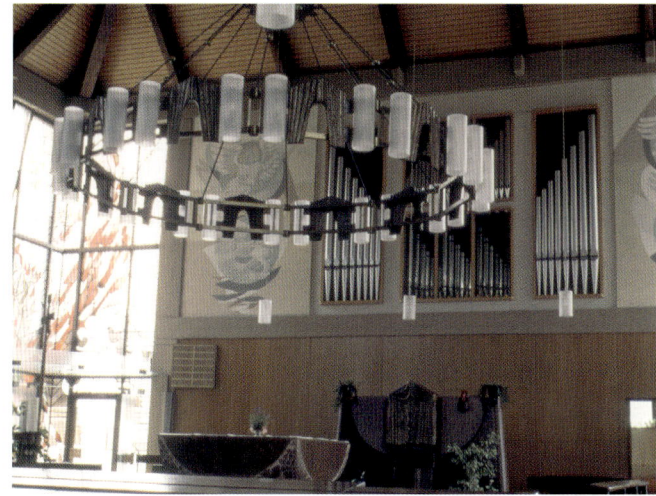

Lützelbach-Seckmauern

Katholische Kirche
Sankt Margareta

Blick auf die Orgel der katholischen Kirche Seckmauern

⊗ Maihohl 5

⊕ Kath. Kirchengemeinde Seckmauern

⊕ täglich 8-18 Uhr oder nach
Vereinbarung, Pfarrhaus/Pfarrbüro,
Tel.: 09372-5369

Mit der Reformation in der Herrschaft Breuberg vor 1530 wechselte die Bevölkerung Seckmauerns zum protestantischen Glauben über. Den wenigen katholisch gebliebenen Einwohnern war zunächst die Ausübung ihrer Religion verboten. Dennoch entwickelten sie sich zur heute zweitstärksten katholischen Gemeinde des Odenwaldkreises. Hierfür war neben der Abgelegenheit des Ortes auch der Mitbesitz der seit 1621 katholischen Linie von Löwenstein-Wertheim-Rochefort an der Herrschaft Breuberg maßgebend.

Einen ersten Mittelpunkt erhielten die katholischen Gläubigen 1855 durch den Ankauf eines Schulhauses. Doch schon 1882-1883 wurde mit privaten Spenden und mit Hilfe der Bonifatius-Vereine die Sankt Margaretha-Kirche erbaut. Die nach dem Zweiten Weltkrieges stark anwachsenden Gemeinden führten dazu, dass vielerorts die Kirchen zu klein wurden. So dachte man zunächst an eine Verlängerung und Verbreiterung des bestehenden Gotteshauses. Dieser Gedanke wurde schließlich 1969 aufgegeben, es kam nur ein Neubau in Frage. Das Architekturbüro Erwin van Aaken, Würzburg, übernahm die Planung.

Um einen quadratischen Zentralraum von 16 mal 16 Metern sind trapezförmig vier Seitenräume gruppiert, die von einem Zeltdach überspannt werden. Der Kirchenraum ist ganz unterkellert. Das Untergeschoss dient als Gemeindezentrum. Die Innenausstattung – Opfer- und Sakramentsaltar, Kronleuchter und Fenster – schuf der Künstler Claus Kilian aus Braunschweig in den Jahren 1976-1982. ●

Mainhausen

M

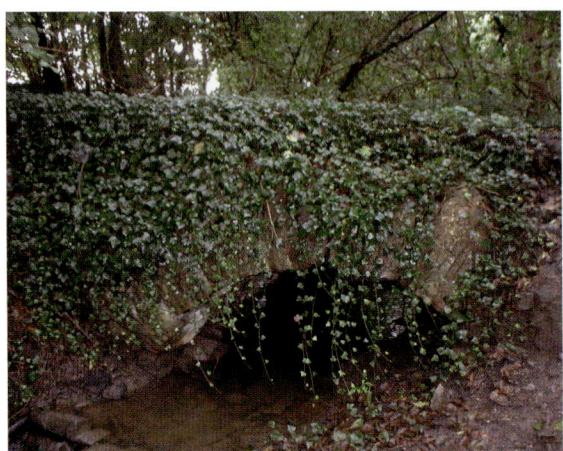

Die Grasbrücke über den alten Grenzbach war früher Bestandteil einer wichtigen Fernhandelsstraße

Mainhausen
Grasbrücke

❌ südöstlich der Siedlung „Am Schwalbennest", Hinweisschilder stehen gegenüber der Gaststätte

ℹ jederzeit

Auf der Gemarkung Mainhausen befindet sich eine kleine Steinbrücke, welche 1997 als Kulturdenkmal unter Denkmalschutz gestellt wurde. Diese unscheinbare Brücke hat eine große Geschichte. Heute endet nur noch ein kleiner Weg kurz hinter der Brücke in einer Kiesgrube. Früher war sie jedoch Bestandteil einer der bedeutendsten Fernstraßen in Mitteleuropa und ermöglichte den aus Südosten kommenden Händlern, die zur Messe nach Frankfurt wollten, die Überquerung des alten Grenzbaches.

Frankfurt lag günstig in der Mitte Europas und war ab 1320 zur großen Drehscheibe des Handels geworden. Hier überschnitten sich die Kreise des Hanse- und Levantehandels. Waren unterschiedlichster Art wurden umgeschlagen, am begehrtesten waren im hohen Mittelalter jedoch Tuch, Wein und Pferde. Die Pferde stammten aus Ungarn, der Wein kam aus Franken und dem Elsass, Wolltücher kamen aus der nächsten Nachbarschaft aus Seligenstadt und der gesamten Wetterau. Im 15. Jahrhundert kann man von großen zusammenhängenden „Tuchmacherlandschaften" sprechen. Sie erstreckten sich über das gesamte Gebiet des Mittelrheines, den Westerwald und Hessen.

Die früheren Zeiten waren recht unsicher. Immer wieder plünderten Wegelagerer und verarmte Ritter die zur Frankfurter Messe reisenden Kaufleute aus, weswegen ein Schutzsystem für die Kaufmannszüge eingeführt wurde, das so genannte Geleit. Auch die Straße über die Brücke war eine so genannte Geleitstraße, das bedeutet, dass ihre Nutzer durch bewaffnete Reiter des Mainzer Kürfürsten begleitet wurden.

Die Brücke bei Mainhausen wurde im Dreißigjährigen Krieg in Mitleidenschaft gezogen, aber schon 1656 wieder renoviert. Dabei hatte man auf einen festen Wegebelag in Form von Pflaster verzichtet. Dies hatte aber zur Folge, dass sich die Natur einen Teil der Brücke zurück erobern konnte, nachdem diese nicht gebraucht wurde. Wahrscheinlich bekam sie dadurch ihren Namen.

Mainhausen-Mainflingen
Katholische Kirche

❌ Kirchgasse 9

➊ von außen jederzeit

Mainflingen und Zellhausen gehörten der Obermark an und standen unter der Herrschaft der Mainzer Erzbischöfe und weitgehend in der Abhängigkeit des Klosters Seligenstadt. Mit der dortigen Amtsvogtei kamen die Orte 1803 an Hessen.

Der erste schriftliche Nachweis einer „Manolfinger marca" findet sich in einer Urkunde des Klosters Lorsch aus dem Jahr 775. Die Bezeichnung weist auf eine Ableitung des Personennamens „Manolf" hin, die Verbindung mit dem Main kann als spätere Entwicklung des Ortsnamens gesehen werden.

An der Uferböschung des Mains reizvoll gelegen und die Mainansicht des Ortes bestimmend, liegt am Ende der Dorfstraße die Katholische Pfarrkirche Sankt Kilian. Sie wurde anstelle eines gotischen Vorgängerbaues im Jahre 1821 gleichzeitig mit der typengleichen Urberacher Kirche errichtet.

Beide Bauten stellen einen von Landbaumeister Georg Moller 1818 entwickelten Typus der Landkirche dar, der außerhalb des Kreisgebietes auch in Eppertshausen verwirklicht wurde. Der eingestellte Frontturm nimmt sich im Baugefüge stark zurück. Die Fassadengliederung mit Reihung von fünf Fenstern und die Emporenlösung stellen Veränderungen gegenüber dem ursprünglichen Plan dar. Klare Putzfassaden geben der Kirche eine gewisse Leichtigkeit. Die für Mollers Bauten typischen, die Fenster verbindenden Kämpfergesimse, lassen die Kirche in vornehmer Zurückhaltung wirken. Eine Tafel mit Bauinschrift über dem Portal weist auf Mollers Bauleitung hin. Der dreiseitige Chor wurde später angefügt.

Für die Innenausstattung sind zwei Holzplastiken aus der Zeit um 1500 erwähnenswert. Sie zeigen den Heiligen Sebastian und den Heiligen Kilian. Die Fassungen der Statuen stammen aus dem 19. Jahrhundert. Der Orgelprospekt stammt aus den Jahren 1823-1824 und wurde von Hartmann Bernhard geschaffen. ●

Die katholische Pfarrkirche Sankt Kilian

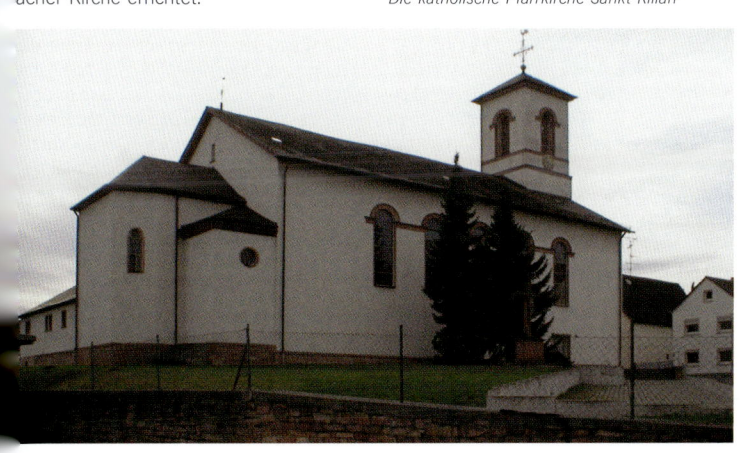

M

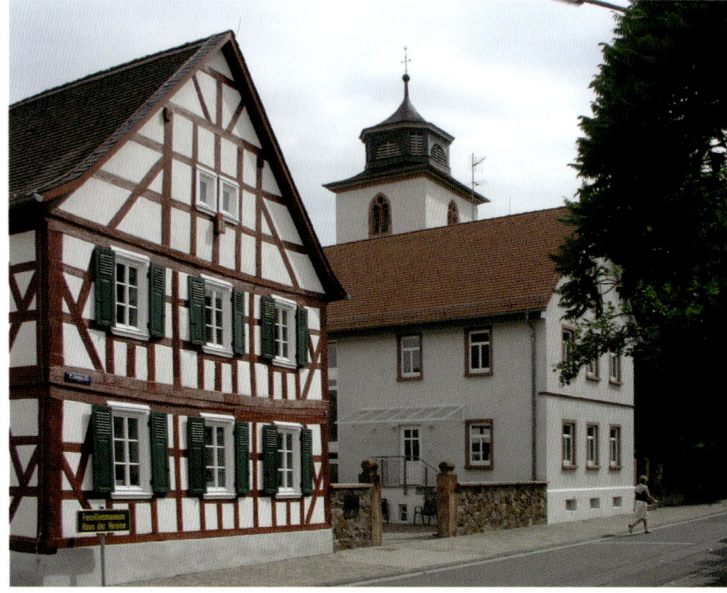

Messel

Blick in die Langgasse mit Fossilien- und Heimatmuseum

Ortsbild

ⓘ Außenanlage jederzeit zugänglich,
sonst 9-16 Uhr

ⓘ Bürgerbüro Messel, Tel.: 06159-71570
www.messelmuseum.de

In den kleinen historischen Ortskern gelangt, wer die ausgedehnten Neubaugebiete und schließlich die Arheiliger Pforte (Bahnhofstr. 2) passiert. Der lang gestreckte Torbau aus dem 18. Jahrhundert, mit Zierfachwerk im Obergeschoss, hatte seine Entsprechung in der Eppertshäuser Pforte im Osten, die 1910 abgerissen wurde.

Die erste Erwähnung Messels geht auf eine Schenkung an das Kloster Lorsch 764 zurück. Um das Jahr 1400 traten die Herren von Groschlag als Besitzer auf und blieben es bis 1799. Nach dem Dieburger Reichsfreiherr Albini ging der Ort 1806 an Hessen-Darmstadt über.

Wie die meisten Dörfer der Region hat auch in Messel der Dreißigjährige Krieg gewütet. Der Wiederaufbau fand überwiegend in der zweiten Hälfte des 17. und zu Beginn des 18. Jahrhunderts statt.

Messel war ein kleines Haufendorf, die Einwohner lebten von der Landwirtschaft. Um die zentral gelegene evangelische Kirche mit ihrem Kirchturm aus dem frühen 15. Jahrhundert – dem mittelalterlichen Vorgänger folgte 1812-1814 ein Neubau – reihten sich die Hofanlagen entlang einer Ringstraße (Hanauer Straße, Bruch- und Langgasse).

Das vermutlich älteste Haus findet sich in der Hanauer Straße 16. Als Teil eines Adelshofes ist es 1618 entstanden. Der herrschaftliche Renaissancebau zeigt über massivem Sockelgeschoss ein

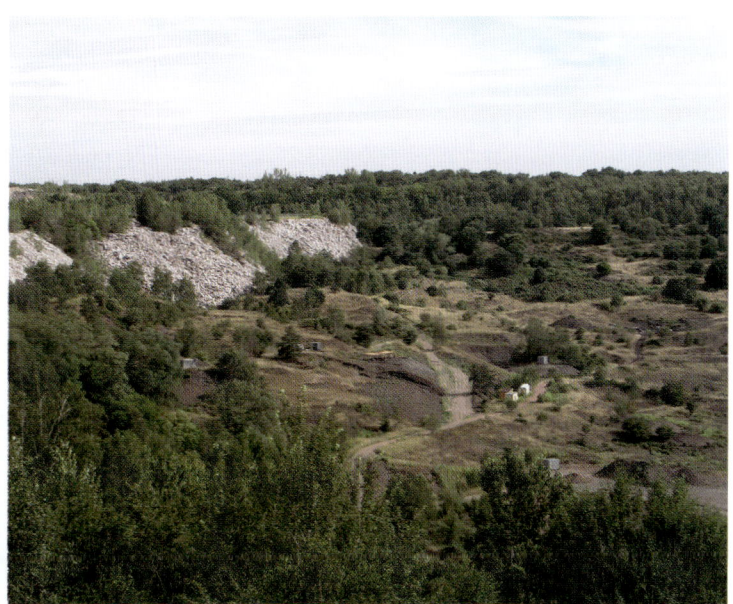

Blick über die Grube Messel

reich dekoriertes Fachwerk und einen Erker mit Schnitzwerk.

In der Langgasse stehen die Fachwerkhäuser, wie für Messel typisch, meist giebelständig zur Straße. Mehrere von ihnen sind an den Eckpfosten mit zum Teil aufwändigen Schnitzereien verziert und farbig gefasst. Dargestellt sind Lebensbaummotive, Ranken, Herzen und Blüten – entweder nur geritzt oder sehr plastisch ausgearbeitet (Langgasse 21 und 27).

Gegenüber der Kirche wurde 1845 bis 1847 die so genannte I. Schule, im Stil des Darmstädter Hofarchitekten Georg Moller, gebaut.

In der Langgasse 2 (Ecke Hanauer Straße) steht das frühere Rathaus. Der zweigeschossige Fachwerkbau stammt aus der ersten Hälfte des 18. Jahrhunderts. Als II. Schule war es ursprünglich der älteste Schulbau des Ortes. Hier wurde 1980 das Messeler Fossilien- und Heimatmuseum eingerichtet. ●

Messel

Grube Messel

🕐 Grube und Aussichtsplattform jederzeit (Besichtigungen der Grube nur mit Führungen)

ℹ️ Infozentrum 1. April bis 31. Oktober täglich 11-16 Uhr
Tel: 06159-717535
www.grube-messel.de

Von den 32 UNESCO Welterbestätten in Deutschland ist die Grube Messel die einzige Weltnaturerbestätte. Die im Messeler Ölschiefer eingeschlossenen Fossilien, vor allem ihre Vielfalt und ihr außerordentlich guter Erhaltungszustand, geben einen Einblick in die Pflanzen- und Tierwelt vor rund 47 Millionen Jahren. 1995 fand die Grube Messel Aufnahme in die Liste der UNESCO-Welterbestätten.

M

Entdeckt wurde die Grube schon im 19. Jahrhundert. 1873 war in Darmstädter Tageszeitungen der Verkauf billiger Braunkohle annonciert worden. Es stellte sich bald heraus, dass die Messeler Kohle zwar als Hausbrand ungeeignet – der Ölschiefer jedoch zur Gewinnung unter anderem von Teeren und Mineralölen, Benzin und Paraffin gut geeignet war.

Um 1884 begann die industrielle Produktion im Tagebaubetrieb. 1923 wurde der Betrieb in die A. Riebeck'sche Montanwerke Aktiengesellschaft eingegliedert, die eine Tochtergesellschaft des Hugo-Stinnes-Konzerns war. Bis zu 40% der deutschen Rohölproduktion dieser Zeit stammten aus Messel. Als Produktionszweig der IG Farben Industrie AG kam ihr eine wesentliche Funktion bei der Herstellung so genannter kriegswichtiger Güter zu.

Trotz der Zerstörung der Produktionsanlagen Ende des Zweiten Weltkrieges wurde der Betrieb schon im Juli 1945 wieder aufgenommen. 1949 erwarb der schwedische YTONG-Konzern die Messel-Lizenzen, um nun auch das Abraummaterial für die Produktion von Bausteinen zu nutzen. Das Überangebot an preiswertem Rohöl hatte 1962 die Stilllegung der Ölschieferverschwelung zur Folge. Die Produktionsanlagen wurden abgerissen, nur noch das denkmalgeschützte, 1945 im Stil des Expressionismus errichtete Kesselhaus in der Nähe des Messeler Bahnhofs zeugen von dem ehemaligen bedeutenden industriellen Komplex.

Die Welterbe Grube Messel gGmbH unterhält heute eine Info-Station an der Grube bis zur Fertigstellung des offiziellen Besucherzentrums. Besucher erhalten hier Informationen, Messel-Souvenirs und Literatur. Geboten wird eine Vielfalt an geführten Exkursionen. Hierzu zählen Programme für Familien, Kinder und Schulklassen, sowie für Erwachsene beziehungsweise Busgruppen.

Neben den Themenschwerpunkten Geologie, Industriegeschichte, Paläontologie und Biologie umfasst das Angebot auch Besuche in den Partnermuseen und Ferienprogramme, sowie Kindergeburtstage. ●

Fossiler Fisch, Fundstück aus der Grube Messel

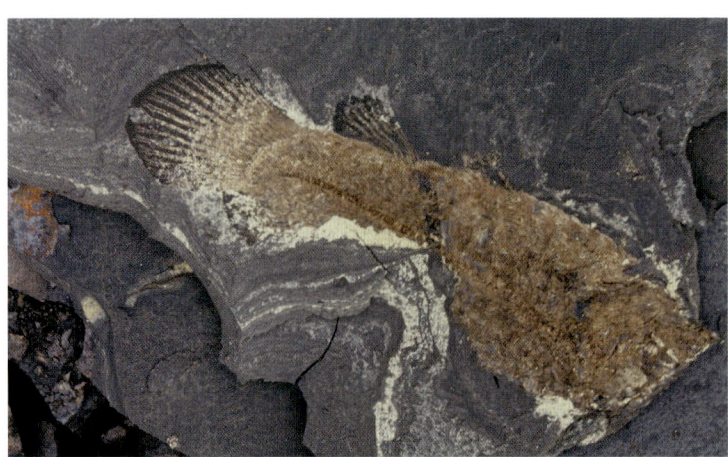

Michelstadt

Michelstadt
Historisches Rathaus

- ⊗ Marktplatz 3
- ⬨ Stadt Michelstadt
- ❶ nach Vereinbarung, Tel.: 06061-979988

Ein unbekannter Baumeister errichtete im Jahre 1484 eine der originellsten Fachwerkbauten Mitteleuropas. Der trapezförmige Grundriss ist durch die Lage der umgebenden Straßen und Gassen bedingt, was dem Erbauer einige Schwierigkeiten bereitete und ihn zu einer ungewöhnlichen Lösung brachte. Seine repräsentative Front kehrt das Rathaus mit zwei spitzbehelmten Erkern und einem abgewalmten Giebel dem Marktplatz zu. Das nach drei Seiten hin offene Untergeschoss wurde als Markt- und Gerichtshalle genutzt. Eine steile Treppe, die ursprünglich wohl außen verlief, scheint 1685 in das Innere der Halle an seine heutige Stelle verlegt worden sein. In dem darüber gelegenen Ratssaal finden wie eh und je festliche Veranstaltungen der Bürgerschaft statt. Der hohe Dachraum mit zwei übereinanderliegenden Dachböden diente als Fruchtspeicher. Die am Giebel zum Marktplatz hin angebrachte Uhr stammt von dem 1892 niedergelegten Unteren Tor der Stadtbefestigung. In den mittleren Ständer der Nordtraufe ist das Erbauungsjahr 1484 eingeschnitten. Zwar befindet sich diese Jahreszahl auch am Mittelständer der Marktplatzfront, sie wurde hier aber erst 1903 angebracht. Archivalisch wird das Gebäude erstmals in der Bürgermeister-Rechnung von 1661 erwähnt. Die Rechnungen belegen gut die zahlreichen Veränderungen bis zur Gegenwart. So fanden gründliche Reparaturen 1743, 1846, 1902-1903 und nach dem Zweiten Weltkrieg statt.

Um die Geschichte des berühmten Rathauses haben sich zahlreiche und

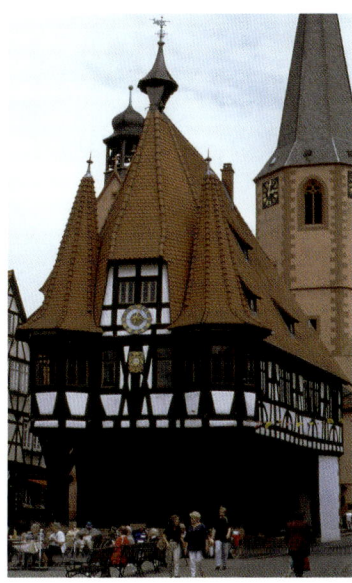

Das berühmte Michelstädter Rathaus von 1484

namhafte Architekten, Bauforscher und Historiker bemüht, ohne jedoch das Geheimnis seiner Herkunft und seines Erbauers zu lüften. ●

Michelstadt
Stadtbefestigung, Kellerei mit Odenwald- und Spielzeugmuseum

- ⊗ östlich und südlich der Altstadt
- ⬨ Stadt Michelstadt
- ❶ Besichtigung nur von außen, Regionalmuseum: täglich von 10-17 Uhr Tel.: 06061-706139

Bereits um 900 bestand in Michelstadt ein befestigter Herrenhof, der unter dem Lorscher Abt Gerbodo (951-972) zu einem „castellum" erweitert wurde. An seiner Stelle errichteten die Schenken zu Erbach als Vögte der Lorscher Propstei

M

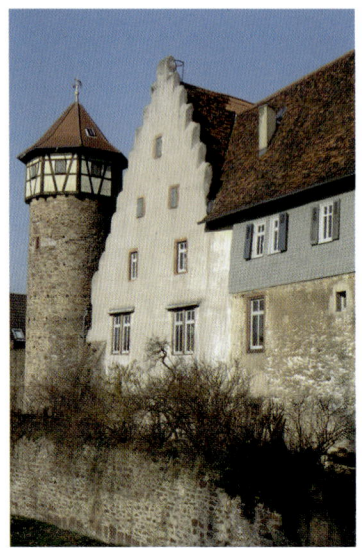

Die Michelstädter Stadtbefestigung Mit Diebs-turm und Südgiebel der „Kellerei"

Gesamtanlage der „Kellerei" von Süden

Steinbach im 12. oder 13. Jahrhundert eine Burganlage in deren Bereich die heutige Kellerei liegt. Auseinandersetzungen um das Lorscher Erbe zwischen Kurpfalz und Kurmainz führten 1307 zur Zerstörung von Burg und Stadt durch Bayernherzog Pfalzgraf Rudolf. Unter Pfälzer Lehenshoheit erfolgte der Wiederaufbau. Im Jahre 1390 beschlossen die Grafen, um Stadt und Kellerei eine Ringmauer mit Toren, Türmen, vorgelagertem Wall und doppeltem Graben zu legen. Noch heute ist der kreisförmige Verlauf der Wehrmauer über weite Strecken zu erkennen. Besonders im Stadtgarten mit dem Kiliansfloß blieben größere Mauerteile erhalten, die im Abstand von etwa 50 Metern durch einen Turm verstärkt sind. Dagegen wurden das Obere und das Untere Stadttor 1810 beziehungsweise 1838 abgebrochen.

Die heutige Kellerei bildet eine Dreiseitanlage, an deren Ost- und Südseite der tiefe Doppelgraben noch erkennbar ist. Der äußere, breite Graben ist zu Beginn der 1960er Jahre zu einem Parkplatz umgewidmet worden. Der Innenhof

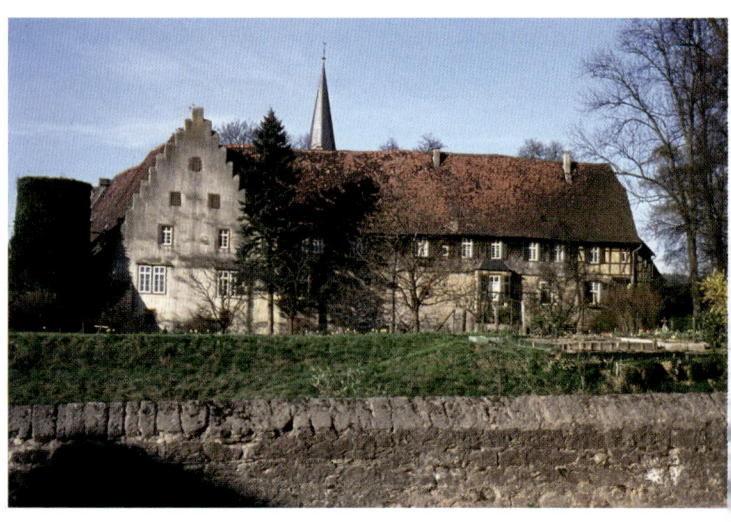

M

wird im Süden durch den langgestreckten Hauptbau begrenzt. Das Untergeschoss des mittleren Teils ist in das 14. Jahrhundert zu datieren, während die Fachwerkobergeschosse aus dem 16. Jahrhundert stammen. Seitlich sind zwei weitere Trakte aus dem 17. beziehungsweise 18. Jahrhundert angefügt. Die Stirnseite im Westen schließt mit dem 1517 massiv errichteten Zehntspeicher ab. In ihm wurde 1984 das 1910 gegründete Odenwaldmuseum untergebracht, dem seit 2000 das Spielzeugmuseum angegliedert ist. Seine zweiläufige Freitreppe zeigt das Allianzwappen Erbach/Pfalz von 1539. An der nördlichen Flanke steht das so genannte Amtshaus von 1549 und 1621. ●

Michelstadt-Steinbach
Einhardsbasilika

❌ Einhardstraße 12

☁ Land Hessen

❶ März bis Oktober 10-12 Uhr und 13-17 Uhr, November bis Februar 11-15 Uhr, montags geschlossen

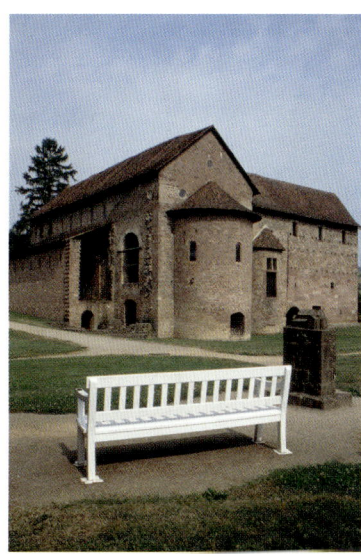

Die Einhardsbasilika, eindrucksvolles Beispiel karolingischer Baukunst

Die Einhardsbasilika am nördlichen Ortsrand von Steinbach gehört zu den wenigen gut erhaltenen Denkmälern karolingischer Baukunst in Deutschland. Einhard, Berater und Biograph Karls des Großen, erhielt von dessen Sohn, Ludwig dem Frommen, für seine Verdienste im Jahre 815 die Mark Michelstadt als Geschenk. In der Absicht, seinen Lebensabend dort zu verbringen, ließ er die Steinbacher Kirche erbauen – vollendet 827 – und stattete sie mit Teilen der Gebeine der Heiligen Marcellinus und Petrus aus Rom aus. Merkwürdige Traumerscheinungen jedoch veranlassten ihn, die Reliquien in das heutige Seligenstadt zu überführen.

Nach dem Tod Einhards 840 fiel die Mark Michelstadt an die Reichsabtei Lorsch, die in Steinbach ein Nebenkloster für Benediktiner einrichtete. Unter dem Einfluss des Erzbischofs von Mainz wurde die Propstei 1232 in ein Nonnenkloster umgewandelt, das bis zur Reformation 1535 bestand. Die nunmehr von den Grafen zu Erbach durch Kauf erworbene Basilika diente bis in den Dreißigjährigen Krieg hinein als Hospital und danach als Lagerraum. Dem fortschreitenden Verfall der Basilika konnte erst ab 1968 begegnet werden, nachdem das Gebäude in den Besitz des Landes Hessen übergegangen war.

Wenige Meter südöstlich der Basilika steht ein kleines Steinmodell, das dem Besucher den von Einhard entworfenen, ursprünglichen Bau veranschaulicht. Das nördlich angrenzende Gartenland ist durch Stellsteine umschlossen und wurde so früher vor Schweinen und einbrechendem Wild geschützt. ●

M

Michelstadt-Steinbach
Schloss Fürstenau

⊗ Schloßplatz 1-2

⬙ privat

✪ Schlosshof täglich 9-16 Uhr

Die Geschichte von Schloss Fürstenau ist eng mit der der Einhardsbasilika verbunden. Im Jahre 1232 kam mit dem Kloster Lorsch der Michelstädter Raum in den Einflussbereich der Erzbistums Mainz. Zur Sicherung ihrer Ansprüche ließ Erzbischof Gerhard II. von Eppstein (1289-1305) um 1300 eine Wasserburg mit vier Ecktürmen zum Schutz des Klosters Steinbach errichten, die 1317 als „Castrum Furstenawe" erwähnt wird. Trotzdem konnte Kurmainz nicht verhindern, dass 1307 Michelstadt durch Pfalzgraf Rudolf eingenommen und zerstört wurde. Somit kamen Stadt und Umland unter kurpfälzische Oberhoheit. Schließlich verkaufte Mainz 1355 Fürstenau an die Erbacher Schenken. Unter Graf Georg III. (1569-1605) begann der Ausbau zu einem Renaissanceschloss. Zu dieser Zeit entstanden die meisten Nebengebäude wie die nördlich gelegene Beschließerei, das später barock überformte Marstallgebäude der südlichen Vorburg sowie die außerhalb gele-

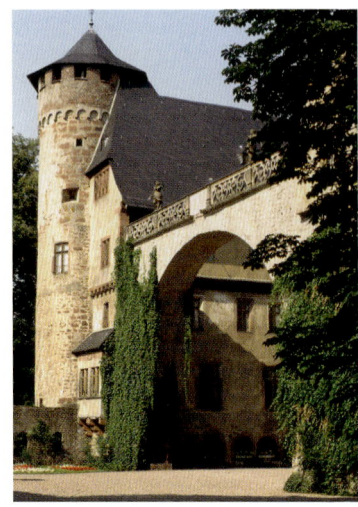

Der Renaissancebogen von Schloss Fürstenau

gene Schlossmühle. Prunkstück ist der 1588 anstelle der alten Westmauer errichtete Schmuckbogen mit einer Spannweite von 15,6 Metern, der den engen Innenhof der Kernburg zur Vorburg hin öffnete.

Der pfälzische Baudirektor Friedrich Gerhard Wahl fertigte die Entwürfe zu dem gegenüberliegenden, klassizistisch gestalteten Neuen Palais (1808-1814), dem Kapelle und Kanzlei weichen

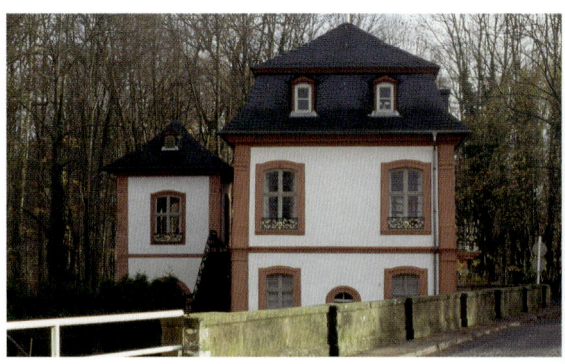

Gartenpavillon

mussten. Weitere Baumaßnahmen wie das Abbrechen des inneren Tores und das Auffüllen des Grabens trugen dazu bei, dass der bis dahin erhaltene Charakter der Wasserburg weitgehend verändert wurde.

Östlich, jenseits der Mümling erstreckt sich der im frühen 19. Jahrhundert in einen englischen Landschaftspark umgewandelte Lustgarten mit Orangerie (1834-1838) und dem an der Schloß-straßenbrücke gelegenen eleganten Gartenpavillon (1754-1756). ●

Michelstadt-Vielbrunn

Hainhaus — Steinsessel und herrschaftliches Jagdhaus

⊗ an der Landstraße 3349 Eulbach-Breuberg

◉ privat

❶ Steinsessel frei zugänglich

Um 1795 errichtete Fürst Constantin zu Löwenstein-Wertheim hier eine Jagdhofreite, die mit ihren einzelnen Gebäuden, Kapelle, Gesindehaus, ehemaliges Gasthaus, das auch zeitweise Forsthaus war, einen lockeren Weiler bildete. Links des heutigen Zugangs stehen auf einer Erdaufschüttung sechs wuchtige barocke Steinsessel, deren Herkunft und Funktion immer noch unbekannt sind. Die beiden ersten Sessel rechts und links sind schlichter gestaltet und tragen an der Rückenlehne innen die Inschrift „17 C (bzw. J) RFZLW 75". Dies führte zur Vermutung, dass es die ehemaligen, hierher versetzten Gerichtssessel des Zent- oder Haingerichts waren, das unter der Gerichtslinde auf dem Kirchenbuckel in Vielbrunn tagte.

Tatsächlich dürfte es sich aber um Sitzgelegenheiten für fürstliche Jagdgesellschaften handeln, die mit den Steintischen im Mossauertal vergleichbar sind.

Der Besucher, der die Sessel meist von Abbildungen her kennt, ist an Ort und Stelle erstaunt über die geringe Ausdehnung der Anlage, die von tiefhängenden Buchenzweigen überschattet wird.

Von einem in der Nähe befindlichen römischen Limes-Kastell sind nur noch Spuren im Gelände sichtbar. Bereits im 15. Jahrhundert waren dessen Ruinen den Menschen unheimlich, sie nannten den Ort Benzeburg, was Teufelsburg bedeutet. Der wohl spätere Name ist Heunen- oder Hainhaus, was Haus der Hünen bedeutet. Die Steine dieser „Burg" dienten wohl als Baumaterial für Gebäude in der Umgebung. ●

Die Steinsessel am Hainhaus stammen aus der zweiten Hälfte des 18. Jahrhunderts

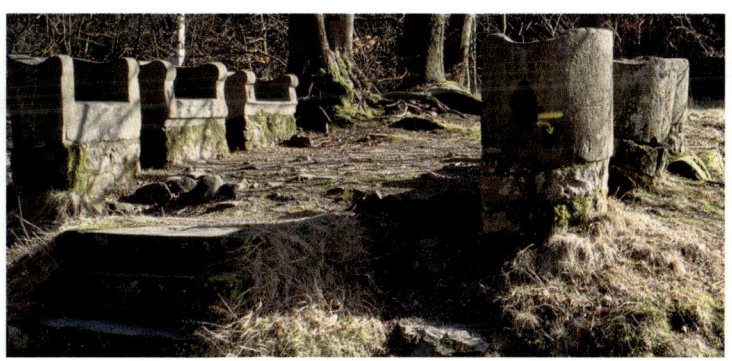

M

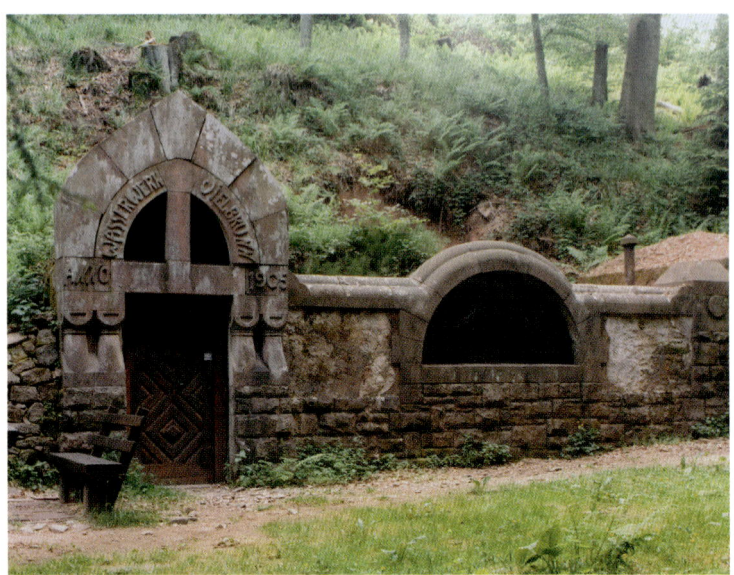

Michelstadt-Vielbrunn

Das alte Wasserwerk Vielbrunn

Ehemaliges Wasserwerk und Brunnenstube

❌ südöstlich des Bremhofes im „Geierstal"

☁ Verkehrsverein Vielbrunn e. V.

❶ Anmeldung, Tel.: 06066-1258

Seit Ende des 19. Jahrhunderts hielt auf dem Gebiet der Wasserversorgung der technische Fortschritt in Form einer zentralen Wasserleitung in fast jeder Odenwald-Gemeinde Einzug. Eine der künstlerisch und technisch wertvollsten Anlagen ist das stillgelegte Wasserwerk von Vielbrunn mit seiner Brunnenkammer. Es zeigt sehr eindrucksvoll, dass sich auch technische Zweckbauten moderner Stilrichtungen, hier des Jugendstils, selbst in abgelegenen Gegenden bedienten.

Das alte Wasserwerk liegt im obersten Teil des Ohrenbachtals zwischen Bremhof und Geyer-Mühle, nur wenige Schritte von einem Wanderweg entfernt.

Der spitzbogige Eingang mit halbrundem geteiltem Oberlicht an der fast 10 Meter breiten Fassade aus Buntsandstein zeigt in erhabenen Jugendstil-Lettern die Inschrift „Wasserwerk Vielbrunn" und darunter auf dem Türsturz „Anno 1905". An der rechten Seite ist die Anlage später durch einen Beton-Anbau erweitert worden. Im Innern sind der Boden ganz und die Wände teilweise mit Fliesen ausgelegt. Die technische Einrichtung ist noch vollständig erhalten.

In geringer Entfernung liegt die in gleichem Stil gestaltete Brunnenstube, deren breitgelagerte Fassade aus Buckelquadern an den Seiten von großen Voluten verziert ist. Oberhalb davon liegt das moderne Wasserwerk von 1967-1969. Bald nach der Eingemeindung nach Michelstadt 1971 wurde es stillgelegt, da die Versorgung dann durch eine Fernleitung erfolgte. ●

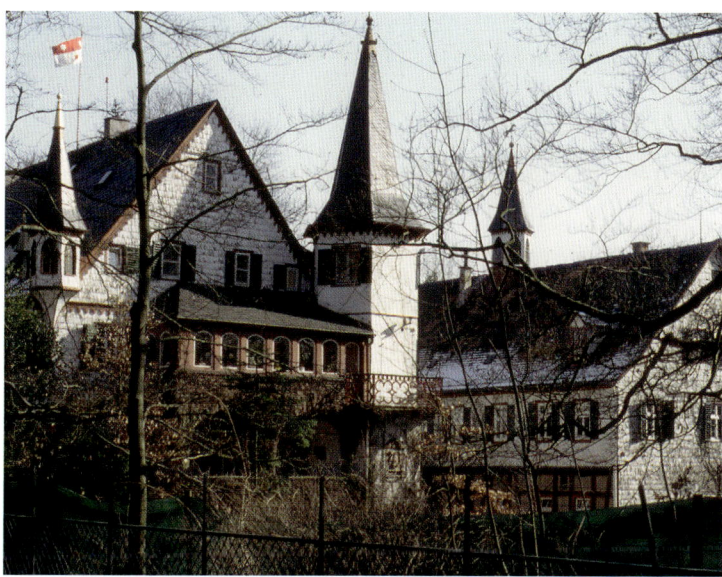

Michelstadt-Würzberg, Weiler Eulbach

Blick auf das Jagdschloss Eulbach

Jagdschloss Eulbach
und Englischer Garten

⊗ an der Bundestraße 47

◉ Gräfliche Rentkammer Erbach

❶ Jagdschloss nur von außen,
   Engl. Garten täglich von 9-18 Uhr

Nach dem Dreißigjährigen Krieg wurden die elf Hufen des ausgestorbenen Dorfes Eulbach zu einem gräflichen Hofgut zusammengelegt, das bis zur Mitte des 19. Jahrhunderts existierte. Im Jahre 1771 errichtete Graf Franz I. (1754-1823) auf der Eulbacher Höhe ein Jagdhaus. Daraus entstand durch An- und Ausbauten 1800 und 1846 das heutige kleine Schloss. Zunächst war es nur als Jagd- und Sommeraufenthalt gedacht, heute ist es jedoch Hauptwohnsitz der Grafen zu Erbach-Erbach.

In den Jahren 1795-1798 ließ Graf Franz I. eine Waldfläche von 3000 Hektar zu einem Wildpark einzäunen und bald nach Plänen des Hofgartendirektors Friedrich Ludwig von Skell auch einen Englischen Garten anlegen. Dieser bildet heute den Kern des nur noch 400 Hektar umfassenden Parks. Dem Geschmack der Zeit entsprechend bestückte ihn Graf Franz I. mit künstlichen Ruinen, Bauresten und Steindenkmälern, die er auch vom Odenwaldlimes hierher holte.

Neben dem Wildbestand gibt es weitere Sehenswürdigkeiten wie rekonstruierte Tore von Römerkastellen, einen Obelisken, römische Votivsteine, eine künstliche Burgruine, eine romantische Kapelle, alte Gemarkungs- und Gedenksteine sowie das vom Erbacher Bildhauer Otto Glenz 1912 geschaffene Denkmal des Grafen Eberhard XV. zu Erbach-Erbach (1818-1884). ●

M

Mörfelden-Walldorf
Bernd-Rosemeyer-Denkmal

❌ Bernd-Rosemeyer-Parkplatz West
an der A 5 (Richtung Süden)

ⓘ frei zugänglich

Am 19. Mai 1935 wurde das neue Auto-
bahnteilstück Frankfurt-Darmstadt, die
heutige Bundesautobahn A 5 eingeweiht.
Schon bald wurde der gerade Abschnitt
auf der Höhe von Walldorf für Rekordver-
suche mit Automobilen benutzt. Bernd
Rosemeyer (1909-1938) gilt neben
Rudolf Caracciola bis heute als der talen-
tierteste Rennfahrer seiner Zeit. Seit
1935 fuhr Rosemeyer für Audi Union und
stellte am 26. Oktober 1937 mit 406
Stundenkilometern den Hochgeschwin-
digkeitsrekord auf einer normalen Ver-
kehrsstraße auf. Nur wenige Wochen
später, am 28. Januar 1938 erreichte
Caracciola bereits 432 Stundenkilometer
auf der Autobahn Frankfurt-Darmstadt-
Heidelberg. Als Rosemeyer diesen neuen
Rekord noch am gleichen Tag brechen

Denkmal für Bernd Rosemeyer

wollte, wurde sein Fahrzeug von Seiten-
wind erfasst und verunglückte bei Tempo
440 Stundenkilometer. Rosemeyer war
sofort tot.

Heute erinnert das Bernd-Rose-
meyer Mahnmal auf dem Parkplatz kurz
hinter der Abfahrt Langen/Mörfelden an
den Rekordversuch. ●

Mörfelden-Walldorf
Museum

❌ Langgasse 45

ⓘ Di 10-12, Do und So 15-18 Uhr

ⓘ Tel: 06105-320141

1699 ließen sich Waldensische Flüchtlinge, vierzehn Familien mit insgesamt
56 Personen, nahe des Isenburgischen
Gundhofes bei Mörfelden nieder. Mit
einer weiteren, 1703 eingetroffenen
Familie gelten sie als die Gründer des
heutigen Ortes Walldorf. Das von Landgraf Ernst Ludwig zur Verfügung gestellte
Land wurde in gleich große Parzellen auf-
geteilt und bebaut. Entlang der heutigen
Langgasse entstanden bis 1715 die

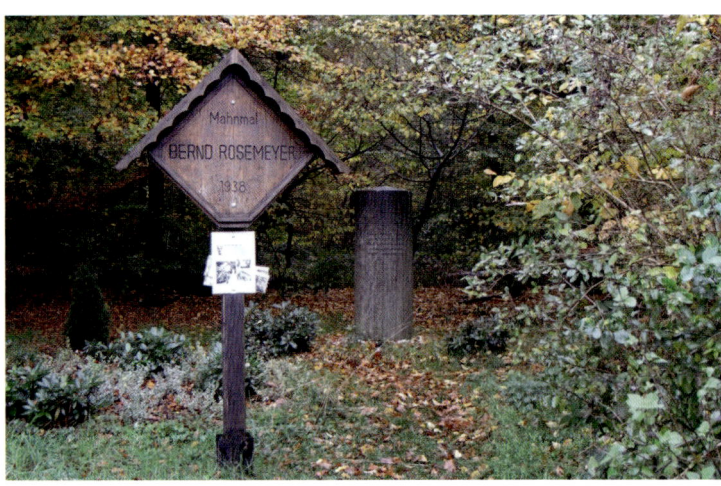

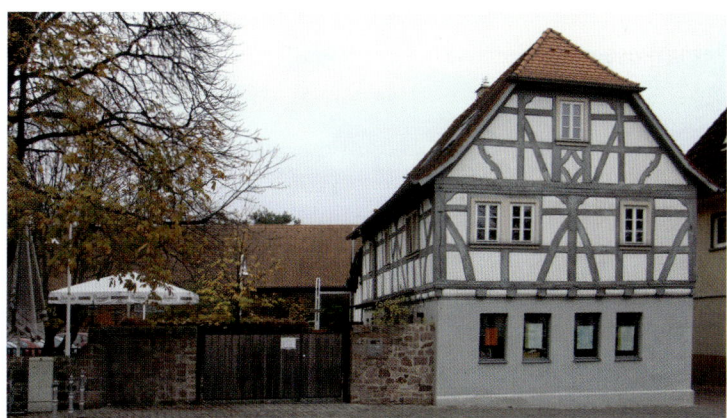

Das Haus Langgasse 45 mit Museum

ersten Hofreiten. Sie hatten alle den gleichen Grundriss: zur Straße stand das eingeschossige Wohnhaus giebelständig, auf dem Hof hinten quer gelagert eine Scheune, dazwischen ein kleines Wirtschaftsgebäude. Den hinteren Bereich der Hofreite nahm ein Hausgarten ein. Das Haus war traufseitig erschlossen, der Flur führte in eine kleine Küche, zur Straße lagen zwei Stuben. Das Dachgeschoss beherbergte zumeist den Kornboden sowie ein kleines Schlafzimmer.

1717, bis dahin waren weitere sieben Hofreiten bebaut, erhielt der bis dahin „In den Baracken" genannte Wohnbezirk die Bezeichnung Waldorf, was sich von Dorf im Wald ableitet. Erst später entwickelte sich daraus der heutige Name Walldorf.

Schon 1706 erhielt der Wohnplatz eine eigene Kirche, die im wesentlichen aus einem mit Ziegeldach gedeckten Fachwerk-Langschiff bestand. Turm und Glocke kamen erst später hinzu. Wegen Baufälligkeit musste sie aber schon zu Beginn des 19. Jahrhunderts wieder abgebrochen werden. 1803/04 errichtete man an ihrer Stelle eine neue, massive Kirche nach Plänen des Landes-Kirchenbaumeisters Friedrich Schuhknecht.

Das Haus Langgasse 45 wurde 1710 durch Jean Jaques Chatelain erbaut. Es beherbergt nach seiner Rekonstruktion im hinteren Bereich das Waldensermuseum der Stadt. Sammlungsschwerpunkt ist die Geschichte der waldensischen Flüchtlinge und die Entwicklung des Ortes, aber auch der Zustrom von Flüchtlingen nach dem Zweiten Weltkrieg wird thematisiert.

Mit den beiden benachbarten Gebäuden Langgasse 43 (erbaut 1751) und 47 bildet das Museum ein ansehnliches Fachwerkensemble. ●

Mörfelden-Walldorf
Richard-Neutra-Siedlung

❌ Richard-Neutra-Straße, Fasanen-, Drossel-, Meisen-, Finken-, Amselweg

🛈 die Siedlung ist frei zugänglich

ℹ Richard J. Neutra-Gesellschaft
Tel.: 069-612620

Anfang der 1960er Jahre konzipierte der international renommierte austro-amerikanische Architekt Richard J. Neutra (1892-1970) für die in Hamburg ansässige Wohnungsbaugesellschaft BEWOBAU

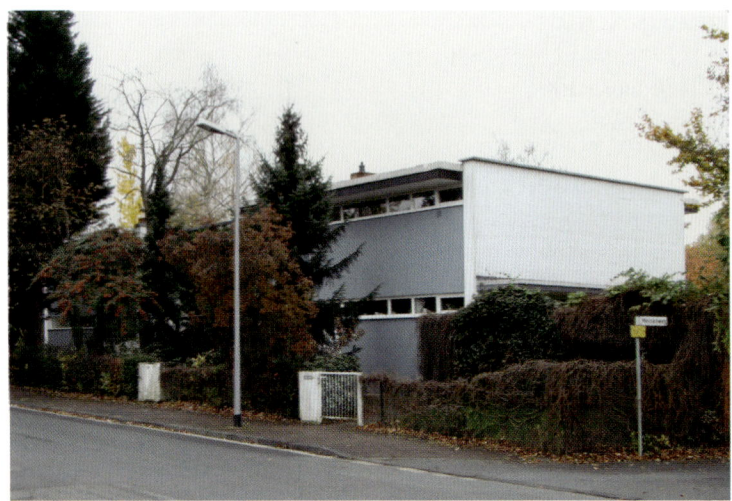

Blick auf die Neutra-Siedlung

eine Siedlung aus ein- bis zweigeschossigen Einfamilienhäusern in Bungalowbauweise.

Die Siedlung wird von der heutigen Richard-Neutra-Straße erschlossen, von der aus Stichstraßen zu den Häusern führen. Jedes dieser Häuser ist von einem kleinen Garten umgeben, der zu den Nachbarn eher vermittelt, als abgrenzt. Neutra plante die Anlage in Kalifornien und wollte den Menschen im schnell wachsenden Rhein-Main-Gebiet einen „Wohnankerplatz" geben, der das umgebende Gelände nicht nivellierte und den vorhandenen Baumbestand möglichst integrierte.

Insgesamt wurden neun verschiedene Haustypen mit einer Wohnfläche zwischen 97 und 160 Quadratmetern realisiert. Es überwiegen Doppelhäuser, bei denen eine hohe Ziegelmauer den Sichtschutz zum Nachbarn gewährleistet. Nur neun Häuser stehen einzeln auf ihren Parzellen.

Im Inneren entsprechen die Räume konsequent der Bauphilosophie Neutras: filigran-schwerelos, durch mächtige Glasfronten zur Natur geöffnet, offen, großzügig und kommunikativ gestaltet, hoher Komfort und − gemessen an der Zeit − hochmoderne Technik. Der Grundriss ist mehreckig und asymmetrisch.

Der Garten dient als Bindeglied zwischen den Häusern und der Natur, aber auch als grüne Enklave innerhalb bebauter Umgebung. Standortgerechte Bepflanzung, oft unterbrochen durch kleine Wasserbecken und die Verwendung von bereits vorhandenen Steinen vermitteln ein lebhaftes Bild von Natur.

Von Anfang an sah sich Neutra mit Eigenheiten deutscher Bauherren konfrontiert: auf einen Keller wollte man ebenso wenig verzichten, wie auf einen Windfang oder eine Garage, statt derer zunächst ein schlichter Carport geplant war.

Die BEWOBAU plante und realisierte zeitgleich zwei Neutra-Siedlungen: eine in Quickborn bei Hamburg und die zweite in Mörfelden-Walldorf. Von den ursprünglich projektierten Häusern wurden in Mörfelden-Walldorf nur 42 ausgeführt. ●

Mörfelden-Walldorf – Mörfelden
Jagdschloss Mönchbruch mit Mühle und Park

- ❌ ca. 2 Kilometer westlich von Mörfelden an der Regionalparkroute
- ℹ das Schloss ist derzeit wegen Umbaumaßnahmen nicht zu besichtigen
- ℹ Hotel Mönchbruch-Mühle
  Tel.: 06105-92430
  www.moenchbruch-muehle.com

Erste urkundliche Hinweise auf die Wälder im Mönchbruch, die 1608 an Hessen gelangten, stammen aus dem 12. Jahrhundert. Schon im 17. Jahrhundert erkor Landgraf Ludwig V. diesen Wald zu seinem Revier und ließ mehrere Jagdhütten anlegen. Landgraf Ernst Ludwig übernahm diese Jagdbegeisterung und ließ sich von Helfrich Müller den Entwurf für ein Jagdschloss vorlegen, der zwischen 1730 und 1732 realisiert wurde. Es bestand aus sechs Einzelgebäuden: dem Kavaliersbau sowie den Herren-, Komödien-, Silber-, Jäger- und Küchenbauten. Zudem fügten sich große Pferdeställe und mehrere Hundezwinger an.

Nach anfänglich sehr ausgiebigen Jagden rückte schon in der Mitte des 18. Jahrhunderts das 1721 bis 1724 bei Langen errichtete Jagdschloss Wolfsgarten mehr und mehr in den Blick des Landgrafen. Schloss Mönchbruch wurde nachrangig behandelt und 1769 fand die letzte bekannte große Jagd statt. Teile der Innenausstattung kamen in andere Schlösser und in den 1830er Jahren wurden sogar drei der Herrenhäuser auf Abbruch versteigert. Zwei davon sollen nach Groß-Gerau, das dritte nach Bischofsheim gebracht worden sein.

1855 fanden unter Großherzog Ludwig III erste Wiederherstellungsarbeiten statt. Seit dieser Zeit diente eines der verbliebenen Häuser als Forstamt. 1932 zog der Arbeitsdienst ein, 1937 der Reichsarbeitsdienst. Nach dem Zweiten Weltkrieg dienten die Gebäude als Altersheim, später wurden hier Asylbewerber untergebracht und Räume billig an Bauarbeiter vermietet.

Nachdem viele Gebäude in desolaten Zustand gerieten, finden seit einiger Zeit durchgreifende Sanierungsmaßnahmen statt.

Auf der gegenüberliegenden Straßenseite liegt die heute als Hotel und Restaurant genutzte Mönchbruch-Mühle. Sie wurde 1608 errichtet, vermutlich gab es aber einen Vorgängerbau. Als Erbleihmühle gehörte sie zwar der Landesherrschaft, war aber über lange Zeit an ein und den gleichen Müller verpachtet. Bis Ende des 19. Jahrhunderts

Das Schloss Mönchbruch von Südwesten

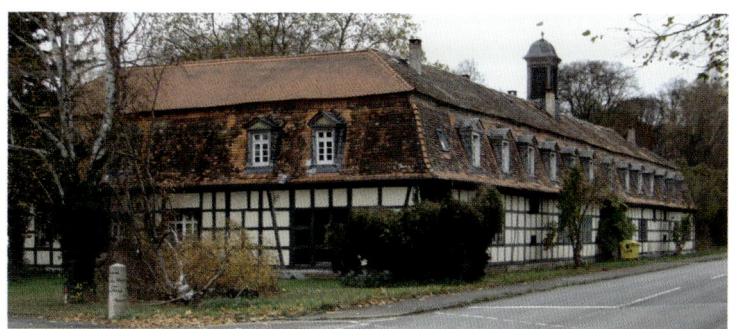

M

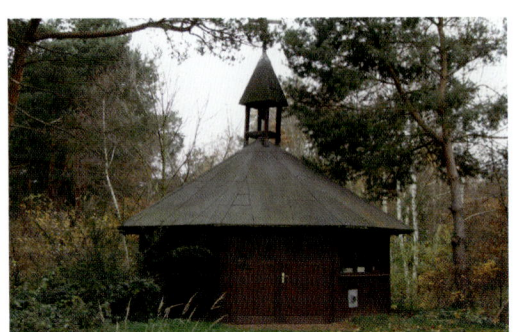

Die Hüttenkirche an ihrem jetzigen Standort

war der Mahlbetrieb unrentabel geworden und wurde 1914 endgültig aufgegeben, die schon früher eingerichtete Gaststätte jedoch weiter betrieben.

Wenig westlich der Mühle liegt ein etwa 600 Morgen großer Teich, der im 17. Jahrhundert unter Landgraf Ludwig V. angelegt wurde.

Der Schloss und Mühle umgebende Wald wurde mit 937 Hektar Fläche 1981 als Naturschutzgebiet ausgewiesen. ●

Mörfelden-Walldorf – Walldorf
Hüttenkirche

❌ Vitrolles-Ring (Verbindungsstraße
zwischen Walldorf und Mörfelden)
Höhe Wageninger Straße
nördlich Umspann-/Wasserwerk

ℹ️ frei zugänglich

❶ Förderkreis Hüttenkirche,
c/o Käthe Raiss, Kelsterbacher Str. 90,
64546 Mörfelden-Walldorf,
Tel.: 06105/42730

Die späten 1970er, frühen 1980er Jahre waren die Zeit heftiger Proteste gegen die Erweiterung des Frankfurter Flughafens durch die „Startbahn West" und der damit verbundenen Umweltzerstörungen. Teil dieser Proteste war der Bau einer Hütte im Flörsheimer Wald im Mai 1980. Weitere folgten, bis Ende des Jahres ein

kleines Dorf aus 50 Hütten entstanden war. Seit November 1980, rund 15000 Menschen hatten an einer Demonstration teilgenommen, fanden regelmäßig Gottesdienste im Hüttendorf statt. Zum dritten Advent des gleichen Jahres konnte dann die Waldkapelle in Betrieb genommen werden, die Predigt hielt der damalige Probst für Nord-Starkenburg. Später fanden hier auch Gottesdienste, Trauungen und Taufen statt. Die Kapelle ist ein hölzernes Achteck mit Zeltdach mit Dachreiter sowie einer Glocke und einem Kreuz.

Nach der Räumung des Dorfes am 2. November 1981 wurden die Hütten abgerissen. Nur die Kirche konnte zunächst gerettet werden, wurde wenig später aber ebenfalls abgebaut und auf den Bauhof in Mörfelden verbracht. Im Rahmen der Kirchentage 1983 in Hannover und 1985 in Düsseldorf wurde die Kirche als Symbol des gewaltfreien Widerstandes aufgebaut und diente als Ort für Lesungen und Segnungen.

Nach der Gründung des Förderkreis Hüttenkirche e.V. suchten die Verantwortlichen einen Platz, auf dem die Kirche wieder dauerhaft stehen konnte. Erst Ende 1986 fand sie ihren jetzigen Standort auf einem ehemaligen Spargelfeld. Dort finden an jedem dritten Sonntag im Monat Gottesdienste statt, während der Wintermonate um 15 Uhr, in den Sommermonaten um 17 Uhr. ●

Mörlenbach

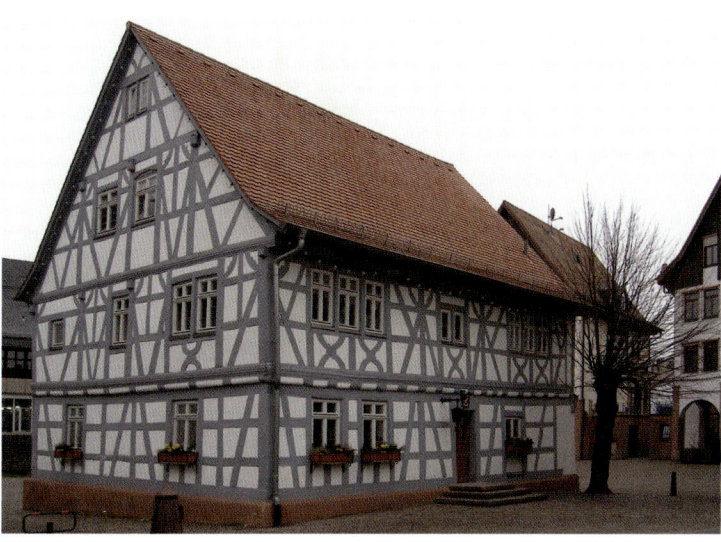

Mörlenbach

Rathaus

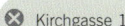

Das Alte Rathaus, früher mit Schulraum und heute mit Trauzimmer

❌ Kirchgasse 13

�︎ Gemeinde Mörlenbach

❓ von außen jederzeit zu besichtigen

ℹ Tel.: 06209-8080
www.moerlenbach.de

Das auf dem Platz bei der Kirche frei stehende zweigeschossige Fachwerkrathaus in Mörlenbach kann wahrscheinlich auf ein Haus zurück geführt werden, das 1595 einem Schmied zur Abhaltung des Schulunterrichtes überlassen wurde. Es brannte wohl im Dreißigjährigen Krieg ab, wurde in der zweiten Hälfte des 17. Jahrhunderts wieder aufgebaut und zunächst ausschließlich als Schulhaus genutzt. 1908 wurde eine neue Schule errichtet und dieses Haus von verschiedenen Lehrern bewohnt, beziehungsweise bis 1913 vermietet.

Als auch die neue Schule nicht genügend Platz für die Kinder bot, richtete die Gemeinde hier abermals zwei Klassen ein. 1935 erfolgte der Umbau zum Rathaus. Nach 1978, also nach dem Bau des neuen Rathauses, wurde es abermals erneuert und wird seither als Trauzimmer genutzt.

Das Gebäude ist traufständig angelegt und trägt ein Satteldach. Im Erdgeschoss ist das Fachwerk mit geschosshohen, schrägen Streben recht einfach gehalten. Seine Nordseite ist massiv erneuert. Dagegen ist es auf der Südseite des Obergeschosses mit Mannfiguren und Andreaskreuzen in den Fensterbrüstungen wesentlich schmuckvoller gestaltet. Die Felder beider traufseitigen Fachwerkobergeschosse sind mit Kratzputz verziert, worauf zahlreiche neuzeitliche Handwerkssymbole in Wappenform aufgemalt sind.

Ein früher an die hintere Traufwand angebautes Gemeindebackhaus existiert heute nicht mehr. ●

M

Mossautal
Marbach-Stausee

> ⊗ an der Siegfriedstraße (B 460)
>
> ⬣ Wasserverband Mümling
>
> ❶ frei zugänglich

Zur Regulierung der Mümling und ihrer Nebenbäche errichtete der Wasserverband Mümling zwischen 1978 und 1982 für rund 31 Millionen D-Mark am Unterlauf des Marbaches ein Hochwasser-Rückhaltebecken, das an den Gemarkungen dreier Kommunen Anteil hat. Es erfasst mit rund 56 Quadratkilometern 15% des Einzugsgebiets der Mümling.

Der Erdstaudamm hat eine Höhe von 18 Metern, eine Breite am Fuß von 80 Metern, eine obere Breite von neun Metern und eine Kronenlänge von

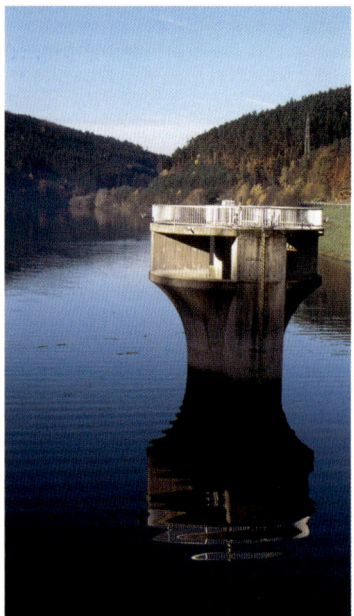

Der Überlaufturm im Marbachstausee

150 Metern. Die Abdichtung des Dammes besteht aus einer Asphaltbetonschicht, die sich auf der Stauseite befindet. Die Wasserabgabe erfolgt über ein im Talgrund verlegtes Rohrleitungssystem, das sowohl automatisch als auch von Hand gesteuert werden kann. Als Sicherheitseinrichtung dient ein Überlaufturm mit maximal 50 Kubikmetern je Sekunde. Die Dauerstaufläche beträgt 22 Hektar, in gefülltem Zustand wird eine Fläche von 49 Hektar erreicht. Am Eingang des Stausees verhindert ein Kies- und Geröllfang den Eintritt von größeren Sand- und Gesteinsmassen.

Seit 1993 erzeugt eine Turbinenanlage mit Generator rund 360000 Kilowatt Strom im Jahr, die vom Wasserverband und der HEAG gemeinsam vermarktet werden. Die Nutzung des Stausees erfolgt in drei Bereichen. Das erste Drittel mit einer kleinen Insel dient dem Pflanzen- und Vogelschutz, das zweite Drittel ist Badebereich, dem sich südlich eine Liegewiese anschließt, das letzte Drittel steht dem Surf- und Segelsport offen. Um den See führt ein drei Kilometer langer Wanderweg. Für dieses beliebte Naherholungsgebiet stehen vier Parkplätze zur Verfügung.　　　●

Mossautal-Güttersbach
Evangelische Pfarrkirche mit Gerichtsstätte

> ⊗ Hüttenthaler Straße 43
>
> ⬣ Ev. Kirchengemeinde Güttersbach
>
> ❶ Pfarrhaus, Tel.: 06062-3972

Die Pfarrirche, die zu den Quellkirchen zählt, wurde 1290 erstmals urkundlich erwähnt. Der im Kern noch frühgotische Kirchensaal erhielt im Barock eine kassettierte Flachdecke. Der eingezogene Rechteckchor ist auf 1480 datiert. Unter der Ausstattung hervorzuheben sind die

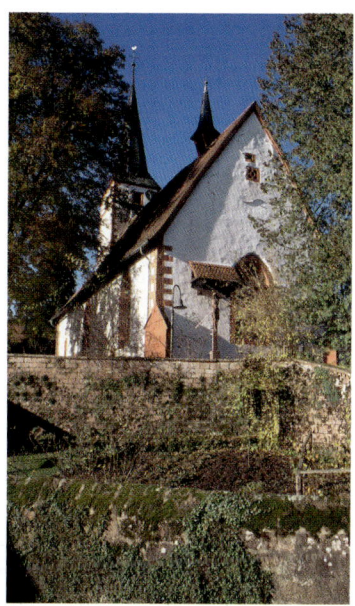 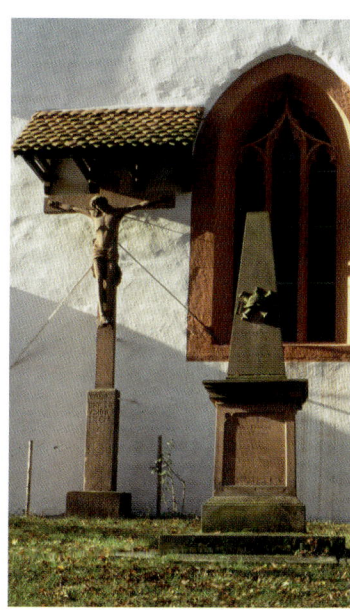

Die Kirche von Osten (links), Sandsteinkruzifix und Denkmal vor der östlichen Außenwand (rechts)

Kanzel aus dem frühen 18. Jahrhundert, das Glasfenster der Sakristei, das aus teilweise qualitätvollen Glasbruchstücken des 14. bis 18. Jahrhunderts zusammengesetzt ist. Der damalige Pfarrer Johann Philipp Jakob Kern erließ 1717 einen Spendenaufruf, um eine Orgel anzuschaffen. Daraufhin konnte schließlich 1740 ein neues, barockes Instrument für 275 Gulden von Johann Friedrich Ernst Müller in Heidelberg gekauft werden. Der Taufstein, ein um 1300 entstandenes Kleinod, befindet sich im Hessischen Landesmuseum Darmstadt. Außerhalb der Kirche steht am Chorhaupt ein hohes spätgotisches Sandsteinkruzifix von 1503, gestiftet von Mathias Gotz aus Olfen.

Die um die Kirchhofslinde herumgeführte Steinbank und der hinter dem Chor befindliche steinerne „Zenttisch" stellen vermutlich Relikte der ehemaligen Haingerichtsstätte des Dorfes dar. Im Norden und Westen ist die alte Bruchsteinmauer des Kirchhofs mit „Bischofsmützen"-Abdeckung erhalten. Auf dem ehemaligen Friedhof stehen noch zwei Grabsteine der Familie Treusch. ●

Mossautal-Hiltersklingen
Wedekind-Denkmal

✖ an der Siegfriedstraße (B 460)

▲ Gemeinde Mossautal

❶ frei zugänglich

Freiherr Wilhelm von Wedekind ließ diesen Obelisken mit Postament, Eisengitter-Umzäunung und zwei steinernen Ruhebänken 1856 zur Erinnerung an seinen Vater, den Geheimen Oberforstrat Georg Wilhelm von Wedekind errichten. Der Inschrift zufolge ist dies auch das

191

M

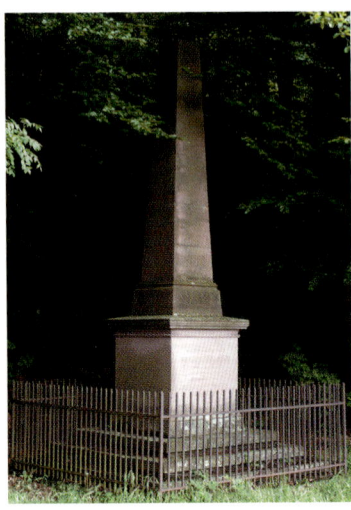

Wedekind-Denkmal

Sterbejahr des Vaters, der auf dem Alten Friedhof in Darmstadt bestattet wurde.

Georg Wilhelm von Wedekind studierte Forstwissenschaft in Göttingen. 1816 wurde er Forstmeister und bereits 1821 Geheimer Oberforstrat. Er erwarb 1848 den „Hiltersklinger Hof" von Schultheiß Georg Ludwig Heß und besaß ihn bis zu dem Wegzug der Familie nach Darmstadt 1882. Das Wohngebäude diente später als Schule und wird heute als Kindergarten genutzt. ●

Mossautal-Hüttenthal
Lindelbrunnen

⊗ an der Siegfriedstraße (B 460)

⌂ Gemeinde Mossautal

ℹ frei zugänglich

Bereits im Jahre 795 wurde der „Lintbrunnen" im Lorscher Kodex als Grenzpunkt unter anderem mit dem „Hildegeresbrunnen" gemeinsam genannt. Dies soll der Ort sein, an dem Hagen den Helden des Nibelungenliedes, Siegfried, ermordete. Bereits 1858 trat der Erbacher Oberpfarrer und bedeutende Historiker Gustav Simon für diese Deutung ein. Andere Orte, darunter Gras-Ellenbach mit dem Siegfriedsbrunnen oder Heppenheim mit dem Linden- oder Siegfriedsbrunnen, behaupten jedoch von ihren Anlagen das gleiche.

Die Hüttenthaler Anlage wurde 1953 neu gestaltet und ein Jahr später vom Odenwaldklub unter Mitwirkung der Kinder von vier umliegenden Volksschulen eingeweiht. ●

Der 1953 neu gestaltete Lindelbrunnen

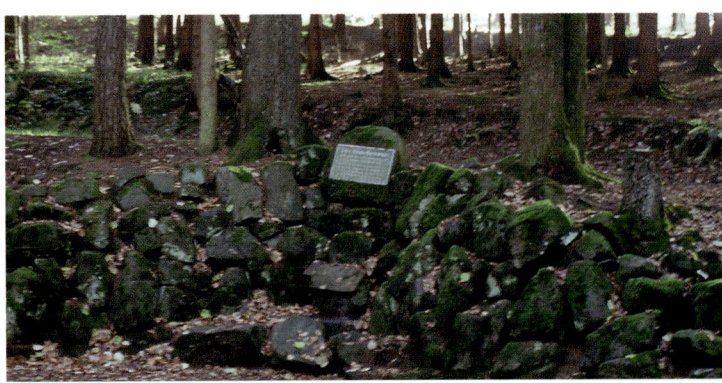

Mühlheim am Main

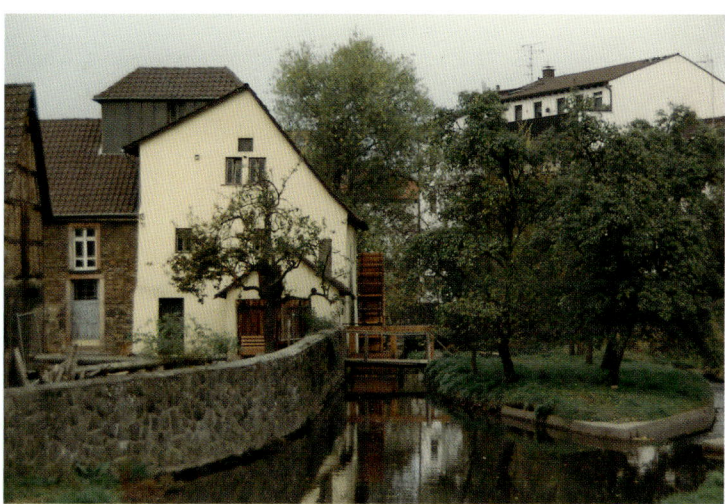

Mühlheim am Main · *Blick über den Mühlgraben auf die Brückenmühle*

Mühlheimer Mühlenwanderweg

❌ Ausgangspunkt ist der Bahnhof Mühlheim, die Brückenmühle liegt in der Brückenstraße 4

🕐 jederzeit, die Brückenmühle nur von außen, ausgenommen Aktionstage.

Die Entstehung des Namens Mühlheim (Main) kann, wie die meisten auf „heim" endenden Orte, der fränkischen Zeit zugeordnet werden. Die Lage der Siedlung an Rodau, Bieber und Main war günstig, um hier Mühlen zur gewerblichen Nutzung der Wasserkraft zu betreiben.

Vermutlich klapperte längst vor der urkundlichen Ersterwähnung des Ortes im Jahre 815 eine Mühle im Bereich des alten Stadtkerns. Bis zu neun Mühlen bestanden zeitweise in der Gemarkung Mühlheims. Älteste Spuren dieser technischen Einrichtungen reichen vereinzelt bis ins späte Mittelalter zurück. Die Lindenmühle (1352), die Dorfmühle (1490), die Kretzermühle (1497) und die Brük-

kenmühle (1576) sind bis heute als Gebäude am Unterlauf der Rodau noch erhalten.

Die genannten Mühlen waren nie alle gleichzeitig tätig. Alle Müller aber waren abhängig von anfangs kirchlichen, später von weltlichen Grundherren. Diese vergaben die Konzessionen in unterschiedlichen Rechtsformen: zunächst wurden sie zeitlich verpachtet, später in Erbpacht vergeben. Mit dem beginnenden Industriezeitalter setzte erstmals ein großes Mühlensterben ein.

Die Geschichte der Mühlen ist ein bedeutender Teil auch der Geschichte der Stadt Mühlheims. Vor allem spiegeln sie wirtschaftliche und soziale Strukturen der Vergangenheit wider.

Um diese Geschichte transparent zu machen, richtete die Stadt einen historischen Mühlenwanderweg entlang der Rodau und der Bieber an. Er führt zu elf ehemaligen Mühlenstandorten, an denen steinerne Informationstafeln einen kurzen Abriss zur jeweiligen Mühlengeschichte geben.

M

Ausgangspunkt des Weges ist der Bahnhof Mühlheim. Von hier weisen Wegweiser zunächst nach links und hinter der Bahnunterführung in den lichten Wiesengrund der Rodau. Erstes Ziel ist der Gedenkstein der nicht mehr bestehenden Hildebrandsmühle. Der nächste Standort ist der der ehemaligen Käsmühle, die heute zeitweise bewirtschaftet wird. Kurz vor der Dietesheimer Straße steht die Brückenmühle. Sie ist in funktionsfähigem Zustand erhalten und hat die Mahleinrichtung den technischen Neuerungen angepasst. Die Reste der weiteren Mühlen sind in Wohnhäusern entlang des Weges erhalten. ●

Mühlheim-Dietesheim

Wendelinuskapelle und Grabdenkmäler

❌ Wendelinuskapelle Bettinastraße, Grabdenkmäler an der Südwand des Friedhofs an der Hegelstraße

ℹ️ von außen jederzeit

Das alte Dorf Dietesheim ist in seiner Anlage entlang des Mainufers mit Mühlheim vergleichbar. Auch hier wird die Begrenzung durch den Main und die zum Schutz gegen Hochwasser errichtete Mauer gebildet. Diese relativ spät erfolgte Befestigung mit einer niedrigen Ringmauer aus dem frühen 17. Jahrhundert hat sich in Resten erhalten. Die Siedlung ist in ihrer Längsausdehnung nicht verändert, nur im Süden besteht eine Verbindung zu den Bebauungsflächen des 19. und 20. Jahrhunderts. Die typischen Straßenbilder der Unter- und Obermainstraße zeigen einige giebelständige Fachwerkhäuser des 18. Jahrhunderts.

Die Wendelinuskapelle und das Friedhofskreuz

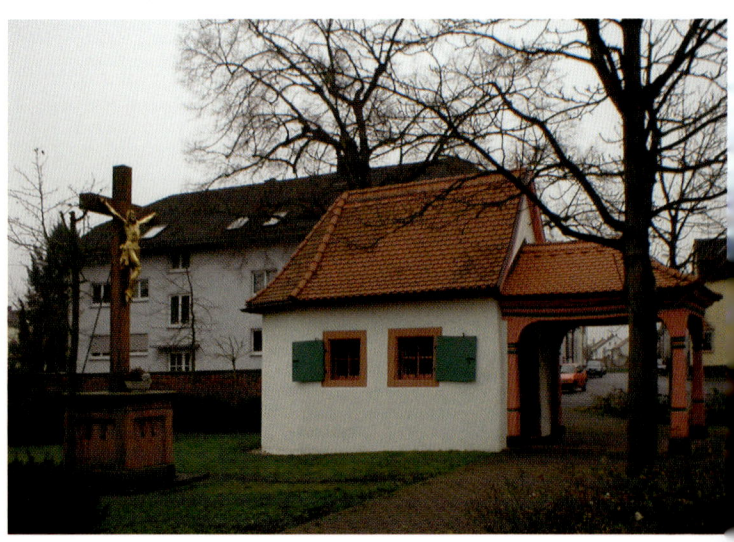

M

Die Ringmauer wurde 1611 unter Schultheiß Neeb zum Schutz vor räuberischen Eindringlingen errichtet, im 18. Jahrhundert im Zuge der Ortserweiterung jedoch größtenteils wieder abgebrochen. Im westlichen Teil ist ein Stein mit der Jahreszahl 1738 vermauert. Reste dieser Mauer haben sich beispielsweise am Schultheiß-Neeb-Pfad und am Bornweg erhalten. Sie ist die einzige, relativ späte Ortsbefestigung im Kreis Offenbach.

Ein Schmuckstück stellt die Wendelinuskapelle dar, eine ehemalige Friedhofskapelle. Sie ist ein kleiner, barocker verputzter Steinbau, Fenstergewände und Portal sind aus Sandstein gearbeitet. Charakteristisch ist die offene Vorhalle mit Walmdach und profiliertem Traufgesims auf geschnitzten Holzstützen. Es stellt die einzige im Kreis noch erhaltene Kapelle dieses Bautyps dar. Ähnliche Bauten waren früher in Seligenstadt und Froschhausen anzutreffen. Ein ursprünglich hier aufbewahrter spätgotischer Schnitzaltar befindet sich heute in der Katholischen Pfarrkirche Sankt Sebastian. Im Mittelteil ist eine plastische Darstellung der Anna Selbdritt zu sehen und die Flügel sind mit Darstellungen der Apostel Petrus und Paulus bemalt. Laut Inschrift auf der Rückseite eines Flügels stammt die letzte Renovierung der Gruppe aus den 20er Jahren des 19. Jahrhunderts.

Auf dem Friedhof haben sich mehrere Grabsteine aus dem 19. Jahrhundert erhalten. Bemerkenswert ist ein mehrteiliger Familiengrabstein in gotisierenden Formen aus Sandstein mit eingelegten Schriftplatten. Die älteste Inschrift stammt aus dem Jahre 1896.

Ganz im Gegensatz zu dieser Steingruppe steht eine am südlichen Friedhofsrand aufgestellte Kreuzigungsgruppe mit Sockel und Kreuz aus Sandstein, wobei die Figuren allerdings aus Kunststein gefertigt sind und einen materialgerechten Anstrich ausweisen.   ●

Ein mehrteiliger Familiengrabstein auf dem Friedhof

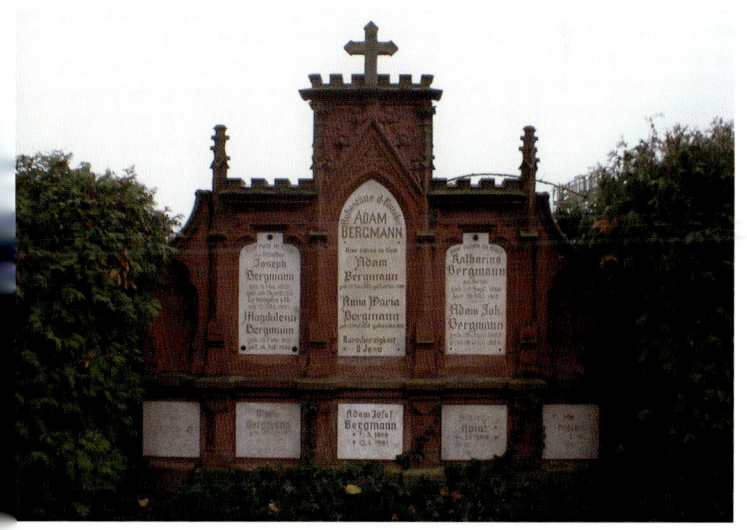

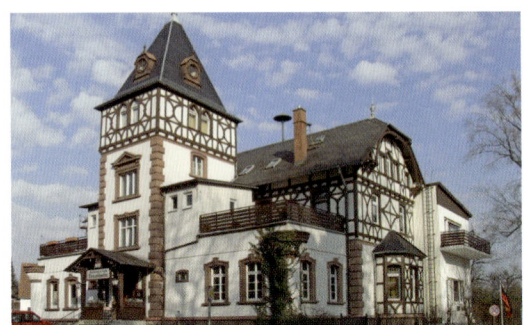

Die Villa Trautheim liegt an exponierter Stelle der Siedlung

Mühltal-Trautheim
Villenkolonie

- ❌ 64367 Mühltal - Trautheim
- 🔼 Gemeinde Mühltal
- ❗ von außen jederzeit frei zu besichtigen
- ❶ Gemeindeverwaltung, 64367 Mühltal, Ober-Ramstädter-Str. 2, Tel.: 06151-14170

Gegen Ende des 19. Jahrhunderts entstand in unberührter Landschaft aus einem Naherholungsgebiet die Kolonie Trautheim. Sie entwickelte sich parallel zu den anderen Gartenstädten Darmstadts (Paulusviertel, Villenkolonie Eberstadt, Komponistenviertel), war jedoch ähnlich der Mathildenhöhe eine Kolonie, der Architekten, Künstler und Anhänger der Reformbewegung eine eigene Prägung gaben.

Bis 1871 war die Emelinenhütte, Vorgänger des heutigen Forsthauses, das einzige Gebäude in der Umgebung gewesen. Seit der Romantik wurde sie, als Zwischenstation für ausgedehnte Spaziergänge über den Papiermüllerweg ins Modautal oder zum Lindenberg-Tempel, zum beliebten Ausflugsziel der Darmstädter Bevölkerung. Die schön gelegenen Felder und Wiesen am Waldrand boten sich geradezu als Sitz von Wochenend- und Sommerhäusern an. Und so baute sich als erster ein Darm-

städter Bankier in direkter Nachbarschaft zum Forstwarthaus 1871 ein Landhaus.

Mit dem Bau der Odenwald-Eisenbahnlinie 1870 hatte die klimatisch begünstigte Gegend zusätzlich an Attraktivität gewonnen. Die Sommerhäuser wurden zu Wohnhäusern umgenutzt, eine Vielzahl von Kur und Erholungsheimen, Cafés und Gaststätten entstand. Das „vegetarische Speisehaus mit Gästezimmern der Erholung", das Rudolf Vollrath 1896 errichtete, gab der Siedlung ihren Namen. Einer seiner Söhne hieß Ehregott Trautheim, nach ihm benannte er die Gaststätte.

1911 ließ sich Christian Heinrich Kleukens, ein Mitglied der Darmstädter Künstlerkolonie, in Trautheim nieder, ihm folgten viele andere Künstler und Architekten sowie Persönlichkeiten, die der Jugend- und Reformbewegung nahe standen. Einer von ihnen war Johannes Aff, der maßgeblich an der Gründung der Baugenossenschaft „Wildnis" 1919 beteiligt war und als der Vater Trautheims gilt. Die Baugenossenschaft wollte die Künstlerkolonie auch unter sozialen Gesichtspunkten weiterentwickelt wissen. Den Bau von gesundem und zweckmäßig eingerichtetem Wohnraum für minderbemittelte Familien, vorzugsweise Kriegsteilnehmer oder deren Angehörige, wollten sie zu billigen Preisen fördern.

Vor dem Zweiten Weltkrieg waren einundzwanzig Häuser entstanden, weit verstreut zu beiden Seiten der Odenwaldstraße, die erst zwischen 1896 und 1899 zur Chaussee ausgebaut worden war. Bis 1940 hatte die Siedlung im wesentlichen die heutige Ausdehnung erreicht, begrenzt von der Waldstraße und Bahnlinie im Norden und der Straße Am Klingenteich im Süden, eingefasst von Wald und Wiesen im Westen und Osten. In der Nachkriegszeit wurde die Bebauung verdichtet, eine Entwicklung, die in jüngster Zeit verstärkt wieder eingesetzt hat, und den ursprünglichen weitläufigen Charakter der Kolonie Trautheim zu zerstören droht.

Beginnend am „Haus Elim" lässt sich bei einem Rundgang durch Trautheim wie in einem Bilderbuch der Architektur blättern. Die ganze Spannbreite der historisierenden Formen des Heimatstils, die Prägung durch den Darmstädter Jugendstil, die unter funktionalen und experimentellen Gesichtspunkten entstandene Versachlichung, lassen sich am erhaltenen Baubestand ablesen.

„Haus Elim" (Alte Darmstädter Str. 9), 1889 als Erholungsheim gebaut, und die Gaststätte „Villa Trautheim" (Am Trautheim 1) von 1896 sind als die ersten Bauten noch stark von der Gründerzeit geprägt. Weiter östlich zeugt das Jugendstil-Wohnhaus des Architekten Max Hill, Haus Eisenhut (In der Röde 20) aus dem Jahre 1912, von dem Einfluss seines Lehrers Joseph Maria Olbrich. Am Ende dieser Straße liegt zurückgesetzt das Dachhaus (Odenwaldstr. 65), ebenfalls von Hill 1922 gebaut, das als Vorläufer der Fertigbauweise angesehen werden kann und nach nur drei Monaten Bauzeit bezugsfähig war.

Auf dem Weg nach Süden durch die Alte Darmstädter Straße und die Alte Dieburger Straße gelangt man zu den beiden Häusern, die Prof. Franz Schuster aus Wien baute. „Die Arche" (Am Klingenteich 15) von 1933 ist wie das Dachhaus, ein Versuch die Holzbauweise durchzusetzen, um niedrigere Baukosten zu erreichen. Gegenüber liegt ein Holzhaus (Am Klingenteich 20), das Schuster als Musterhaus für Arbeitersiedlungen entworfen hat.

Auf dem Rückweg über den Papiermüllerweg durch den Wald, kann man die Ruhe und Beschaulichkeit genießen, die die Begründer der Kolonie so geschätzt haben. ●

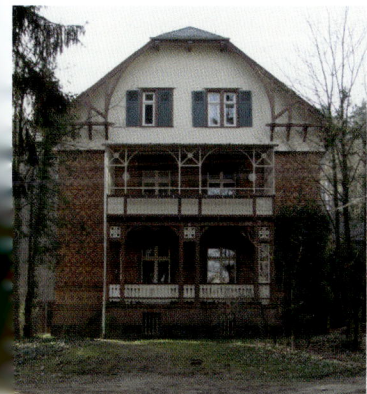 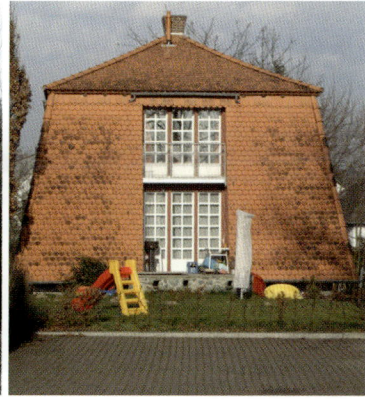

Links: Haus Elim, eines der herausragenden Gebäude in der Villenkolonie, rechts: das „Dachhaus" in der Odenwaldstraße

Nauheim

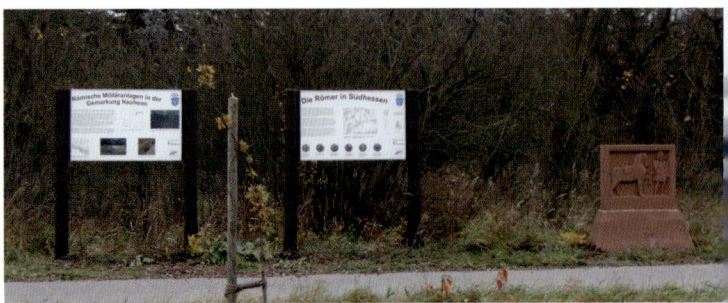

Nauheim
Römische Militäranlage

- ✖ an der L 3040 zwischen Nauheim und Trebur
- ⚬ frei zugänglich
- ℹ Schautafeln vor Ort

Bis etwa zur Zeitenwende stellte der Rhein die Grenze des römischen Reiches dar. Erst in diesem Zeitraum überschritten römische Truppenverbände den Rhein und drangen in Gebiete bis zur Weser und Elbe vor. Ausgangsort für diese Besetzungen war zumeist Mainz, das römische Mogontiacum. Nach der so genannten Varusschlacht im Teutoburger Wald (9 nach Christus) zogen sich die Römer wieder zurück und der Rhein wurde abermals zur Grenze. Etwa zur gleichen Zeit begann mit römischer Duldung die Besiedlung des rechtsrheinischen Raumes durch Germanen. Von ihnen zeugen noch heute Grabfunde aus der Region um Groß-Gerau und der Nauheimer Flur „Seichböhl". Militärische Einsätze unter Kaiser Claudius und Kaiser Vespasian im ersten nachchristlichen Jahrhundert gliederten das heutige Südhessen dauerhaft in das römische Herrschaftsgebiet ein. Auch hiervon zeugen Funde aus der Region Groß-Gerau und Gernsheim. Zum Ende dieses Jahrhun-

derts begannen die Römer mit dem Bau des Limes durch den Taunus und die Wetterau, wenig später auch im Odenwald, der um 120 nach Chr. Standort von Kastellen wurde. Etwa ab Mitte des 3. Jahrhunderts setzten Wanderbewegungen ein und Teile der Bevölkerung verließ Südhessen.

Schon seit Beginn des 20. Jahrhunderts ist bekannt, dass es in der Gemarkung Nauheim Reste römischer Militärlager gibt. So wurden 1910 die Gräben einer solchen Befestigung bei Ausgrabungen des germanischen Gräberfeldes in der Flur „Seichböhl" entdeckt. In den 1990er Jahren fand man auf Luftbildern ein weiteres Grabensystem etwa 650 Meter weiter südlich in der Flur „Herrwies". Sie erstrecken sich auf einer Länge von über 200 Metern in Nord-Süd-Richtung und rund 450 Metern in Ost-West-Richtung und bilden die Süd-Ost Ecke des römischen Stützpunktes. Dieser hatte eine Grundfläche von 20 Hektar und bot Platz für mehrere Tausend Soldaten. Trotz der Mächtigkeit der Gräben, sie sind etwa 2,5 Meter breit und rund 0,9 Meter tief, fanden sich keine feste Umwehrungen, sodass davon ausgegangen wird, dass es sich hierbei um ein kurzfristig besetztes Militärlager aus dem 1. Jahrhundert nach Christus handelte. Die Soldaten wohnten vorübergehend in Zelten oder leichten Holzbauten. ●

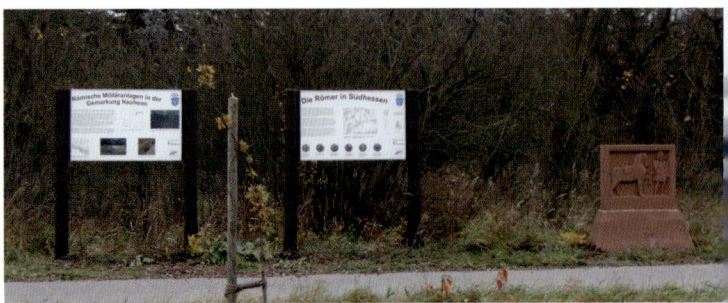

Blick Richtung Ausgrabungsfläche

Neckarsteinach

Neckarsteinach
Fährhäuschen

> ❌ an der Uferpromenade zwischen
> Neckarstraße und Flussufer
>
> ⓘ von außen frei zu besichtigen
>
> ❶ www.neckarsteinach.de

Das kleine Fährhäuschen am Neckar ist
ein Denkmal besonderer Art und erinnert
an Zeiten, als es hier noch keine Brücke
gab. Derartige Häuschen waren entlang
der Flüsse durchaus etwas Gewöhnliches
und Alltägliches, sodass man sie ver-
nachlässigte und abriss, als der Fährbe-
trieb nach dem Bau der Brücken aufgegeben wurde. Heute sind diese kleinen
Denkmäler der Verkehrsgeschichte zu
einer Rarität geworden.

Der kleine, quadratische Rotsand-
steinbau nahe dem Flussufer trägt in
einem Fenstersturz die Jahreszahl
„1904", doch dürfte es mehrere Vor-
gängerbauten gegeben haben. Die Frontseite wird durch einen Kamin halbiert.
Auf der einen Seite führt eine fünfstufige
Freitreppe zur rundbogig überwölbten
Eingangstür, auf der anderen befindet
sich ein kleines Rundbogenfenster.
Zusätzlich gibt es auf beiden Seiten ein
Rechteckfenster. Ein Zeltdach mit einem
Aufsatz bekrönt das Häuschen. ●

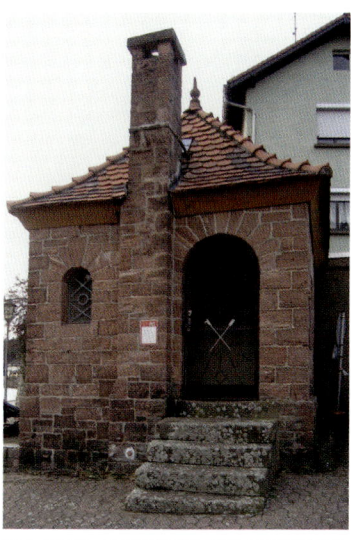

*Das kleine, quadratische Rotsandsteinhäus-
chen erinnert an die Zeiten, als es hier noch
keine Brücken gab*

Neckarsteinach
Ehemalige Synagoge

> ❌ Hirschgasse 3
>
> ◉ privat
>
> ❶ nur von außen zu besichtigen

Von den zahlreichen Synagogen in den
Dörfern und Städten der Region sind bis
heute nur wenige Bauten unbeschadet
erhalten geblieben. Die Synagoge in
Neckarsteinach verdankt es ihrer Lage,
dass sie in der Pogromnacht 1938 nicht
zerstört oder angezündet wurde. Bei
einer Brandstiftung wäre die gesamte
Umgebung gleichfalls verwüstet worden.
Sie wurde zwar geschändet, blieb aber
als Gebäude erhalten und dient seither
als Wohnhaus.

In Neckarsteinach gab es seit 1803
eine Synagoge, die aber gegen Ende des
19. Jahrhunderts wegen Baufälligkeit
abgerissen werden musste. An ihrer
Stelle erbaute die jüdische Gemeinde die
neue Synagoge, die 1889 fertig gestellt
wurde.

Das zweigeschossige Gebäude aus
Rotsandstein schließt direkt an die Nach-
barbebauung an. Seine architekturgliedernden Elemente wie Fensterrahmun-
gen und geschosstrennende Gesimse
sind aus Gelbsandstein und geben dem

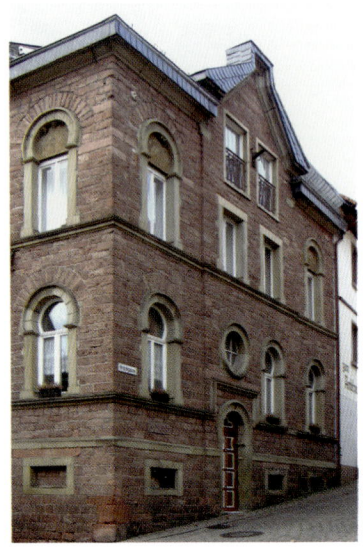

N

Die ehemalige Synagoge

Bauwerk dadurch eine gewisse Farbigkeit. Die beiden mittleren Achsen der straßenseitigen Fassade springen risalitartig vor und enden in einem Frontispiz. Die Fenster- und Türöffnungen des neoklassizistischen Gebäudes werden von besonderen Gewänden eingefasst: die beiden seitlichen Laibungen sind Säulen nachempfunden über die sich ein halbkreisförmiger Bogen wölbt. Über der Eingangstür ist zudem ein kreisrundes Fenster eingelassen. Hier war, ebenso wie im Sturz der Tür, eine hebräische Inschrift angebracht, die durch die Nationalsozialisten entfernt wurden.

Diese Architekturform erfreute sich im späten 19. und frühen 20. Jahrhundert großer Beliebtheit, wollte man doch damit die Verbindung der Religion zum Orient ausdrücken.   ●

Neckarsteinach
Vier Burgen

- ✖ an der B 37 westlich von Neckarsteinach beschildert.
- ◆ privat
- ❶ nur von außen möglich
- ❶ www.neckarsteinach.de

Die vier Burgen auf der Nordseite des Neckars oberhalb und westlich von Neckarsteinach gelten als Wahrzeichen der Stadt. Im hohen Mittelalter wurden sie von den Herren von Steinach aus dem hier anstehenden Rotsandstein errichtet. Von Ost nach West reihen sich Vorderburg, Mittelburg, Hinterburg und Burg Schadeck.

Die zu Beginn des 13. Jahrhunderts erbaute Vorderburg steht auf einem Plateau am östlichen Ende des Bergrückens zwischen dem Neckar und der Steinach. Die langrechteckige Burganlage mit Bergfried, Palas und Ringmauer erhebt sich direkt über der Stadt. Die äußeren Zwingermauern sind mit den Stadtmauern verbunden und wurden im 14. Jahrhundert angelegt. Ende des 17. Jahrhunderts setzte der Verfall der Burg ein, doch wurde der Palas bereits zu Beginn des 19. Jahrhunderts wiederhergestellt.

Die Mittelburg, eine rechteckige Burganlage mit Bergfried, wurde um 1170 gegründet und ist ebenfalls von einer Ringmauer umgeben. Um 1550 wurde sie im Stil der Renaissance als hufeisenförmige Anlage mit Ehrenhof ausgebaut. Um 1820, unter den heutigen Besitzern, den Freiherrn von Warsberg-Dorth, erfolgte ein Um- und Ausbau zu Wohnzwecken in den romantischen neogotischen Formen.

Die Hinterburg ist die älteste und strategisch wichtigste der vier Burgen, weil sie die engste Stelle des Bergkamms beherrscht. Der Bau der fünfeckigen Anlage geht auf die Mitte des 12. Jahr-

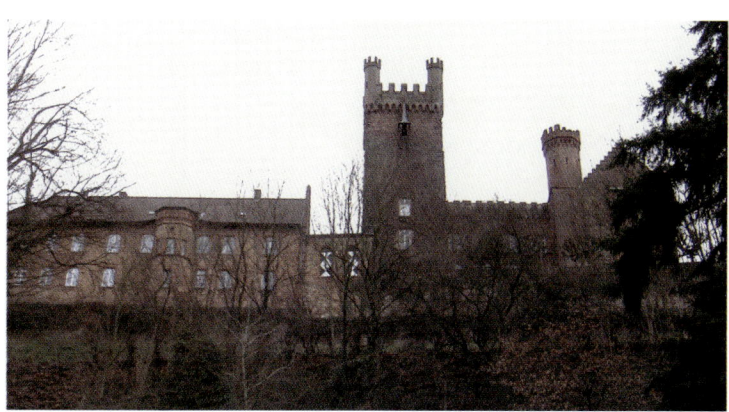

Die rechteckige Burganlage mit Bergfried, 1170 gegründet und um 1550 ausgebaut

hunderts zurück. Die Kernburg mit Ringmauer stammt aus dem 12./13. Jahrhundert – der dominierende Bergfried ist erhalten. Ihr erster Burgherr war Bligger I., dessen Sohn, Bligger II., sie zu einer monumentalen Anlage ausbaute. Manche Historiker bezeichnen ihn als den Dichter des Nibelungenliedes.

Die Burg Schadeck, wegen ihrer Lage am Felshang über dem Neckar auch „Schwalbennest" genannt, ist die westlichste und jüngste der vier Burgen. Gegen Mitte des 13. Jahrhunderts wurde sie angelegt und im 15. Jahrhundert weiter befestigt. Doch schon im 17. Jahrhundert verfiel sie allmählich. Die auf einem Felsvorsprung liegende Burg hat einen den natürlichen Gegebenheiten angepassten unregelmäßigen Grundriss. Im bergseitigen Teil der Kernburg steht die von Türmen überragte Ruine des Palas aus dem 15. Jahrhundert.

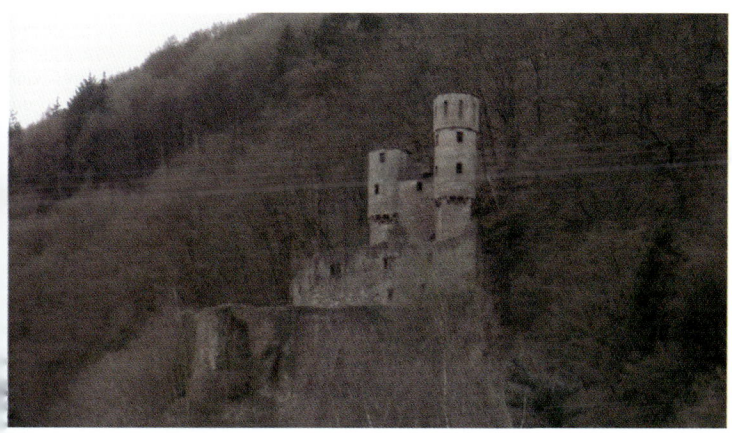

Ihrer Lage am Felshang verdankt die Burg Schadeck ihren Beinamen „Schwalbennest"

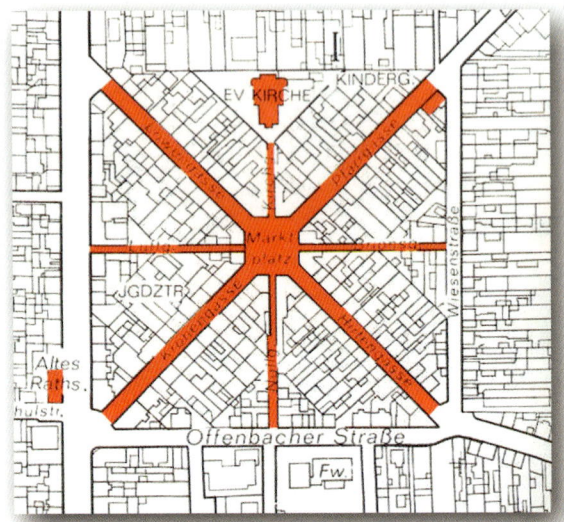

Grundriss des alten Ortskernes von 1699 (nach Denkmaltopographie Kreis Offenbach)

Neu-Isenburg
Ortsbild

❌ der alte Ortskern liegt östlich der Frankfurter Straße

➊ jederzeit

Neu-Isenburg wurde 1699 gegründet. Das Gebiet gehörte schon seit dem 15. Jahrhundert zu dem aus Falkenstein-Münzenbergischen Erbe an die Grafschaft Isenburg-Büdingen übergegangenen Territorium. In den 1690er Jahren bot der zum reformierten Glauben übergetretene Johann Philipp von Isenburg einer Gruppe waldensischer Glaubensflüchtlinge Land zur Ansiedlung an. Gleichzeitig gewährte er gewisse Privilegien. Etwa 30 Familien calvinistischer Hugenotten ließen sich auf dem ihnen zugewiesenen Gelände „Am Kalbskopf" südlich des Frankfurter Stadtwaldes nieder. Zuvor hatte der isenburgische Hofmeister Andreas Löber einen Idealplan der neuen Siedlung angefertigt, dessen eigens geschaffenes Längenmaß der „Isenburger Fuß" war und auf dem 78 Hofreiten einen quadratischen Siedlungsgrundriss bildeten. Dieser Grundriss hatte eine Seitenlänge von 250 Metern und bildete eine typische Plansiedlung mit sich diagonal und rechtwinklig kreuzenden Gassen ab. Den Mittelpunkt aller Gassen bildet der Marktplatz. Dieses Ordnungsprinzip, mit einer Kirche im nördlichen Teil, ist noch heute im Bereich Löwen- und Kronengasse, Offenbacherstraße und Wiesenstraße zu erkennen. Es steht ganz in der Tradition früherer und zeitgenössischer Stadtplanungen, wie sie auch andernorts zur Ausführung kamen, beispielsweise in Freudenstadt.

1702 ließ die gräfliche Herrschaft ein Rathaus errichten, das aber schon bald baufällig wurde. 1710 konnte es durch einen Neubau ersetzt werden. Es war ein achteckiger Bau mit offener Halle über einem Brunnen, angebautem Treppenturm und der von einem Glockenturm gekrönten Welschen Haube. Allerdings wurde auch er bis 1876 baufällig und musste abgebrochen werden.

Zunächst arbeiteten die Siedler in der Landwirtschaft. Aufgrund des uner-

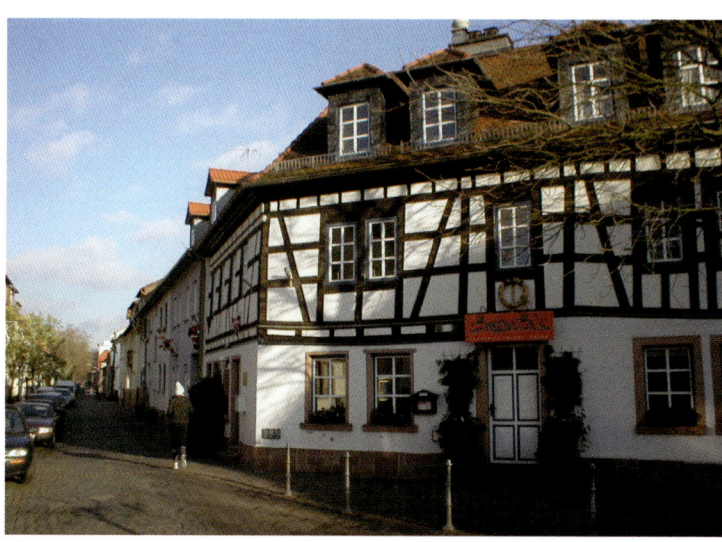

Am zentralen Marktplatz

giebigen Bodens und eingeschränkter Weiderechte besannen sie sich aber bald auf ihre ursprünglich erlernten Handwerksberufe, etwa den des Strumpfwirkers, und legten so den Grundstein für die wirtschaftliche Entwicklung Neu-Isenburgs. Anfeindungen aus den Nachbargemeinden veranlassten anfangs einige der Glaubensflüchtlinge zum Wegzug. Ab 1720 durften sich deutsche Personen auf den verlassenen Anwesen niederlassen. 1781 wurde die erste deutsch-lutherische Schule an der neu angelegten Frankfurter Straße errichtet. Erst 1830 wurde die deutsche Sprache offiziell eingeführt. ●

Neu-Isenburg
Bansapark und Bansamühle

> ⊗ Ecke Bansastraße/Gravenbruchring
> ❶ von außen jederzeit

Die Bansa-Mühle, eingebettet in einen weitläufigen Park, war im Übergang vom 18. zum 19. Jahrhundert ein Zentrum der schönen Künste, der Literatur und der Wissenschaft. Andreas Löber, 1699 Planer und Baumeister der Hugenottensiedlung Neu-Isenburg hatte sie nur einen Steinwurf von der neuen Siedlung entfernt errichtet. Damit war sie neben dem Neu-Isenburger Rathaus das repräsentativste Gebäude im Ort. Nach seinem Tod kam die Mühle, die ihrer eigentlichen Aufgabe wegen des niedrigen Wasserstandes des Luderbaches nicht nachkommen konnte, 1762 in den Besitz der Frankfurter Bankiersfamilie Schönemann und entwickelte sich mehr und mehr zu einem Ort der Sommerfrische und Teil des Frankfurter gesellschaftlichen Lebens. 1766 wurde sie von den Brüdern Mathias und Conrad Bansa übernommen.

In der Mühle trafen sich die namhaften Persönlichkeiten der Zeit, besonders Johann Wolfgang von Goethe, die Familien von Willemer, Brentano, Gontard, Hufnagel und Sömmering. Sie nannten sich in Anspielung auf ihren Treffpunkt die „Mühlbürger". Goethe erhielt hier bleibende Eindrücke vom Leben und

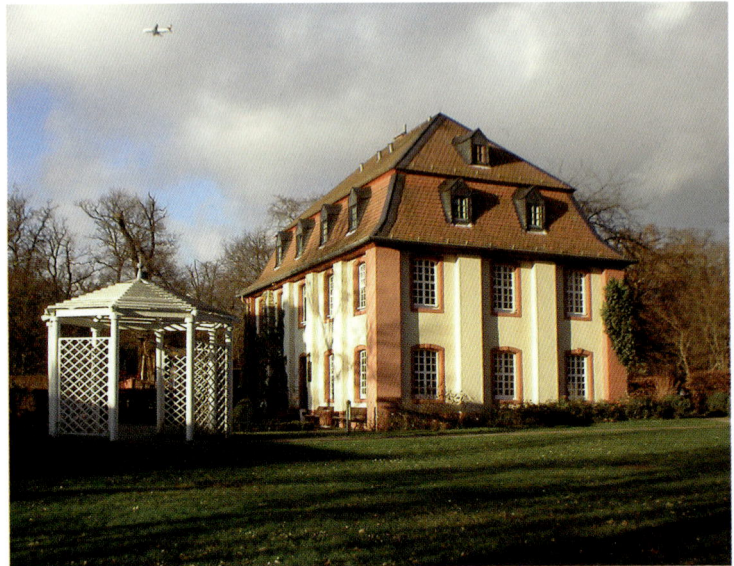

Blick über den Park auf die Bansamühle

Treiben in der französischen Kolonie, die er etwa zwei Jahrzehnte später in seinem Epos „Hermann und Dorothea" literarisch umsetzte. Als der Sohn der Familie Bansa, Johann Mathias, die Eisenacherin Maria Sophia Streiber heiratete, zog dessen Onkel Friedrich Gottlieb Klopstock zeitweise in die Mühle ein. Aus der Familie von Willemer weilte Marianne, Goethes „Suleika", unter den Gästen.

Im Laufe der Zeit verkamen Mühle, Wald und Garten, bis die Stadt Neu-Isenburg das Anwesen übernahm und sanierte.

Der angrenzende Bansapark stellt den Übergang vom barock-geometrischen Garten an der Bansamühle zur freien Landschaft der Luderbachaue dar. Im Mittelpunkt befindet sich der kleine baumbestandene Bansateich. Auf seiner Insel liegt Eva, die die Sonne und die Natur genießt. Adam nähert sich ihr mit Blumen in der Hand. Diese beiden Holzplastiken schuf die Bildhauerin Susanne Auslender. ●

Neu-Isenburg-Zeppelinheim
Zeppelin-Museum

❌ Zeppelin-Museum:
Kapitän-Lehmann-Straße 2

🕐 Fr 13-17 Uhr, Sa, So und Feiertage
10-17 Uhr, außer Weihnachten u. Neujahr

ℹ Tel.: 069-694390
www.zeppelin-museum-zeppelinheim.de

Namensgeber für den in unmittelbarer Nähe des Rhein-Main-Flughafens, südöstlich des Frankfurter Kreuzes im Wald gelegenen Ort war Graf Zeppelin. 1935 wurde mit dem Bau der Wohnsiedlung für die Mitarbeiter des benachbarten Flughafens begonnen, die ersten Häuser waren 1937 bezugsfertig. Am 1. Januar 1938 erhielt Zeppelinheim offiziell den Status einer eigenständigen Gemeinde, heute gehört der Ort zur Stadt Neu-Isenburg.

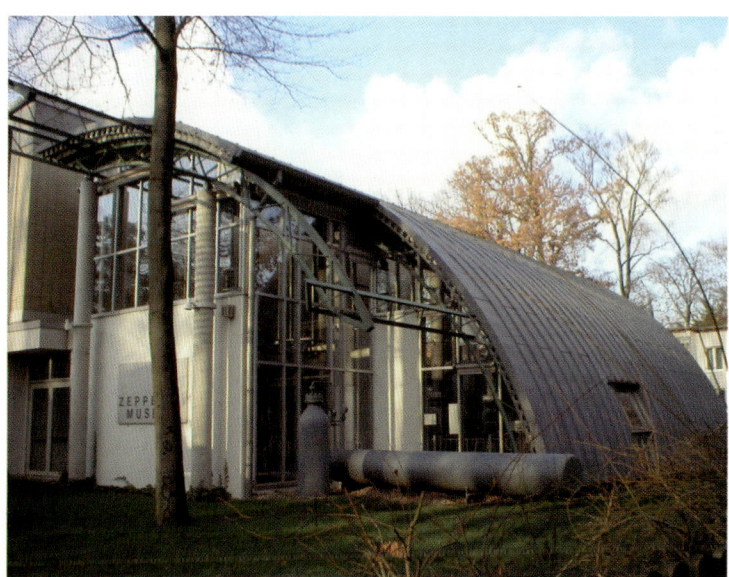

Die Architektur des Zeppelin-Museums erinnert an einen Zeppelin

Das erste nach ihm benannte lenkbare „Starrluftschiff", die LZ 1, konstruierte Ferdinand Graf Zeppelin im Jahre 1900. Mehr als 30 Jahre später, am 6. Mai 1937 verunglückte die LZ 129 „Hindenburg" im Landeanflug auf die Luftfahrtsbasis Lakehurst/New York, was praktisch das Ende der Zeppelinluftschifffahrt bedeutete. Die LZ 130 „Graf Zeppelin II" wurde zwar noch gebaut, führte aber nur noch Testflüge durch. Im Jahre 1940 wurden die Luftschiffhallen auf Rhein-Main gesprengt.

Heute erinnert das Zeppelin-Museum an diese vergangene Epoche der Luftschifftradition. Es wurde in seiner jetzigen Form 1988 durch die Stadt Neu-Isenburg eröffnet.

Der Architekt griff die äußere Form eines Luftschiffes auf und schuf das Museum viertel-kreisförmig. Die offene Seitenwand und die in Leichtbauweise errichtete Innenkonstruktion lassen viel Licht auf die Ausstellung fallen. Auf 270 Quadratmetern Fläche findet der Besucher zahlreiche Exponate, Fotos, Texttafeln, Modelle, aber auch Bücher über die Geschichte der Luftschifffahrt.

Eine Hauptattraktionen ist die Nachbildung eines Teiles des Promenadendecks des Luftschiffes LZ 129 „Hindenburg" in Originalgröße. Auch das Gesellschaftszimmer der LZ 127 „Graf Zeppelin" ist nachgestellt. Luxus und Komfort glichen dem auf einem Ozeanschiff und machten eine Reise über den Atlantik attraktiv. Das Restaurant beispielsweise bot neben vorzüglichen Speisen und Getränken und einem aufmerksamen Service großzügige Einrichtung und edles Porzellan und Tafelsilber.

Die Exponate im Museum wurden von der Zeppelinkameradschaft zusammengetragen und ausgestellt. ●

O

Ober-Ramstadt

Hammermühle und Rathaus

Rathaus: Darmstädter Straße 29
Hammermühle: Hammergasse 9

Stadtverwaltung Tel.: 06154-7020

Rathaus und Hammermühle fassen einen kleinen Platz im Zentrum von Ober-Ramstadt ein. Quer zur Straße und zum Bachlauf steht das 1929 fertig gestellte neue Rathaus. Sein Architekt Karl Lieser (1901-1990) aus Darmstadt hat die Aufgabe, mehrere Nutzungen in der Dreiflügelanlage unterzubringen, funktional und formschön gelöst. Tatsächlich fanden im Rathausbau das Feuerwehrgerätehaus, eine Hausmeisterwohnung, ja sogar eine Filiale der Bezirkssparkasse Platz. Erst Mitte der

1960er Jahre bezogen Feuerwehr und Sparkasse andere Räumlichkeiten.

Die Hauptfassade ist durch ihre Fensterachsen, die sich in den Dachgauben symmetrisch fortsetzen, vertikal betont. Westlich in den Baukörper eingeschoben ist ein von Schlitzen durchzogener Turm mit lamellenbesetztem Obergeschoss, überkragendem Kupferdach und hoher, über Eck gestellter Spitze. Zu dem eher traditionellen Baukörper setzt der Schlauchturm einen starken expressionistischen Akzent.

Die Hammermühle (Hammergasse 9) war eine von insgesamt zehn Mühlen, die seit dem frühen 17. Jahrhundert für Ober-Ramstadt überliefert sind. Die ehemalige Loh- und Ölmühle stand bereits auf der schmalen Insel zwischen Modau und Hammerbach, als sie 1708 im Auftrag von Landgraf Ernst Ludwig ange-

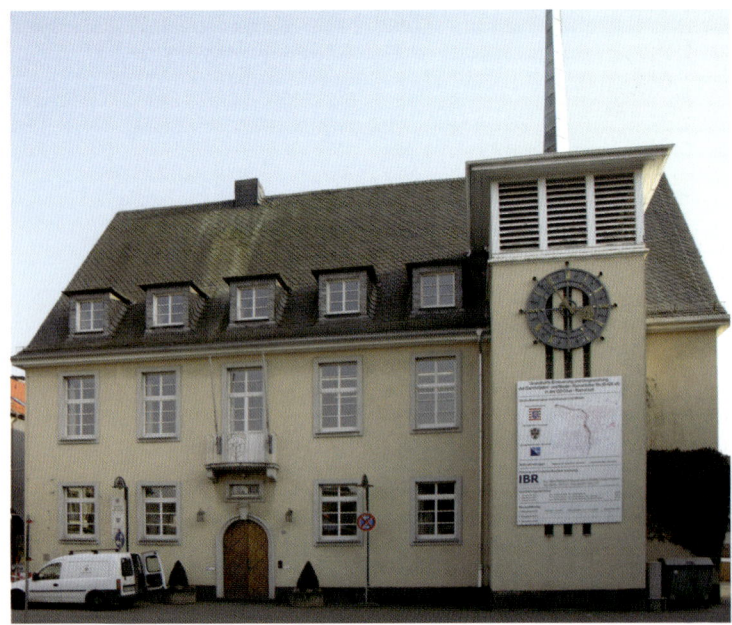

Das Rathaus ist ein Werk des Architekten Karl Lieser aus Darmstadt

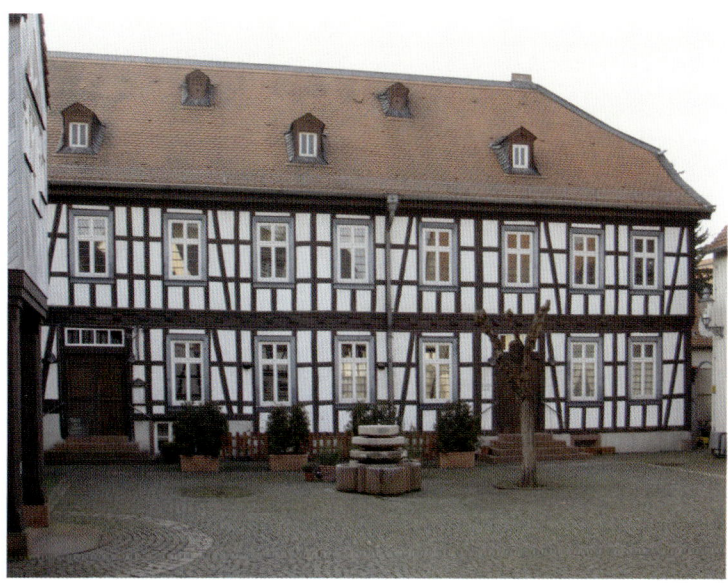

Haupthaus der Hammermühle

kauft und zum neuen Standort des Eisenhammers bestimmt wurde.

Ab 1720 hatte die Hammermühle das Monopol zur Lieferung von Eisen in der Obergrafschaft inne. Wegen Mangel an Roheisen war der Hammer später unwirtschaftlich geworden, weshalb sich der Landgraf 1780 zur Verpachtung der Mühle entschloss. 1817 schließlich wurde sie endgültig stillgelegt, verkauft und zu einer Mahlmühle für Getreide umgebaut. Am linken Ufer des Mühlgrabens ist noch ein Lagerstein vom Mühlrad des Eisenhammers erhalten.

An der Stelle des Hammerhauses wurde ein doppelt so großes Wohn- und Mühlengebäude, das heutige zweigeschossige Haupthaus mit Krüppelwalmdach in einfach konstruktivem Fachwerk, errichtet. Im linken Teil – jetzt Restaurant – befindet sich der zweigeschossige ehemalige Maschinenraum der Mühle. Ein Mahlgang ist dort anschaulich rekonstruiert zu betrachten. Gegen Ende des Zweiten Weltkrieges war der Betrieb eingestellt und die Mühlenanlage ausgebaut worden. ●

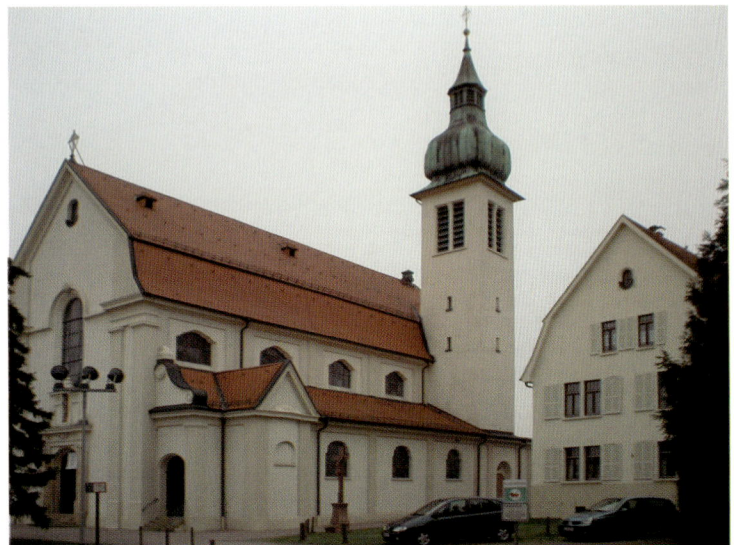

Obertshausen
Herz-Jesu-Kirche

Katholische Kirche und das Pfarrhaus

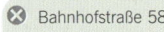

❌ Bahnhofstraße 58

ℹ von außen jederzeit

1664 verkaufte Kurfürst Johann Philipp von Schönborn, Erzbischof von Mainz die Orte Hausen und Obertshausen für 9000 Gulden an den Ritter Erwin Freiherr von Schönborn. Obertshausen blieb in der Folgezeit schönbornisch, bis es 1803 isenburgisch und 1816 hessisch wurde.

Im Mittelalter und in der Neuzeit gehörte Obertshausen zur Pfarrei Lämmerspiel. 1716 wurde hier eine kleine Kirche mit dem Recht des Taufsteines erbaut. Sie war nur 60 Fuß lang und 30 Fuß breit. Den Turm schloss eine schöne Haube nach oben ab. Die Kosten des Kirchbaues trug Graf Erwin von Schönborn-Buchheim-Wolfsthal.

Am 15. Juni 1912 wurde eine neue Kirche durch Bischof Kirstein zu Ehren des Heiligen Herzens Jesu und des Hei-

ligen Nikolaus geweiht. Die Pläne hatte zuvor Professor Ludwig Becker aus Mainz vorgelegt und dabei Jugendstil mit Elementen des Neobarock verwoben.

Dieser Baustil kommt vor allem bei der Innenausstattung zur Geltung, auch die Kirchenfenster werden von der Ornamentik des Jugendstils geprägt.

1917 tauschte die Gemeinde die Orgel aus, nachdem die alte unbrauchbar geworden war. Die neue hatte zuvor Meister Körfe in Gau-Algesheim erbaut. 1938 erhielt die Kirche einen neuen Altar und eine neue Kanzel.

Von 1990 bis 1996 erfolgte eine umfangreiche Außen- und Innenrenovierung. Die Altarbilder des Hauptaltares, der beiden Seitenaltäre, des Marienaltars und des Epiphaniealtars sowie der Taufkapelle stammen von Damaris Wurmdobler und wurden 1996 geschaffen.

Das Pfarrhaus ist ebenfalls im Jugendstil errichtet und bildet mit der Kirche eine architektonische Einheit. ●

Obertshausen
Turmburgruine

⊗ Ecke Burgstraße/Im Hain

➊ jederzeit

Obertshausen wurde erstmals 865 als Hofwerk „oberdueshuson" in einem Zinsregister des Klosters Seligenstadt genannt, Hausen 1069 als „Villa Hyson" in einer Schenkung von Heinrich IV. an das Kloster Sankt Jakob in Mainz. Der Name ist möglicherweise römischen Ursprungs. Später wurde der Ort mit „Hausen hinter der Sonne" bezeichnet. Beide Orte gehörten um die Mitte des 12. Jahrhunderts mit den heutigen Gemarkungen Lämmerspiel und Steinheim zum Besitz des Wigger und Gottfried von Husse, der Herren von Hausen. In der Nähe von Obertshausen konnte eine Burg durch Grabungen erschlossen werden. Diese Anlage entspricht dem Typ der frühen Turmburgen in Talgründen, zu denen auch die Burg Hain in Dreieichenhain und Eschborn gehörten. Errichtet war sie aus Kalk- und Basaltgestein, aus Glimmerschiefer und Rotliegendem. Sie bestand aus einem mehrstöckigen Wohn- und Wehrturm von etwa 15 Metern Höhe und einer Breite von 10,20 Metern, eine Ringmauer von 106 Metern Länge und rund drei Metern Stärke umschloss den Burghof. Ein Graben schützte zusätzlich die Anlage.

Wer die Erbauer dieser Wehranlage waren, ist letztlich nicht bekannt. Sie entstand etwa in der Mitte des 11. Jahrhunderts. Zuerst gehörte sie vermutlich dem Grafen Gerhard im Maingau, um 1150 ging sie in den Besitz der schon erwähnten Wigger und Gottfried von Hausen über. 1189 war sie Eppsteinisches Eigentum. 1280 galt die Burg bereits als verfallen.

Heute werden die sorgsam restaurierten Grabungsfunde im Werkstatt-Museum Karl-Mayer-Haus einer interessierten Öffentlichkeit präsentiert.

Nachdem 1567 noch 27 Hausbesitzer und somit etwa 100 Einwohner in Obertshausen gezählt wurden, lebten hier zeitgenössischen Aufzeichnungen zufolge nach dem Dreißigjährigen Krieg zwanzig Einwohner, in Hausen fünfzehn. Die Bevölkerungszahl wuchs in der Folgezeit vor allem durch den Zuzug von Wallonen beträchtlich an. 1664 gingen die Orte durch Verkauf in den Besitz der Grafen von Schönborn über, 1803 kamen sie für kurze Zeit an das Fürstentum Isenburg und 1816 an das Großherzogtum Hessen-Darmstadt. ●

Reste der Turmburg

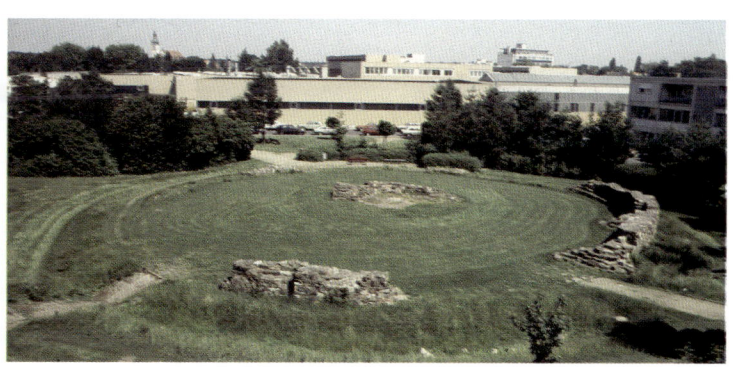

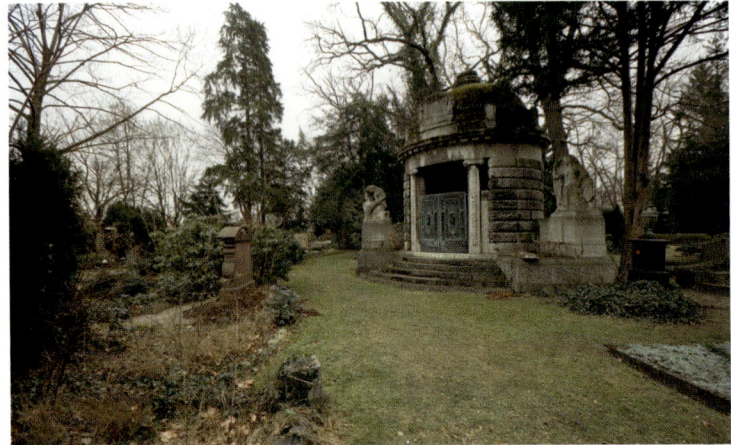

Offenbach

Das Mausoleum Krumm auf dem alten Friedhof

Alter Friedhof

❌ Alter Friedhof, Christlicher Teil:
Friedhofstraße, Jüdischer Teil: Eingang
Hebestraße, geschlossen am Sabbat
und an hohen Feiertagen
(bitte Aushang beachten).

🚶 ESO / Friedhofsamt, Tel.: 069-80652554

🕐 Nov.-Febr. 8-17 Uhr, April-Sept. 7-20 Uhr,
März-Okt. 8-18 Uhr, April-Sept. 8-19 Uhr.

Christlicher Teil:
Bis 1832 beerdigte man die Toten in
Offenbach etwa dort, wo sich heute der
Wilhelmsplatz befindet. Die rasche bauliche Entwicklung der Stadt machte in der
ersten Hälfte des 19. Jahrhunderts die
Anlage eines neuen Friedhofs erforder-
lich. Einen geeigneten Platz fand man an
der Mühlheimer Straße, wohin man auch
einen Teil der älteren Grabstätten verlegte. Nach einer Erweiterung im Jahre
1860 erhielt der Friedhof 1899 ein Kre-
matorium, das fünfte im damaligen Deutschen Reich. Aufwändig gestaltete Grabmale wie das Krumm-Mausoleum
machen ihn kulturhistorisch bemerkenswert. Äußerlich geprägt wird der Friedhof

durch seine geometrische Ausrichtung
mit zentraler Mittelallee und Seiten- und
Queralleen und ein gut abgestimmtes
Gemisch aus Laub- und Nadelgehölzen.
Als denkmalgeschütztes Ensemble ist er
steingewordene Historie der Stadt.
Bedeutendste hier bestattete Persönlich-
keit ist wohl der erste Staatspräsident
des Volksstaates Hessen, Carl Ulrich.

Seit 1998 sind wegen des stark
gestiegenen Grundwasserspiegels keine
Erdbestattungen mehr erlaubt. Mit der
Anlage eines weiteren Friedhofs Anfang
des 20. Jahrhunderts wurde aus dem
Neuen nun der Alte Friedhof.

Jüdischer Teil:
Die jüdische Gemeinde Offenbachs be-
grub ihre Toten zunächst auf dem Fried-
hof an der Bismarck-/Groß-Hasenbach-
Strasse. Diese Begräbnisstätte, auf der
auch Tote aus den Nachbargemeinden
Dreieichenhain, Götzenhain, Offenthal und
Sprendlingen bestattet wurden, dürfte
Anfang des 17. Jahrhunderts angelegt
worden sein. Bedingt durch das rasche
Wachsen der Stadt nach Süden und den

Offenbach

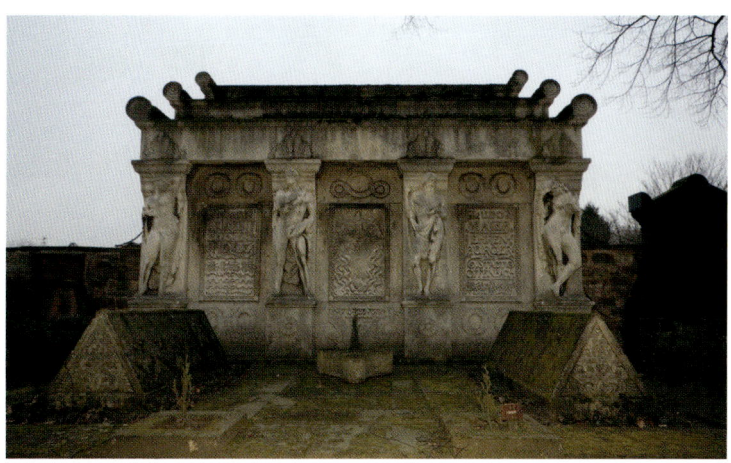

Grabmal Ludo Mayer auf dem jüdischen Friedhof

geplanten Bau der Eisenbahnstrecke Frankfurt-Bebra wurde der Friedhof durch Verfügung des Kreisrates 1860 geschlossen. Zum Ausgleich erhielt die Gemeinde ein Grundstück östlich des damals Neuen Friedhofes, das etwa der Größe des vorherigen entsprach. Später konnte dieser Bereich Richtung Bahnstrecke erweitert werden. Auch ein Teil der Grabstätten des alten jüdischen Friedhofs konnte hierher verlegt werden. Grabsteine, die sich noch kurz vor Ausbruch des Zweiten Weltkrieges dort befanden, stellte man zu zwei Pyramiden auf. Sie markieren nun in eindrucksvoller Weise den Haupteingang zum jüdischen Friedhof, auf dem sich die wechselvolle Geschichte der Gemeinde ablesen lässt. Auch die Ausgestaltung der Grabsteine zeugt hiervon: Schlichte, traditionell gehaltene Grabmale kontrastieren mit solchen, die sich ganz offensichtlich am Zeitgeschmack des Bürgertums orientieren.

Hier finden sich Grabstellen bedeutender Persönlichkeiten des jüdischen Lebens in Offenbach, wie zum Beispiel die vier jüdischen Ehrenbürger der Stadt Dr. Salomon Formstecher, Ludo Mayer, Dr. Siegfried Guggenheim und Max Willner. Ein Gedenkstein erinnert an die jüdischen Gefallenen des Ersten Weltkrieges und weist auf die Opfer der nationalsozialistischen Gewaltherrschaft 1933-1945, während der mehr als 450 Mitglieder der jüdischen Gemeinde in Konzentrationslagern ermordet wurden. ●

Offenbach
Bernardbau

❌ Herrnstraße 61

🕐 werktags 6-19 Uhr

ℹ Tel.: 069-80101433

Die Firma Gebrüder Bernard, die seit 1733 Schnupftabak produzierte, steht mit am Anfang der Offenbacher Industriegeschichte. Um 1775 hatten sich die Inhaber ein schlossartiges Wohn- und Manufakturgebäude errichten lassen. Um dies für Wohnzwecke freizubekommen und die Fertigung zu modernisieren, entstand 1896 auf der anderen Straßen-

O

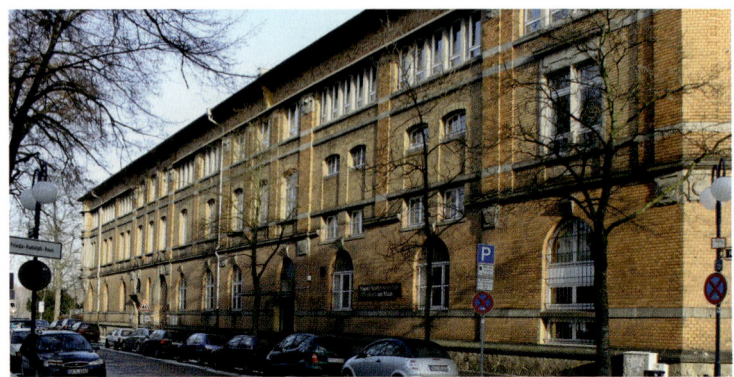

Blick durch die Herrnstraße auf den Bernardbau

seite ein großer Neubau. Architekt Max Schröder entwarf dafür eine Fassade im Stil des späten Historismus, deren Baumaterialen Klinker und Werkstein dem Fabrik- und Verwaltungsbau ein gediegenes, dunkelfarbiges Erscheinungsbild verliehen. Leider wurde nach Kriegsschäden die Dachzone stark vereinfacht wiederhergestellt. Im Innenhof blieben Maschinenhaus, Schornstein und der Wasserturm erhalten. Über das Haus der Stadtgeschichte – Museum und Archiv – sind die Industriehalle sowie das ehemalige Direktorenzimmer zugänglich. ●

Offenbach
Büsingpark

❌ zwischen Berliner Straße, Herrnstraße und Kaiserstraße

☁ Stadt Offenbach

🛈 ganzjährig zugänglich

Der Büsingpark geht auf den Garten der Familien Bernard und d'Orville zurück. Diese hatten sich um 1778 an der Herrnstraße ein Wohnhaus errichten lassen, ein zweigeschossiges Gebäude mit kurzen Seitenflügeln und Mansarddach. Im Erdgeschoss wurden Tabakmanufaktur und Lagerräume eingerichtet. Im Obergeschoss wohnten die beiden Familien und führten ein offenes Haus, in dem besonders Literatur und Musik gepflegt wurden.

Der Garten erstreckte sich hinter dem Haus bis zum damaligen Stadtrand an der Kanalstraße, der heutigen Kaiserstraße. Er war im englischen Stil angelegt. Ein künstlicher Hügel mit Pavillon lud zum Verweilen ein und ermöglichte weite Ausblicke bis hin nach Frankfurt. Ein Nachfahre, Adolf von Büsing, ließ den Familiensitz Anfang des 20. Jahrhunderts beträchtlich aus- und umbauen. Auch der Garten wurde durch Grundstückszukäufe nach Süden und Westen erheblich erweitert. Er erhielt an der Kaiserstraße eine prachtvolle Einfriedung und einen neuen Zugang, dessen Tor auf der Pariser Weltausstellung gekauft worden war. In direkter Blickverbindung zu dem zentralen Salon im Palais wurde an der Kaiserstraße eine Wandnische mit einer Sitzbank errichtet, der Aussichtspavillon des 18. Jahrhunderts analog zum Gebäude in neobarocken Formen umgestaltet. Er ist heute die einzige noch erhaltene Parkarchitektur. 1920 wurde der gesamte Besitz von der Stadt Offenbach erworben.

Zwischen Kaiserstraße und Büsingpalais lässt sich noch die ursprüngliche

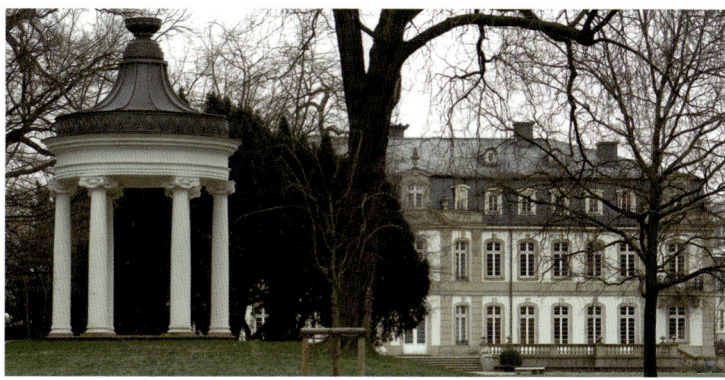

Der Monopteros im Büsingpark

Gestaltung des Gartens deutlich ablesen. Nach Nordosten schließt sich – durch eine platzartige Grünfläche getrennt – der Lilipark an. Nach Süden wurde er bis zur Berliner Straße hin ausgedehnt.

Die beiden Parks sind heute die wichtigsten innerstädtischen Grünanlagen Offenbachs. Sie sind die Reste einstmals ausgedehnter Privatgärten, die sich wohlhabende Offenbacher am westlichen Stadtrand und entlang des Mains anlegen ließen. ●

Offenbach
Deutsches Ledermuseum

❌ Frankfurter Straße 86, S-Bahn Linien S 1, S 2, S 8 und S 9, Station Ledermuseum

🕐 tägl. 10-17 Uhr, samstags 10-22 Uhr

ℹ Tel.: 069-8297980

Das 1917 gegründete Deutsche Ledermuseum Offenbach (DLM) mit Domizil im Alten Lagerhaus vereinigt drei Museen unter einem Dach: Europas größtes Schuhmuseum mit internationaler Fußbekleidung aus vier Jahrtausenden, das Museum für angewandte Kunst und Design und das Ethnologische Museum. Ursprünglich als Sammlung von historischen Vorbildern für eine florierende Lederwarenindustrie angelegt, entwickelte sich das DLM schnell zu einem Mehrspartenmuseum mit globalem, anthropologischem Anspruch. Glanzpunkte des Ethnologischen Museums sind die umfangreiche Afrika-Abteilung, das Asien-Department mit der weltweit bedeutenden Sammlung orientalischer, chinesischer und südostasiatischer Schattenspielfigurinen und einem bemerkenswerten Bestand aus den Bereichen der Kulturen Japans, Chinas, Tibets und der Polarregionen. Die Amerika-Abteilung wurde als überregional renommierte Schwerpunktsammlung zu den Kulturen der Native Americans / Nordamerikanischen und Kanadischen Indianer aufgebaut.

Das Deutsche Schuhmuseum im DLM mit seinen über 15000 Artefakten erlaubt neben einer Darstellung der internationalen Kostümgeschichte aus sechs Jahrtausenden auch Einblicke in die Geistes- und Kulturgeschichte der Menschheit, etwa angesichts von Sandalen aus ägyptischen Mumiengräbern, Stiefelamuletten aus dem alten Luristan, perlenbestickten Mokassins von den Great Plains, Chopinen der italienischen Renaissance, chinesischen Gin Lien, Plateausandalen aus osmanischen Harems, den Seidenstiefeln der Kaiserin

O

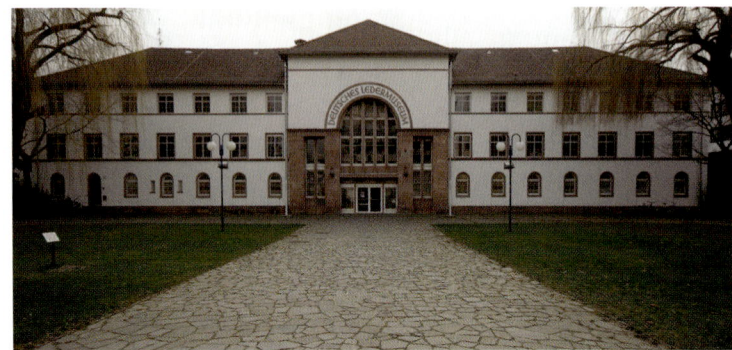

Deutsches Ledermuseum

Sissy und den Turnschuhen Joschka Fischers.

Das Museum für angewandte Kunst im DLM umspannt das gesamte Spektrum der europäischen Kunstgeschichte von ägyptisch-koptischen verzierten Gürteln und Taschen und spätromanischen Buchfutteralen über die Gotik mit einer bedeutenden Sammlung von Minnekästchen, reich verzierten Prunkwaffen und Mobiliar der Renaissance bis zu den erlesensten Produkten der Handwerkskunst in adeligen und großbürgerlichen Häusern des 17. bis 19. Jahrhunderts. Den Avantgarde-Bewegungen des 20. und 21. Jahrhunderts widmen sich die Sammlungsgebiete mit internationalem Leder-Design und der zeitgenössischen Kunst.

Das vor dem Ledermuseum stehende, aus Treibholz und Lederlappen („Objets trouvées") gestaltete Objekt des französischen Künstlers Michael Raimbaud war Bestandteil der Ausstellung „DIALOG Deutschland-Frankreich" im Ledermuseum (1990). Es gehört zu einer Serie von 26 Skulpturen mit dem Titel „Folle Gabare", an der Raimbaud seit 1974 arbeitete. Die unter Verzicht auf jegliche Imprägnierung zusammengesetzten Fundstücke verändern sich durch die Witterungseinflüsse und nehmen schrittweise Patina an – ein Kunstwerk, das auf Meer und Wind, Leben und Tod verweist und somit Vergänglichkeit thematisiert. ●

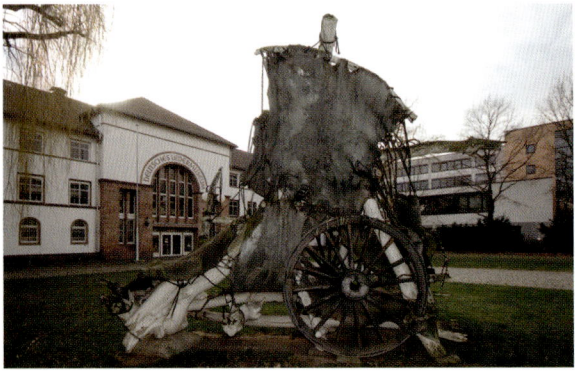

Die Folie Gargantuine vor dem Deutschen Ledermuseum

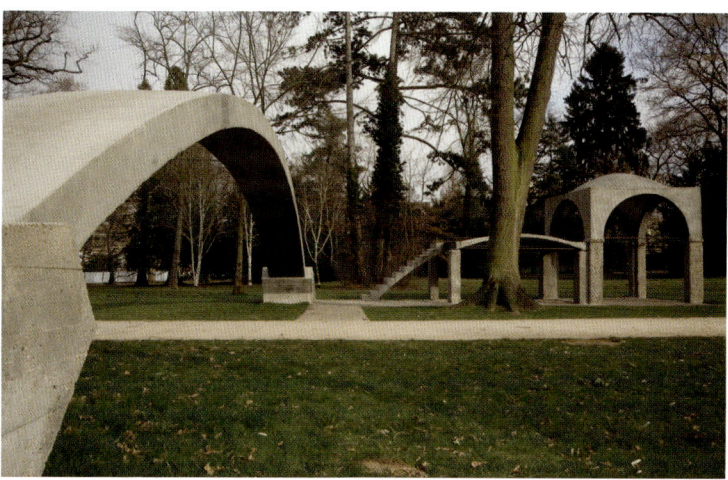

Offenbach
Dreieich-Park

Betonskulpturen im Dreieich-Park

❌ Frankfurter Straße 136

ℹ ganzjährig zugänglich. Über ÖPNV
(Busse, Straßenbahnen 15/16,
S-Bhf. Kaiserlei) gut erreichbar.

🌐 www.offenbach.de

Die große Landes-Gewerbeausstellung
1879 zog wie eine kleine Weltausstellung
Besuchermassen besonders aus dem
Rhein-Main-Gebiet nach Offenbach, der
damals wichtigsten Industriestadt im
Bundesstaat Hessen-Darmstadt. Auswär-
tige und örtliche Firmen zeigten ihre neuesten Produkte und Entwicklungen. So
demonstrierte das Offenbacher Zement-
werk, welche neuen Möglichkeiten der
Wölbung und Überbrückung der wieder-
entdeckte Baustoff Beton besonders für
die Errichtung von Fabriken bot. Der
bemerkenswert schlanke, aber sehr
standfeste Bogen hielt Belastungsproben
mit schwersten Fässern ebenso aus wie
die Treppe und die Kuppel des Pavillons.
Als nach Ende der Ausstellung das
Gelände in einen Stadtpark umgewandelt
wurde, ließ man bewusst die Beton-
objekte als Schmuckbauten und Denk-
male des Industriezeitalters stehen.
Heute gehören sie zu den ältesten erhaltenen Bauwerken aus unbewehrtem
Beton mit derart großen Spannweiten
aus dem 19. Jahrhundert.

Der kleine Landschaftspark am Drei-
eichring mit seinen alten Bäumen,
Wiesenflächen, Blumenrabatten, dem
Schwanenweiher und einer Reihe kleinerer Teiche, mit Musiktempel und Spiel-
plätzen für Kinder ist seither eine beliebte Stätte der Erholung und Treffpunkt für
alle Generationen.

Seit der Jahrhundertwende entstand
in seiner Nachbarschaft am westlichen
Stadtrand ein neues ruhiges Wohngebiet,
in dem sich Offenbachs Fabrikanten
repräsentative Villen bauen ließen. Deren
schöne Gärten tragen dazu bei, dem
Westend bis heute den Charakter eines
grünen Stadtteils zu erhalten. Durch den
Anlagenring, der die Stadt an drei Seiten
umrundet, ist der Park überdies in einen
Spazierweg eingebunden. ●

O

Offenbach
Firma Goldpfeil

❌ Kaiserstr. 39-49

ℹ️ Tel.: 069-80500, info@egana.de

Offenbachs bekannteste Branche, die
Lederwarenindustrie mit ihren vielen kleinen und mittleren Firmen, produzierte
lange in Hinterhofwerkstätten, die für
Straßenpassanten unsichtbar blieben. Zu
den ersten Betrieben, die ein repräsenta-
tives Gebäude als Werbemittel einsetz-
ten, gehörte die Firma Ludwig Krumm,
international bekannt unter ihrem
Markennamen „Goldpfeil". Ihr 1912-1913
an einer der belebtesten Straßen Offenbachs errichteter Verwaltungs- und Pro-
duktionsbau war damals eines der größten neuen Gebäude innerhalb der Stadt.
In der Fassadengestaltung spiegelte sich
die Firmenphilosophie: Die Verwendung
bester Materialen, solide Verarbeitung
und eine gediegen-konservative Gestaltung erschufen ein hochwertiges Objekt,
von dem man erwartete, dass es unbeirrt
von schnellem modischen Wechsel einen
langen Gebrauchswert versprach. Übertragen auf die Architektur wurde daraus

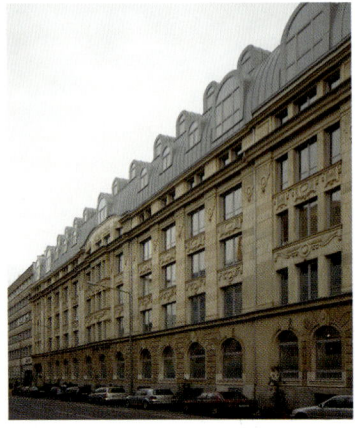

*Das ehemalige Verwaltungs- und Produktions-
gebäude der Firma Goldpfeil*

ein eigenwilliger Bau des Späthistorismus
mit barocken Anklängen, geeignet um in
den Jahren vor dem Ersten Weltkrieg die
Bedeutung der Firma möglichst eindrucksvoll darzustellen. Heute ist das
Gebäude Sitz der Unternehmensgruppe
„Egana International", die im Zuge der
Instandsetzung in den letzten Jahren
einen neuen Dachaufbau aufsetzen ließ.
Anstelle ehemaliger Hinterbauten entstand eine sehenswerte gläserne Ausstel-
lungshalle, entworfen vom Architekten
Werner Kraus, Braunfels.   ●

Offenbach
Firma Langhardt

❌ Bernardstraße 14-16

ℹ️ Weitergehende Informationen
zu Industriegebäuden unter
www.route-der-industriekultur-rhein-
main.de

In den für die Lederwarenerzeuger wirt-
schaftlich schwierigen Jahren zwischen
den Kriegen entstanden nur wenige Neubauten. Eine bemerkenswerte Ausnahme
ist die ebenfalls von Architekt Collin 1923

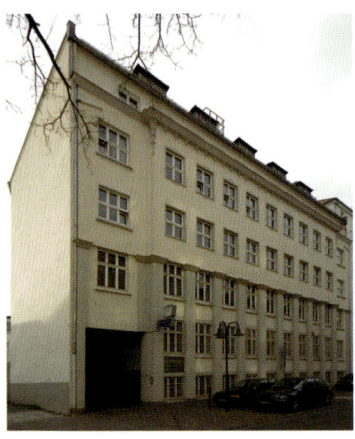

Ehemalige Firma Langhardt

für die Gebrüder Langhardt entworfene Fabrik. Zum einen mit glatter Rasterfassade schlichter und sachlicher wirkend, besitzt der Bau in den oberen Eckzonen ungewöhnliche, stalaktitenartige Dekorationselemente, die schöne und rare Beispiele eines eleganten, deutschen Art Deco sind. Dass die Straßenfassade einige Jahrzehnte später aufgestockt wurde, mindert ihre Wirkung nicht. Im dahinterliegenden Hofbereich mit seiner einfach-nüchternen Umbauung finden sich besonders am Garagenbau kleine schmiedeeiserne Details in einer derbhandwerklichen Stilvariante der späten 20er Jahre, wohl aus der Zeit, als die Lederwaren- und Reiseartikelfabrik Jean Weipert hier produzierte. ●

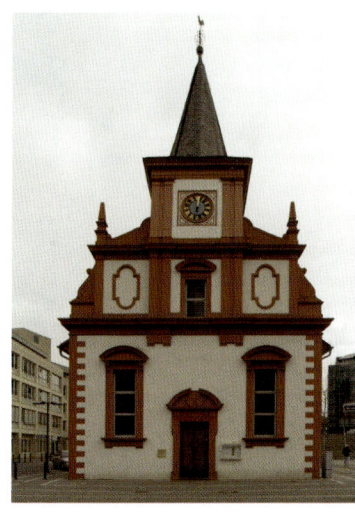

Die französisch-reformierte Kirche

Offenbach
Französisch-reformierte Kirche

> ❌ Herrnstraße 43
>
> ❶ Schlüssel bei Pfarrer Krämer (französisch-reformierte Gemeinde)
>
> ❶ Tel.: 069-814894, ev.franzoesisch-reformierte-gemeinde@ekhn-net.de

Nach der Aufhebung des Edikts von Nantes (1685) ergoss sich ein Strom von französischen Glaubensflüchtlingen, so genannten „réfugiés", über ganz Europa. In Deutschland wurden viele von ihnen von Landesherren mit reformiertem Bekenntnis aufgenommen. Auch Graf Johann Philipp von Isenburg (1685-1718) öffnete seine Grenzen und nahm eine Gruppe Flüchtlinge auf. Am 9. Juli 1699 fand der erste Gottesdienst in Offenbach statt und am gleichen Tag erfolgte die Gründung der französisch-reformierten Gemeinde. 1705 erließ der Graf zudem in 24 Artikeln Rechte und Privilegien, die den Hugenotten unter anderem das Recht auf freie und uneingeschränkte Religions- und Berufsausübung sowie den Bau einer eigenen Kirche erlaubten. Dieses Gotteshaus wurde am 1. Mai 1718 feierlich eingeweiht.

Es ist heute in seiner typisch huge-nottischen Scheunenform die älteste Kirche Offenbachs. Ihr Innenraum ist gemäss dem zweiten Gebot, das den kultischen Gebrauch von Bildern verbietet, ausgesprochen schlicht gehalten. Einziger Schmuck ist das holzgeschnitzte Wappen der Gemeinde im Eingangsbereich, welches das von den Wellen bedrohte Schiff der Jünger Jesu auf dem See Genezareth zeigt und die Inschrift „DOMINE SERVA NOS PERIMUS" (Herr rette uns, wir gehen unter) mit der Jahreszahl 1699 trägt. 1751 erhielt die Kirche eine Orgel, denn bis dahin hatte, wie in reformierten Gemeinden üblich, ein Vorsänger den Gemeindegesang geleitet. Seit 1826 wird in der Kirche in deutscher Sprache gepredigt. 1874-1875 verhinderte eine grundlegende Renovierung den drohenden Abriss wegen Baufälligkeit. Damals gab man dem Gotteshaus seine neobarocke Fassade. ●

O

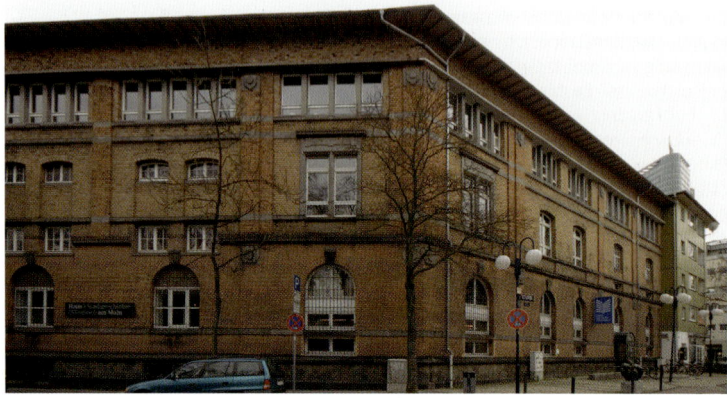

Offenbach

Haus der Stadtgeschichte — Museum und Archiv

Das Haus der Stadtgeschichte

❌ Herrnstraße 61

Museum

🕐 Di, Do, Fr 10-17 Uhr, Mi 14-19 Uhr, Sa, So 11-16 Uhr

ℹ️ Tel.: 069-80652446

Archiv

🕐 Di, Do 9-12 Uhr, 13.30-15.30 Uhr

ℹ️ Tel.: 069-80652048, haus-der-stadtgeschichte@offenbach.de www.haus-der-stadtgeschichte.de

Im Januar 2004 wurde im Bernard-bau, einem 1896 fertiggestellten Gebäudekomplex mit ehemaligen Verwaltungs- und Fabriketagen, mit Zusammenlegung von Stadtarchiv und Stadtmuseum das Haus der Stadtgeschichte in Offenbach eröffnet. In den nach Entwürfen der Offenbacher Hochschule für Gestaltung eingerichteten Ausstellungsräumen werden Themen der Stadtgeschichte modern präsentiert. Die ehemalige Industriehalle dient Wechselausstellungen und anderen kulturellen Veranstaltungen.

Zu den ältesten Objekten zählen Funde eines Wagengrabes aus Offenbach-Rumpenheim. Eine Rekonstruktion zeigt, wie ein frühkeltischer Fürst auf einem vierrädrigen Zeremonialwagen bestattet wurde. Zwei Stadtmodelle aus der Zeit um 1800 und 1850, Pläne und bildliche Darstellungen veranschaulichen die Entwicklung Offenbachs. Auch die hugenottische Ansiedlung und die Geschichte der jüdischen Gemeinde sind dargestellt.

Neben einer Gemäldegalerie ist auch ein komplett eingerichtetes und über zwei Meter hohes Puppenhaus aus dem Jahr 1757 zu sehen, das einen Haushalt der Rokokozeit zeigt. Im 18. Jahrhundert erfolgte die Einrichtung mehrerer Fayence-Manufakturen in der Stadt, aus deren Produktion repräsentative Stücke ausgestellt sind.

Der Nachbau einer historischen Stangenpresse zeigt, dass in Offenbach ab 1800 erstmals die Lithographie als Druckverfahren kommerziell angewandt wurde. Lokale Zeugnisse der modernen Industrieentwicklung wie Eisenkunstguss, Lederindustrie oder Tabakverarbeitung ergänzen die wirtschaftsgeschichtliche Präsentation.

Multimediale Ausstellungselemente zeigen stadtgeschichtlich bedeutsame Fotografien, Filme und Dokumente, wie beispielsweise die Privilegien der Offenbacher Hugenotten von 1705 oder die in Offenbach gedruckte Flugschrift „Der Hessische Landbote" von Georg Büchner (1834). Das Archiv im Haus der Stadtgeschichte hält Akten und Dokumente für stadt- und familiengeschichtliche Anfragen bereit.

Die umfangreiche Bibliothek, die Foto- und die Zeitungssammlung ergänzen nicht nur die Ausstellungen im Museum, sondern sind Grundlage zahlreicher wissenschaftlicher Forschungen. ●

Offenbach
Isenburger Schloss

❌ Schloßstraße / Ecke Mainstraße

ℹ Hochschule für Gestaltung,
Tel.: 069-800590,
info@hfg-offenbach.de
www.hfg-offenbach.de

Nachdem Offenbach, 977 erstmals urkundlich erwähnt, von den Herren von Hagen-Münzenberg über die Grafen von Falkenstein und das Geschlecht derer von Eppstein 1486 an das Haus Isenburg gefallen war, erhob Graf Reinhard (1541-1568) den Ort zur Residenz.

Auf den Fundamenten eines verfallenen Vorgängerbaues ließ er 1556-1559 ein neues Schloss errichten, das schon 1564 durch Blitzschlag wieder zerstört wurde. Der bald begonnene Wiederaufbau wurde unter seinem Bruder Graf Ludwig 1578 mit einer dreigeschossigen Loggienfront an der Südseite im Stil der Renaissance abgeschlossen. Diese Loggien sind mit den Wappen des Hauses Isenburg und den mit ihnen verwandten adligen Familien verziert, zwei Galerien mit Figuren geschmückt: Die erste Galerie („Galerie der Planeten") mit Saturn, Jupiter, Mars, Sol, Venus, Merkur und Luna (von links), die zweite („Galerie der Tugenden") zeigt Patientia, Caritas,

Die der Stadt zugewandte Seite des Isenburger Schlosses

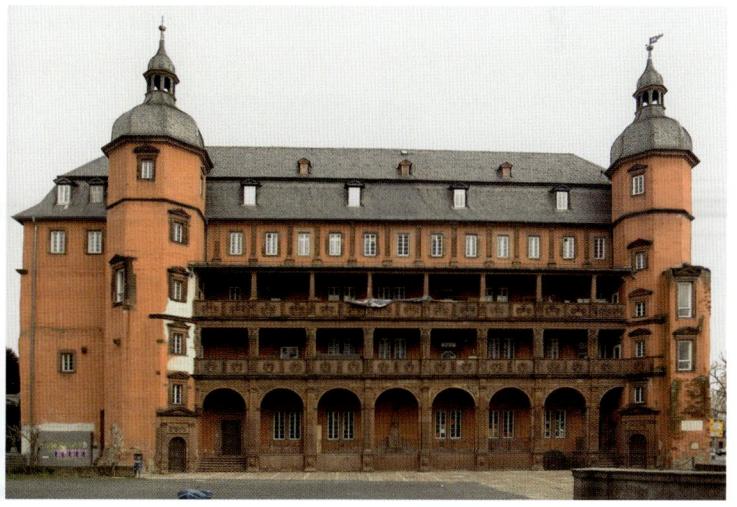

O

Justitia, Fides, Spes, Fortitudo und Temperantia (ebenfalls von links).

Im Jahre 1631 hat König Gustav Adolf von Schweden hier im Schloss die Ratsherren der Freien Reichsstadt Frankfurt empfangen und die freiwillige Übergabe der Stadt erreicht.

Unter dem Nachfolger des für Offenbachs Entwicklung so bedeutenden Grafen Johann Philipp (Ansiedlung von Hugenotten und Juden) und dem Grafen und späteren Fürsten Wolfgang Ernst I., wurde das Schloss nicht mehr von der herrschaftlichen Familie bewohnt. Logiert hat dort der legendäre Pseudomessias Baron Frank (1788-1791) oder der Porträtmaler Georg Wilhelm Bode. Auch der Erfinder des Steindrucks, Alois Senefelder hatte sich 1799 eine Zeit lang hier eingemietet.

Nach dem Übergang des Fürstentums Isenburg-Birstein an das Großherzogtum Hessen-Darmstadt 1816 blieb das Gebäude weiter im Familienbesitz, ehe es im Jahre 1900 zur Versteigerung kam und vom Haus Hessen-Darmstadt erworben wurde. Als dessen Rechtsnach-

Das Klingspor Museum

folgerin ist heute das Land Hessen Besitzerin. Nach den schweren Zerstörungen durch die Luftangriffe des Zweiten Weltkrieges wurde das Schloss bis zum Jahre 1952 wieder aufgebaut und von verschiedenen Einrichtungen genutzt. Seit 1992 nutzt es die Hochschule für Gestaltung, nachdem umfangreiche Umbaumaßnahmen im Inneren vorgenommen wurden. ●

Offenbach
Klingspor Museum

⊗ Herrnstraße 80

🕐 Mo geschlossen, Di, Do, Fr 10-17 Uhr,
Mi 14-19 Uhr, Sa-So 11-16 Uhr,

ℹ Tel.: 069-80652954, Aufsicht: -2164,
Fax: -2669, Bibliothek: Frau Ehret -2065,
Frau Weiss -2066
klingspormuseum@offenbach.de
www.klingspor-museum.de

1953 eröffnet, gehört das Klingspor Museum mit seiner außergewöhnlich umfangreichen Sammlung der Buch- und Schriftkunst des 20. und 21. Jahrhunderts zu den kulturellen Höhepunk-

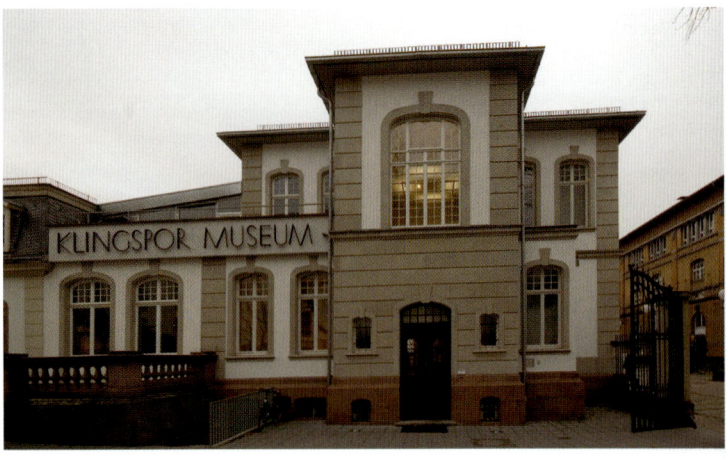

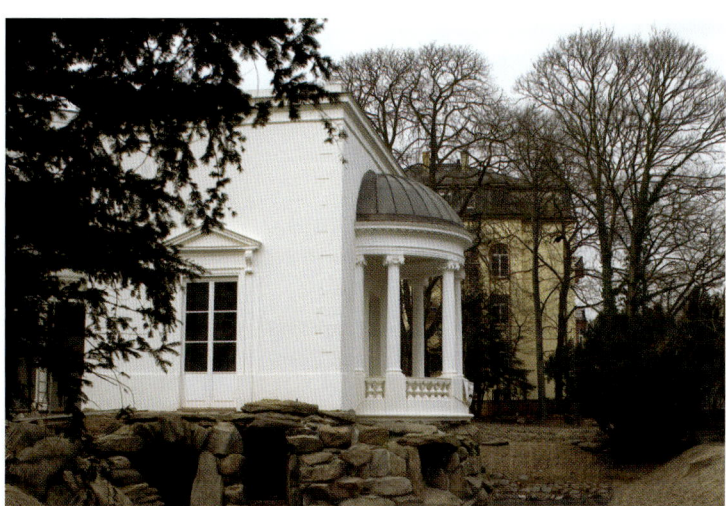

Metzlersches Badehaus im Lilipark

ten der Stadt Offenbach und der Rhein-Main-Region. Den Grundstock bildet die Privatsammlung des Schriftsetzers Dr. h.c. Karl Klingspor, der in der ersten Hälfte des 20. Jahrhunderts zusammen mit seinem Bruder in Offenbach eine Schriftgießerei betrieb. Hier wurden unter anderem Jugendstilschriften von Otto Eckmann und Peter Behrens hergestellt. Weitere von namhaften Künstlern entworfene Bleisatzschriften lieferte die Gießerei an Druckereien im In- und Ausland. 1906 kam Rudolf Koch als Mitarbeiter der Firma Klingspor nach Offenbach und unterrichtete auch bald an der Kunstgewerbeschule. Seine Tätigkeiten machten die Stadt zu einem bedeutenden Zentrum der neuen Schriftkultur.

Über Klingspors Sammlung hinaus konnte der Museumsbestand wesentlich durch Nachlässe Offenbacher und anderer bekannter Schriftkünstler erweitert werden. Hierzu zählen neben anderen die Hinterlassenschaften von Rudolf von Larish aus Wien und von Ernst Schneider aus Stuttgart.

Heute zeigt das Museum Schriftmusterbücher, Schriftproben, Pressen-drucke, illustrierte Bücher, Künstlerbücher, Handschriften, kalligrafische Blätter, Grafik sowie künstlerische Plakate. Hierzu gehört auch das gesamte grafische Werk des Künstlers Frans Masereel sowie Arbeiten des avantgardistischen Druckers und Typographen Hendrik Nikolaas Werkman aus Holland.

In der Präsenzbibliothek können sich interessierte Besucher von Montag bis Freitag nach vorheriger Anmeldung Objekte aus der Sammlung vorlegen lassen. ●

Offenbach
Lilipark

- ✖ zwischen Mainstraße, Herrnstraße und Stadtbibliothek
- ◆ Stadt Offenbach, www.offenbach.de
- ✚ ganzjährig zugänglich

1792 erwarb der Frankfurter Bankier und Geheimrat Friedrich Metzler das Wohnhaus der Familie Bernard. 1796 ließ er

O

sich von dem französischen Architekten Nicolas Alexandre Salins de Montfort in dem großen Garten, der vom Linsenberg bis zum Main reichte, ein Badegebäude errichten. Es war äußerst kostspielig ausgestattet und diente sowohl als Ort des Rückzugs und der Muße, wie auch zum Baden, was für die damalige Zeit ein Novum bedeutete. Vom Untergeschoss aus konnte man direkt in den Fluss gelangen. Hier befanden sich ein Baderaum mit Marmorbadewanne sowie Nebenräume, in denen Wasser erwärmt werden und die Badenden ruhen konnten. Man staunt über manches technische Detail: so ließ sich ein Spiegel, der im Salon über einem offenen Kamin hing, auf Knopfdruck in die Wand verschieben und gab ein Fenster frei. 1805 wurde an das Badegebäude ein großes Gewächshaus angebaut. Goethe, der seit seiner Jugend mit Metzler befreundet war, besuchte diesen mehrfach, so am 17. Oktober 1814.

Nach dem Tode Metzlers 1825 und mehrfachem Besitzerwechsel gelangte die Liegenschaft 1951 an die Stadt Offenbach. Wohnhaus und Badegebäude wurden im Zweiten Weltkrieg beschädigt. Aber nur letzteres und das neben dem Palais Metzler stehende, kleine barocke „Lilihaus", überstanden die Zeiten bis heute.

Mit der Errichtung des Hochwasserdamms, der Anlage der Mainstraße und der Weiterführung der Herrnstraße bis zum Main Ende des 19. Jahrhunderts, ist der Charakter des einst von weitläufigen großbürgerlichen Gartenanlagen und Palais geprägten Stadtviertels einschneidend verändert worden. Das Palais Metzler und weitere Staffagebauten seines Parks sind längst verschwunden. Erhalten haben sich aber der Badetempel und Reste der jahrhundertealten Bepflanzung und der Wegeführung. Nach Jahren des Verfalls ist der Tempel mittlerweile wieder instandgesetzt worden. ●

Offenbach
Metallschraubenfabrik Gebrüder Heyne

❌ Ludwigstraße 180d/Andréstraße

ℹ Tel.: 069-816139
kontakt@heyne-fabrik.info

An den seit 1896 in mehreren Bauabschnitten errichteten Trakten der ehemaligen Metallschrauben- und Präzisionsdrehteilfabrik Gebrüder Heyne ist zu erkennen, dass sich auch die Bauherren früherer Zeiten nicht immer um eine gefällige Einpassung ihrer Fabrikneubauten ins Stadtbild bemühten. Wer die Fabriktore passiert, kann heute noch

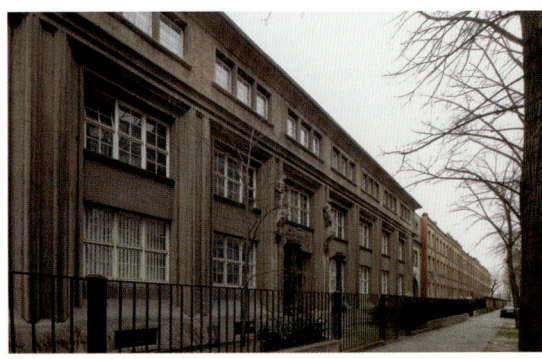

Ehemaliges Verwaltungsgebäude der Metallschraubenfabrik Gebrüder Heyne entlang der Ludwigstraße

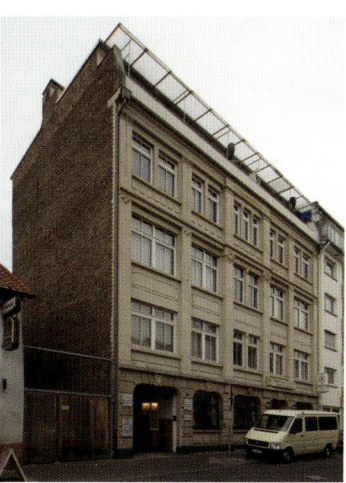

Ehemalige Metallwarenfabrik Mönch

O

allem Firmen der Werbe- und Mode-branche schätzen die besondere, oft puristisch-karge Ästhetik des Industrie-denkmals. ●

Offenbach
Metallwarenfabrik Mönch

❌ Luisenstraße 63

ℹ von außen frei zu besichtigen

Ein Fabrikbau des späten Historismus ist die Metallwarenfabrik Jakob Mönch, allerdings mit einer hochwertig-noblen Steinfassade ganz anderen Typs. Nur an den großformatigen Fenstern kann man noch erkennen, dass hinter ihnen einmal Arbeitssäle lagen, in denen Schlösser, Bügel und anderes Metallzubehör für die Taschen- und Kofferherstellung produ-ziert wurden. ●

deutlich sehen, dass zwischen der Gestaltung der Außenfassade und der der Innenhöfe und Fassaden deutlich differenziert wurde. Gleichzeitig wird hier erkennbar, dass in dieser Fabrik an lauten Drehmaschinen schwere Arbeit verrichtet wurde.

Das Verwaltungsgebäude von 1912-1914 dagegen hebt sich mit seiner bewusst künstlerisch inszenierten Gestal-tung wohltuend von den Rasterfassaden der Fertigungsgebäude ab. Vor allem den Eingangsbereich des straff mit Pfeilern gegliederten Baus stattete der Architekt Hugo Eberhardt üppig mit Bauplastiken in jener Variante des späten Jugendstils aus, die schwere und ernst wirkende Schmuckformen bevorzugte. Skulpturen und Metallkandelaber dokumentieren als Kunstwerke aber auch das Selbstbe-wusstsein und den Geschäftserfolg der Firmeninhaber.

Die zurückhaltende Restaurierung der Anlage durch das Münchner Archi-tektenbüro Allmann, Sattler und Wappner hat viele Spuren der industriellen Vergan-genheit belassen, neue Bauteile passen sich unauffällig ein. Mehrere Gestaltungs-preise würdigten diese Leistung und vor

Offenbach
Portefeuille Hersteller Krauss

❌ Ludwigstraße 31-33

ℹ von außen frei zu besichtigen

Kleinere Offenbacher Portefeuille-Her-steller bevorzugten um 1910 modernere, neoklassizistische Bauformen. Schönstes Beispiel für diese Gruppe ambitionierter Fassaden, hinter denen man heute eher eine Bank oder ein öffentliches Gebäude, als einen Hersteller von Kleinlederwaren vermuten würde, ist das Gebäude der ehemaligen Firma Gebrüder Krauss. 1913 von Heinz Collin, einem damals noch jungen Architekten geplant, erinnert die Fassadengliederung mit Pfeilern und Gie-belzone an das Vorbild antiker Tempel. Die „sprechenden" Baudekorationen der sich ornamental verknäulenden Schlan-gen zeigen dagegen das Formempfinden des späten Jugendstils und erinnern ebenso wie das Krokodil-Relief über dem

O

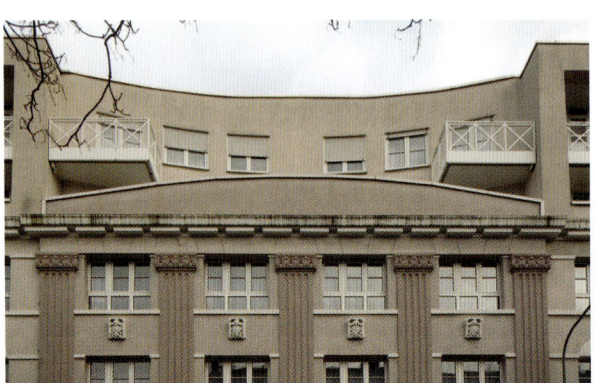

Fassadenansicht der ehemaligen Firma Krauss

Eingang an die hier verarbeiteten Materialien. Obwohl das Haus später für einen Hotelbetrieb umgebaut und aufgestockt wurde, ist die historische Baugestalt weiterhin gut zu erkennen. Weitere Fabrikbauten dieses Typs sind der Ludwigstraße nach Norden folgend sowie im Kreuzungsbereich an der Berliner Straße zu finden. ●

Offenbach

Sankt Marien in Offenbach

- ⊗ Bieberer Str. 55
- ◉ Kath. Gemeinde Offenbach
- ◉ 8-17 Uhr bzw. Schlüssel im Pfarrbüro (geöffnet 8.30 - 12.30 Uhr)
- ◉ Tel.: 069-80084310
  st.marien.of@t-online.de

Im Jahre 1828 wurde für die seit 1798 wieder zugelassenen katholischen Gläubigen mit Sankt Paul die erste Kirche eingeweiht. Dem zunehmenden Bedürfnis nach einer weiteren Kirche konnte man erst zu Beginn des 20. Jahrhunderts nachkommen.

Damals war zunächst als Provisorium eine Notkirche erstellt worden, die der neuen Kirche Sankt Marien Platz machte. An der Bieberer Straße, in unmittelbarer Nähe der damaligen Kaserne (heutiges Finanzamt) errichtet, wurde sie am 11. August 1913 eingeweiht.

Während die fast gleichzeitig eingeweihten protestantischen Kirchenneubauten der Friedenskirche und der Lutherkirche deutliche Elemente des Jugendstils zeigen, ist Sankt Marien eine Hinwendung zum Barock. Dies zeigt sich

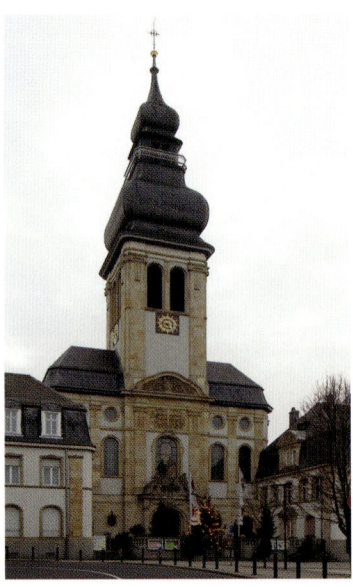

Kirche Sankt Marien

besonders in der Ausschmückung der Decke mit Gemälden. Gleichwohl hat auch die Jugendstil-Architektur, besonders im Inneren, ihre Spuren hinterlassen. So ist dieses Gotteshaus als gelungene Synthese zwischen beiden Baustilen zu bezeichnen.

Um die Kirche herum gruppieren sich Pfarr- und Küsterhaus, Schwesternhaus, großer Vereinsaal und Spielplatz, die zusammen ein Pfarrgemeindezentrum bilden. Nach den jüngsten Sanierungen erstrahlt Sankt Marien heute wieder in altem Glanz. ●

Offenbach
Ehemaliger Schlachthof

❌ Ernst-Griesheimer-Platz 7
Buchhügelallee

ℹ️ Tel.: 069-809050
ban_offenbach_plaza@achat-hotel.de
(Hotel)

Der Schlachthof wurde 1902 am Rande der Stadt eröffnet. Architektonisch spricht er die Formensprache des späten Historismus, die Verwaltungs- und Verarbeitungsgebäude sind aus gelben und roten Backsteinen aufgemauert. Die gesamte Anlage ist vielgestaltiger und größer als die meisten anderen Industriebauten dieser Zeit und beeindruckt als Beispiel damaliger Daseinsfürsorge. Auch nach seiner Stilllegung vor rund zehn Jahren kann der ehemalige Schlachthof heute mit seinem gelungenen Neu- und Umnutzungskonzept als richtungsweisend gelten.

In die beidseits der riesigen Durchfahrtshalle liegenden ehemaligen Schlachthäuser, Lager- und Kühlhallen ist unter anderem ein Hotel eingezogen. Auch die Außenfassaden des Maschinenhaus und weiterer historischer Nebengebäude sind wiederhergestellt, nur dem Wasserturm fehlt seit dem Krieg der ehemals hohe Turmhelm. Auf dem weiten Gelände der früheren Stallanlagen entstehen neben den wiederhergestellten Bauten auch moderne Wohnhäuser. Heute entsteht hier ein neuer Stadtteil Offenbachs. ●

Der Eingangsbereich des ehemaligen Schlachthofs

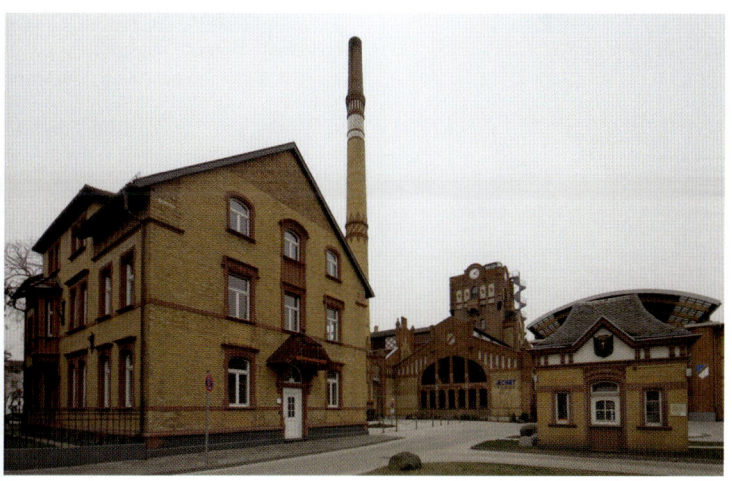

O

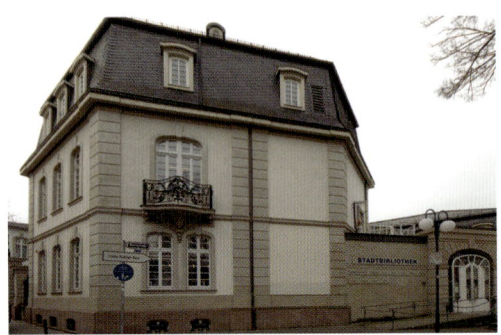

Eingang der Stadtbibliothek

Offenbach
Stadtbibliothek mit Bücherturm

⊗ Herrnstraße 59

🕐 Sa und Mo 10-16 Uhr,
Di bis Fr 10-18 Uhr

ℹ Tel.: 069-80652323,
stadtbuecherei@offenbach.de

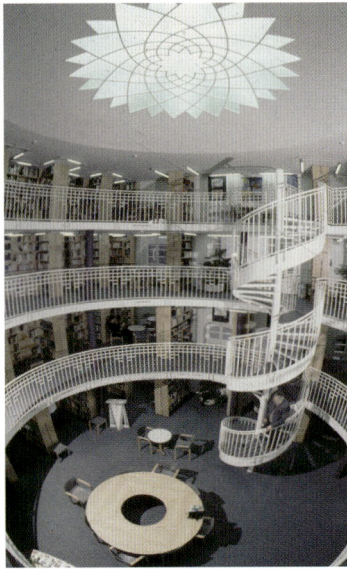

Der Bücherturm in der Stadtbibliothek

Der Bücherturm im nördlichen Seitenflügel des Büsingpalais ist der unverwechselbare „Kopfbau" der Stadtbibliothek, die hier 1952 eingerichtet wurde. Es entstanden ein Zentralraum mit Galerien, der die Möglichkeit bot, Vorträge, Lesungen und kleine Konzerte zu veranstalten sowie ein Leseraum mit Handbibliothek und die Jugendbücherei. Alle Regale standen erstmals in Freihandaufstellung mit funktionsgerechter, teilweise unkonventioneller Innenausstattung umgeben von viel Glas. Aber auch die mit dem Neubeginn verbundene unbürokratische Dienstleistung konnte berücksichtigt werden. Betritt man heute nach dem Umbau von 1986 das Gebäude, steht man in einem großzügigen Foyer.

Drei Kreise gliedern die räumliche Aufteilung. Der erste wird von einem Granitfußboden im Eingangsbereich gebildet. Um die zweite, zentrale Granitmarkierung gruppieren sich das Lesecafé mit Zeitschriften- und Zeitungsauslagen, die Verbuchungstheke, Ausstellungsständer und Ablagen für Handzettel und Veranstaltungshinweise. Das Erdgeschoss wird von einem großen runden Lesetisch dominiert, Auskunftsplatz und Internetarbeitsplätze ergänzen den Einrichtungsbestand.

Der Bücherturm bietet somit ideale Voraussetzungen für eine umfassende Literaturarbeit. Veranstaltungen, wie „Schriftsteller im Bücherturm", Lesungen,

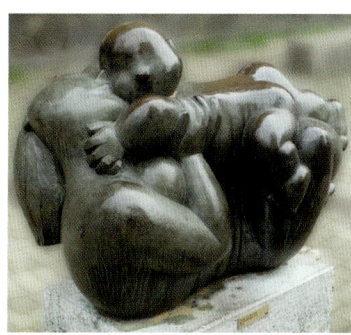

Eng verschlungen: Die Plastik Mutter und Kind

O

genden, ihr Kind auf dem Bauch haltenden Mutter erinnert stilistisch an die Arbeiten des Franzosen Aristide Maillol (1861-1944) und des Spaniers Pablo Picasso (1881-1973). ●

Offenbach

Ehemalige Synagoge an der Kaiser-/Ecke Gothestraße

❌ Kaiserstraße 106

ℹ Tel.: 069-8290020,
info@capitol-online.de
www.capitol-online.de

Diskussionen, Jazz und Klassik im kammermusikalischen Format erweitern das Programm. Der Zentralraum erfüllt so seine Aufgaben in einer für eine moderne Bibliothek einzigartigen Architektur.

Die Stadtbibliothek wurde im Jahr 2005 mit dem Hessischen Bibliothekspreis der Sparkassen-Kulturstiftung Hessen-Thüringen unter anderem wegen ihrer beispielhaften Zusammenarbeit mit den Schulen und der starken Einbindung in das kulturelle Leben ausgezeichnet.

Unmittelbar vor dem Eingang zur Kinder- und Jugendbibliothek (Herrnstraße 59, Höhe Stadtbibliothek) seht seit 1992 die Bodenplastik „Mutter und Kind". Die Bronzeskulptur wurde 1953 von dem spanischen Bildhauer Baltasar Lobo (1910-1994) geschaffen. Die voluminöse Plastik einer auf dem Rücken lie-

Eingeweiht am 16. April 1916, bot die Synagoge einst Platz für 450 Männer und 325 Frauen. Der Bau gehörte damals zu den Referenzbauten eines vom orientalischen wie deutschen unabhängigen Baustils. Der Architekturkritiker Dieter Bartetzko wertete das Gebäude als eines der wenigen erhalten gebliebenen „markanten Beispiele der letzten Hochblüte des Synagogenbaus in Deutschland aus der Zeit vor der Judenverfolgung durch die Nationalsozialisten". Aber anders als die großen Kuppelsynagogen in Essen, Berlin und Frankfurt

Ehemalige Synagoge

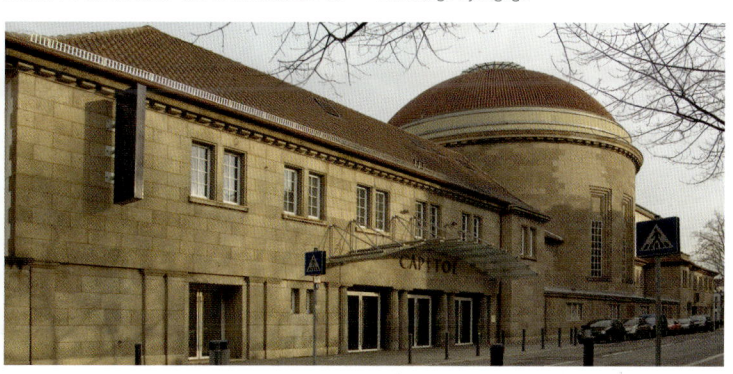

O

(Westend-Synagoge) orientiere sich die Offenbacher Synagoge nicht an den assyrisch-babylonischen und byzantinischen Großformen, sondern an der griechisch-römischen Antike. Die jüdische Gemeinde sah darin ein Heraustreten aus der Enge der früheren Judengasse, der heutigen Großen Marktstraße. Dort stand auch seit dem Anfang des 18. Jahrhunderts die erste Synagoge Offenbachs.

In der Pogromnacht vom 9. auf den 10. November 1938 wurde die Synagoge geschändet, aber nicht zerstört. Wenige Wochen danach erfolgte der Zwangsverkauf an die Stadt, die es an einen Kinobetreiber weiter veräußerte, der darin das „National-Theater" eröffnete. Der Bau wurde im Zweiten Weltkrieg zudem als Stadttheater und für „Weihefeiern" der NSDAP benutzt.

Nach 1945 ging das Gebäude kurzfristig an die wieder entstandenen jüdischen Gemeinde über, die es an die Stadt veräußerte. Diese betrieb bis 1989 das „Theater an der Goethestraße". Nach einer Privatisierung und Teilrekonstruktion diente es 1995-1996 als Musical-Theater („Tommy"), dann als Diskothek. Heute ist es Tagungs- und Veranstaltungshaus („Capitol"). ●

Offenbach
Wetterpark Offenbach

> ⊗ Buchhügelallee 400
> ⊕ täglich 8-22 Uhr
> ⊕ www.wetterpark-offenbach.de

Der Wetterpark Offenbach ist eine informative und attraktiv gestaltete Erholungsanlage im öffentlichen Landschaftsraum. In verständlicher Form werden dem Besucher die Aspekte des Wetters und seine Erscheinungsformen anhand von Objekten und erläuternden Grafiken dargestellt. Die sinnliche Wahrnehmung wird an den Exponatstationen durch eine Aufforderung zu aktiver Beobachtung oder Interaktion ergänzt. Dies macht den Besuch insbesondere auch für Familien mit Kindern oder Schulklassen interessant. Den Wetterpark in Offenbach zu installieren bot sich an, da die Stadt traditionell mit dem Deutschen Wetterdienst in Verbindung gebracht wird.

Die Exponatstationen erläutern Fragen über das Wetter, seine Entstehung und Entwicklung, zur Sonne und Sonnenenergie, der Entstehung von Wärme und die „Phänologische Uhr" zeigt die Beobachtung von Pflanzenwachstum und der daraus resultierenden Rückschlüsse auf das Klima. Im Infocontainer werden Instrumente der Messstation gezeigt und erläutert. Neben einem Blitzbaum, an dem die Kraft der Gewitter dargestellt wird, verdeutlicht ein Windfeld mit zwanzig Fahnen die Windrichtung und geht der Frage nach, wie Winde entstehen. Schließlich kann der Besucher von einem Aussichtsturm das Rhein-Main-Gebiet bis hin zum Taunus übersehen und er erfährt, wie beispielsweise Dunst entsteht, der die Sicht behindert.

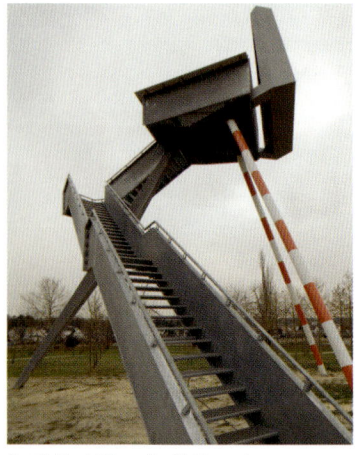

Aussichtsplattform im Wetterpark

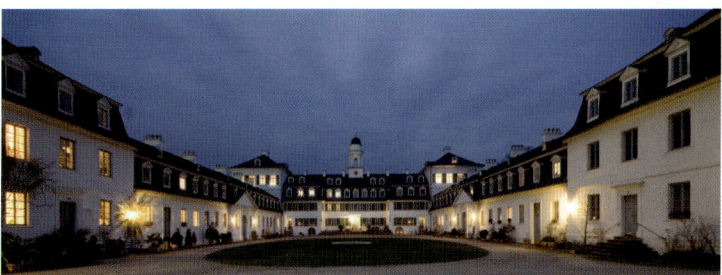

Der Wetterpark ist Teil des sechzehn Kilometer langen Grünrings und ein Höhepunkt im Regionalpark Rhein-Main. Dieser kann rund um die erweiterte Innenstadt Offenbachs mit dem Fahrrad oder zu Fuß besucht werden. ●

Blick über den Innenhof auf den Zentralbau von Schloss Rumpenheim

Offenbach-Rumpenheim
Schlosspark Rumpenheim

❌ Breite Straße, Schloßgartenstraße

ⓘ ganzjährig zugänglich

ⓘ Stadt Offenbach, www.offenbach.de

Heute ein Stadtteil von Offenbach war Rumpenheim ursprünglich Teil der Grafschaft Hanau und gelangte 1736 im Erbfall in den Besitz der Landgrafen von Hessen-Kassel.

Keimzelle des heutigen klassizistischen Schlosses war ein schmuckes Landhaus, das sich der Hanauische Hofbeamte Seiffert von Edelsheim 1680 auf hochwassersicherem Gelände direkt am Main errichten ließ. Es ist noch im Corps de Logis erhalten. Südlich des Schlosses bis hin zu der zwischen 1756 und 1761 neu errichteten Kirche lag ursprünglich das Dorf Rumpenheim.

1770 wurde mit dem Ausbau und der Erweiterung des Schlosses begonnen. Nachdem Prinz Friedrich Besitzer von Rumpenheim geworden war, vergrößerte er es in mehreren Schritten und stattete es neu aus. 1805 war es fertiggestellt, sieht man einmal von Veränderungen im 19. Jahrhundert ab. Zu der Hofhaltung zählten noch Marstall, Gärtnerei, Verwaltungs- und landwirtschaftliche Gebäude, die aus Rumpenheim eine kleine, aber bestens funktionierende Residenz machten.

Es kann davon ausgegangen werden, dass schon das Schlösschen von 1680 einen Garten besaß, der auf der Terrasse über dem Main lag. Der älteste Plan von 1781 zeigt eine Anlage, die sich aus formalen Stilelementen in einen Landschaftsgarten verwandelt. Die strenge Struktur und die Verspieltheiten des Rokoko lösen sich auf und werden in freiere Formen überführt, eine Tendenz, die sich in den folgenden Jahren immer mehr durchsetzte. Rumpenheim zählt damit zu den ältesten deutschen Landschaftsgärten. Der Park wurde in der Folge um Friedhof, Gemüse- und Blumengarten erweitert, mit zahlreichen zusätzlichen Gebäuden geschmückt und zu stimmungsvollen Szenen umgedeutet. Einige haben sich bis heute erhalten, darunter das Mausoleum, der Monopteros, der türkische Pavillon und das Vogelhaus. Mit der Anlage des „Tannenwaldes", rund einen Kilometer östlich des Parks (vor 1839) und einem weiteren Grundstückserwerb 1857 erreichte der Park seine größte Ausdehnung. 1965 erwarb ihn die Stadt Offenbach und öffnete ihn für die Öffentlichkeit. ●

Otzberg

Otzberg-Lengfeld

Ortsbild

> ℹ Gemeindeverwaltung Otzberg,
> Otzbergerstraße 13, Tel.: 06161-96040
> www.otzberg.de

Lengfeld liegt zu Füßen des Otzberg, der weithin die Landschaft beherrscht. Die Siedlung wurde 1244 erstmals erwähnt und hat sich als Haufendorf um ringförmig angelegte Straßenzüge entwickelt. Die Bebauung in der Bismarck-, Rathaus-, Hindenburgstraße und Rathausgasse entstand zwischen dem 17. und 19. Jahrhundert und ersetzte zum Teil ältere Wohnhäuser, die größtenteils dem Dreißigjährigen Krieg zum Opfer gefallen waren.

Die Bismarckstraße – die Hauptdurchgangsstraße – zeigt sich zwischen der 1772 begonnenen Hallenkirche und dem historischen Rathaus sehr abwechslungsreich. Hier geben spätklassizistische Putzbauten der Straße einen durchaus städtischen Anstrich. An der Ecke Born-gasse steht ein in der Mitte des 19. Jahrhunderts erbauter Laufbrunnen, der zusammen mit der abgerundeten Fassade des etwa gleichzeitig erbauten Eckhauses eine interessante städtebauliche Platzanlage schafft.

Weiter südlich beherrscht die Straßenkreuzung das in ihrer Mitte liegende ehemalige Rathaus aus dem Jahre 1717 mit der früheren Dorfstraßendurchfahrt.

In direkter Nachbarschaft steht ein Eckhaus mit auffälligem erkerartigem Vorbau. Die so genannte „Kanzel" ist das ehemalige Zollhäuschen, das schönes barockes Fachwerk zeigt. Das hohe Kellergeschoss ist 1521 datiert.

Lengfeld war bis Mitte des 19. Jahrhunderts ein hauptsächlich landwirtschaftlich geprägter Ort. Erst als 1871 der nördlich gelegene Bahnhof eingeweiht wurde, veränderte sich die Bevölkerungsstruktur durch starken Zuzug neuer Einwohner. Mit dem wirtschaftli-

Blick in die Borngasse mit Laufbrunnen

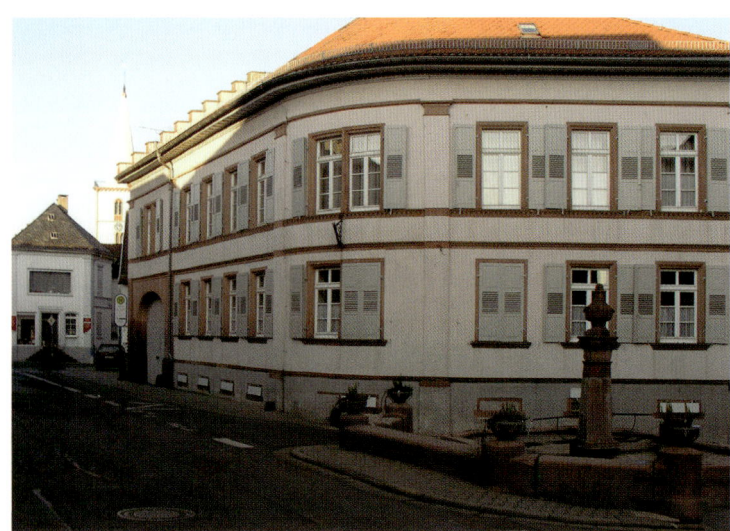

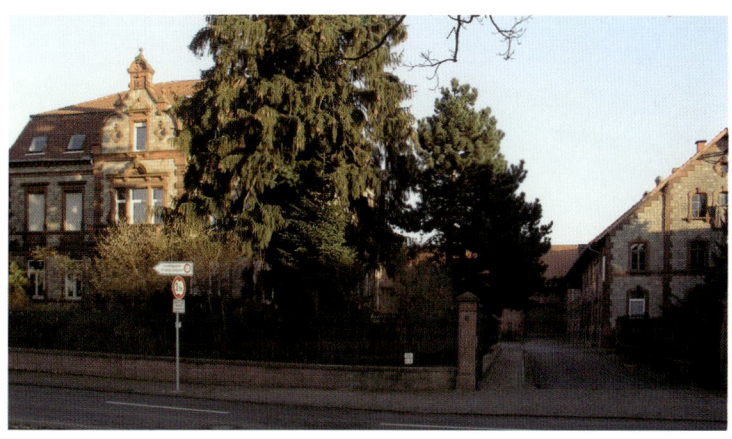

Gutshaus des späten 19. Jahrhunderts

chen Strukturwandel entstanden in Lengfeld, wie auch in anderen umliegenden Orten, größere Ökonomiehofanlagen. Deren Wohnhäuser, teilweise im Stil großherrschaftlicher Herrenhäuser errichtet, zeigen eine Fülle an in Sandstein ausgeführten Dekorationselementen, häufig ist das aufsteigende Mauerwerk in Klinkerbauweise ausgeführt. Beispielhaft für diese Hofanlagen sind die gründerzeitliche Villa von 1893 (Bahnhofstraße 13) mit Renaissance-Motiven und das klassizistisch anmutende Herrenhaus aus dem frühen 20. Jahrhundert (Habitzheimer Straße 14).

In der Straße Zum Borngraben 11 steht eine von ehemals vier Lengfelder Schmieden, deren Werkstatt vom Anfang des 20. Jahrhunderts erhalten ist und auf Vermittlung des Museums Otzberg besichtigt werden kann. ●

Otzberg-Zipfen
Ortsbild

ℹ️ Gemeindeverwaltung Otzberg,
Otzbergerstraße 13, Tel.: 06161-96040
www.otzberg.de

Den ergiebigen Lagerstätten von Sandstein und Basalt in seiner Umgebung verdankte der kleine Ort Zipfen im ausgehenden 18. Jahrhundert seine Entstehung als Arbeitersiedlung. Bis ins 18. Jahrhundert bestand der Weiler Zipfen lediglich aus der Oberförsterei, auch Lengfelder Forsthof genannt.

Ende des 18. Jahrhunderts schickte die kurpfälzisch-bayerische Regierung Steinbrecher und Steinmetze aus Oberbayern nach Zipfen, denen die Eröffnung von fünf Steinbrüchen Arbeit und Brot geben sollte. An die Steinbrüche erinnern heute nur noch Flur- und Straßennamen. Von den Steinmetzen aber sind die Häuser geblieben, die sie an dem ihnen zugewiesenen Siedlungsort gebaut haben.

Bereits 1780 ist ein Steinhauer in Zipfen erwähnt, bis 1829 waren in der Straße „Zu den Steinbrüchen" vier Häuser entstanden, in denen 28 Personen wohnten. Diese sind in ihrer Größe eher bescheiden, geben aber einen guten Eindruck vom Standesbewusstsein ihrer Besitzer.

Sie sind durch sandsteinerne Architekturteile bereichert, die nicht nur die

O

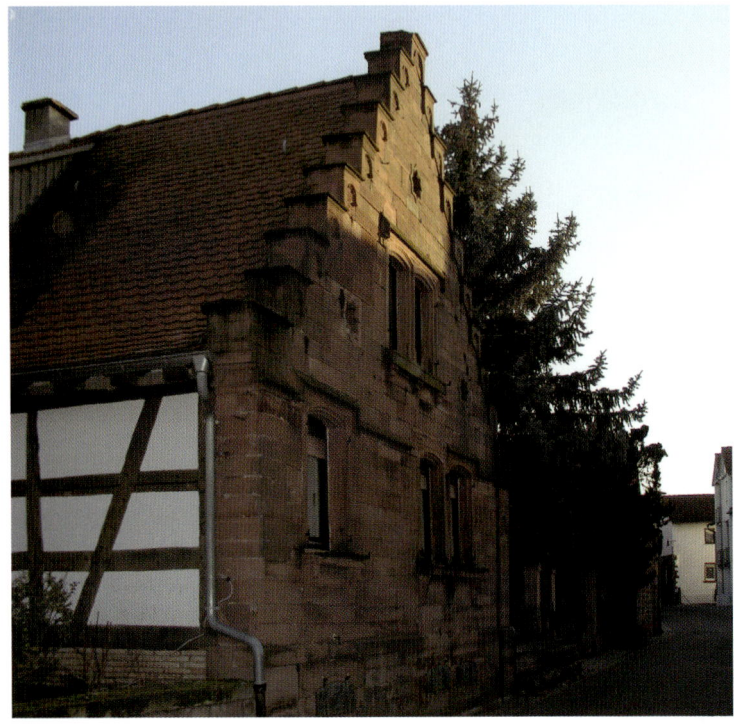

Blick durch Zipfen

gesamte Spannbreite des handwerklichen Könnens ihrer Erbauer vorführen, sondern auch über moderne, eher städtisch anmutende Stilelemente verfügen. Schön herausgearbeitet sind die Konsolen, Gesimse und Türeinfassungen nach klassischem Vorbild oder die aufwändigen Treppengiebel und Fenstergewände mit Stichbogen in gotischen Formen.

Mit der Ansiedlung der Steinhauer und dem Abbau in den Steinbrüchen veränderten sich auch die Ortsbilder in der Umgebung von Zipfen. Dort wo die Handwerker beschäftigt waren, fallen mit Sandstein verblendete Fassaden, mehr oder weniger reich mit Bauornamentik des Historismus ausgestattet, auf. Sie

gesellten sich neben die traditionellen Fachwerkbauten der Region. Vor allem in Lengfeld, in Heubach und Hering sind diese Häuser zu finden.

An der Straßenecke zum Otzberg steht die ehemalige Ziegelhütte, die um 1800 am Ortsausgang von Zipfen erbaut wurde. In dem späteren Gasthof Becker wurde am 5. Januar 1882 der Odenwaldklub gegründet. Eine Gedenktafel erinnert an die Gründungsversammlung, bei der sich 71 Vertreter aus allen Kreisen der Bevölkerung Hessens trafen. ●

Pfungstadt

Pfungstadt

Pfungstädter Galgen

- ⊗ Eberstädter Straße
- ◉ Stadt Pfungstadt
- ⓘ Stadtverwaltung, Kirchstraße 12-14
  Tel.: 06157-9880

Zwischen Pfungstädter Industriegebiet und der Eisenbahnbrücke befindet sich, direkt an der Eberstädter Straße, ein mittelalterliches Relikt aus der Zeit des Pfungstädter Zentgerichts. Es sind die Pfungstädter Galgen.

Auf einem kleinen Hügel stehen drei mächtige gemauerte und verputzte Säulen mit quadratischer Basis. 1603 wurde der heutige „dreischläfrige" Galgen an Stelle eines älteren errichtet. Die Säulen waren durch Holzbalken verbunden, an denen die Delinquenten aufgehängt wurden.

Nach dem Salbuch von 1571 gehörten zur Zent die Dörfer Pfungstadt, Eschollbrücken, Hahn mit Eich, Griesheim, Nieder-Ramstadt, Nieder-Traisa, Waschenbach, Eberstadt und Nieder-Beerbach. Diese Gemeinden stellten die Schöffen, die sich zu ihren Verhandlungen auf Pfungstadts Gemarkung treffen mussten. Verhandelt wurden nicht allein strafrechtliche Vorgänge, sondern zumeist Angelegenheiten, die der Aufrechterhaltung der landgräflichen Ordnung dienten.

So war auch der Gerichtsort abhängig von der jeweiligen Verhandlungssache. Man traf sich entweder im Rathaus, am Marktplatz oder in einem Flurstück genannt „Am Schöffenstuhl". In Fällen der Kriminaljustiz wurde an der „Dingstätte" am Galgen unmittelbar geurteilt und vollstreckt.

In Südhessen gibt es neben dem Pfungstädter nur noch einen weiteren Galgen in Beerfelden (Odenwaldkreis). ●

Die drei Säulen des Galgens

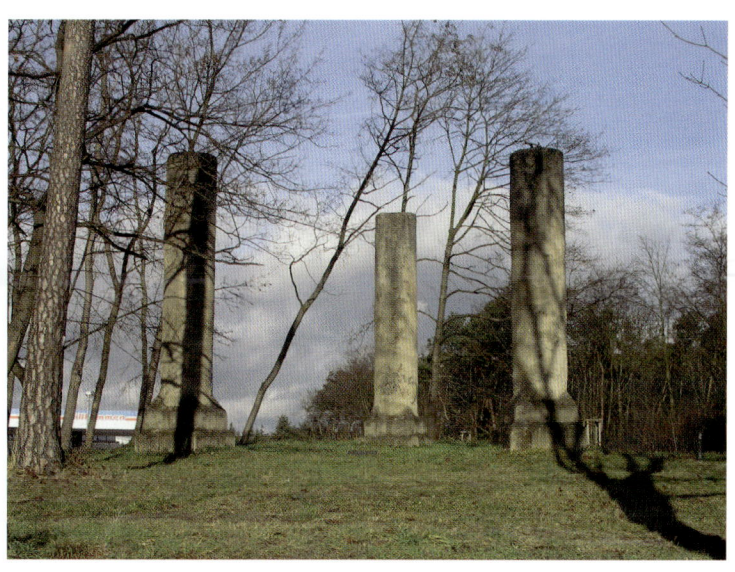

233

P

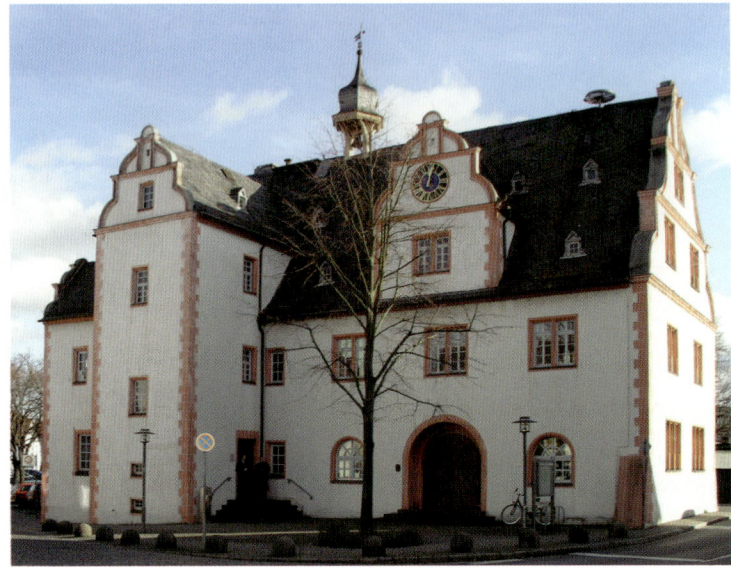

Pfungstadt

Rathaus

Das Pfungstädter Rathaus von Nordwesten

❌ Kirchstraße 1

⬡ Stadt Pfungstadt

ℹ Stadtverwaltung, Kirchstr. 12,
64319 Pfungstadt, Tel.: 06157-8010

Das Rathaus von Pfungstadt ist neben dem in Groß-Umstadt das stattlichste der massiven Rathäuser in der Region. Es wurde zwischen 1614 und 1618 erbaut und stammt aus der Zeit, als Pfungstadt Sitz eines eigenen Amtes war. Früher in mainzischem Besitz wurde der Ort zwischenzeitlich auch von Darmstadt und Seeheim aus verwaltet.

Im 17. und 18. Jahrhundert entwickelte sich links und rechts der Modau der historische Siedlungsbereich. Das Rathaus selbst steht mit tonnenüberwölbten Substruktionen direkt über dem Bachlauf und dominiert den Kreuzungsbereich dreier Straßen.

Dem langgestreckten Putzbau ist an der Eingangsseite ein großes rechteckiges Treppenhaus angebaut. Das Dach krönt ein Glockentürmchen mit geschweifter Haube. Die Schneckengiebel der Seitenfassaden, des Zwerch- und Treppenhauses der Hauptfassade belegen die Verwandtschaft mit dem Lichtenberger Renaissance-Schloss. Mit dem Darmstädter Rathaus, 1590 von Jakob Wustmann erbaut, hat es nicht nur Details wie die Giebelformen und den Dachreiter gemein, sondern auch die Grundrisskomposition mit Treppenturmvorbau.

Im Sitzungssaal im Obergeschoss ist eine Stuckdecke in geometrischen Formen aus der Entstehungszeit erhalten geblieben. ●

Raunheim

Raunheim
Mönchhof-Kapelle

- ⊗ außerhalb auf dem Fraportgelände
- ☁ Fraport Real Estate Mönchhof GmbH & Co. KG
- ☺ Förderverein Mönchhof-Kapelle e.V. c/o E. Schick, Tel.: 06142-42496
- ⓘ zugänglich ab Ende 2007 zu Veranstaltungen

Nur wenige Meter südlich des Mains liegt die Mönchhof-Kapelle, die dem benachbarten Autobahnkreuz seinen Namen gab. Sie wirkt auf den ersten Blick etwas unscheinbar, ist sie doch schlicht verputzt. Der bemerkenswert lange Spitzhelm des Turmes und der Sprenggiebel über dem Eingang weisen jedoch schon auf ihre Besonderheiten hin. Die Kapelle wird bis heute von einem kleinen Friedhof umgeben, die gesamte Anlage von einer Mauer.

Die Kapelle war Bestandteil des bereits 1118 genannten Mönchhof, einem Gut, das sich jahrhundertelang überwiegend in Klosterbesitz befand. Nach Auflösung des Klosters Sankt Clara ging es in den Besitz der Mainzer Universität und später des Mainzer Domkapitels über. 1803, nach der Säkularisation, kam es an Hessen, das es in ein Staatsgut umwandelte. Eingepfarrt und zehntpflichtig war der Hof nach Raunheim, das mit der Reformation evangelisch geworden war.

1680 zog ein katholischer Pächter auf den Hof, der sich weigerte, seinen Zehnten an den evangelischen Pfarrer zu entrichten. So baute er – vermutlich auf den Grundmauern einer Kapelle aus dem 12. Jahrhundert – auf eigene Kosten die Mönchhof-Kapelle, die am 3. August 1687 zu Ehren von Antonius von Padua, der Heiligen Clara und Maria sowie Aller

Die Mönchhofkapelle liegt versteckt neben der Autobahn auf dem Fraport-Gelände

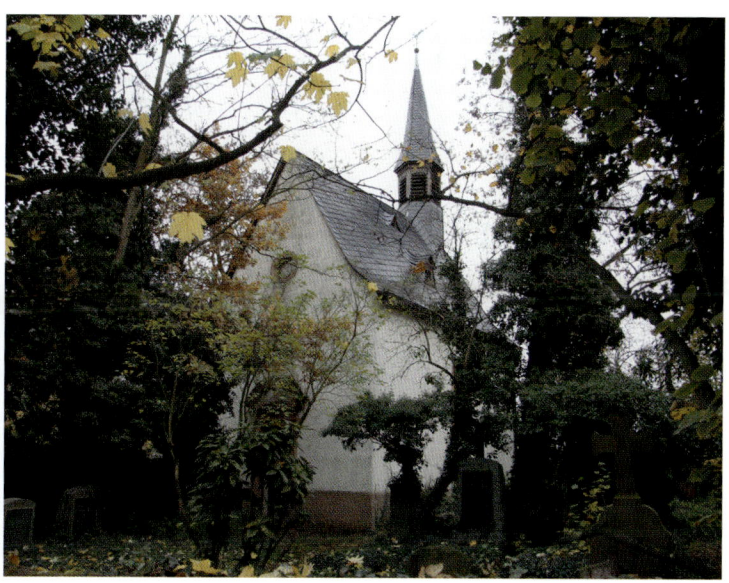

R

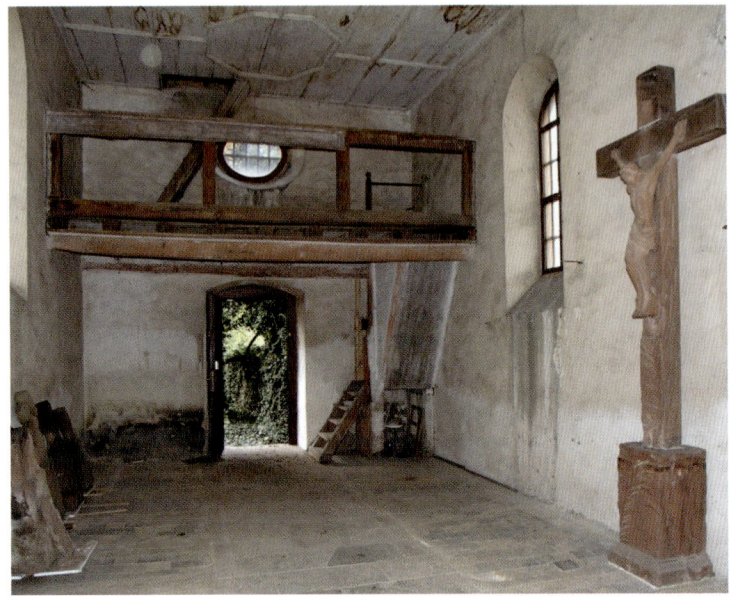

Der Innenraum der Mönchhofkapelle

Heiligen geweiht wurde. Aber auch dieser Winkelzug half nicht, der Zehnt musste weiter an Raunheim geliefert werden, bis 1820 die Zehntpflicht allgemein aufgehoben wurde. Allerdings wählte er den Standort auf einer natürlichen Erhebung so umsichtig aus, dass die Kapelle bis heute nicht ernsthaft durch Hochwasser bedroht war.

Nachdem das umliegende Gelände in den 1960er Jahren aufgekauft worden war, musste das Hofgut Mönchhof Industrieanlagen weichen, nur die Kapelle, da unter Denkmalschutz stehend und der dazu gehörige Friedhof blieben bestehen. Hier liegen die Hofbestände bestattet. Das älteste erhaltene Grabkreuz stammt aus dem Jahr 1688, die letzte Bestattung fand 1960 statt.

Die Kapelle selbst ist, obwohl ein Kleinod an unerwarteter Stelle, heute in einem bemitleidenswerten Zustand, das Innere ist weitgehend ausgeräumt, der Farbanstrich blättert ab.

Das Standbild des Heiligen Joseph und ein Altar stehen im Hessischen Landesmuseum Darmstadt, der restaurierte Beichtstuhl und die Glocke können im Heimatmuseum Raunheim besichtigt werden. ●

Reichelsheim

Reichelsheim
Schloss Reichenberg

- ⊗ Schlossberg
- ◐ Verein „Christen in der Offensive" e. V.
- ❶ Privatbesitz – Schlosshof, Café und Kapelle zugänglich

Die alte Mark Rodenstein gehört zu den wenigen Odenwald-Gebieten, die im 8. und 9. Jahrhundert nicht von den fränkischen Königen an Kirchen und Reichsklöster zu Lehen vergeben wurden, sondern in die Hände einer adeligen Familie kamen. Um 1150 hatten die Herren von „Crumpach", gemeint ist Fränkisch-Crumbach, die Herrschaft inne, auf die vermutlich auch der Bau der Burg zurück geht. Kurz nach 1200 muss der Raum um Reichelsheim und mit ihm die urkundlich 1307 erstmals erwähnte Burg an die Schenken zu Erbach übergegangen sein.

Die ursprüngliche Anlage hatte einen halbkreisförmigen Grundriss mit Bergfried, an den sich östlich ein Palas anlehnte. Mit dem Bau der Vorburg im Süden fand im 14. Jahrhundert eine beträchtliche Erweiterung statt. Ein neuer Torturm wurde errichtet, daneben ließ Schenk Eberhard X. (1379 erwähnt-c. 1415) die gotische Burgkapelle erbauen. Sie hatte ein wechselvolles Schicksal: 1692 diente sie teilweise als Fruchtspeicher, danach als Viehstall. Lange Zeit war sie eine dachlose Ruine, bis sie 1947 der damalige Besitzer mit einem Dach versah. Nach 1979 wurde sie wieder als Kapelle hergerichtet.

Kurz nach 1500 setzten wiederum umfangreiche Baumaßnahmen auf der Burg ein, der alte Bergfried wurde abgebrochen und der Palas zum heutigen „Krummen Bau" verlängert. Im inneren Hof ist noch ein schöner Ziehbrunnen mit den Wappen von Erbach und Pfalz und den Jahreszahlen 1557 und 1567 erhalten.

Ihre Bedeutung als Residenzsitz verlor die nunmehr Schloss Reichenberg genannte Anlage 1731 mit der Übersiedlung des Grafen Georg Wilhelm (1686-1757) nach Erbach. In der Folgezeit verfielen die Gebäude. Erst um 1865 stellte Graf Eberhard XV. bedeutende Mittel bereit, um den weiteren Verfall zu verhindern. Gegen 1874 richtete Pfarrer Anthes eine „Knaben-Erziehungsanstalt" ein, die bis zur Inflation 1923 Bestand hatte. Danach ging in den 1920er Jahren das Schloss in Privatbesitz über und war Kur- und Erholungsheim. 1963 erwarb die Deutsche Bundespost den unteren neueren Teil mit dem Amtshaus und richtete ein Posterholungsheim und eine Tagungsstätte ein. Schließlich erwarb 1979 die „Offensive Junger Christen" die Anlage. In umfassenden Renovierungsarbeiten baute sie die Tagungsstätte weiter aus, richtete ein Café ein und restaurierte die Kapelle. ●

Blick auf Schloss Reichenberg

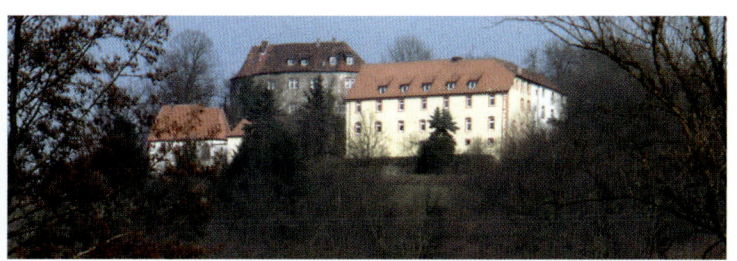

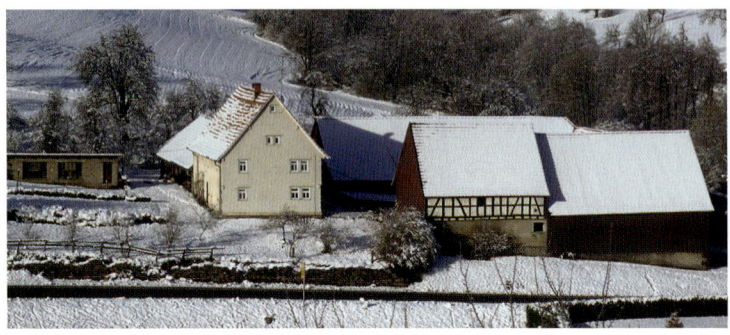

Reichelsheim − Unter-Ostern

Keilvelterhof vom östlichen Talhang aus gesehen

Regionales Freilandmuseum Keilvelterhof

⊗ Grundstraße 75

☻ Museumsstraße Odenwald-Bergstraße e.V.

❶ Mitte April bis Anfang November sonn- u. feiertags 11-18 Uhr, für Gruppen auch nach Vereinbarung, Tel.: 06164-911340

Im Jahre 1992 ist der Verein „Museumsstraße Odenwald-Bergstraße" von drei südhessischen Landkreisen mit dem Ziel gegründet worden, kulturhistorische Objekte, aber auch ganze Häuser und Ensembles in der Region zu erhalten. 1999 erwarb die „Museumsstraße" eine stattliche vierseitige Hubenhofreite im Ostertal, den Keilvelterhof in Unter-Ostern, um sie zu einem bäuerlichen Regionalmuseum auszubauen. Auf der Grundlage einer Hufe, das heißt eines streifenförmigen Besitzes, der vom feuchten Talgrund über den trockeneren Hang bis zum Wald auf der Höhe reicht, soll die bäuerliche Wirtschafts- und Lebensweise im Odenwald vom 18. Jahrhundert bis zur Mitte des 20. Jahrhunderts museal präsentiert werden. Als Ergänzung dazu ist die Darstellung dörflichen Handwerks vorgesehen.

Die heute fast geschlossene Vierseitanlage ist aus dem ehemals typischen offenen Dreiseithof, bestehend aus Wohnstallhaus (1776), Scheune und Nebenbau hervorgegangen. Infolge von Ertragssteigerungen in der Landwirtschaft kam es durch Um- und Ergänzungsbauten zum heutigen Erscheinungsbild. Über dem ehemaligen Pferdestall dokumentiert eine reichhaltige Ausstellung von Geräten einen „Gang durch das bäuerliche Arbeitsjahr", während im gegenüberliegenden Kuhstall das Melken und die Behandlung der Milch gezeigt werden. Die Räume im Wohnhaus, die große Stube und die Schlafkammern im Obergeschoss spiegeln die Zeit des ausgehenden Biedermeiers wider. Die im ehemaligen Stall, der an der Backstein-Außenmauer erkennbar ist, eingerichtete Altenteilerwohnung ist von der „Gründerzeit" geprägt. Der sich bergseitig anschließende Anbau ist zwei Wirtschaftszweigen vorbehalten, die ehemals eine große Bedeutung hatten, dem Obstbau bis hin zur Apfelweinbereitung und dem Kartoffelanbau. Auf der Südseite des Hauses liegt geschützt der große Nutzgarten mit seinem vielseitigen traditionellen Pflanzenbestand.

Auf dem Museumshof werden mit Hilfe eines Sofortprogramms zum Abbau von Jugendarbeitslosigkeit sozial und beruflich Benachteiligten handwerkliche Fähigkeiten vermittelt. ●

Reinheim

Reinheim

Ortsbild mit Hofgut und Kalb'schem Haus

ℹ️ Stadtverwaltung Reinheim, Cestaplatz 1,
Tel.: 06162-8050 www.reinheim.de

Interessant für das Verständnis der Ortsgeschichte von Reinheim ist ein Blick auf den Stadtplan. Als planmäßige Anlage des 13. Jahrhunderts entpuppt sie sich fast als ein Quadrat mit der Kirchstraße als zentraler Erschließungsstraße. Von ihr gehen nach Norden und Süden je drei Sackgassen ab. Die Herren von Katzenelnbogen hatten die Stadt mit einer Stadtmauer befestigen lassen, die zusätzlich von einem Graben umgeben war. Noch heute ist diese Begrenzung an den Grünzügen und Wasserläufen erkennbar.

Vom ehemaligen Willichhof ist das Herrenhaus von 1695 mit zweiläufiger Freitreppe und dem herausragend gestaltetem Renaissanceportal erhalten geblieben. Zwei Wappenschilde zwischen den gebrochenen Schenkeln des Drei-eckgiebels über dem Portal zeigen links das des Kanzlers von Schröder, um 1700 Besitzer des Hofes und rechts das Monogramm des Herrn von Pöllnitz, dem nachfolgenden Hofbesitzer. Die Bogen der Einfahrt und die Handpforte führen in den Hof, um den sich der Altbau wie die Neubauten von Bücherei und Kulturzentrum von 1990 gruppieren.

Gegenüber erhebt sich die evangelische Kirche mit dem Turm von 1610 und dem Langhaus, das in Moller-Marnier 1856 erneuert wurde.

Direkt vor der Kirche steht das älteste Fachwerkhaus von Reinheim – das Kalb'sche Haus (Kirchstr. 21), dessen Gefüge aus der Zeit um 1500 stammt. Das Obergeschoss ist überkragend und stützt sich auf steil angebrachte Knaggen. Dominant ist der mächtige, drei geteilte Eckständer. Den Hof schließt ein schmales Stallgebäude ab.

Das Hofgut, heute Trauzimmer und Kulturzentrum

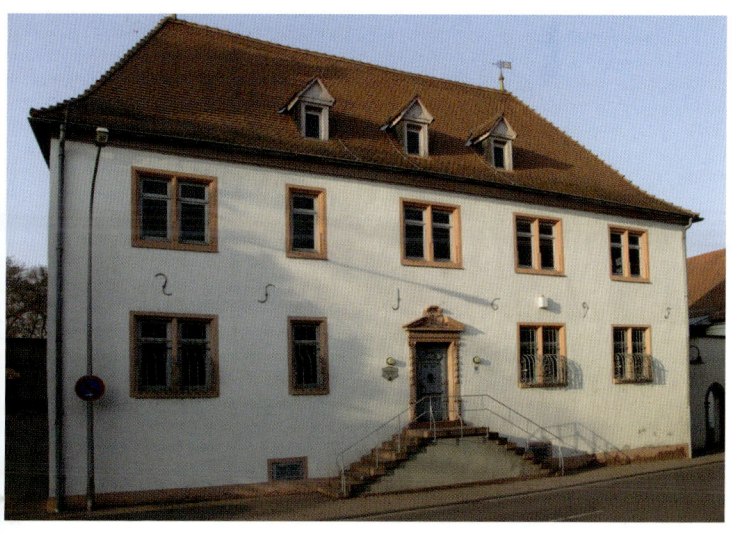

R

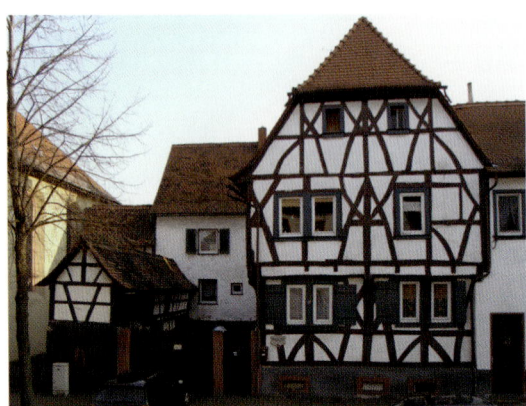

Das älteste Fachwerk-
haus in Reinheim,
das Kalb'sche Haus

Das Haus in der Kirchstraße 32 fällt durch sein breit profiliertes Gesims auf. Sein Fachwerk zeigt ein reich ausdekoriertes Zierfachwerk. Zum einen erstaunen die vier Fenstererker, die geschweiften Rauten in den Brüstungsfeldern, zum andern geben die Mannfiguren dem Gebäude zusätzlich seine ausgeprägte Ansicht. Das Zierfachwerk vom ausgehenden 16. Jahrhundert zählt zu den schönsten der Gegend.

In den Seitenstraßen, beispielsweise An der Stadtmauer 6 und 7 oder Kaplaneigasse 9, stehen Ackerbürgerhäuser des 17. Jahrhunderts. Am Ende der Straße Am Biet befindet sich das Gebäu-de der 1837 gebauten Synagoge, dessen Hülle die Zerstörungen der Reichsprogromnacht überstanden hat.

Mit dem Bau der Eisenbahn in den Odenwald, nach Eberbach am Neckar und dem Bau des Bahnhofs wird Reinheim im ausgehenden 19. Jahrhundert schneller an die wirtschaftlichen Zentren herangeführt. Ein wirtschaftlicher Aufschwung für die Stadt bleibt nicht aus, gerade die planmäßig angelegte Bahnhofstraße mit Grünzug und seinen nach städtischen Vorbildern erbauten Wohn- und Geschäftshäusern sind Beispiele für diese Zeit des erfolgreichen wirtschaftlichen Wachstums. ●

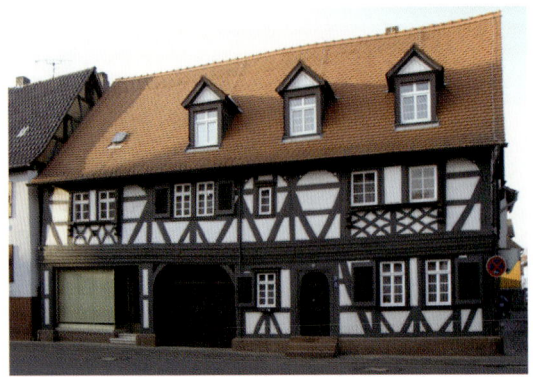

Das Haus Kirchstraße 32

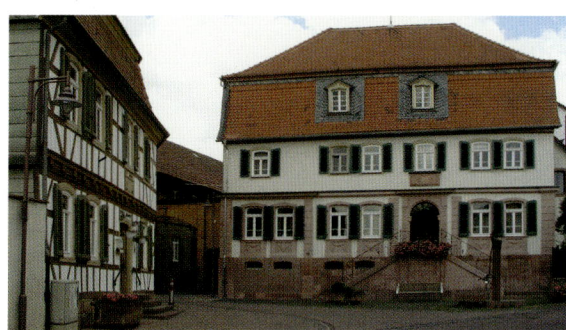

*Wohnhaus
der Familie Ramge
in der Wilhelm-
Leuschner-Straße*

R

Reinheim-Ueberau

Ortsbild

ℹ️ Stadtverwaltung Reinheim, Cestaplatz 1,
Tel.: 06162-8050 www.reinheim.de

Den schönen Ortskern mit der Wilhelm-Leuschner-Straße grenzen zwei auffallende Gebäude ein: Das Alte Rathaus (Haus Nr. 19) wurde 1898/99 als Schulhaus von Ueberau gebaut. In neogotischen Formen mit Ecktürmchen über asymmetrischem Eingang ist es der kleinen evangelischen Kirche, dem zweiten auffälligen Gebäude, vorgelagert.

Die einschiffige, gotische Kirche liegt auf erhöhtem Terrain an Stelle eines Vorgängerbaus aus dem 13. Jahrhundert und erhielt vor allem durch Umbauten in der zweiten Hälfte des 15. Jahrhunderts ihr heutiges Aussehen. Der in die Ecke von Chor und Langhaus eingestellte Turm wurde 1883 im dritten Geschoss erneuert und mit achtseitigem Helm erhöht.

Am gegenüberliegenden Ende beherrscht ein prächtiges spätbarockes Wohnhaus den nördlichen Hauptstraßenbereich der Wilhelm-Leuschner-Straße (Nr. 42). Bereits 1787 erbaut, gehörte es zu dem großen landwirtschaftlichen Hof der Familie Ramge. Der Inschriftentafel über dem Eingangsportal lässt sich entnehmen, dass es von Franz und Nicolaus Ramge gebaut wurde.

Der mannshohe Sockel und das Erdgeschoss sind massiv in Sandstein gemauert, das Obergeschoss aus verputztem Fachwerk trägt ein hohes Mansarddach. Als 1905 die benachbarte Hofreite (Niedergasse) zum Anwesen hinzukam, wurde eine Toreinfahrt im linken Teil des Erdgeschosses geschlossen und die Fassade mit zwei neuen Fenstern angeglichen. So erscheint die Hauptachse, gebildet von der zweiläufigen Freitreppe, heute nach rechts verschoben.

Der reiche barocke Zierrat mit dem Portal, darüber liegender Inschriftentafel und der Gaube verstärken das herrschaftliche Erscheinungsbild und sind eher typisch für einen Adelssitz als einen Bauernhof.

Die Ramges waren wohlhabende Bauern und eine weit verzweigte Familie und dominierte deutlich das Ortsgeschehen. Schräg gegenüber steht ein stattliches zweigeschossiges Fachwerkhaus, das 1804 ebenfalls von einem Mitglied dieser Familie erbaut wurde. Das Haus ist zwar bescheidener, aber es korrespondiert mit dem Massivbau gegenüber in einer Weise, die ganz dem familiären Stolz zu entsprechen scheint.

Die Wohnhäuser der Ramges sprechen vom ausgeprägten Selbstbewusstsein der bürgerlichen Bauherren in einer Zeit, als die Macht des Adels zu schwinden begann. ●

Riedstadt

R

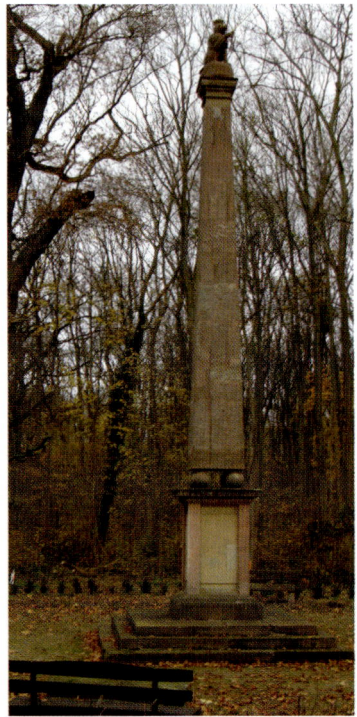

Der Löwe auf der Schwedensäule reckt sein Schwert gen Oppenheim

Riedstadt-Erfelden
Schwedensäule

- ⊗ Bieberer Str. 55
- ◓ Kath. Gemeinde Offenbach
- ◔ 8-17 Uhr bzw. Schlüssel im Pfarrbüro (geöffnet 8.30 - 12.30 Uhr)
- ⓘ Tel.: 069-80084310
  st.marien.of@t-online.de

Etwa fünf Kilometer südwestlich von Erfelden steht – unmittelbar am Rand des Sommerdeichs des Altrheins – die Schwedensäule, das einzige erhaltene Denkmal, das sich der Schwedenkönig Karl Gustav im Dreißigjährigen Krieg selbst gesetzt hat und das bis heute erhalten ist.

Ein langer, schlanker Obelisk ruht auf vier steinernen Kugeln über einem hochrechteckigen Postament. Auf seinem oberen Ende sitzt ein bekrönter, ein Schwert tragender Löwe.

Das Denkmal, gebaut nach Plänen des Festungsbaumeisters Mathaeus Staudt, erinnert an den 1631 an dieser Stelle erfolgten Rheinübertritt der schwedischen Truppen und ist bereits 1632 errichtet worden. Interessant ist, dass die Pflege und Wartung des Denkmals bis 1834 der Schwedischen Krone unterlag.

Schon zu Beginn des 18. Jahrhunderts zeigte sich, dass der Standort nicht sehr sorgfältig ausgewählt war: der mäandrierende Rhein hatte den Sockel unterspült und die Säule drohte umzufallen. 1707 stellte man sie daher an ihren jetzigen Standort. Vermutlich wurde im Zuge dieser Arbeiten auch der Löwe etwas verändert, denn er trug sein Schwert zunächst geschultert, seit dieser Zeit streckt er es gegen Oppenheim, dem Ziel des schwedischen Angriffs 1631. Der Handwerker, der die Arbeiten seinerzeit durchführte und durch eine Inschrift auf sich und seine Leistungen hinwies, musste diese umgehend wieder entfernen.

Vermutlich wurde im 19. Jahrhundert die unmittelbare Umgebung neu gestaltet. Die Säule stand nun im Zentrum eines runden, mit weißem Kies belegten Platzes, der von vier Ruhebänken und neu gesetzten Bäumen gesäumt war. Nachdem die Vegetation über viele Jahre Zeit hatte, die Anlage wieder einzuengen, begann man 2003/2004 mit umfassenden Arbeiten. Von der Straße führt heute wieder eine gerade, gut sichtbare Allee auf das Denkmal zu, der runde Platz ist frei geschnitten, die Ruhebänke sind wieder aufgestellt und der Blick auf den Altrhein ist unverstellt. ●

Riedstadt-Erfelden
Ehemalige Synagoge

- ⊗ Neugasse 43
- ◍ Förderverein Jüdische Geschichte und Kultur im Kreis Groß-Gerau e.V.
- ◕ zu Veranstaltungen und nach Vereinbarung
- ❶ Ulf Kluck, Neugasse 41, 64560 Riedstadt/Erfelden

Die ehemalige Synagoge ist architektonisch typisch für kleine Synagogen ländlicher Gemeinden im 19. Jahrhundert. Das kleine, zweigeschossige Gebäude steht über einem nahezu quadratischen Grundriss giebelständig zur Straße. Hier fallen sowohl die spitzbogig überwölbten Fenster als auch der getreppte Giebel ins Auge.

Nachdem die Zahl jüdischer Familien in Erfelden bis 1875 auf acht angewachsen war, kaufte die kleine Religionsgemeinde 1877 das Gebäude, das nur wenige Jahre zuvor als Backhaus errichtet worden war, baute es um und richtete es sich als Synagoge ein. Die Einweihung fand im Beisein des orthodoxen Rabbiners Dr. Marx aus Darmstadt am 6. Dezember 1877 statt. Die Gottesdienste wurden auch von den jüdischen Einwohnern aus Goddelau und Stockstadt besucht.

Im frühen 20. Jahrhundert ging die Zahl der Mitglieder jüdischer Landgemeinden durch Abwanderung in die umliegenden Städte zurück. Vor allem aber der nationalsozialistische Boykott und Terror veranlasste die Erfelder Juden endgültig auszuwandern. Daher verkaufte der Vorsitzende der Gemeinde am 24. September 1937 die Synagoge an den damaligen Besitzer der benachbarten Hofreite. Auf diese Weise überstand das Gebäude die Pogromnacht vom 9. November 1938 und wurde in der Folgezeit zu einem Wohnhaus umgebaut.

1989 konnte der neu gegründete Förderverein für Jüdische Geschichte und Kultur im Kreis Groß-Gerau das kleine Anwesen ankaufen und in vierjähriger Bauzeit in seinen Originalzustand zurück versetzen. Für den Erhalt des Baudenkmals bekam der Förderverein 1991 den ersten Hessischen Denkmalschutzpreis im Kreis Groß-Gerau verliehen.

1994 wurde die ehemalige Synagoge als Kultur- und Begegnungszentrum eröffnet. Sie bietet ihren Besuchern seitdem Vorträge, Lesungen, musikalische Veranstaltungen und Ausstellungen. Als Dokumentationsort zeigt sie vor allem Schulklassen Ausschnitte aus dem jüdischen Leben im Kreis Groß-Gerau. ●

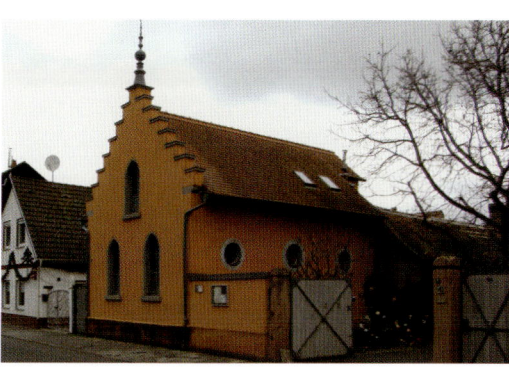

Ehemalige Synagoge

R

Büchnerhaus mit Museum

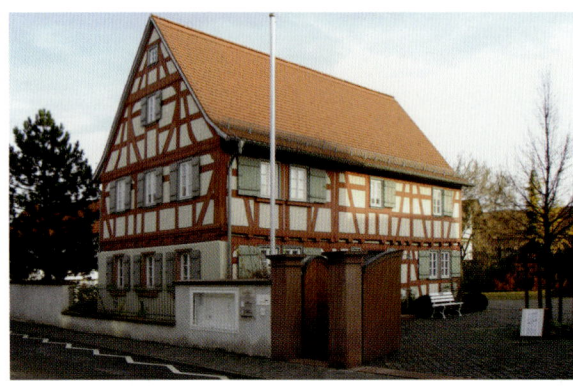

Riedstadt-Goddelau
Büchnerhaus

⊗ Weidstraße 6

⌂ Förderverein Büchnerhaus e.V.

🕐 Do. 14-18 Uhr, So. 14-18 Uhr,
Gruppen nach Vereinbarung

ℹ Tel.: 06158-4621 oder -930841,
Fax: 06158-930843, kultur@riedstadt.de

Zentral im Ortsteil Goddelau liegt ein zweigeschossiges, 1665 erbautes Fachwerkhaus. Schon das Haus an und für sich ist mit den stilisierten Mannfiguren, der doppelten Riegelreihe und den mächtigen Eckständern bemerkenswert. Hinzu kommt aber noch, dass es sich hierbei um das Geburtshaus Georg Büchners handelt, der mit seinen Ideen Teile der Gesellschaft des 19. Jahrhunderts wesentlich beeinflusste. Hier wurde Georg Büchner am 17. Oktober 1813 als erstes Kind von Ernst und Caroline Büchner geboren. Nur drei Jahre später zog die Familie nach Darmstadt, wo er seine Kindheit verbrachte. Nach dem Medizinstudium in Straßburg und Gießen ging er nach Zürich, wo er am 19. Februar 1837 an Typhus starb.

Georg Büchner solidarisierte sich schon als Student mit der Freiheitsbewegung und entwickelte sich zum radikalen Gegner der Monarchie. Gemeinsam mit Kommilitonen gründete er 1834 die „Gesellschaft für Menschenrechte", deren Ziel der Umsturz der politischen Verhältnisse war. Noch im gleichen Jahr veröffentlichte er den Hessischen Landboten, der unter Parole „Friede den Hütten! Krieg den Palästen!" zur Revolution aufrief. Büchner selbst wurde nicht verhaftet und konnte nach Straßburg fliehen, wo er „Dantons Tod" fertig stellte. Neben Übersetzungen zweier Dramen von Victor Hugo („Lucretia Borgia" und „Maria Tudor") hinterließ er 1837 die Tragödie „Woyzeck".

Das Büchnerhaus ist der letzte Originalschauplatz, der an das Wirken Büchners erinnert. Die Dauerausstellung im Erdgeschoss beeindruck durch eine moderne, Theaterinszenierungen nachempfundene Gestaltung und skizziert Büchners Lebensweg und sein Nachleben am Theater und in der Literatur. Die Bibliothek im Obergeschoss sammelt Literatur über Georg Büchner, Schriften seiner Geschwister und Freunde, Erstausgaben seiner Werke und von Künstlern gestaltete Sonderausgaben.

Im Hof und im Nebengebäude finden Lesungen, Konzerte, Vorträge, Sonderausstellungen, Film- und Theateraufführungen statt. ●

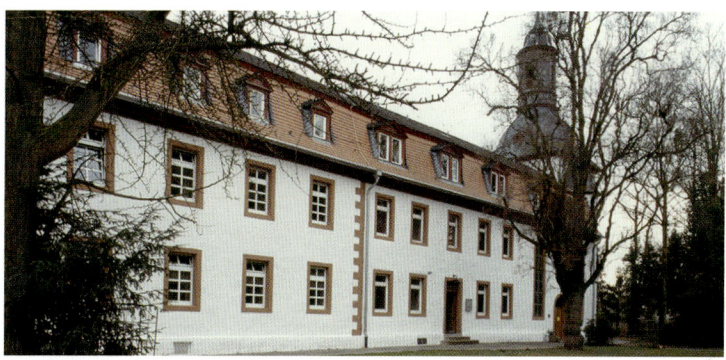

R

Riedstadt-Goddelau
Philipshospital

Der Brüderbau mit dem Turm der Hospital-kirche im Hintergrund

❌ Hauptstraße zwischen Goddelau und Crumstadt

☁ Landeswohlfahrtsverband Hessen

❶ Museum nach Vereinbarung
Tel.: 06158-183203

Zwischen Goddelau und Crumstadt liegt das Zentrum für Soziale Psychiatrie Philippshospital. Das heutige Krankenhaus hat eine lange und fast einmalige Tradition, gehört es doch zu den ältesten psychiatrischen Krankenhäusern der Welt. Zusammen mit den Einrichtungen in Haina, Merxhausen und Gronau – letzteres existiert schon lange nicht mehr – wurde es 1535 als „Hohes Hospital Hofheim" von Landgraf Philipp I. von Hessen (später: der Großmütige) gegründet, auf dessen Initiative auch die Gründung der Universität Marburg zurück geht.

Nach Zerstörungen im Dreißigjährigen Krieg wurde es wieder aufgebaut und auch in der Folgezeit baulich weiter entwickelt. So wurden Teile des Parks, der noch heute einen Teil des Geländes umfasst, im 19. Jahrhundert angelegt. Bauliche Zeugen sind der mittelalterliche Turm der Hospitalkirche, die selbst barocke Formen zeigt. Ebenfalls aus dem Barock, der Wiederaufbauzeit nach dem Dreißigjährigen Krieg, stammt der „Große Brüderbau". Küchenbau und Männerhaus wurden im frühen 19. Jahrhundert errichtet, die ehemalige Bäckerei stammt aus der Zeit um 1870. Den Abschluss dieser Bauentwicklung bildet die kurz nach 1900 erbaute Friedhofskapelle.

Wie die meisten psychiatrischen Krankenhäuser war auch das Philipshospital darauf ausgelegt, sich selbst zu versorgen. So gehörten neben der Landwirtschaft und der Bäckerei eine Schlosserei und eine Brauerei zu den hospitaleigenen Betrieben.

Während das Philipshospital heute ein modernes Fachkrankenhaus für Psychiatrie und Psychotherapie ist, informiert ein eigenes Museum über die Geschichte des Hauses. Hier sind so genannte Zwangsstühle ebenso zu sehen, wie Darstellungen der Dauerbad- und Bettbehandlung. Inventarstücke aus den Krankengebäuden, dem Labor und den Werkstätten verweisen auf die unterschiedlichen Beschäftigungsmöglichkeiten der Bewohner und Angestellten. Schließlich wird ein umfangreiches Archiv zur Geschichte des Krankenhauses und der Entwicklung Krankenfürsorge vorgehalten. ●

R

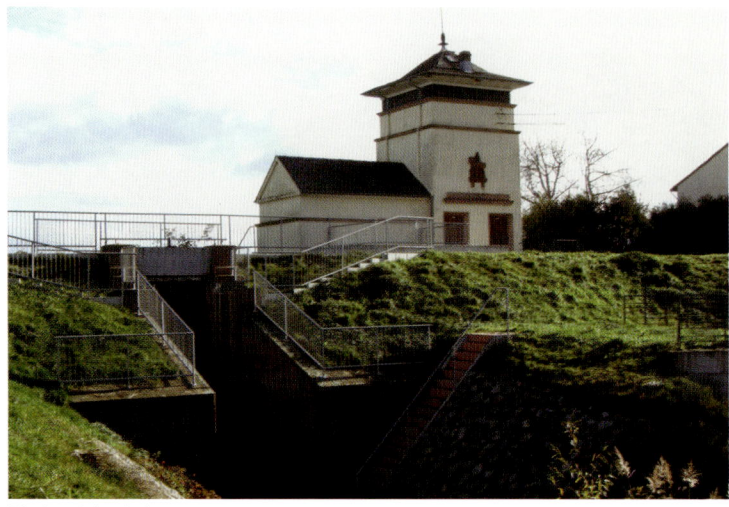

Riedstadt-Leeheim

Pumpwerk Kammerhof im Damm bei Leeheim

Pumpwerke Wächterstadt und Kammerhof

❌ beide Pumpwerke liegen westlich des Ortes am Rhein-Neckar-Radweg

ℹ von außen frei zugänglich

Leeheim liegt, wie die meisten anderen Orte des Rieds auch, im Überflutungsgebiet des Rheins. Während zunächst versucht wurde, mittels Ortsdämmen die Dörfer vor Hochwasser zu schützen, wurden schon in der frühen Neuzeit Deiche entlang der Flüsse aufgeschüttet und Gräben zur Entwässerung der Ländereien gezogen. An wenigen Stellen im Ried haben sich Teile des in der zweiten Hälfte angelegten Landgrabens erhalten. Damit ergab sich die Notwendigkeit, das Wasser nach Rückgang der Hochstände dem Rhein wieder zuzuführen und gleichzeitig zu verhindern, dass Rückstauwasser in die Gräben und Bäche gedrückt wurde.

Nachdem zu Beginn des 19. Jahrhunderts großflächige Entwässerungs-

maßnahmen eingeleitet worden waren, wurden so genannte Schließen in die Dämme eingebaut, die verhinderten, dass Rückstauwasser eindrang und die andererseits gestatteten, dass das Wasser wieder abfloss, wenn der Rheinpegel es zuließ. Solange das Wasser des Rheins allerdings noch hoch stand, musste man auf Versickern des Wassers hoffen.

Erst leistungsfähige Pumpen eröffneten die Möglichkeit, das Wasser auch gegen den Druck des Rheinwassers aus dem Ried zu pumpen.

Die vermutlich erste Pumpe dieser Art wurde am 8. Juni 1913 am Schwarzbach bei Ginsheim eingeweiht. Für die südlicher gelegenen Gemeinden wurde aber entgegen erster Erwartungen keine Erleichterung geschaffen. In Folge des Gesetzes zur Verbesserung der Wasser- und Bodenverhältnisse im Ried 1923 gründete sich auch der Astheim-Erfelder Entwässerungsverband. Im Rahmen der Arbeiten entstanden so auch die Pumpwerke Kammerhof an der Gemarkungs-

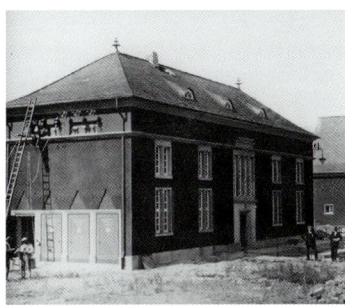

Das Pumpwerk Wächterstadt kurz nach seiner Fertigstellung

grenze Leeheim/Erfelden, die mittels zweier Pumpen 1500 Liter je Sekunde pumpen konnte, und das Pumpwerk Wächterstadt, das mit vier Pumpen maximal 5500 Liter Wasser pumpen konnte.

Mit der Errichtung des Pumpwerks Kammerhof wurde auch eine Erinnerungstafel an Kaiser Konrad II., den ersten salischen König und Kaiser angebracht. Der Überlieferung zufolge fand dessen Krönung am 4. September 1024 in Camba statt. Als Camba wird eine Siedlung gegenüber Oppenheims angesehen, die im Bereich des Kammerhofes vermutet wird. ●

Riedstadt-Wolfskehlen
Museum

⊗ Groß-Gerauer Straße 1

🕐 jeden ersten So im Monat von 10-12 Uhr sowie nach Vereinbarung

ℹ Tel.: 06158-71920

Zentral im Ort, unmittelbar neben der Kirche, liegt die große Hofreite Groß-Gerauer Straße 1. Sie besteht aus einem Fachwerkwohnhaus, einer zurückversetzten Scheune und einem Pferdestall, der heute das Heimatmuseum Wolfskehlen birgt. Neben Landwirtschaft wurde hier auch eine Ölmühle betrieben.

Das Besondere an diesem Stall ist, dass er von einem Kreuzgewölbe überfangen ist. Diese Bauweise geht zurück auf moderne Überlegungen in der ersten Hälfte des 19. Jahrhunderts. Nach Einführung der Stallviehhaltung entstand eine Vielzahl von Veröffentlichungen über eine ökonomischere Bauweise landwirtschaftlicher Hofreiten, darunter 1839 die des Gutsbesitzers G. F. Best aus Osthofen „Ueber die Errichtung und die Vorzüge leichter Backsteingewölbe (Kreuzgewölbe) statt hölzerner Decken (Gebälke)

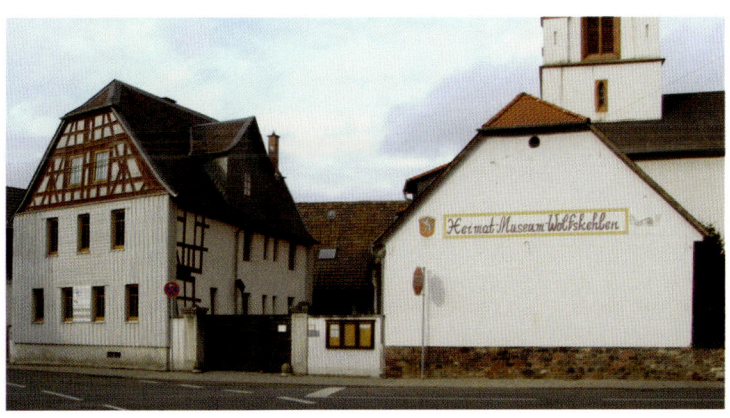

Das Museum in Wolfskehlen

R

bei der Erbauung von Stallung …" 1839. Nur wenige Jahre später, 1842, forderte die Landesregierung die Maurer auf, Einführungskurse zur Gewölbebauweise bei Franz Ostermeyer aus Grünstadt in der Pfalz, die seinerzeit zu Hessen gehörte, zu besuchen. Bis 1856 hatten mehr als 50 Maurer allein aus Rheinhessen diese Kurse gehört und verbreiteten das neue Wissen. Es darf davon ausgegangen werden, dass zwischen 1830 und 1870 mehr als 300 Gewölbeställe in Rheinhessen erbaut wurden. Griff man für die Säulen zunächst noch auf Sandstein zurück, wählten die Bauherren ab etwa 1850 Gusseisen, das preiswerter war und zudem den sich wandelnden ästhetischen Ansprüchen angemessener erschien. Nach etwa 1870 baute man dann bevorzugt Ställe mit preußischen Kappendecken.

Der Pferdestall der Hofreite in Wolfskehlen lässt sich genau in diese Bauweise einreihen. Er wurde 1852 erbaut und ist der Schule von Franz Ostermeyer zuzuordnen. Zuletzt wurde er als Faselviehstall der Gemeinde genutzt.

Das Museum zeigt in Dauerausstellungen frühgeschichtliche Funde aus Wolfskehlen sowie Objekte aus dem lokalen Handwerk und Gewerbe. So ist hier beispielsweise eine Schusterei, eine Spenglerei und eine Wagnerwerkstatt ebenso zu sehen, wie ein Schulraum und häusliche Einrichtungen aus früheren Zeiten. ●

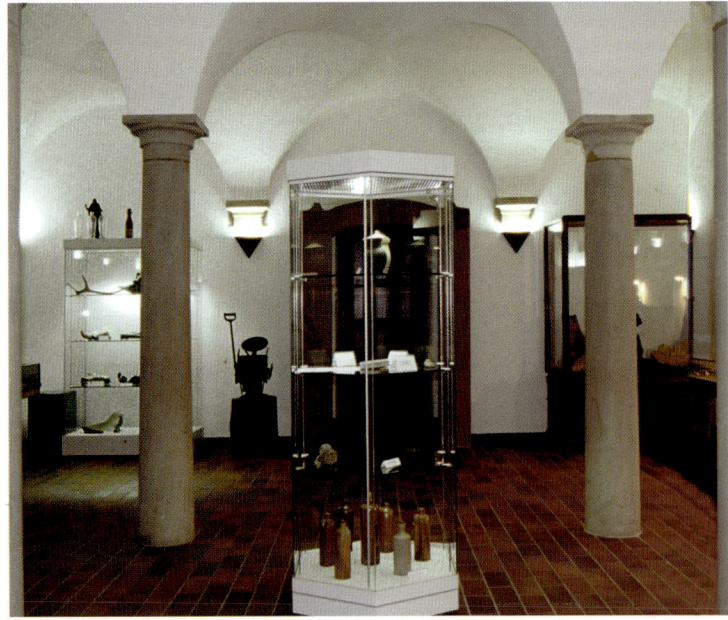

Der kreuzgratgewölbte Stall, heute Museum

Rimbach

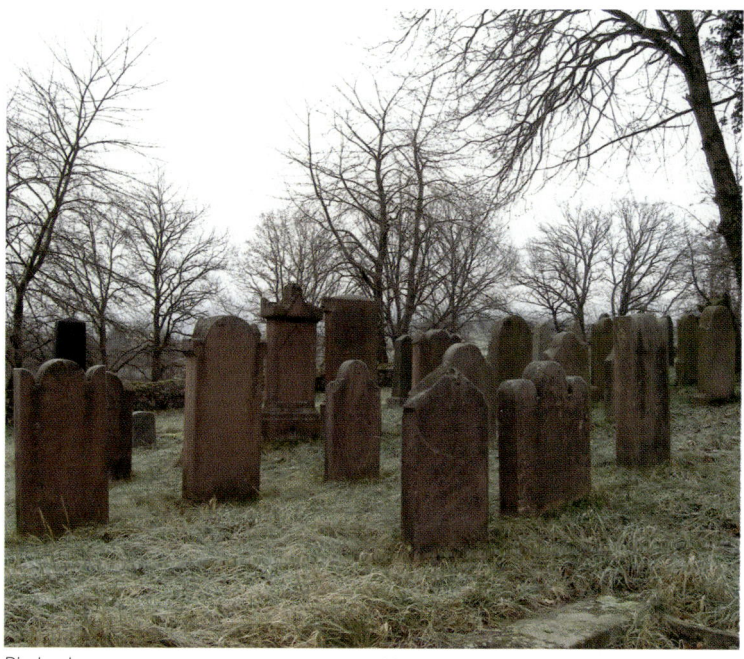

Rimbach
Jüdischer Friedhof

Blick über den jüdischen Friedhof

❌ Zotzenbacher Weg

☁ Gemeinde Rimbach

🔑 Schlüssel nach Rücksprache mit der
Gemeinde (Ordnungsamt)
Tel.: 06253-8090.

Anders als in anderen Orten des vorderen Odenwalds durften sich Juden in
Rimbach schon unmittelbar nach dem
Dreißigjährigen Krieg niederlassen. Dennoch stammt der älteste Nachweis einer
jüdischen Familie erst aus der Zeit um
1730, als „Mosche, der Judt" als Besitzer
eines Hauses nebst Hof und Garten
genannt wurde. Im 18., vor allem aber
im 19. Jahrhundert, stieg die Zahl der
jüdischen Bewohner stark an und die
Rimbacher Gemeinde entwickelte sich zu
einer der bedeutendsten im heutigen
Kreis Bergstraße.

Die Entwicklung der jüdischen Gemeinde fand natürlich auch ihren Niederschlag in den entsprechenden gemeind-
lichen Einrichtungen: In der zweiten
Hälfte des 18. Jahrhunderts wurde eine
Schule mit Betsaal eingerichtet (heute
Brunnengasse 6), eine Mikwe entstand
und 1840 wurde die Synagoge in der
(heutigen) Schlossstraße eingeweiht.
Zu ihrer Einweihung kam sogar der
berühmte Rabbiner Seckel Löb Wormser,
der Baal-Schem von Michelstadt. In der
Pogromnacht vom 9. zum 10. November
1938 wurde die Synagoge nieder-
gebrannt und dient seit 1954 als katholische Kirche.

R

Vor der Anlage eines Friedhofs in Rimbach wurden die Toten in Birkenau bestattet. 1844 erwarb die jüdische Gemeinde rund 2400 Quadratmeter Land südöstlich des Ortskernes und richtete dort zwischen 1846 und 1849 einen eigenen Friedhof ein.

Der Friedhof besteht wie die meisten jüdischen Friedhöfe aus fünf Feldern: Links des Eingangs bis zur Mitte sind die Ehefrauen beigesetzt, darüber bis zur abschließenden Mauer die verheirateten Männer. Rechts des Eingangs befinden sich die Grabstätten der Mädchen und ledigen Frauen, darüber die der ledigen Knaben und Männer. Eine besondere Stellung nehmen die Gräber der Familien Kahn und Wetterhahn ein. Sie sind an exponierter Stelle in der oberen Mitte beigesetzt.

Während die älteren Grabsteine aus Sandstein gefertigt sind, sind die jüngeren aus Granit oder Syenit hergestellt. Die Inschriften sind vorwiegend in Hebräisch gehalten. Sie nennen den Namen des Verstorbenen sowie den des jeweiligen Vaters. Bei verheirateten Frauen ist zudem der Name des Ehemannes angegeben. Der Todestag ist nach dem jüdischen Kalender aufgeführt. Vor allem die Inschriften der sandsteinernen Grabsteine sind so stark verwittert, dass sie heute kaum noch lesbar sind. Die heute aufgelockerten Reihen weisen an einigen Stellen „Löcher" auf, die entstanden, nachdem die hölzernen Grabmale ärmerer Juden verwittert waren.

Es sind drei Symbole, die vorwiegend Verwendung fanden: die „segnenden Hände": zwei Hände, deren Daumen sich berühren, weisen nach oben, selten auch nach unten. Dieses Symbol weist auf Nachkommen der Priesterschaft und ist den so genannten „Kohanim" vorbehalten. In Rimbach findet sich dieses Zeichen an den Grabsteinen der Familien Kahn und Wetterhahn. Der „Schmetterling" am Grab von Karoline Kahn, der

Ehefrau von Löb Kahn, weist auf die Vergänglichkeit des irdischen Lebens hin. Die „abgebrochene Säule" steht für den frühen Tod des Menschen und die Endlichkeit des Lebens. In Rimbach ziert sie das Grab von Ludwig Hamburger, der 1897 im Alter von nur 21 Jahren verstarb. Die letzte Bestattung fand am 21. Januar 1941 statt, nachdem Hermann Oppenheimer verstorben war. ●

Rödermark

Rödermark – Ober-Roden
Die Sankt Nazarius-Kirche

❌ Frankfurter Straße 2

🕐 von außen jederzeit

Das Kloster „Rotaha" wurde im Jahre 786 erstmalig urkundlich erwähnt, 790 hieß es „villa Rotaha" und 791 „Rotaha superiore et inferiore". 815 wurden hier sechs Hofreiten, zwanzig Huben, Wald und 38 Leibeigene gezählt. Der Ort stand in Münzenbergischem Besitz und gehörte zur Burg Babenhausen, durch Erbschaft gelangte er in Hanauisches und Eppsteinisches Eigentum. 1425 kam Ober-Roden als Bestandteil des Amtes Steinheim durch Verkauf an Kurmainz. Zeitwiese teilten sich Hanau und Mainz den Ort. Als eines der ältesten Dörfer der seit dem Mittelalter bestehenden Röder Mark war Ober-Roden Sitz des Märkergerichts. Während nach 1560 die Grafen von Hanau die Reformation einzuführen versuchten, setzte sich später durch den Mainzer Einfluss der Katholizismus durch. 1803 kam Ober-Roden dann an Hessen-Darmstadt.

Die Katholische Pfarrkirche Sankt Nazarius ist eine neogotische Kirche. Sie wurde 1894 bis 1896 nach einem Entwurf des Frankfurter Architekten Röder als dreischiffiger Bau mit seitlichem hohem Turm mit Spitzhelm in prominenter Lage in der Ortsmitte erbaut. Das Langhaus besteht aus Sandstein-Sichtmauerwerk und weist starke Ähnlichkeiten mit dem fast gleichzeitig von demselben Architekten in Nieder-Roden geschaffenen Kirchenbau auf.

Eine 1303 erwähnte Vorgängerkirche war ebenfalls Sankt Nazarius geweiht. Ein noch erhaltener Grabstein weist auf die Erbauung des Chores 1393 hin. Nach der Zerstörung 1644 wurde die Kirche 1660 wieder aufgebaut. ●

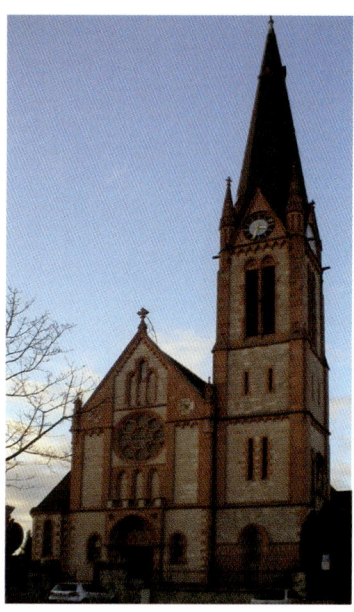

Katholische Pfarrkirche Sankt Nazarius

Rödermark-Urberach
Kulturhistorische Erlebnisstätte

❌ am Waldrand nördlich der Rodaustraße, abbiegen auf die Straße Zur Walstatt Richtung Waldfestplatz

🕐 jederzeit

Etwa zwei Kilometer nordwestlich von Urberach verläuft in West-Ost-Richtung der zum Messeler Hügelland gehörende Höhenzug „Die Bulau". Diese Sanddünen sind Teil eines großen Dünenkomplexes, der sich in mehreren Wellen von der Mainmündung in östlicher Richtung bis nach Seligenstadt und Stockstadt erstreckt.

Bereits in vorgeschichtlicher Zeit nutzten die Menschen diese Dünen als Verkehrswege. Im Bereich der Bulau kreuzen sich ein uralter Höhenweg und der von Süd nach Nord ziehende „Diet-

R

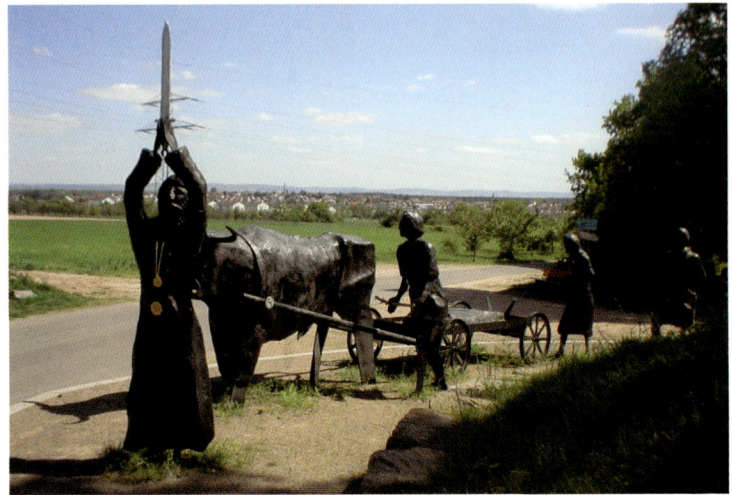

Kulturhistorische Erlebnisstätte an der Bulau

zenbacher Weg", vermutlich die Verlängerung der römischen „Hohen Straße", die die antiken Verwaltungszentren Dieburg und Heddernheim miteinander verband. Die Sanddünen boten sich auch zur Anlage von Grabhügeln an, konnten doch hier die Toten in grund- und hochwasserfreiem Boden vergleichsweise einfach bestattet werden.

Es lag also nahe, hier eine „Kulturhistorische Erlebnisstätte" zu schaffen, an der sich die Besucher mittels eines Ensembles aus Installationen und Teilrekonstruktionen sowie an themenbezogenen Schrifttafeln über die einzelnen Inhalte informieren können.

Vor dem südlichen Hügel befindet sich eine künstlerische Installation. Durch die Figurengruppe des Künstlers Kai Georg Wujanz wurde in freier Gestaltung ein Bestattungsritus eines hallstattzeitlichen Kriegers nachempfunden. Die Skulptur vermittelt den Besuchern einen plastischen Eindruck der Funktion und Bedeutung des Ortes in keltischer Zeit und lässt genügend Raum zur Entfaltung eigener Phantasien. Sie ist aus einem Materialmix geschaffen: massiver Stahl

bildet die tragenden Strukturen, Beton dient der Ausbildung dreidimensionaler Körperpartien und geschwärztes Glasfasergewebe zur Nachempfindung der Kleidung.

Die römische „Hohe Straße" wurde beispielhaft rekonstruiert und illustriert. Die Nachbildung zeigt die verschiedenen römischen Straßenbauarten: Über dem oftmals aus mehreren Schichten bestehenden Unterbau (statumen) folgt eine Lage aus kleineren Steinen (ruderatio), über der sich eine weitere Schicht aus kleineren kieselartigen Steinen (nucleus) erstreckte. Als Straßendecke (summa crusta) diente eine Tragschicht aus einem Polygonalpflaster.

Das Projekt entstand als Kooperation zwischen dem Regionalverband RheinMain, der Stadt Rödermark, dem Land Hessen, der Kreisarchäologie des Kreises Offenbach, dem Saalburgmuseum und der Archäologischen und Paläontologischen Denkmalpflege im Landesamt für Denkmalpflege Hessen. ●

Rodgau

Rodgau-Dudenhofen
Evangelische Kirche und Rektor-Geißler-Haus

⊗ Nieuwpoorter Straße 90
 bzw. Kirchstraße 4

ⓘ von außen jederzeit

Dudenhofen war über Jahrhunderte häufigen Besitzerwechseln unterworfen und geteilt. 1450 bis 1736 gehörte es hauptsächlich zum Amt Babenhausen und damit zur Grafschaft Hanau-Lichtenberg. Durch Hanau wurde hier, im Gegensatz zum sonst überwiegend katholisch gebliebenen Rodgau, seit 1545 die Reformation eingeführt. Vorher Filialort von Ober-Roden, wurde Dudenhofen 1560 selbständige protestantische Pfarrei.

In zentraler Lage im Ort erhebt sich die evangelische Kirche. Der barocke Bau steht etwas von der Straße zurückversetzt, sodass die davor verbleibende Freifläche die lange Straßenfront platzartig erweitert. Hier stand früher ein Kriegerdenkmal.

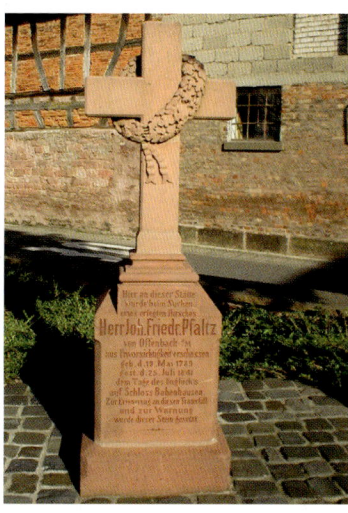

Pfaltzkreuz am Rektor-Geißler-Haus

Die Kirche wurde 1769 nach den Plänen des Ingenieur-Leutnants Apolt aus Hanau errichtet. Zunächst in Sichtmauerwerk aufgeführt, wurde der Bau erst im Rahmen einer grundlegenden Renovierung im Jahre 1969 verputzt. Das Langhaus ist ein rechteckiger Saalbau mit abgeschrägten Ecken und Lisenengliederung. Der viereckige eingestellte Turm geht nach oben in ein verschiefertes Achteck über und wird von einer Haubenlaterne abgeschlossen. Auf dem Eingangsportal mit Stichbogenabschluss befindet sich die Inschrift: „WAS UNTER HESSENS LUST ERBPRINZ WILHELM HAT GEBAUT SEI DIR O WAHRER GOTT ZUR PFLEGE ANVERTRAUT 1769". Darüber erheben sich zwei das Hanauer Wappen haltende Löwen. Die Belichtung erfolgt durch Rundbogenfenster mit ovalen Lichtöffnungen in den abgeflachten schmalen Ecken. Der Innenraum ist nach evangelischer Auffassung quer orientiert,

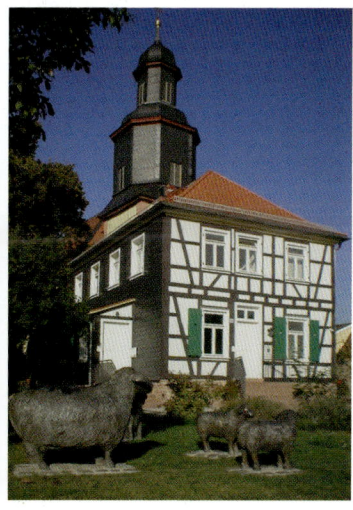

Rektor-Geißler-Haus, im Hintergrund der Turm der evangelischen Pfarrkirche

R

mit geschwungener dreiseitiger, hölzerner Empore aus der Bauzeit, während der Kanzel-Orgel-Aufbau an der nördlichen Längswand von 1827 stammt.

Auf dem Platz vor der Kirche steht das zweigeschossige Rektor-Geißler-Haus, ein klassizistischer kubischer Fachwerkbau mit Walmdach. Es wurde 1833 als Schule mit Lehrerwohnung und Bürgermeisterzimmer im Obergeschoss erbaut. Daneben steht das wiedererrichtete Backhaus der Gemeinde.

Von seinem ursprünglichen Standort im Wald versetzt, findet sich auf dem Gelände auch das Pfaltzkreuz, das an einen tödlichen Jagdunfall erinnert. Die Denkmälergruppe eines Schäfers mit seinen Tieren runden das Ensemble ab. ●

Rodgau-Jügesheim
Der Wasserbehälter

⊗ Am Wasserturm
🕐 von außen jederzeit

Jügesheim, wahrscheinlich eine fränkische Gründung, liegt im Mittelpunkt der Siedlungen, die heute die Gesamtgemeinde Rodgau bilden. Der Ortsname wird 1261 erstmals als „Guginsheim" erwähnt und soll sich von „Gugin", dem Namen eines Vogts Karls des Großen, ableiten.

Das weithin sichtbare Wahrzeichen Jügesheims ist heute der 43,5 Meter hohe Wasserturm, der am östlichen Ortsende nur wenige Meter von der B 45 entfernt in einem Kiefernwald steht. Wie die beiden Türme des Wasserzweckverbandes in Seligenstadt und Hanau-Steinheim wurde auch er 1937 im Rahmen nationalsozialistischer Arbeitsbeschaffungsmaßnahmen erbaut und 1938 offiziell eröffnet. Während ein älterer Wasserturm aus der Zeit um 1913 in Mühlheim aus Basaltmauerwerk historisierende Formen mit romanischen Rundbogenfenstern und zeitgenössische,

moderne Details kombiniert, vereint der Wasserturm von Jügesheim Anklänge an die Gotik mit durchaus moderner Gestaltung.

Der Turm ist aus backsteinernem Blendmauerwerk aufgeführt und wird durch zwei Betonbänder horizontal gegliedert. Der runde Behälterteil mit überhöhter spitzer Haube erhebt sich über dem quadratischem Mittelteil zwischen vier kreuzförmig angeordneten Stützpfeilern, die mit ihren Abtreppungen an gotische Strebepfeiler erinnern und dem neogotischen Baustil der Sankt Nikolaus Kirche nachempfunden sind. Die acht offenen Bogenfenster erinnern an die expressionistische Formensprache der 1920er Jahre. Wasserspeier in Form von Drachenköpfen auf Höhe des oberen Betonbandes sind weitere Details.

Während der etwa zeitgleich erbaute Wasserturm in Seligenstadt dem dortigen Stadttor und der in Steinheim einer Wehrbefestigung ähnelt, ist der technische Zweck nur bei dem Turm in Jügesheim sofort erkennbar. ●

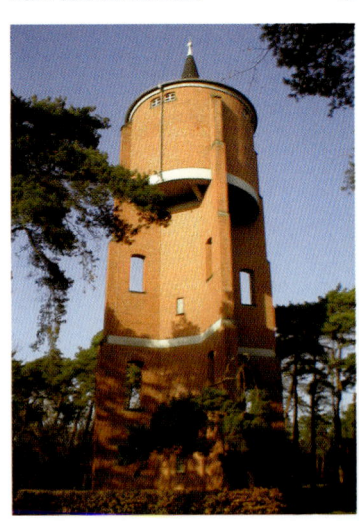

Der Wasserturm von 1937

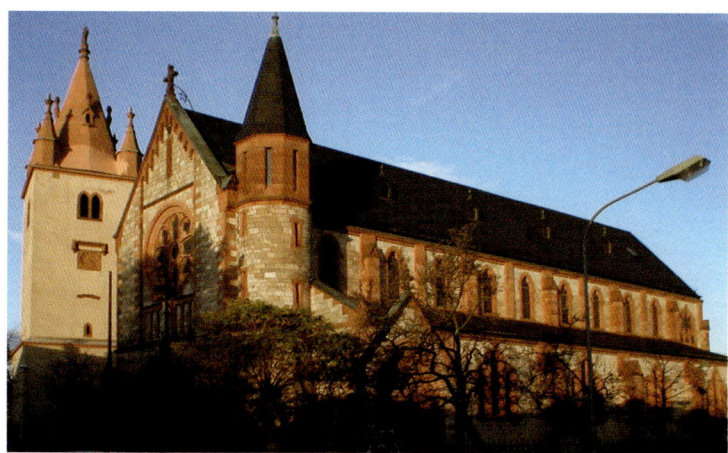

Rodgau – Nieder-Roden
Die Kirche

Katholische Pfarrkirche

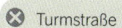 Turmstraße 6

vom außen jederzeit

Nieder-Roden geht wie Ober-Roden auf das Frauenkloster „Rotaha" und den Adelsitz Nievenhof zurück, die bereits 786 in einer Schenkungsurkunde des Klosters Lorsch erwähnt werden. Im 14. Jahrhundert gehörte der Ort den Herren von Eppstein und war Sitz des Zentgerichts der „Rotaher marca", der Rödermark, zu der noch Messel, Ober-Roden, Urberach, Dudenhofen, Jügesheim sowie Teile von Dietzenbach und Hainhausen gehörten. Das Dorf wurde 1371 an Hanau-Lichtenberg verpfändet und kam durch Verkauf 1425 an die Erzbischöfe von Mainz. Seit 1803 gehört der Ort zu Hessen-Darmstadt.

1298 wurde die erste Kirche geweiht und 1542 erweitert. Die dreischiffige neogotische Basilika wurde 1895-1896 nach Plänen des Frankfurter Architekten Röder erbaut, die lebensgroße Matthiasstatue über dem Hauptportal auf der Außenseite am Matthiastage 1897 angebracht.

Der seither freistehende gotische Westturm gehörte zu einer Vorgängerkirche und entspricht in seiner massiven, schlichten Bauweise dem Typus der in der Region üblichen Wehrtürme, dessen ehemals flaches Dach 1866 durch einen Spitzhelm mit vier Ecktürmchen ersetzt wurde.

Daneben haben sich weitere Einrichtungen aus der Vorgängerkirche erhalten, darunter eine Glocke, die inschriftlich in das Jahr 1519 datiert. Besonders hervorzuheben ist der um 1520 entstandene Altaraufsatz, der möglicherweise der Riemenschneiderschule zuzuordnen ist. Zentral unter flachem kleeblattbogigem Abschluss mit filigranem Rankenschnitzwerk steht Maria mit dem Jesuskind, das einen Apfel in der Hand hält. Rechts daneben ist der Kirchenpatron, der Heilige Matthias dargestellt, links Johannes mit dem Giftkelch. Die beiden Seitenflügel zeigen Petrus, Paulus, Andreas und Jakobus. An den Außenseiten der Altarflügel ist die zweifigurige Kreuztragung „Simon von Cyrene hilft Jesus das Kreuz zu tragen" zu sehen. Die Bemalung schließlich kann durch die inschriftliche Jahresangabe 1656 datiert werden.

In eine Seitenkapelle sind weitere spätgotische Holzskulpturen eingestellt, wie die des Heiligen Martin und eine Pietà.

An der Südseite der Kirche ist eine Nepomuk-Statue von 1761 angebracht. Sie steht auf einem geschwungenem Postament mit Inschrift und hatte ihren ursprünglichen Standort an der Rodau-Brücke. ●

Rodgau-Weiskirchen
Raubmord an der Tannenmühle

> ✖ nördlich des Ortes an der verlängerten Hauptstraße zwischen Klärwerk und Wirtshaus Tannenmühle
>
> ◆ jederzeit

An der Tannenmühle bei Weiskirchen steht ein quadratischer, oben spitz zulaufender Erinnerungsstein, dessen früher mit Gold ausgelegten Buchstaben längst verblasst sind. Auf einer Seite des Gedenksteines ist die Inschrift „SIEH, WANDERER DIESEN STEIN / ER SOLL DIR EIN ZEICHEN SEIN / WAS EIN MEUCHELMÖRDER HAT GETAN / EINEM BRAVEN, EDLEN, DEUTSCHEN MANN." eingelassen. Auf der gegenüber liegenden Seite wird auf den Täter hingewiesen. Hier steht. „MEIN FREUND, DER MEIN BROT Aß, TRAT MICH MIT FÜßEN."

Der Gedenkstein erinnert an einen hier geschehenen Mord. Der 26jährige Heinrich Eckert, Sohn von Philipp Eckert II., einem tüchtigen, angesehen und wohlhabenden Landwirt aus Dudenhofen, war am frühen Morgen des 22. April 1890 mit seinem mit zwei Pferden bespannten und mit Heu beladenen Wagen von zu Hause weggefahren. Er wollte das Heu in Offenbach verkaufen und eine Fuhre Mist mit nach Hause bringen. Als Heinrich Eckert zur vorgesehenen Zeit nicht zurückkehrte, beschloss

man einer düsteren Vorahnung wegen, der Sache nachzugehen. Im Nachbarort Jügesheim erfuhr man, dass in der Nähe der Tannenmühle ein Mann tot auf der Straße liege, dass auch schon der mit Mist beladene Wagen, von den zwei Pferden gezogen, ohne Fuhrmann auf dem Weg nach Dudenhofen war. In der Nähe der Tannenmühle fand man dann den toten Heinrich Eckert. Bei ihm hielt sich der Hausierer Kuhn auf, der mit Pech, Wagenschmiere und Schuhwichse handelte.

Er war der Mörder, verwahrte er doch ein Großteil des Geldes, welches Heinrich Eckert erzielt hatte. Kuhn hatte bereits eine vierjährige Zuchthausstrafe wegen Totschlages verbüßt. Sehr schnell wurden ihm auch noch andere Greueltaten zur Last gelegt, wie der angebliche Mord an dem Landwirt Peter Seum aus Dudenhofen oder an einer Frau, die angeblich ermordet im Brunnen gefunden worden war. Der Verdacht, Kuhn sei auch der Mörder von Heinrich Eckert, erhärtete sich immer mehr, obwohl er den Mord nie zugegeben hatte. Bei der Gerichtsverhandlung war er verhandlungsunfähig. Anschließend kam er in eine Irrenanstalt und starb dort. ●

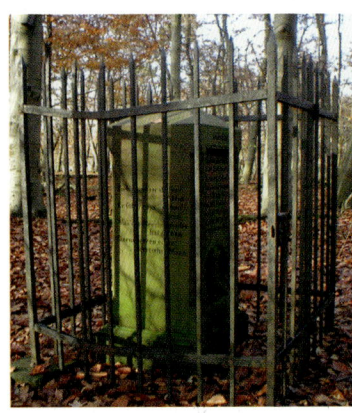

Gedenkstein an den Mord bei der Tannenmühle

Rothenberg

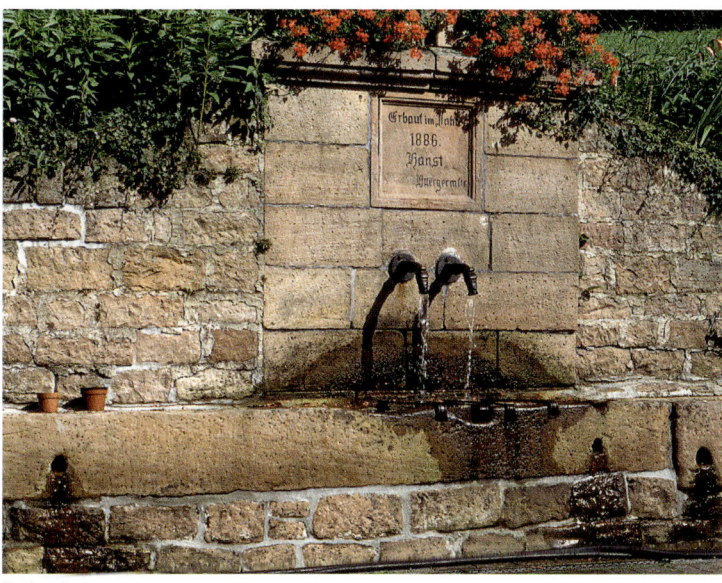

Rothenberg

Der Krämerbrunnen von 1886

Krämerbrunnen

⊗ Lindengasse/Neuer Weg

◔ Gemeinde Rothenberg

❶ frei zugänglich

❶ Tel.: 06275-1027 oder -91310

Der Krämerbrunnen zeigt die seltene Form eines Zwillings-Wandbrunnens mit zwei Röhren und zwei Trögen, der vor dem Bau der Wasserleitung 1902 die Haushalte des Unterdorfes mit Wasser versorgte und vor allem als Viehtränke diente. Die Sandsteinplatte über den Auslaufröhren trägt die Inschrift „ERBAUT IM JAHR 1886, HANST, ... BÜRGER-MEISTER". Unbekannte „Bilderstürmer" haben leider in der Zeit des Dritten Reiches die Inschrift mit Hammer und Meißel verändert, ursprünglich hieß es „Großherzoglicher Bürgermeister", wie man bei genauer Betrachtung noch heute ohne Schwierigkeit erkennen kann.

Die Brunnenstube liegt etwa 25 Meter oberhalb im Baumgarten des Gasthauses „Zum Adler". Das Dorf auf der Hirschhorner Höhe litt in heißen Sommern oft unter Trockenheit, sodass alles Wasser aus dem Finkenbach- oder Gammelsbachtal heraufgeschafft werden musste. In den Jahren 1901-1902 begann die Gemeinde mit dem Bau einer zentralen Wasserversorgung. Eine starke Quelle, der so genannte Große Brunnen, am Fahrweg nach Eberbach/Neckar erhielt eine Fassung und mit Hilfe zweier Schmid-Wassermotoren aus Zürich wurde die Höhendifferenz von 235 Metern zum Hochbehälter überwunden. Beide Motoren wurden 1998-2000 restauriert und als Schaustücke in ein Häuschen an der Landstraße nach Kortelshütte, Parkplatz Oberer Homerichs-brunnen, gebracht. ●

R

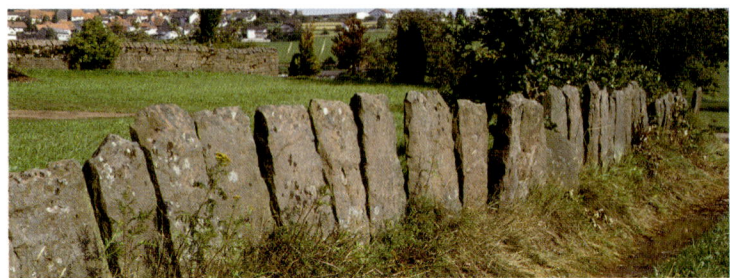

Rothenberg

Stellsteine verhinderten, dass Vieh auf die Wiesen lief

Stellsteine

- ⊗ südlich und westlich des Friedhofs
- ◉ privat
- ❶ frei zugänglich

Ein im Buntsandstein-Odenwald früher weit verbreiteter Schutz gegen das Eindringen von Schweinen und Wild in die Haus- und Baumgärten war ein „Zaun" aus so genannten Stell- oder Setzsteinen. Sie konnten wegen ihres Gewichts wesentlich besser als Holzzäune oder lebende Hecken den ewig hungrigen Tieren Einhalt gebieten.

Der in den Sedimentschichten abgelagerte Buntsandstein ließ sich gut in Platten spalten, die dann rechteckig behauen dicht senkrecht in einer Reihe eingegraben wurden und so einen festen, undurchdringlichen Schutz boten. Nach dem Zweiten Weltkrieg wurden viele Stellsteinreihen nicht mehr gepflegt, sich neigende, beziehungsweise abgebrochene Steine nicht mehr aufgerichtet oder ersetzt. Seit den fünfziger Jahren fielen sie zunehmend der Motorisierungswelle zum Opfer, indem sie bei Straßenverbreiterungen zerschlagen und als Schottermaterial mitverwendet wurden. Nur abseits der Verkehrswege, an schmalen Fußwegen, auf uralten Hubengrenzen oder als Wildzäune an Waldrändern findet man sie noch, so in Finkenbach, Ober-Hainbrunn, Olfen, Vielbrunn (Heu-matten), Dorf-Erbach, Ebersberg, Bullau, Haisterbach, Hesselbach, Kailbach am Forsthaus Hohberg, Kimbach, Steinbuch, Unter-Sensbach, Würzberg und in Steinbach nördlich der Einhardsbasilika, wo sie noch eine Reihe von Gärten beschützen. ●

Rothenberg-Finkenbach
Gotischer Bildstock

- ⊗ Hainbrunner Straße, neben Nr. 21 (Landesstraße 3119)
- ◉ Gemeinde Rothenberg
- ❶ frei zugänglich

Der undatierte, wohl aus vorreformatorischer Zeit stammende Bildstock von Unter-Finkenbach ist 1993 wegen einer Straßenverbreiterung an der Kreuzung von Hainbrunner Straße und Wetterberg Straße/Im Lenzengrund an seinen heutigen Standort versetzt worden. Das vorn auf dem Schaft eingetiefte Kreuz sieht dem der Johanniter ähnlich, könnte aber auch in Verbindung mit den Herren von Hirschhorn an das Bistum Speyer erinnern. Nach Angaben von Gewährsleuten soll um die Jahrhundertwende ein Muttergottesbild in der Nische gestanden haben. Das heutige Bild befindet sich erst seit wenigen Jahren dort. Das steinerne Kreuz auf dem Dach wurde 1994 ergänzt.

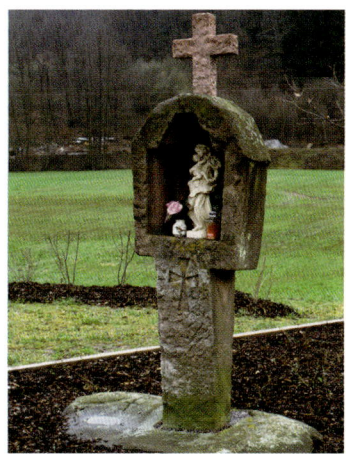

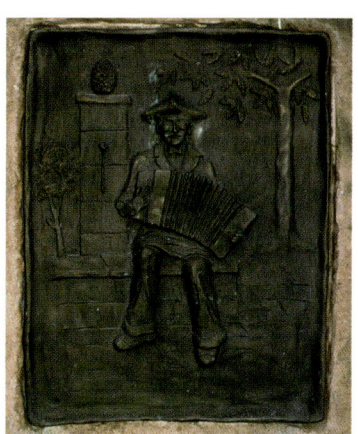

Links: Gotischer Bildstock, oben: Gedenktafel für den „Raubacher Jockel"

Der Bildstock steht am Wallfahrtsweg, der von der Bergstraße nach Walldürn führt. Der Volksmund erzählt, dass um die Jahrhundertwende die Wallfahrer von den in der Nachbarschaft wohnenden Kindern, die alle evangelisch waren, ein Stück begleitet wurden. Wer von den Kindern zum ersten Mal mitging, trug ein Blumenkränzchen im Haar, das ihnen von den anderen aus „Kettenblumen" (Löwenzahn) geflochten wurde. ●

Rothenberg-Raubach
Denkmal des „Raubacher Jockels"

❌ Dorfmitte

🔵 Gemeinde Rothenberg

➊ frei zugänglich

Dem zweifellos populärsten Odenwälder Original, dem „Raubacher Jockel", mit bürgerlichem Namen Jakob Ihrig (1866-1941), hat man 1994 sein wohlverdientes Denkmal gesetzt.

Die Gegensätze zwischen arm und reich waren früher im Odenwald weitaus schärfer als heute. Von älteren Menschen wird dies mit „Bauern und anderen, das heißt Handwerkern und Tagelöhnern" bezeichnet. Unnachahmlich großartig und ergreifend zugleich schildern Heimatschriftsteller exponierte Vertreter beider Schichten. Aber keine Gestalten charakterisieren diesen Kontrast an Lebensauffassung und Tätigkeit besser als der „Raubacher Jockel" aus dem armen Dorf auf der Höhe und der reiche „Kurfürst" aus dem Weiler Dürrellenbach im Tal darunter.

Der Not gehorchend übte der Jockel eine Vielzahl von Tätigkeiten aus: er war unter anderem Köhler, Säuschnitter, Uhrmacher, Gemeindediener und Totengräber. Seine ganze Liebe galt aber der Musik. Er spielte fast alle Instrumente und wusste alle Tänze und Volkslieder auswendig. Es gibt viele Anekdoten von und über ihn, die auch heute noch gern erzählt werden und so manchen zum Schmunzeln bringen. Hier eine prägnante: Jockel vertrat den erkrankten Totengräber in Beerfelden. Nach einer Beerdigung dort begrüßte ihn der leutselige Doktor Keysser mit: „Guten Tag, Herr Bestattungsrat." Worauf der Jockel schlagfertig antwortete: „Guten Tag, Herr Liwwerant!". ●

Rüsselsheim

R

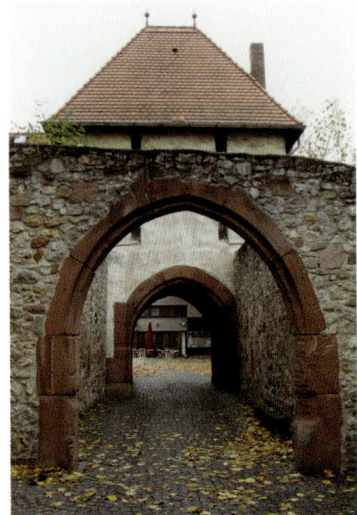

Rüsselsheim

Festung mit Museum

❌ Hauptmann-Scheuermann-Weg 4

🕐 Di-Fr 9-12.30, 14.30-17 Uhr,
Sa und So 10-13 und 14-17 Uhr.

ℹ Tel.: 06142-832950
www. Stadt-Ruesselsheim.de

Der Vorgängerbau der Rüsselsheimer Festung wurde 1399 urkundlich das erste Mal als „Festes Haus" der Grafen von Katzenelnbogen erwähnt. Erst mit Hilfe eines kaiserlichen Patentes konnte der Bau 1454 vollendet werden.

Unter den Landgrafen von Hessen entstand später eine vierflüglige Kernburg, die sukzessive zu einer Festung mit Gräben, Wällen und Rondellen ausgebaut wurde. Diese Anlage wurde im Verlauf des Schmalkaldischen Krieges geschliffen, ab 1560 wieder hergestellt. Allerdings versäumte man seinerzeit, das Bauwerk modernen Kriegstechniken anzupassen. Spätere Modernisierungen blieben aus oder wurden, wie die Anlage

Blick in die Festung Rüsselsheim mit Museum

eines im 17. Jahrhundert begonnenen Ravelins, nicht vollendet.

1688 wurde die Festung von französischen Truppen eingenommen, die sie im April 1689 wieder aufgaben und bei ihrem Rückzug sprengten. Erst in der zweiten Hälfte des 18. Jahrhundert fanden abermals Befestigungsarbeiten statt. Im 19. Jahrhundert dienten Teile als Gefängnis, andere waren als herrschaftliche Speicher vermietet. 1905 eröffnete der kurz zuvor gegründete Rüsselsheimer Heimatverein im Torturm ein kleines Museum. Teile der Anlagen waren an die Stadt Rüsselsheim vermietet, andere dienten der Firma Opel als Lagerraum für Kartoffeln und eine Familie betrieb hier eine Champignonzucht. Nach dem Zweiten Weltkrieg erwarb die Stadt die Reste der Festungsanlage und richtete eine Jugendherberge ein. 1974 begannen die Ausbauarbeiten für ein Museum, das 1976 eröffnet wurde.

Heute zeigt das Museum umfassende Ausstellungen über kulturelle, soziale, wirtschaftliche, technische und politische Entwicklungen von der vor- und frühgeschichtlichen Zeit bis zum 20. Jahrhundert. 1980 erhielt es als eines der bedeutendsten und einflussreichsten Museen Europas den Museumspreis des Europarates.

In unmittelbarer Nachbarschaft liegen die Opel-Villen, in denen auf etwa 430 Quadratmetern Kunstausstellungen präsentiert und literarische und musikalische Veranstaltungen durchgeführt werden. Im Sommer werden die ausgedehnten Gartenanlagen für Gartenfeste und Konzerte genutzt. ●

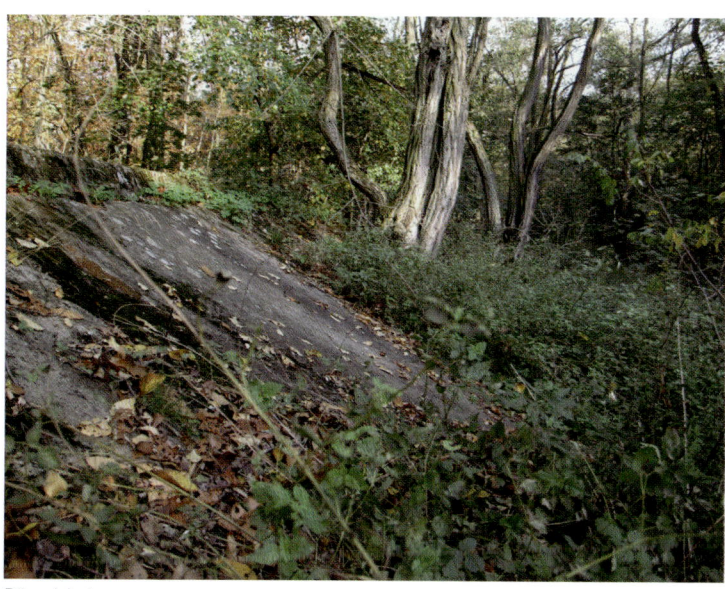

Rüsselsheim

Opelrennbahn

Die nördliche Steilwandkurve der Opelrennbahn

❌ südlich der BAB Anschlussstelle Rüsselsheim Süd an der Regionalparkroute 10

❗ Die Anlage ist frei zugänglich

Etwa 2,5 Kilometer südlich des Opel-
Werksgeländes liegt das Oval der ehemaligen Renn- und Teststrecke. Sie
wurde am 24. Oktober 1920 als „Opel-
bahn Hof Schönau" eingeweiht. An Werk-
tagen diente sie als Teststrecke für neu
entwickelte Automobile, an Wochenenden als Rennbahn, deren Veranstaltungen bis zu 50000 Besucher anzogen.
Ihre Bedeutung war international, ver-
gleichbare Strecken gab es nur in Brook-
land, Groß-Britannien und in Indianapo-
lis, USA.

Trotz baulicher Anpassungen konnte
der Ausbau der Rennbahn nicht mit der
technischen Entwicklung standhalten.
Schon gegen Ende der 1920er Jahre
wurde der Rennbetrieb eingestellt und
die Bahn nur noch gelegentlich zu
Testzwecken genutzt. Nach der endgültigen Aufgabe erfuhr das ursprünglich
offene Gelände eine Aufforstung.

Die heute im wesentlichen von
diesem Baumbestand überwachsene
Anlage wurde aus Ortbeton errichtet. Im
Gelände ist sie vor allem an ihren umlau-
fenden Betonkappen und den Steilwän-
den der Nord- und Südkurve erkennbar.
Die eigentliche Fahrbahn war etwa zwölf
Meter breit, nach innen geneigt und
hatte eine Gesamtlänge von 1,5 Kilome-
tern. An der früheren Straße nach
Schönau lagen der Hauptzugang und die
Tribünen. Sie mussten in den 1970er
Jahren dem Bau der Bundesstraße 519
weichen. Auch weitere Bauten, wie ein
Treppenaufgang im Nordosten oder das
Gerätehaus im Wartungsbereich haben
sich nicht erhalten. ●

R

Rüsselsheim
Opel-Werk

❌ Marktstraße/Bahnhofsplatz,
   Weisenauer Straße, Rugby-Ring

ℹ️ Die mit Straßenangaben versehene
   Gebäude sind von außen frei zu
   besichtigen, Werkstouren finden
   Mo-Fr täglich um 11 und 15 Uhr statt.
   Bestandteil der Route der Industriekultur
   und der Regionalparkroute

📞 Tel.: 06142-765600,
   www.opel-diewerkstour.de

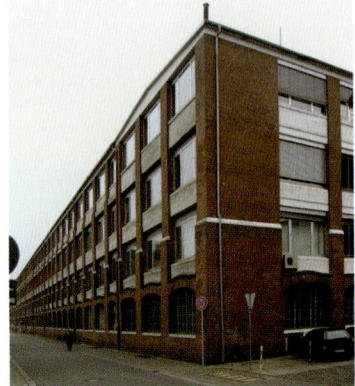

*Blick entlang des Industriebaues in der
Weisenauer Straße*

Wohl kaum ein Unternehmen hat so viel
Ausstrahlung auf die Region gehabt, wie
die 1863 gegründete Firma Opel. Dies
gilt nicht nur in sozialer Hinsicht, sondern
auch in architektonischer, zeigt sich auf
dem Opelgelände noch heute ein bedeutender Querschnitt an Industriebauten
der letzten 100 Jahre.

Der erste Fabrikbau der Firma Opel
entstand 1868 im Bereich des heutigen
Portalbaus, hier wurden zunächst Näh-
maschinen und Fahrräder hergestellt,
erst 1899 kam die Produktion von Automobilen hinzu. In additiver Bauweise
wurden in den folgenden Jahren weitere
Fabrikgebäude hinzugefügt und füllten
bis zur Jahrhundertwende das Areal zwischen der damals „Chaussee nach Groß-
Gerau" genannten Straße bis annähernd
an den Main.

Ein Großbrand legte 1911 eine große
Zahl der Gebäude in Schutt und Asche.

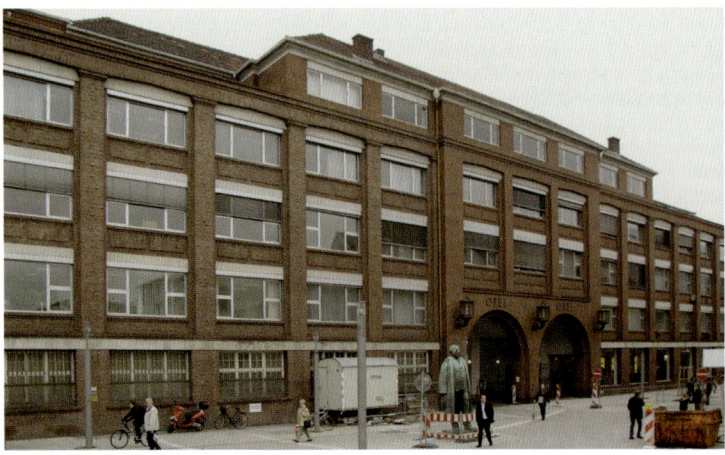

Opelportal am Marktplatz

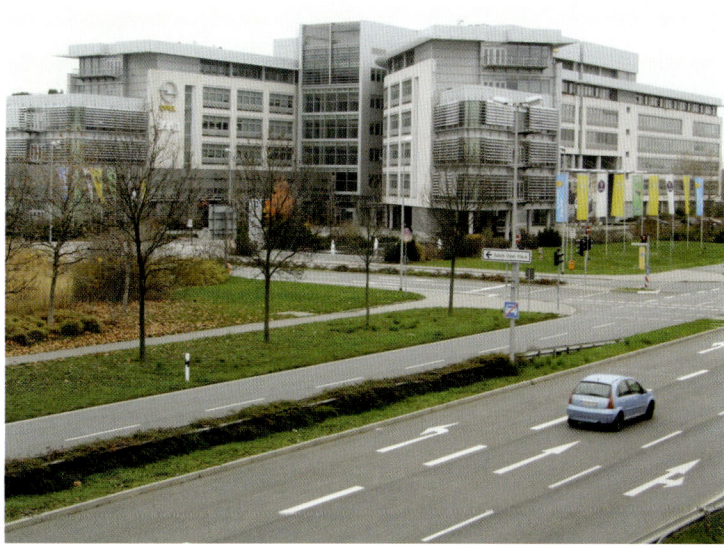

Moderne Gebäude am Rugby-Ring

Entlang der Bahnschienen entstand im Südosten des Geländes etwa zur gleichen Zeit ein Fabrikgebäude mit Anklängen an den Jugendstil, das nach dem Brand deutlich vergrößert und mit einem veränderten Dach vollendet wurde.

Im Osten wurden die Gebäude durch das Portalgebäude (Marktstraße/Bahnhofsplatz) zusammen gefasst. Dieses schuf von 1912 bis 1921 der Architekt Prof. Paul Meißner aus Darmstadt. Die Architektur stellt sich als Symbiose von Tradition und Moderne dar: Die Tradition wird durch die die Fassade senkrecht gliedernden neuklassizistischen Pilaster repräsentiert, die Moderne durch die im Prinzip durchlaufenden waagerechten Sohlbänke und die Eisenbetonkonstruktion mit roter Backsteinverblendung.

Auch entlang der Weisenauer Straße entstand in mehreren Bauphasen ein Fabrikbau als Eisenbetonkonstruktion mit vorgeblendeter Backsteinfassade. Das Rastersystem aus großen Fenstern und schmalen Wandstreifen erlaubte eine großzügige Durchleuchtung der Produktionsräume im Inneren. Dieses Gebäude stand in unmittelbarer Nähe der Badeanstalt, die die Firma Opel 1907 im Jugendstil für die Mitarbeiter errichteten ließ (Weisenauer Straße 25), die aber heute nicht mehr besteht.

Die bauliche Entwicklung auf dem Werksgelände folgte der wirtschaftlichen Expansion des Unternehmens. So entstanden in den folgenden Jahren und Jahrzehnten weitere Komplexe, wie das 1936 im Bauhausstil errichtete Kraftwerk am Main, das Fabrikgebäude „K 40" aus den 1950er Jahren oder die neue Unternehmenszentrale mit dem ehemaligen „Opellive"-Gebäude entlang des Rugby-Rings.

Neben den eigentlichen Werkshallen entstanden in der Stadt die Opel-Villen in der Ludwig-Dörfler-Allee oder Werkswohnungen und -häuser für Angestellte und Arbeiter. ●

Schaafheim

Schaafheim

Ortsbild

> ℹ Gemeindeverwaltung Schaafheim,
> Wilhelm-Leuschner-Straße 3,
> Tel.: 06073-74100

Zu den wenigen Ortschaften, die noch eine fast vollständig erhaltene Stadtmauer aus dem 16. Jahrhundert haben, gehört Schaafheim. Zwar ist sie als Teil der Randbebauung in den Rückwänden der Wohn- und Wirtschaftsgebäude aufgenommen, ihre fast rechteckige Form lässt sich aber bei einem Rundgang entlang der Schloss-, Turm-, Schul-, Mühlgasse und Am Haagsgraben nachvollziehen. Zwei Stadttore lagen am Ausgang der Wilhelm-Leuschner- und Friedrich-Ebert-Straße.

Weitgehend erhalten hat sich auch die Siedlungs- und Bebauungsstruktur des historischen Ortsgrundrisses, der in seiner Weitläufigkeit städtische Züge trägt. Das deutet darauf hin, dass Schaafheim, in fruchtbarem Acker- und Weidegebiet gelegen, einmal eine bedeutende Siedlung gewesen sein muss.

Schon 830 wurde der Ort zum erstenmal erwähnt, 1368 erhielt er Stadtrechte. Seit dem 14. Jahrhundert gehörte er zum Hanauer Besitz. Nach der Erbteilung kam er wie Babenhausen zu Hanau-Lichtenberg, bis er im 18. Jahrhundert an Hessen-Darmstadt fiel.

Strategisch bedeutsam war Schaafheims Lage an einer Handelsstraße und an der Grenze zu Kurmainz. Während Babenhausen 1458 durch Philipp den Älteren zur Residenz erhoben wurde, bewohnten die nicht regierenden Hanauer Grafen das Schloss in Schaafheim.

Das Schloss, vermutlich schon vor 1400 entstanden, wurde bereits Mitte des 19. Jahrhunderts im Zuge der Dorferweiterung abgerissen. Reste der Grundmauern haben sich in den Gebäuden Schlossgasse 2 und 4 erhalten. Ein

Das Rathaus von Schaafheim

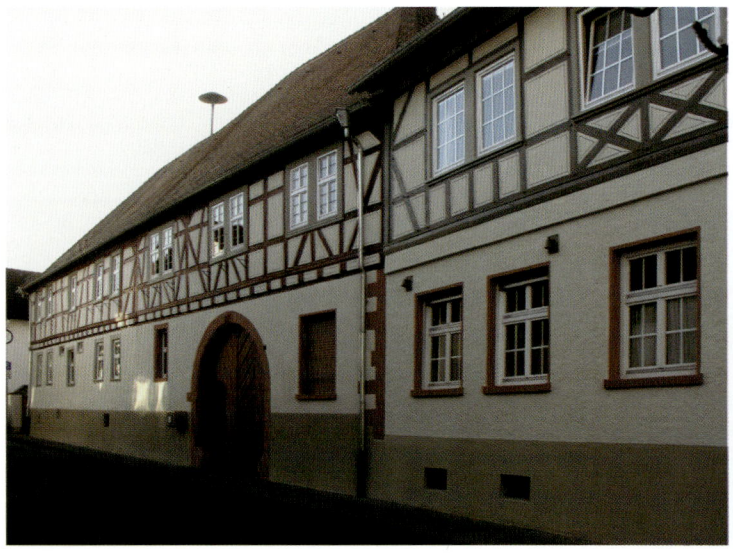

S

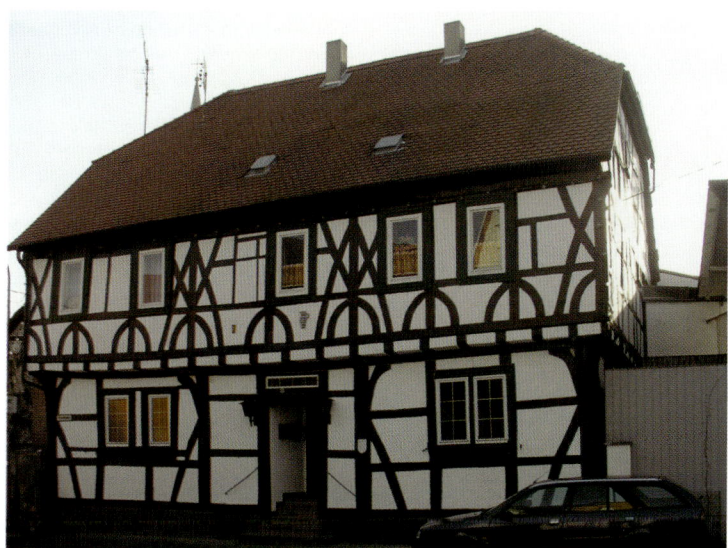

Turmstumpf blieb in der Ringmauer erhalten.

Haus Weedstraße 2

Während das Schloss die freie Ebene nach Norden beherrschte, überragte die auf der anderen Seite der Befestigung erhöht gelegene Kirche das Dorf. Die baufällig gewordene gotische Vorgängerkirche wurde 1841 durch einen klassizistischen Neubau nach Plänen des berühmten Darmstädter Baumeisters Georg Moller ersetzt.

Auf der Achse zwischen Schloss und Kirche liegt das Rathaus (Wilhelm-Leuschner-Str. 3). Mit seinem spätmittelalterlichen massiven Untergeschoss und dem Fachwerkobergeschoss aus dem 17.Jahrhundert dominiert es die Mitte der Ortschaft.

Von der historischen Fachwerkbebauung des 17. bis 19. Jahrhunderts hebt sich besonders eines der ältesten Wohnhäuser, Weedstraße 2, ab. Das dekorative Fachwerk des Obergeschosses mit Fußstreben als umlaufender Rundbogenfries stammt aus der Zeit um 1500.

Von der historischen Bedeutung Schaafheims zeugen auch die ehemalige spätgotische Gottesackerkapelle westlich der Kirche, die 1570 zu einer der ersten Schulen in der Region umgebaut wurde, sowie die zum Teil sehr gut erhaltenen Grabsteine auf dem malerischen Friedhof aus dem 17. bis 19. Jahrhundert. ●

Schaafheim-Mosbach

Schaafheimer Warte

❌ etwa zwei Kilometer nördlich von Mosbach. Von Mosbach über die K 106 Richtung Schaafheim, nach etwa zwei Kilometern rechts abbiegen.

⬡ Gemeinde Schaafheim, Wilhelm-Leuschner-Straße 3

🕐 von außen frei zu besichtigen

ℹ Tel.: 06073-74100

Mit dem Wartturm, der so genannten Schaafheimer Warte, hat ein seltener

S

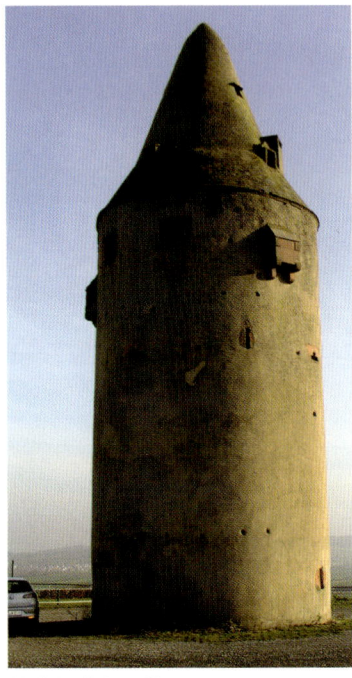

Die Schaafheimer Warte

Überrest einer Landesgrenze aus dem Spätmittelalter bis heute überdauert.

Der runde Turm steht etwa zwei Kilometer nördlich von Mosbach in Richtung Schaafheim auf dem Binselberg. Seine Bedeutung als Beobachtungsturm wird jedermann deutlich, der von dort aus den freien Blick über den gesamten Bachgau genießt. Er hatte aber auch die Funktion als Grenz- und Wachturm, denn er war Teil der Kurmainzer Landwehr und an ihm vorbei führte ein einstmals bedeutender Handelsweg, der Schiffsweg, der besonders zu Zeiten der Frankfurter Messe stark befahren war.

Im ausgehenden 15. Jahrhundert wurde an Stelle einer älteren Grenzanlage die Landwehr errichtet. Etwa 27 Meter breit waren die drei parallel verlau-

fenden Gräben, die durch mit Hecken bewachsene Wälle getrennt wurden (Reste der Anlage im Schaafheimer Wald). Kurmainz sicherte damit sein Territorium gegen die Herrschaft Hanau im Westen und Kurpfalz-Hessen im Süden. Der Grenzverlauf entsprach in etwa der heutigen Landesgrenze zu Bayern und bog in Höhe des Wartturms nach Westen ab. Mosbach gehörte zu Kurmainz, Schaafheim war die Grenzstadt der Hanauer.

Als Teil dieser Landesbefestigung ließ Berthold von Henneberg (1484-1504 Erzbischof von Mainz) den Wartturm 1492 errichten. Sein Wappen befindet sich über der neuen Eingangstür.

Etwa 22 Meter hoch ist der schlanke Turm mit seinem gemauerten spitzkegeligen Helm. Im Inneren war er ursprünglich in drei Geschosse unterteilt, der Zugang war nur über eine Leiter ins erste Obergeschoss möglich. Dort befindet sich heute die Aussichtsplattform. Schießscharten und Mauerluken waren ebenso für Verteidigungszwecke eingebaut, wie die drei Erker, die Pechnasen. Über die Sandsteingauben im Helm und die Ausgucköffnungen im zweiten Obergeschoss war die Beobachtung aller Richtungen gesichert.

Durch die sich ändernden Herrschaftsverhältnisse gegen Ende des 18. Jahrhunderts und durch die Neuverteilung der Territorien nach der napoleonischen Eroberung, verlor die Landwehr ihre Bedeutung und wurde geschleift. Der Wartturm war dem Verfall preisgegeben.

1936/37 erwirkte die Denkmalpflege erste Sanierungsarbeiten. In diesem Zusammenhang wurde auch der Zugang eingebrochen und die Holztreppe eingebaut. ●

Seeheim-Jugenheim

Seeheim-Jugenheim — Seeheim

Rathaus

- ❌ Ober-Beerbacher Str. 1
- ☁ Gemeinde Seeheim-Jugenheim
- ⏱ Heimatmuseum im Alten Rathaus
  So von 10-12 und 15-17 Uhr
- ℹ Museumsleitung: Tel.: 06257-82709

„Wir, Georg, Grave zu Erbach und Herr zu Breuberg, benennen und tun kund offentlich in Kraft des Briefes, daß wir aus sondern gnädigen Willen, so wir gegen unser Untertanen und lieben Getreuen, Schultheißen, Bürgermeistern und ganzen Gemeinde zu Seeheim haben und tragen, (...) sie mit einem Wappen (...) gnädiglich begabt haben...".

Das Rathaus von Seeheim-Jugenheim

1596 war es, als dieses Wappen und Gerichtssiegel verliehen wurden. Der Landesherr hatte damit Seeheim als ersten Ort seiner Besitzungen an der Bergstraße ausgezeichnet — und schon drei Jahre später erstrahlte das Wappen, für jeden sichtbar, an der Nordseite des neuen Rathauses. Es ist Teil der Inschriftentafel, die man von der Ober-beerbacherstraße aus lesen kann und besagt, dass dieses prächtige Gebäude am 4. Juni 1599 eingeweiht und an der Stelle des alten Rathauses erbaut wurde.

Sicher erfüllte es die Seeheimer mit Stolz und beeindruckte jeden Fremden, der über die ehemals der Fassade vorge-lagerte zweiläufige Holztreppe — die so genannte Rathausstaffel — (1889 abge-rissen) in den großen Bürgersaal ins Obergeschoss hinaufstieg. Dort befanden sich auch zwei Gerichtsstuben, in denen

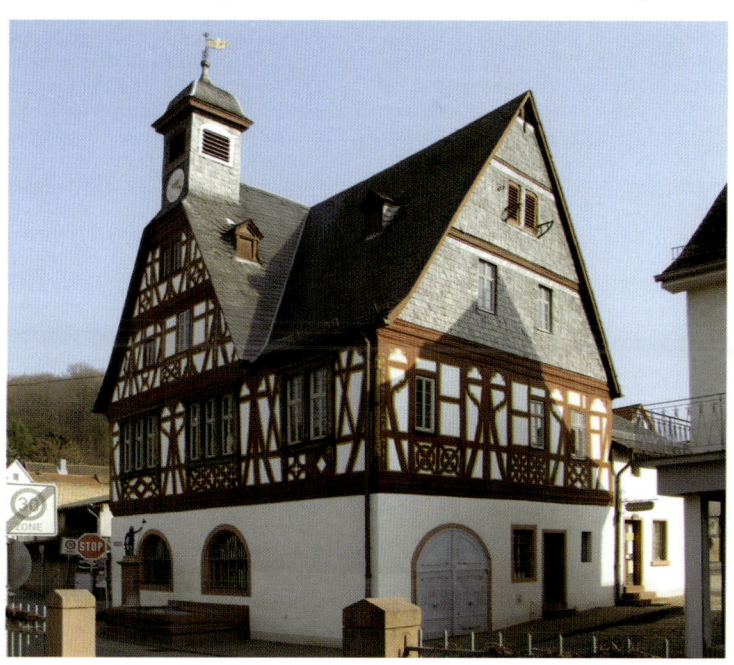

S

unter anderem das Gerichtssiegel sorgfältig aufbewahrt werden musste. Im westlichen Teil des massiven Erdgeschosses erstreckte sich die große Markthalle, die ursprünglich durch einen Eingang neben dem Rathausbrunnen zugänglich war.

Das reiche Zierfachwerk mit seinen Mannfiguren, den vielfältig variierten Brüstungsfeldern und dem aufgelegten Schnitzwerk schmückt, von breiten profilierten Gesimsen getrennt, das Obergeschoss und die zweigeschossigen Giebel, den westlichen betont ein Glockentürmchen.

Seiner Bedeutung gemäß ist das Obergeschoss besonders hervorgehoben, die gekoppelten Fenster sind wie Erker ausgebildet, ihre Rahmen und Pfosten werden aus Voluten, Eierstab, Riefelung und Pflanzenmotiven belebt. Die Farbgebung ist nach Originalbefund restauriert.

Das Seeheimer Rathaus ist das schönste im Stil der Renaissance gebaute Rathaus im Ried und an der Bergstraße. Vergleichbar reiches Fachwerk findet sich bei den früher entstandenen Rathäusern von Birkenau (1552) und besonders von Groß Gerau (1578).

Der winkelige Grundriss – das Treppenhaus im Südosten wurde erst 1889 eingestellt – wurde vermutlich aus Rücksicht auf ein bereits bestehendes Gebäude an dieser Stelle notwendig. Die asymmetrische Fassadengestaltung ist jedoch ein Resultat der inneren Raumaufteilung und des Zeitgeschmacks, vielleicht aber auch ein Mittel der Selbstdarstellung: Denn auf diese Weise konnte das Gebäude für alle drei Hauptstraßen, die an diesem Platz zusammenliefen einen Schaugiebel präsentieren.

Das Rathaus bildete den gesellschaftlichen Mittelpunkt für die wohlhabende Bürgerschaft Seeheims. Sie verdankte ihren Reichtum im ausgehenden 16. Jahrhundert vor allem dem Weinbau,

den sie zum Teil zusammen mit einem Handwerk und der Landwirtschaft betrieb. Dies dokumentieren auch Rebmesser (Hippe) und Pflugschar (Sech) im Ortswappen. Zeugnisse dieser Blüte, die mit dem Dreißigjährigen Krieg ein jähes Ende fand, finden sich mit einer Reihe von stattlichen Fachwerkhäusern und dem Pfarrhaus im Umkreis des Rathauses. ●

Seeheim-Jugenheim — Seeheim
Villengebiet Seeheim

❌ Philipp-März-Straße/
Albert-Schweitzer-Straße

ℹ️ Das Villengebiet ist frei zu begehen

Mitte des 19. Jahrhunderts begann die Erschließung des Villengebietes südlich des alten Ortskerns von Seeheim. Großherzog Ludwig II. hatte zwischen 1830 und 1848 sein Landgut nördlich des Oberbeerbacher Tales zum Hoflager ausgebaut. Etwa zur gleichen Zeit war der Heiligenberg in Jugenheim zur Sommerresidenz des Darmstädter Hofes geworden. Im Gefolge des Hofstaates kauften Offiziere und Beamte Grundstücke in Seeheim für ihre Land- und Wochenendhäuser, daraus entwickelte sich die Villenbebauung in den weitläufigen Gärten am Hang des Tannenberges. Nicht mehr ausschließlich das gesunde Klima, sondern auch die verkehrsgünstige Lage – 1895 erfolgte durch eine Nebenlinie der Anschluss an die Main-Neckar-Bahn – machten den Standort Seeheim besonders interessant.

Südlich der Villastraße entstanden gegen Ende des 19. Jahrhunderts gründerzeitliche Villen. Die Bebauung setzte sich im weiteren Verlauf der Albert-Schweitzer-Straße und der Philipp-März-Straße fort, letztere wurde in ihrem südlichen Teil Mitte der 1930er Jahre bebaut, als sie zur Hauptstraße und

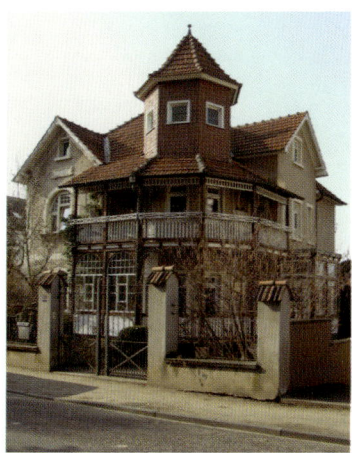

Haus Schweitzerstraße 15

Landesstraße in Richtung Seeheim durchgebrochen wurde.

Nach dem Stilpluralismus der Gründerzeitvillen (zum Beispiel Albert-Schweitzer-Str. 4 im Stil der Neo-Renaissance), zeigen die nach dem Ersten Weltkrieg gebauten Einfamilienhäuser die ganze Spannweite der traditionalistischen Bauweise dieser Zeit.

Die großbürgerlichen Bauten orientieren sich vornehmlich an den Einflüssen des Heimatstils mit ihren Versatzstücken aus der englischen Landhausarchitektur. Während in den frühen 1920er Jahren die aufwändigen Dachkonstruktionen mit Brechungen, Giebel- und Zwerchhausbauten dominieren (Philipp-März-Str. 12), geht die Entwicklung in den 1930er Jahren zu schlichteren Baukörpern über (Alber-Schweitzer-Str. 23).

Architektonische Details reichen von aufwändig-dekorativ in der Ornamentierung über eine bodenständig-handwerkliche Betonung, bis hin zur Mischung mit expressionistischen Motiven.

Im Gesamteindruck des Villengebietes herrscht ein bürgerlich, konservativer Grundton vor, der sich vergleichen lässt mit der Villenkolonie in Darmstadt-Eberstadt, wobei durch das Klientel ihrer Bauherren dort zum Teil noch exklusivere Architekturen entstanden sind. Ein ebenfalls in dieser Zeit bebautes Villengebiet in Trautheim zeigt, dass durch die Prägung der dortigen Bauherren (Architekten und Künstler) eine größere Experimentierfreudigkeit gegeben war, die modernere Bauten hervorbrachte. ●

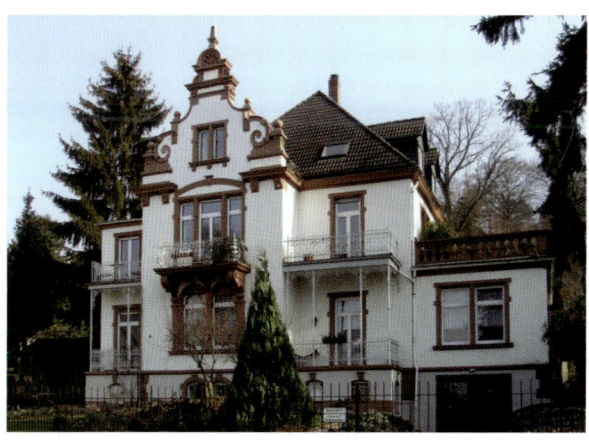

Haus Schweitzer-straße 6

Seligenstadt

S

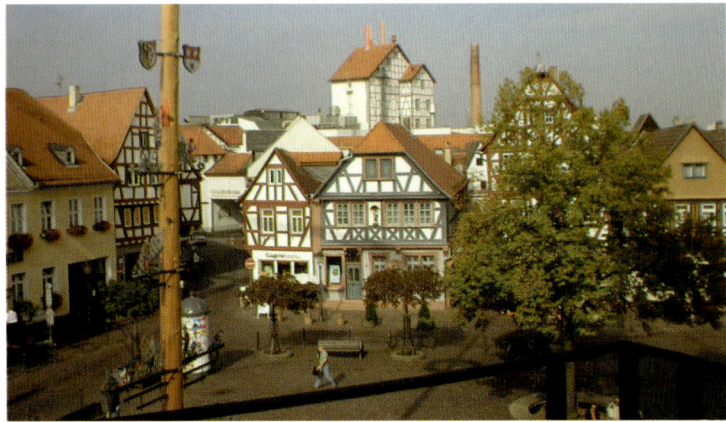

Seligenstadt

Blick über den Marktplatz

Altstadt und Palatium

- ❌ Romanisches Haus
  Große Rathausgasse 5

  Palatium

- ❌ Mainuferweg/Große Fischergasse

- ⏱ von außen jederzeit

- ℹ http://web.uni-bamberg.de/~ba5am1/
  info/palatium.htm

Die Vorläufer der heutigen Stadt Seligenstadt hatten sich als fränkische Siedlung rund um die Reste eines römischen Kastells entwickelt. 815 erhielt Einhard, enger Vertrauter und später Biograph Karls des Großens, diese „Obermulinheim" genannte Siedlung am Ufer des Mains als Dank für seine Verdienste geschenkt. Von dem römischen Kastell ist obertägig nichts mehr sichtbar, sieht man einmal von einer kleinen Inschrift in der Basilika ab. Dennoch gehört es zum UNESCO-Welterbe „Römischer Limes.

Über die Namensgebung informiert eine Sage: So sollen Einhard und die Kaisertochter Imma aufgrund ihrer vom Kaiser nicht geduldeten Liebe vom Hof in Aachen vertrieben worden sein. Der Vertreibung folgte die Flucht an den Main,

und als der Kaiser sich hier in seinem großen Jagdgebiet verirrte, soll er nach langem Suchen seine Tochter wieder gefunden haben. Daraufhin soll der Kaiser gesagt haben: „Selig sei die Stadt genannt, wo ich meine Tochter wieder fand." Andere Stimmen dagegen behaupten, der Name leite sich von Wallfahrern ab, die ihrer Pilgerstätte den Namen „Saligunstat", „glück- und heilbringende Stätte", gaben.

Das älteste, heute erhaltene Zeugnis der Stadtbefestigung ist die entlang des Mains gelegene Anlage. Von der ursprünglich aus vier Tortürmen und acht Bollwerken bestehenden Gesamtanlage sind noch die „Stumpfaule" in der Bahnhofstraße, zwei weitere Bollwerke am Main, die „Pulvertürme" sowie der „Steinheimer Torturm" von 1603 erhalten.

Am Mainufer sind die Reste des aus rotem Mainsandstein errichteten „Palatiums" zu erkennen. Während häufig die Annahme vertreten wird, seine Errichtung falle in die 1. Hälfte des 13. Jahrhunderts und es diente als Jagd- und Wohnunterkunft Kaiser Friedrich II., sehen neuere Forschungen seine Entstehung noch im ausgehenden 12. Jahrhundert, als Friedrich I. Barbarossa 1188 in Seligenstadt einen Hoftag abhielt. Auch das steinerne „Romanische Haus" in der Großen Rathausgasse wurde als Vogteigebäude zu diesem Anlaß errichtet. Die Mainfassade des im 13. Jahrhundert als „castrum", im 14. Jahrhundert auch als „keysirhus" oder „rotes Schloß" bezeichneten Palatiums wurde nach Brandzerstörung in die 1462 ausgebaute Stadtmauer einbezogen. Damit blieb die östliche Längsseite erhalten, während das Material des übrigen Teils abgetragen und andernorts verbaut wurde. In der Ruine sind die Außenmauern des Erdgeschosses und die Mainfront bis zum Traufgesims des Obergeschosses erhalten. Die repräsentative Fassade ist zum Main hin symmetrisch gegliedert, mit vorgelagertem großen Altan, kleinen Rundbogenfenstern und Eingängen in den gewölbten Vorbauten. Über diesen befinden sich im Obergeschoß zwei Altenpforten, die östliche mit Blattkapitellen und Tympanon, die westliche mit Kleeblattbogen.

Am zentral gelegenen Marktplatz liegt das klassizistische Rathaus von 1823. Der Platz wird von reich verzierten Fachwerkhäusern gesäumt, die vorwiegend aus dem 17. und 18. Jahrhundert stammen. Doch auch noch ältere Bauwerke gibt es hier zu entdecken, wie das „Einhardhaus" von 1596, Seligenstadt bekanntestes Fachwerkhaus. Ein weiteres Beispiel sehenswerter Fachwerkkunst ist das „Alte Haus" aus dem Jahre 1327. ●

Seligenstadt
Klosterbasilika

❌ Große Maingasse 3/Klosterhof

ℹ️ von außen jederzeit

Um 830 gründete Einhard in Seligenstadt ein Benediktinerkloster und baute eine imposante Wallfahrtskirche über dem Grab der frühchristlichen Märtyrer

Die Einhardsbasilika in Seligenstadt

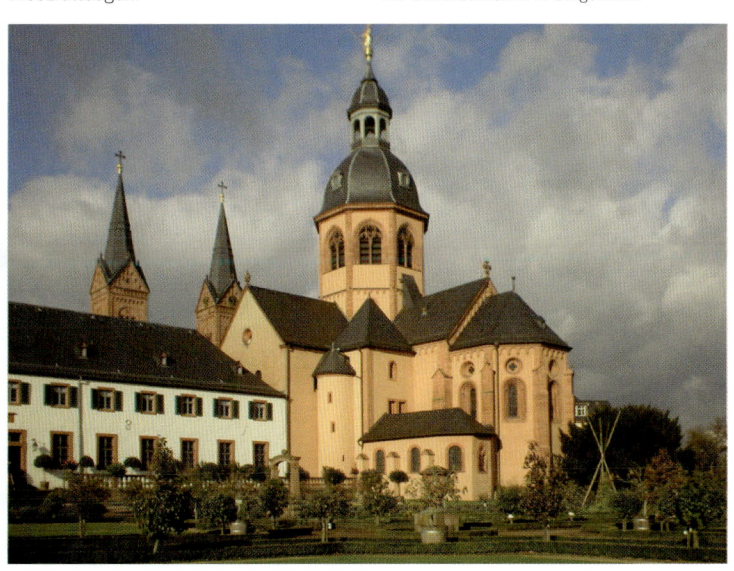

S

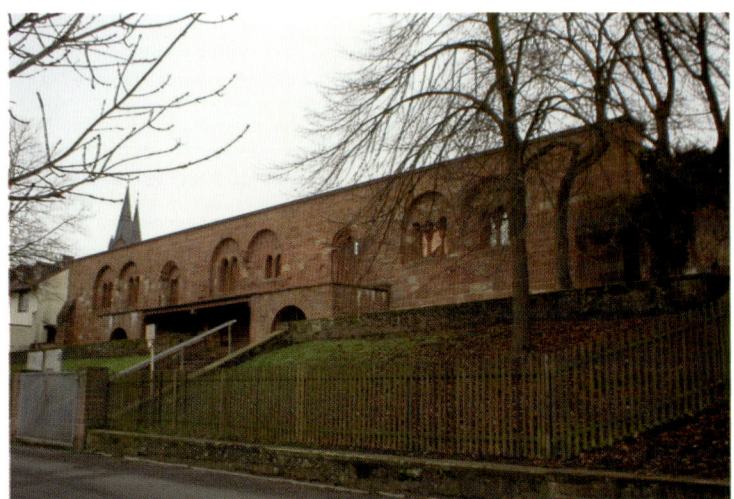

Ruine des Palatiums

Petrus und Marcellinus, deren Reliquien er auf verschlungenen Wegen aus Rom ins fränkische Reich überführt hatte.

Mittelpunkt der wachsenden Siedlung um die Wallfahrtskirche, für die ab 1175 die Stadtrechte verbürgt sind, blieb die Abtei der Benediktiner. Während von den Klostergebäuden keine architektonischen Zeugnisse mehr erhalten sind, hat die Abteikirche mehre Bauphasen durchlebt.

Durch die neoromanische Vorhalle unter den Westtürmen aus dem 19. Jahrhundert betritt der Besucher die Basilika aus karolingischer Zeit, ein Kleinod von europäischem Rang. Der schlichte Raum des Kirchenschiffs wurde im 13. Jahrhundert durch eine frühgotische Choranlage mit mächtigem Vierungsturm ergänzt. Verschiedene Umbauten zeugen von der langjährigen zentralen Bedeutung der Basilika für die Stadt. Der Hauptaltar verwahrt heute noch die Silberschreine mit den Reliquien der Heiligen Märtyrer Petrus und Marcellinus.

Der Weg aus der Basilika und entlang der Klostermauer führt zum Hauptportal der ehemaligen Benediktinerabtei.

Hier, am Freihof, dem Schnittpunkt zwischen geistlicher und städtischer Welt, errichteten die Bürger 1703 ihr erstes öffentliches Schulhaus, einen eindrucksvollen Fachwerkbau. Die hinter dem Abteiportal liegende „Klosterstadt" mit ihren Mönchszellen und Prunkräumen, Gärten, Wirtschaftshöfen und Vorratskellern, ihren Brunnen und Skulpturen, ist ein Musterbeispiel barocker Architektur. Hier wird Klosteralltag vergangener Zeiten lebendig.

Der 1999 wiederhergestellte Apothekergarten ist in seiner äußeren Gestaltung der Versuch einer Rekonstruktion des Zustandes aus dem 18. Jahrhundert. Er wird durch Mitarbeiter der staatlichen Verwaltung der Schlösser und Gärten, Außenstelle Seligenstadt, betreut. Auf einer Fläche von 600 Quadratmetern wird die Vielfältigkeit der Welt der Arzneipflanzen dargestellt.

Zusammen mit der 1757 errichteten Orangerie ist der eigentliche Konventgarten in die Idealplanung gärtnerischen Gestaltens zurückgeführt worden. ●

Seligenstadt-Froschhausen
Landwehr

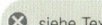

❌ siehe Text
❶ jederzeit

An vielen Stellen im Rhein-Main-Gebiet findet man noch heute Spuren spätmittelalterlicher Landwehren. Häufig deuten Flurnamen oder Bezeichnungen von Straßen, Wegen und Bächen auf ihren Verlauf hin, auch wenn dieser nicht mehr erkennbar ist.

Eine Landwehr bestand zumeist aus einem breiten, oder zwei schmaleren parallel verlaufenden Gräben, die je nach dem Gelände Wasser führten oder trocken lagen. Der durch den Erdaushub entstandene Wall war mit Hainbuchen oder Dornenhecken bepflanzt, die so verflochten waren, dass sie ein undurchdringliches Gebück bildeten. Die frühesten Anlagen solcher Landwehren lassen sich bis an den Anfang des 14. Jahrhunderts zurückverfolgen.

Der Zweck der Landwehren waren vielfältig. In den Zeiten einer gewissen Stetigkeit der territorialen Entwicklung grenzte die Landwehr das Herrschaftsgebiet ab. Gleichzeitig konnten sich innerhalb des Territoriums einzelne Gemarkungen trennen oder in früheren Zeiten auch die Feldflur von der Waldmark.

Letztere verhinderte das Eindringen von Wild auf die bestellten Felder.

In Zeiten, in denen Zölle eine Haupteinnahmequelle der Territorialherren bildeten, lenkten Landwehren die vielfach verzweigten Wege auf wenige Durchlässe und konnten so zumindest teilweise den Schmuggel eindämmen.

Zumeist waren Landwehren von einem Weg begleitet, der die ständige Kontrolle und Überwachung ermöglichte. Mit dem Aufkommen und der Weiterentwicklung von Feuerwaffen verloren die Landwehren immer mehr an Bedeutung.

In unserem Gebiet gab es die Isenburgische oder Dreieicher Ringlandwehr, die Mainzische oder Rodgau-Landwehr, die Landgräflich-Hessische Landwehr sowie die Dietzenbacher Verbindungslandwehr. Die Dreieicher Ringlandwehr wird erstmals 1348 erwähnt und bis in die Mitte des 16. Jahrhunderts in Stand gehalten. Dann verlor sie durch Teilung der isenburgischen Lande 1556 und durch Abtretung des Kelsterbacher Teiles an Hessen im Jahre 1600 ihre Bedeutung, sodass nur noch wenige Spuren im Gelände erhalten sind.

Besonders gut erhaltene Abschnitte von Landwehren finden sich südlich des Ortes Buchschlag, zwischen Dietzenbach und Heusenstamm sowie an der Gemarkungsgrenze Seligenstadt und Froschhausen. ●

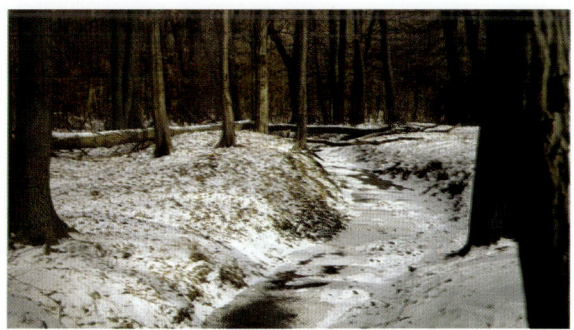

Reste der Landwehr im Wald am Kortenbach

S

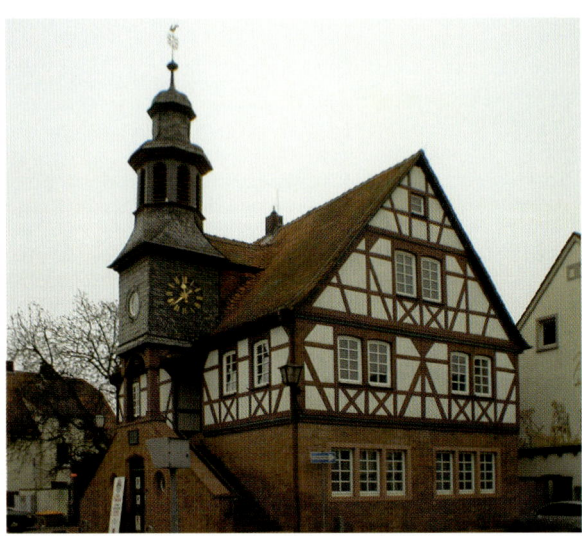

*Das Rathaus von
Seligenstadt-
Froschhausen*

Seligenstadt-Froschhausen
Rathaus

> ❌ Seligenstädter Straße 40
> ⓘ von außen jederzeit

Die erste historische Nachricht von Froschhausen stammt aus dem Jahre 1323. Die Hoheitsrechte lagen beim Erzbistum Mainz. Im Jahre 1803 fiel es mit der Amtsvogtei Seligenstadt an Hessen-Darmstadt.

Zentral im Ort hat sich entlang der langen, leicht gekrümmten Ortsdurchfahrt das Bild eines Straßendorfes erhalten. Hier finden sich mehrere giebelständige Fachwerkhäuser von bemerkenswerter Qualität, die gelegentlich auch als Doppelhäuser ausgebildet sind. Der einst zentrale Standort der Kapelle wird heute von dem 1938 an dieser Stelle errichteten ehemaligen Rathaus eingenommen, während die Kirche an den früheren Ortsrand verlegt wurde.

Das historische Rathaus ist im Erdgeschoss massiv errichtet, eine zweiläufige Außentreppe führt zu dem zentral gelegenen Eingang. Darüber erhebt sich die schieferverkleidete Laternenhaube mit schmiedeeisernem Turmkreuz der zuvor hier abgebrochenen barocken Kapelle, auch die Zifferblätter der ehemaligen Turmuhr sind integriert.

Das Obergeschoss ist aus Fachwerk abgebunden. In Fassade und Proportionen zeigt sich eine Anlehnung an den Heimatstil und die regionale historische Formensprache. Das Rathaus bildet einen prägnanten Blickpunkt in der Ortsmitte.

Die katholische Pfarrkirche Sankt Margaretha ist eine neogotische Basilika mit seitlichem Turm und hohem Spitzhelm, die in Sandstein-Sichtmauerwerk aufgeführt ist. Erbaut 1870-1871 nach den Entwürfen des vormaligen Mainzer Dombaumeisters Wessiken, entspricht der Bau einem im Kreisgebiet häufigen Typus der Dorfkirche des 19. Jahrhunderts. Ungewöhnlich ist die Lage am Rand des alten Dorfkernes. ●

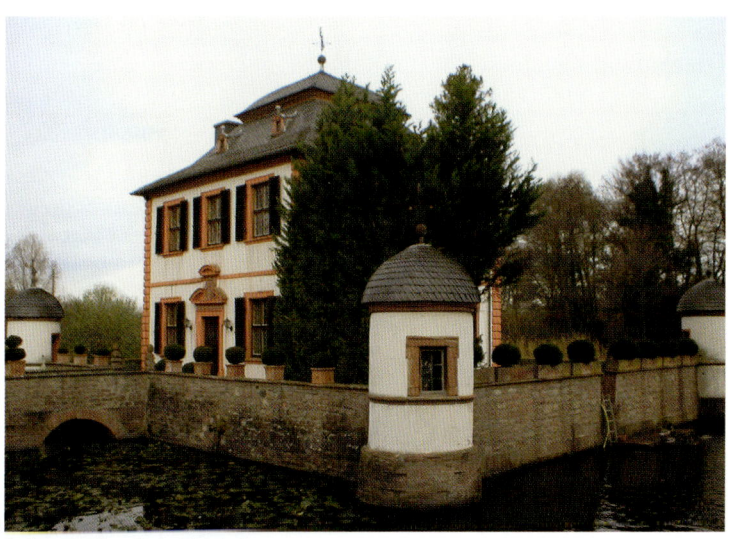

S

Seligenstadt – Klein-Welzheim

Wasserburg

Die Wasserburg mit ihren Ecktürmen

❌ westlich des Ortes
ⓘ von außen jederzeit

Etwas versteckt bei Klein-Welzheim liegt die so genannte „Wasserburg". Anstelle eines im Dreißigjährigen Krieg zerstörten burgartigen Gebäudes wurde sie 1705 als Gartenhaus der Seligenstädter Äbte errichtet. Ganz im Stile der Zeit entstand ein villenartiges Gebäude, das wegen des Wassergrabens und der Zugbrücke fast schon Burgcharakter erhält. Auf die umgebenden Brüstungsmauern sind Ecktürmchen aufgesetzt. Der kubische Wohnbau auf quadratischem Grundriss trägt ein Mansarddach. Die Putzfassade weist an ihren Kanten Eckquaderungen auf, Fenster und Türen sind von Sandsteingewänden eingefasst. Über dem Eingangsportal prangt das Wappen des Erbauers, Abt Franz Blöchinger, der sich damals in der ländlichen Abgeschiedenheit ein ganz privates Refugium errichten ließ.

Im Inneren des Obergeschosses hat sich ein herrlicher Saal mit Stuckdecke erhalten, in den Fensternischen sind Reste einer Landschaftstapete zu erkennen.

Eine Darstellung nach einem Kupferstich von Johann Stridbeck aus dem Jahre 1707 zeigt, dass die vollständige Anlage mit Haus, Nebengebäuden, Orangerie sowie Nutz- und Ziergärten ein nicht unerhebliches Ausmaß gehabt haben muss.

Von der einst regelmäßigen Anlage der früheren Gärten sind heute nur noch die Einfriedigungsmauer, drei Pfeilertore und Terrassenflächen erhalten. Hieran fügen sich eine Reihe von Fischteichen mit historischem Bewässerungssystem an.

Die Wasserburg ist heute in Privatbesitz und öffentlich nicht zugänglich. Nur die eindrucksvolle Außenfassade und die Außenanlage sind dem Besucher zugänglich. ●

Sensbachtal – Ober-Sensbach
Friedhof mit Kapelle

- ⊗ auf der Höhe an der Landesstraße 3120
  nach Beerfelden
- ⌂ Gemeinde Sensbachtal
- ⓘ frei zugänglich

Auf der Sensbacher Höhe liegt der Friedhof der ehemaligen Gemeinden Heb-
stahl, Ober- und Unter-Sensbach. Wie
die Jahreszahl 1619 im runden Eingangs-
bogen beweist, wurde er wahrscheinlich
als Pestfriedhof weitab von den Dörfern
angelegt. Er weist er große Ähnlichkeit
mit dem um ein Jahr älteren Friedhof der
Zent Ober-Kainsbach auf, der ebenfalls
auf der Höhe liegt.

   Die schlichte Kapelle aus Bruchsteinmauerwerk mit dreiseitigem Ostchor,
Krüppelwalmschopf und spitzen Dachrei-
ter-Türmchen dürfte ebenfalls im Kern
1619 entstanden sein, verdankt aber ihre

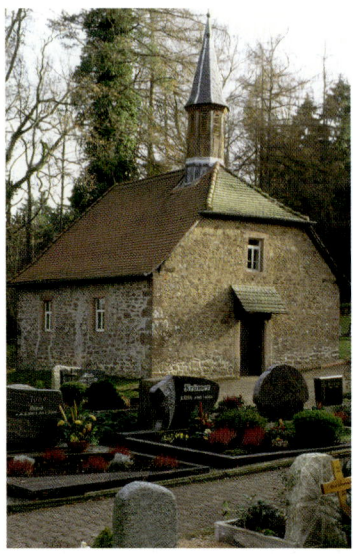

Sensbacher Friedhofskapelle

heutige Gestalt einem Umbau laut
Inschrift auf dem Türsturz des
Portals von 1744. Die seit 1879 im Türmchen hängende Glocke wurde 1942
abgenommen und sollte zu Rüstungs-
zwecken eingeschmolzen werden. Durch
glückliche Umstände wurde sie auf
einem „Glockenfriedhof" in Hamburg-
Altona gelagert und 1947 wieder nach
Sensbach geholt. Auf dem Friedhof
befindet sich seit 1849-1850 die Ruhestätte des Grafenhauses Erbach-Fürstenau. Die in großen Buchstaben ausgelegten Vornamen Albert und Emilie erinnern
an Graf Albert August Ludwig (1787-
1851) und an seine Gemahlin Emilie,
Prinzessin zu Hohenlohe-Neuenstein-
Ingelfingen (1788-1859). Des weiteren
liegen hier die Grafen Raimund (1886-
1926), Elias (1866-1950) und weitere
Angehörige dieses Hauses begraben.
Auch andere Persönlichkeiten fanden
hier ihre letzte Ruhe. ●

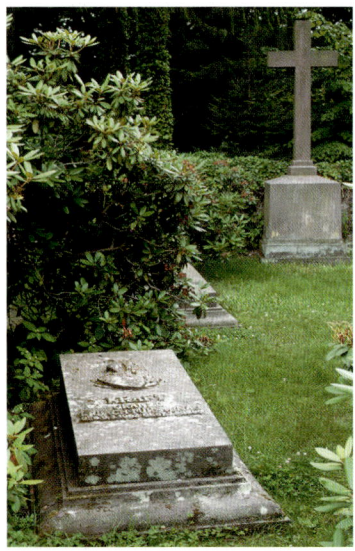

Gräfliche Ruhestätte

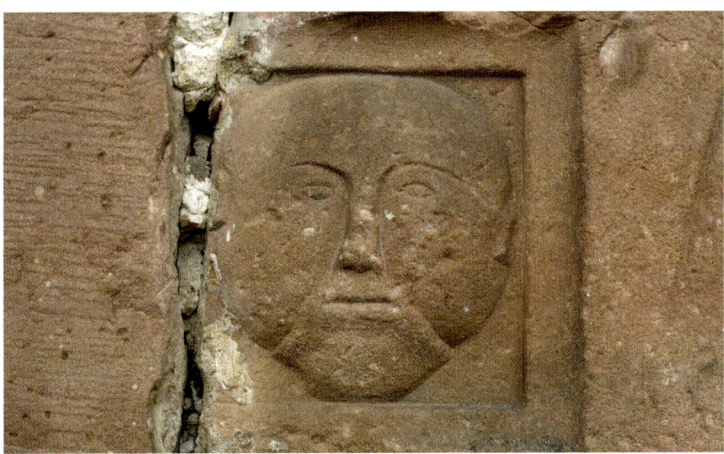

Sensbachtal − Ober-Sensbach

„Neidkopf" an der Zehntscheune Ober-Sensbach

Ehemalige Zehntscheune

⊗ Sensbacher Straße 17

◔ privat

ⓘ von außen zu besichtigen

Zehntscheunen waren − bis zur Umwandlung des Zehnten in eine ständige jährliche Grundsteuer nach 1816 in Hessen − unentbehrliche Sammelstellen obrigkeitlicher Naturalieneinnahmen, vor allem in Form von Getreidegarben, Heu, Kartoffeln und Rüben.

In armen, abgelegenen Waldgegenden hatten die Herrschaften oft keine eigenen Scheunen, sondern beauftragten einen wohlhabenden zuverlässigen Bauern mit dem Einsammeln und Lagern der Naturalien, mit dem Ausdreschen der Getreidegarben und zum Teil mit dem Verkauf der Früchte und dem Stroh.

So diente auch die eine der beiden Scheunen des Hofes Nr. 17 für die Standesherrschaft Erbach-Fürstenau im Sensbachtal ehemals dieser Funktion. Zu welchem Zeitpunkt im 19. Jahrhundert diese Nutzung aufgegeben wurde, ist nicht bekannt, aber noch heute wird dieses Gebäude im Volksmund „Zehntscheuer" genannt.

Die ursprünglich vierzonige, wohl aus dem Ende des 18. Jahrhunderts stammende Scheune mit Stall wurde später um zwei Wagenschuppen erweitert und das Dach einheitlich mit Dachpfannen eingedeckt. Wände und Giebel des Scheunenteils bestehen aus Fachwerk und sind mit ungewöhnlich langen handgerissenen Eichenschindeln, so genannten Hirschzungen, verkleidet, die heute im Odenwald sehr selten geworden sind.

Rechts neben dem Türgewände des Stalles ist in Kopfhöhe eine Schreckmaske („Neidkopf") offensichtlich in Zweitverwendung eingemauert. Allgemein wird die Deutung dieser an exponierter Stelle angebrachten, zum Teil mit tierischen Attributen ausgestatteten Köpfe dem weiten Bereich des Abwehrzaubers zugerechnet. Sie sollten unliebsame Besucher, die wie hier wohl Unruhe oder gar Krankheiten in den Stall hätten bringen können, abschrecken. ●

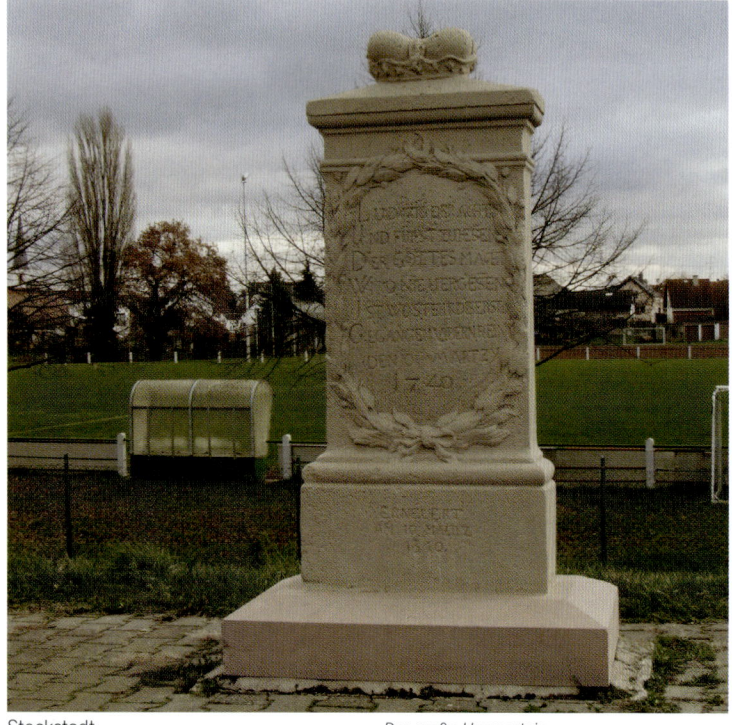

Stockstadt

Der große Herrenstein

Herrensteine

- ✕ am Ortsrand, Hochwasserdamm „An der Mörtsch", auf dem Kühkopf
- ❶ Die Steine und der Kühkopf sind frei zugänglich.
- ❶ Infozentrum auf dem Kühkopf

Unmittelbar am Ortsrand von Stockstadt, am Hochwasserdamm „An der Mörtsch" steht der so genannte „Große Herrenstein".

Dieses Denkmal erinnert an den Rheinübertritt von Landgraf Ludwig VIII. von Hessen-Darmstadt am 10. März 1740. An diesem Tag war der Fluss noch zugefroren, als der Landgraf samt Gefol-ge in Stockstadt eintraf und zu Fuß den Rhein überquerte, um dort zu jagen.

Den Gedenkstein fertigte der Darm-städter Steinmetz Strecker. Die Inschrift auf der dem Rhein zugewandten Seite lautet "LUDWIG DER ACHT / UND FÜRST ZU HESSEN / DER GOTTES MACHT / WIRD NIE VERGESSEN / IST WO STEHT DIESER STEIN / GEGANGEN ÜBERN RHEIN / DEN 10N MÄRTZ / 1740" Zusammengefügt ergeben die ersten Buchstaben der Zeilen das Wort „Lud-wig".

Unten am Sockel findet sich ein Hin-weis auf eine erste Renovierung 1810. Vermutlich versetzte man zu dieser Zeit den Stein, der bis dahin unmittelbar am

Ufer gestanden hatte, zurück auf den Damm.

Die Rückseite trägt ebenfalls eine Inschrift: „SOLANGE EIN STEIN VON DISEM STÜCK / LEB UNSER DURCHLEUCHT WOHL IM GLÜCK 1983". Dieser Herrenstein wurde im Jahre 2005 abermals renoviert.

Sein Pendant, der „Kleine Herrenstein" steht auf der anderen Seite des Altrheins auf dem Kühkopf. Auch er trägt Inschriften: Auf der Vorderseite „DEN 10N MERZ 1740 SEYNT EUER HOCHFÜRSTLICHEN DURCHLAUCHT LUDWIG VIII REGIERENTER FERST ZU HESSEN DARMSTADT AUF DAHIESIGEM EUS ZU FUES IBER DEN RHEIN GEGANGEN UND DAHIER AUF DAS LAND GETRETEN". Auf der Rückseite nennt er Johann Nicolau Metz, Beständer auf dem Hofgut Schmittshausen, des heutigen Gunterhausen. Vermutlich empfing er den Landgrafen auf der linken Rheinseite. Leider ist dieser Stein in keinem sehr guten Zustand.

Damals war es keineswegs unüblich, dass die Herrschaft ihren Jagderfolgen Denkmäler setzte. So ließ beispielsweise Landgraf Ludwig VIII. dort beschriftete Steine aufstellen, wo er besonders große Hirsche erlegt hatte.

Der Kühkopf war zur Zeit des Rheinübertritts noch keine Insel, sondern lag auf dem linken Rheinufer. Mit Unterstützung der beiden Baumeister Kröncke und Tulla beschloss der Hessische Landtag 1827 den Rheindurchstich, der in den folgenden Jahren durchgeführt wurde. Der Schifffahrtsweg verkürzte sich auf diese Weise um rund 10 Kilometer.

Heute liegt auf dem Kühkopf ein etwa 1700 Hektar großes Naturschutzgebiet, das zudem der „Flora, Fauna Habitat" Richtlinie der Europäischen Union unterliegt. Damit kommt ihm europaweite Bedeutung zu. ●

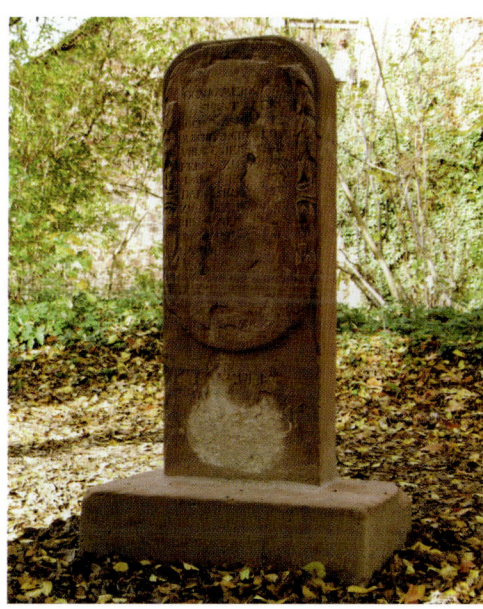

Der kleine Herrenstein

279

Trebur

T

Trebur
Museum

- ❌ Nauheimer Straße 14
- 🕐 So 14-17 Uhr
- ℹ️ Tel.: 06147-1244 und 8417

Das Haus Nauheimer Straße 14 ist eines der ältesten Häuser in Trebur und stammt noch aus der Zeit vor dem Dreißigjährigen Krieg. Die Wirtschaftsgebäude auf der Hofreite kamen erst im 19. Jahrhundert hinzu.

Das zweigeschossige giebelständige Wohnhaus beeindruckt durch die außergewöhnliche Fachwerkgestaltung vor allem im Obergeschoss: Hier streben Mannfiguren die Bundwände und Eckständer ab. In die Brüstungsgefache der straßenseitigen Giebelwand sind zudem doppelte Andreaskreuze eingestellt. Besonders bemerkenswert ist der mit einem Taustab verzierte Eckständer über der Hofeinfahrt.

Heute ist hier das Museum Trebur untergebracht. Es zeigt im Erdgeschoss wechselnde Ausstellungen zur Orts- und Heimatgeschichte. So kann Trebur auf einen fränkischen Königshof zurück blicken, der sich bis zum 8. Jahrhundert zu einer Pfalz entwickelte. Seit 829 wurden hier mehrere Reichstage und Kirchensynoden von weitreichender Bedeutung abgehalten. In der Zeit zwischen dem 9. und dem 11. Jahrhundert sind 56 Königsaufenthalte in Trebur beurkundet und hier wurde 1053 Heinrich IV. zum König gewählt. Nur rund 20 Jahre später, 1076 kamen auf dem Höhepunkt des Investiturstreits die oppositionellen Fürsten in Trebur zusammen und verlangten von ihm, sich mit Papst Gregor zu einigen. Daraufhin trat ein Jahr später Heinrich IV. seinen Gang nach Canossa an. ●

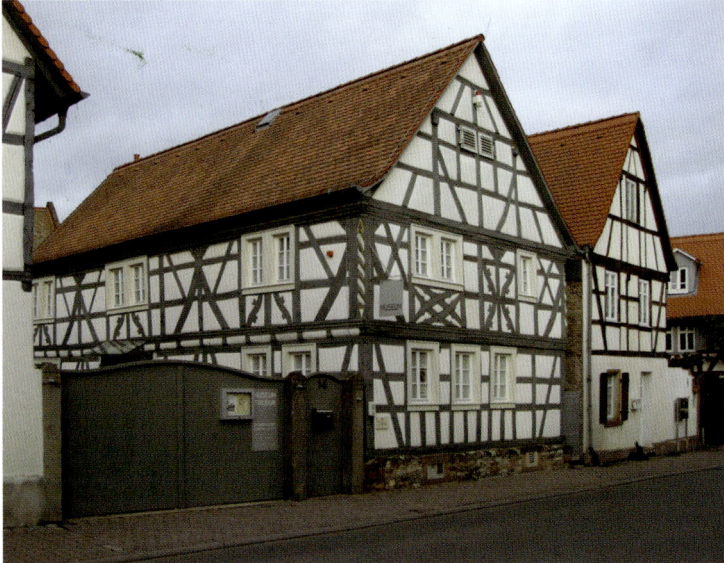

Das Museum in Trebur

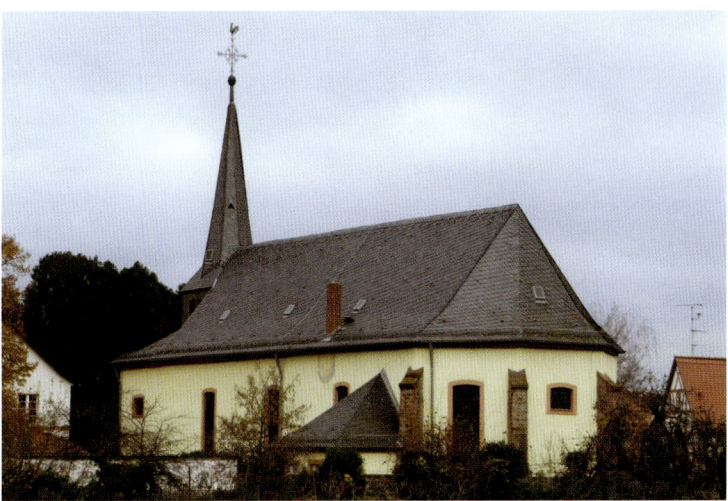

Trebur-Astheim
Ortsbild

Die katholische Kirche von Südosten

❌ im Text beschrieben

ℹ die Bildstöcke sind frei zugänglich

Astheim ist eine katholische Enklave inmitten einer protestantischen Umgebung. Nach vielen Besitzerwechseln gehörte der Ort ab 1571 nur noch zwei Herren: den Kurfürsten von Mainz und den Landgrafen von Hessen-Darmstadt. Im Zuge eines Tausches trat Hessen 1579 schließlich seine Gerechtigkeit in Astheim an das katholische Mainz ab und erhielt dafür dessen Rechte in Stockstadt und Wolfskehlen.

Eine katholische Kirche im Ort wurde erstmals 1651 erwähnt, als sie durch ein Hochwasser zerstört wurde. Eine erste Erweiterung erfuhr das Gotteshaus durch einen Anbau nach Osten im Jahre 1774. Weitere Erneuerungen erfolgten in den Jahren 1883, 1900, 1923 und 1946. Im Inneren beeindrucken vor allem der barocke Hochaltar mit Figuren des Heiligen Petrus in Ketten, dem Namensgeber der Kirche, und Maria mit Kind auf dem Arm. Der Hochaltar, ein Halbkreisciborium, wurde 1787 durch den Astheimer Schreiner Johann Adam Bender aufgestellt, geschaffen hatte ihn der Mainzer Schreiner Franz Hieronimus Hannisch. Zwischen den mittleren Säulen erhebt sich eine Retabel, links steht die Heilige Maria, rechts der Heilige Joseph, beides Arbeiten des Bildhauers Georg Bitterich (1724-1789).

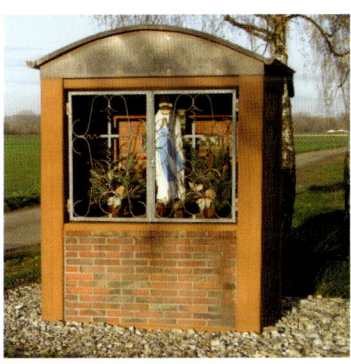

Das Bildhäuschen am nördlichen Ortseingang

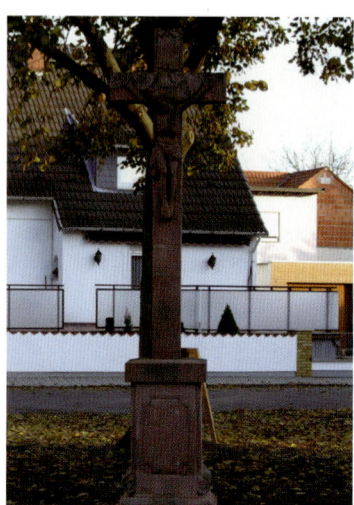

Zeugnis katholischen Glaubens in Astheim

Die Decke wird von drei Gemälden verziert. Sie zeigen in der Reihe vom Altar zur Empore die Rettung des Heiligen Petrus, die Schlüsselübergabe Jesu an Petrus und eine Szene aus dem Leben der Heiligen Cäcilia, der Patronin der Kirchenmusik. Diese Bilder schuf der Stuttgarter Kunstmaler Julius Niester.

Noch heute lassen sich – wie oft in katholischen Orten üblich – eine Vielzahl religiöser Zeugnisse im Ort und in der Gemarkung finden. Vor der Kirche erhebt sich auf dem ehemaligen Kirchhof das frühere Friedhofskreuz aus dem Jahre 1710. An der Einmündung der Bischofsheimer Straße in die Waldstraße steht ein Flurkreuz, das bis 1986 am damaligen Ortsrand aufgestellt war. Es ist eine Stiftung mehrerer Bürger aus dem Jahre 1747. Am Kreuzdamm steht ein modernes, aus Beton gegossenes Flurkreuz unter einem Ahornbaum, das vermutlich auf eine Wüstung hindeutet. Zudem bestand ein weiteres Flurkreuz im Bereich der Abzweigung Königstädter Straße Ecke Mainzer Straße.

Darüber hinaus stehen drei Bildhäuschen im Ort: in der Mainzer Straße bei Nummer 15, an der Mainzer Straße unmittelbar am Ortseingang und in der Waldstraße Ecke Bischofsheimer Straße. ●

Trebur – Geinsheim-Kornsand

Gedenkstein Kornsandverbrechen

❌ am Rhein-Neckar-Radweg rund 600 Meter nördlich der Fähre

ⓘ frei zugänglich

🌐 www.kornsandverbrechen.de

Etwa 600 Meter nördlich der Fähre nach Oppenheim steht der Gedenkstein des Kornsandverbrechens. Am 17. März 1945 sollte in Oppenheim ein Arbeitskommando ausschließlich aus politischen Gegnern der Nationalsozialisten zusammengestellt und für Schanzarbeiten auf der anderen Rheinseite eingesetzt werden. Am 18. März 1945 wurde deshalb Johann Eller, Cerry Eller, Georg Eberhardt, Jakob Schuch, Nikolaus Lerch und Ludwig Ebling verhaftet, weil sie als Kommunisten galten. Zunächst verschleppte man sie nach Groß-Gerau und Darmstadt, entließ sie aber wieder am 21. März, jedoch ohne Entlassungsschein.

Nach ihrem Eintreffen an der Fähre verweigerten ihnen die anwesenden Offiziere die Überfahrt in ihren Heimatort. Fünf Personen aus der Gruppe wurden abermals verhaftet, der sechste, Ludwig Ebeling, konnte später mit der Fähre an das andere Ufer gelangen. Wenig später traf das Kommando auf Rudolf Gruber, einen Volkssturmmann aus Oppenheim. Auch er wurde verhaftet, man warf ihm Fahnenflucht vor. Die Gefangenen wurden abgeführt und mussten unter Bewachung ihre eigenen Gräber ausheben. Nachdem verschiedene Soldaten und

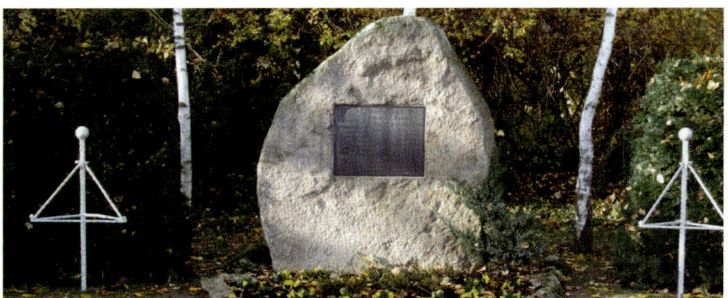

Gedenkstein an das Kornsandverbrechen

Volkssturmmänner sich geweigert hatten, die Erschießung vorzunehmen, übernahm dies der 18-jährige Leutnant Hans Kaiser. Russische Hilfswillige des Flakzuges mussten die Gräber dann zuschaufeln. Wie sich später herausstellte, wurden vor ihrer Ermordung Johann Eller, Jakob Schuch und Nikolaus Lerch körperlich misshandelt.

Im Sommer 1945 überführte man die Leichen der Ermordeten auf die Friedhöfe in Nierstein und Oppenheim. Der Gedenkstein wurde im Jahre 1954 errichtet. ●

Trebur-Geinsheim-Kornsand

Zeppelindenkmal

❌ am Rhein-Neckar-Radweg rund 300 Meter südlich der Fähre
❶ frei zugänglich

Etwa 300 Meter stromaufwärts der Fähre steht unmittelbar auf dem Sommerdamm das Zeppelindenkmal. Es besteht aus einem Mauersegment, das von je einem Turm flankiert wird. Auf seiner Vorderseite trägt es auf einer Platte die Inschrift „HIER LANDETE MIT SEINEM LUFTSCHIFF GRAF ZEPPELIN AUF SEINER ERSTEN DAUERFAHRT AM 4. AUGUST 1908". Damit erinnert es an die Notlandung des Zeppelin LZ 4 an

diesem Tag um 17.24 Uhr. Der Zeppelin war morgens in Ludwigshafen gestartet und befand sich auf seiner ersten Fernfahrt über Mainz nach Echterdingen. Nach der Notlandung wurde das Luftschiff um leere Benzintanks und überflüssige Gegenstände erleichtert. Auch fünf Personen mussten aussteigen, um insgesamt 1270 Kilogramm Gewicht zu sparen. Die Reparaturen dauerten bis in die Abendstunden, erst gegen 22 Uhr konnte Graf Zeppelin seine Fahrt fortsetzten, musste aber schon gegen Mitternacht abermals wegen eines Defektes, diesmal bei Erdingen, notlanden. Ein aufkommender Gewittersturm riss den Zeppelin später los und schlug ihn auf die Erde. Dadurch entstand ein Feuer, das das Luftschiff zerstörte. ●

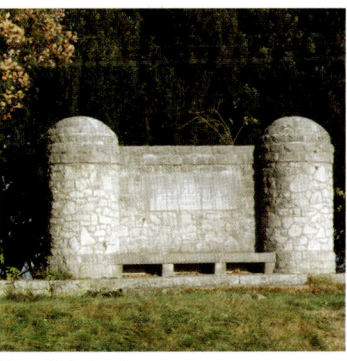

Zeppelindenkmal

Viernheim

V

*Der Turm der Apostel-
kirche prägt das Stadtbild
von Viernheim*

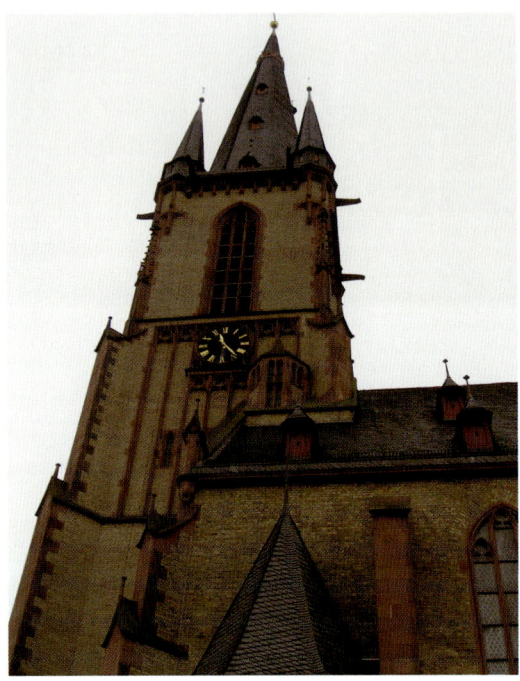

Viernheim

Katholische Pfarrkirche Sankt Aposteln

- ❌ Apostelplatz
- ⬆ Katholische Gemeinde
- ❶ tagsüber geöffnet
- ❶ Pfarrbüro Sankt Aposteln,
  Kettelerstraße 2, Tel.: 06204-919990

Die katholische Pfarrkirche Sankt Aposteln im Zentrum von Viernheim wurde bis 1899 von Max Meckell aus Freiburg im neogotischen Stil erbaut. Der Fassadenturm bestimmt das Ortsbild der zweitgrößten Stadt des Kreises Bergstraße.

Als Baumaterial wurden gelbliche Backsteine verwendet, wobei die architekturgliedernden Elemente aus Sandstein gefertigt sind. Der Innenraum ist konsequent in gotischen Formen gehalten, bis hin zu gotisierenden Fußbodenfliesen. An den Pfeilern des Mittelschiffs sind die zwölf Apostelfiguren als Kirchenpatrone angebracht.

Von der Ausstattung stammen einige Teile aus dem 16. Jahrhundert, der Spätgotik. Im gotischen Hochaltar mit aufwändigen, teilweise erneuerten Gesprenge sind Figuren und bemalte Altarflügel des frühen 16. Jahrhunderts sowie einige wenige aus dem 19. Jahrhundert gelungen zusammengefasst. Beachtenswert ist auch der Muttergottesaltar im südlichen Seitenschiff von 1510, der vom Meister des Marthaaltares in Nürnberg stammt. Der harmonische Innenraum mit der hochwertigen Ausstattung gehört zu den eindrucksvollsten historisierenden und dabei stilreinen Kirchenräumen in Südhessen. ●

Wald-Michelbach

Wald-Michelbach
Überwälder Einhaus mit Brunnen

❌ wenig südlich der Straße „In der Gass" am Rande des historischen Ortskerns

🔺 Gemeinde Wald-Michelbach

🕐 von außen jederzeit möglich

ℹ️ Tel.: 06207-9470
gemeinde@wald-michelbach.de

Unter einem Einhaus versteht man ein Haus, unter dessen Dach Wohn- und Wirtschaftsteil gemeinsam versammelt sind. Zumeist dreizonig gegliedert finden sich ein Wohnbereich, eine Tenne sowie ein Stall. Die Größe eines solches Hauses kann erheblich variieren: kleine Einhäuser sind oft nicht mehr als 12, 13 Meter lang, größere dagegen können mehr als 20 Meter lang sein. Wesentliches Merkmal ist zudem, dass die Funktionalität schon in der Konstruktion ihren Niederschlag fand, das Haus also bereits entsprechend der späteren Nutzung abgebunden wurde. Baute man später an ein Wohnhaus Scheune und/oder Stall nachträglich an, spricht man von einem Streckhof. Als holzsparende Bauform breitete sich das Einhaus nach dem Dreißigjährigen Krieg besonders in den ländlichen Gebieten der Mittelgebirge aus. Vor allem im 19. Jahrhundert gab es im Odenwald wohl kein Dorf, in dem dieser Haustypus nicht vertreten war, in manchen Gemeinden prägte es über lange Zeit das Ortsbild. Die sich ändernden landwirtschaftlichen Produktionsbedingungen führten im Laufe dazu, dass der vorhandene Raum nicht mehr ausreichte. In der Folge wurden auf der Hofreite weitere Gebäude errichtet und die Einhäuser umgebaut. Heute ist diese Hausform in unveränderter Form kaum mehr anzutreffen.

In Wald-Michelbach hat man auf diese Entwicklung reagiert und ein „Überwälder Einhaus" idealtypisch wieder aufgebaut. Hier erhebt sich nun über einem annähernd geschosshohen massiven Sockel eine dreizonige, zentral erschlossene Fachwerkkonstruktion mit ihrem dem historischen Ortskern zugewandten Wohnteil. Das Haus soll künftig der Nachwelt vermitteln, wie früher zwei bis drei Generationen samt Vieh unter einem Dach gelebt haben.

Der Abtsteinacher Künstler Martin Hintenlang schuf einen Laufbrunnen, der vor dem Einhaus Aufstellung fand. Mit seinem sandsteinernen Trog und Stock greift auch dieser Brunnen ein früher typisches Element dörflichen Lebens auf. Eine aus Bronze gefertigte Waschfrau, ein Kind und eine Ziege weisen auf die ehemalige Bedeutung von Brunnen als öffentliche Wasserversorgung hin. ●

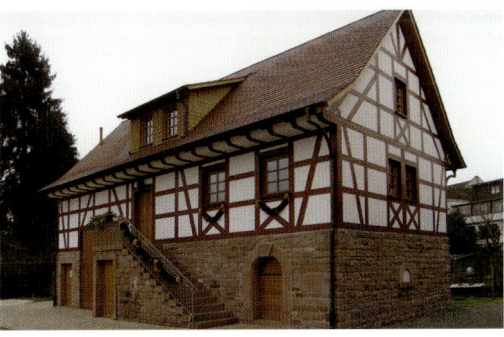

Im Überwälder Einhaus waren früher Wohn- und Wirtschaftsteil unter einem Dach vereint

Weiterstadt

W

Weiterstadt-Braunshardt
Schloss Braunshardt

⊗ Schloßgartenstraße 2

❶ am Tag des offenen Denkmals

ℹ Gemeindeverwaltung,
Darmstädter Str. 36, 64331 Weiterstadt,
Tel.: 06150-4000

Nur noch in Resten erhalten ist die ehemals prachtvolle Anlage des Rokoko-Schlösschens Braunshardt. Dennoch beeindruckt auch heute noch die idyllische Situation von Wohngebäude und nach Norden ausgerichtetem Park mit Blick auf den Taunus.

Prinz Georg von Hessen hatte 1760 die alte Hofanlage Braunshardt von seinem Vater Landgraf Ludwig VIII. als Familienerbe in Besitz genommen. Nach französischen Vorbildern ließ er dort einen langgestreckten eingeschossigen Schlossflügel mit Mansarddach errichten sowie zwei Nebengebäude, an deren Stelle 1926 die dreiflügelige Anlage mit Kirche angebaut wurde. Dadurch entstand eine geschlossene Hofanlage, die heute als Altersheim dient.

Eine dichte Fensterreihe und drei Türen öffneten sich zur weitläufigen Parkanlage, die vielfältige Abwechslung bot. Der erhaltene Teil zwischen den beiden Lindenalleen, die an Gartenpavillons endeten, ist nur das Mittelstück der ehemaligen Anlage. Sie setzte sich im Osten mit einem französischen Garten und im Westen mit einem englischen Garten fort.

Das Schloss wurde zu einem beliebten Treffpunkt der weitläufigen landgräflichen Familie bis es 1819 zum ersten Mal und nach Rückkauf 1898 zum zweiten Mal verkauft und dem Verfall preis gegeben wurde.

Mit großem Aufwand wurde es vor einigen Jahren restauriert. Besonders die eleganten Räume des Erdgeschosses mit ihrer Rokoko-Ausstattung sind in vorbildlicher Weise wiederhergestellt. Sie sind mit wunderschönen Stuckdecken mit floralen Motiven ausgestaltet und mit den Holzverkleidungen in unterschiedlichen kräftigen Farben, Gold- und Silberfassungen abgestimmt.

1992 wurde dem damaligen Eigentümer der Hessische Denkmalschutzpreis verliehen. Erst vor kurzem hat die Stadt Weiterstadt die Liegenschaft erworben, um sie für kulturelle Veranstaltungen zu nutzen, sie aber auch Bürgern in kleinerem Rahmen zur Verfügung zu stellen. ●

Blick über den Park auf Schloss Braunshard

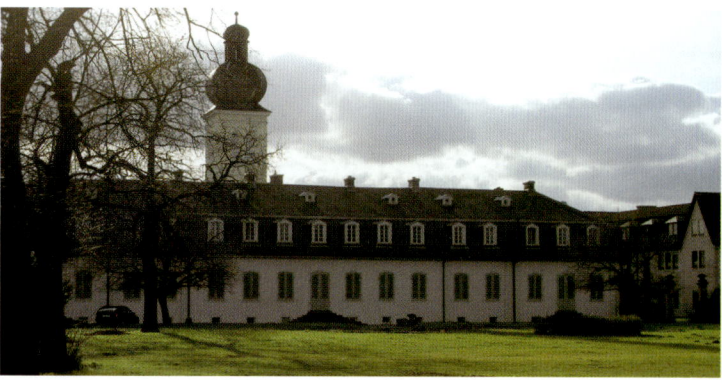

Zwingenberg

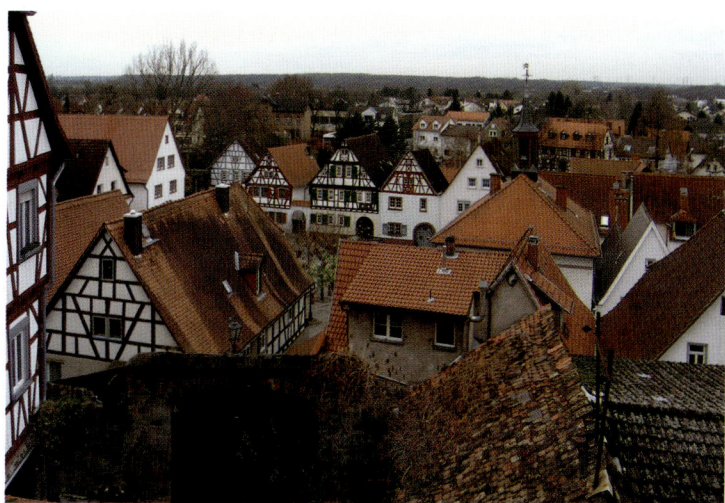

Zwingenberg
Altstadt

Von der Bergkirche aus bietet sich ein schöner Blick auf die Unterstadt

- ❌ Historischer Stadtkern östlich der Durchgangsstraße
- ⊕ frei zugänglich
- ❶ www.zwingenberg.de

Die Altstadt von Zwingenberg gliedert sich in die Oberstadt, die bereits vor 1274 befestigt war, und die Unterstadt, die um 1300 angelegt wurde. Die Oberstadt zieht sich in winkligen Gassen mit Treppen am Hang entlang, beherrscht von der Bergkirche. Von hier aus bietet sich ein hervorragender Blick auf die Unterstadt und über die Rheinebene. Auf der Nordostecke der Oberstadt steht der runde Turm „Aul" aus dem frühen 16. Jahrhundert mit gemauertem Kegeldach.

Die Unterstadt liegt am Fuße des Berges und wird von zwei parallel verlaufenden Straßen, der Ober- und der Untergasse, durchzogen. Beide münden im Süden auf den Marktplatz ein. 1693 wurde der Ort nahezu vollständig zerstört

und so wird das Straßenbild von Häusern des 18. Jahrhunderts geprägt, die teilweise auf älteren Grundmauern stehen. Dekorative Fachwerkfassaden auf gemauerten Erdgeschosssockeln bestimmen das Straßenbild. In der Nordwestecke der Unterstadt steht das so genannte Schlösschen, im Kern aus dem 16. Jahrhundert und im 18. Jahrhundert wiederhergestellt. Ein Turm der Ortsbefestigung ist in die Anlage integriert.

Im Südwesten lag die Untere Burg des 13. Jahrhunderts, im 14. Jahrhundert als Wasserburg umgebaut und im späten 16. Jahrhundert verfallen. Heute steht hier das Hotel „Freihof", benannt nach dem Freihof des Kellers Peter Krug von 1603. Nach dem Brand 1693 wurde der zweigeschossige, giebelständige Putzbau in Anlehnung an die Formen der Spätgotik und Renaissance wiederaufgebaut. Im 19. Jahrhundert diente er als Schulhaus.

Unweit am Obertor befindet sich das ehemalige Amtsgebäude, das im

Z

16. Jahrhundert als Jagdschlösschen errichtet und bald darauf Sitz des Amtskellers wurde. Auch dieses stattliche Gebäude wurde im 18. Jahrhundert in Anlehnung an die älteren Formen wiederaufgebaut.

In der Mitte des Marktplatzes steht ein Sandsteinbrunnen, der 1833 von J.P. Scholl aus Darmstadt errichtet wurde. Auf der Brunnensäule in der Mitte des achteckigen Beckens liegen zwei Delphine mit Dreizack.

Das Rathaus auf der Nordseite des Marktplatzes wurde in seiner heutigen nahezu quadratischen Form von Claus Krönke 1838 als zweigeschossiger Putzbau in klassizistischen Formen erbaut.

Heute werden alle interessanten Bauwerke der Altstadt, darunter einige Adelshöfe, durch Hinweistafeln erklärt. Jedes Jahr an Pfingsten feiern die Zwingenberger Winzer auf dem Marktplatz das Weinfest, bei dessen Eröffnung Wein aus dem Brunnen fließt. ●

Bergkirche Zwingenberg

Zwingenberg
Bergkirche (Evangelische Kirche)

❌ Auf dem Berg 1

🔼 Evangelische Gemeinde

ℹ️ Pfarramt Tel.: 06251-75844

Die in der Oberstadt gelegene Bergkirche beherrscht das Ortsbild von Zwingenberg. Sie erhebt sich über hohen Befestigungsmauern und war von einem ummauerten Friedhof umgeben, der durch zwei Portale zugänglich ist.

Der Putzbau geht in das 13. Jahrhundert zurück und wurde mehrfach verändert und vergrößert. Das fast quadratische, dreischiffige Langhaus war ursprünglich ein rechteckiger Saal. Die Seitenschiffe sind erst um 1400 durch Kapellenanbauten entstanden, wobei auch der rechteckige Altarraum verlängert wurde. Die südlich daran angeschlossene Sakristei, wie auch der Turm auf der Südwestecke des Langhauses, dürften im Kern auf den Bau des

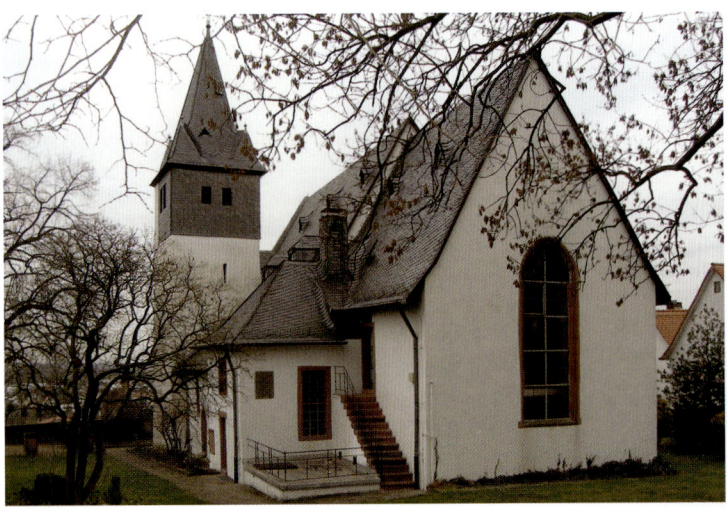

13. Jahrhunderts zurückgehen. Die Emporeneinbauten dagegen stammen wohl aus dem frühen 17. Jahrhundert. Auch die Innenausstattung stammt in Teilen von den notwendigen Erneuerungen nach der Zerstörung 1693.

An den Friedhof erinnern zum Teil sehr qualitätvolle Grabsteine vorwiegend aus dem 18. Jahrhundert, die in die Kirchenmauer und die Umfassungsmauer eingelassen sind. ●

Zwingenberg
Scheuergasse

❌ Scheuergasse

ⓘ frei zugänglich

ⓘ www.zwingenberg.de

Die Scheuergasse führt vom Pass (B3) aus nach Westen in die Ebene und endet an der Bahnlinie. Aus Gründen der Feuersicherheit ordnete die Obrigkeit im 18. Jahrhundert mancherorts den Scheunenbau separat außerhalb des bewohnten Ortes an. In Zwingenberg hat sich diese Situation erhalten, die inzwischen einmalig in Südhessen ist, obwohl um diesen Bereich herum mittlerweile weitere Straßenzüge entstanden sind. Die Scheunenbauten stammen aus dem 18. und frühen 19. Jahrhundert und sind recht unterschiedlicher Bauweise. Teilweise sind sie aus unverputzten Bruchsteinen gefertigt, teilweise aus Fachwerk. Manche tragen ein Satteldach, andere ein Krüppelwalmdach. Dennoch bilden sie gemeinsam ein eindrucksvolles und harmonisch wirkendes Ensemble.

Inzwischen sind sie geschmackvoll zu Gastwirtschaften, Ladengeschäften, Büros und Wohnraum umgebaut. Auf diese Weise ist eine attraktive Geschäftsstraße entstanden, die aber ihren alten Reiz bewahrt hat. Gleichzeitig mit dem Weinfest an Pfingsten wird dort das Scheuergassenfest gefeiert und alte Handwerkskunst dargestellt. ●

Eine Zeile der aus Gründen der Feuersicherheit massiv bebauten Scheuergasse

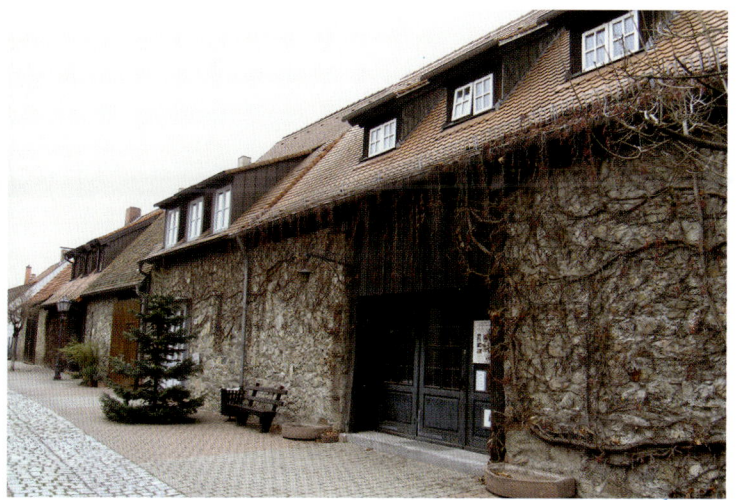

Fachbegriffe

Ädikula ursprünglich kleiner, einer Tempelfront ähnlicher Aufbau zur Aufnahme einer Statue, später jede aus Stützgliedern und einer Überdachung bestehende Umrahmung von Nischen

Altan unterbauter Balkon

Andreaskreuz gekreuzte Streben einer Fachwerkkonstruktion

Arabeske Dekoration mit stilisiertem Ranken und Blattwerk

Arboretum Sammlung von nicht in Pflanzgefäßen wachsender, verschiedenartiger, oft auch exotischer Gehölze

Basilika Kirche, deren Mittelschiff höher ist als die beiden Seitenschiffe

Bergfried Hauptturm einer Burg

Bildstock Andachtsstätte, aufgestellt meist an Wegekreuzungen oder markanten Punkten in freier Flur, mit Bildnissen der Gottesmutter oder von Heiligen. Oft auch heute noch Station von Wallfahrten oder Prozessionen

Blattkapitell blattförmiger oberer Abschluss von Säulen und Pfeilern

Brüstungsgefach Feld unterhalb eines Fensters einer Fachwerkkonstruktion

Bundständer senkrechter Ständer im Fachwerk, an dem innen eine Zwischenwand anschließt

Codex, Lorscher Codex zwischen 1170 und 1175 begonnene handschriftliche Kopie von Urkunden, um die Rechte und Besitztümer des Klosters Lorsch zu dokumentieren und zu sichern

Chor aus dem Altardienst ausgeschiedener, meist nach Osten gerichteter Raumteil einer Kirche

Corps de Logis Mittelbau einer dreiflügligen Schlossanlage. Enthält in der Regel deren Haupt- und Repräsentationsräume

Dachreiter auf dem Dachfirst aufgestellter Zierturm zur Aufnahme einer Uhr und/oder Glocke

Dendrochronologie Jahrringanalyse, anhand derer das Fälldatum eines Holzes zu bestimmen ist

Dreipass aus drei Kreisbogensegmenten zusammengesetzte Figur im Maßwerk

Eckständer senkrechte Stütze an den Ecken eines Fachwerkgebäudes

Einhaus ländliches Gebäude, bei dem sich Wohn- und Wirtschaftsteil konstruktiv unter einem Dach befinden

Epitaph in oder an einer Kirche angebrachte Gedächtnisinschrift mit Namen und Todesdatum

Erbhof ungeteilt auf einen Sohn übergehender, unbelasteter Bauernhof, Bestandteil auch der nationalsozialistischen Siedlungs- und Agrarpolitik

Frontispiz Giebeldreieck als vorspringende Tür- oder Fensterbedachung oder über einem Risalit

Gartenstadt ursprünglich in England 1898 entworfenes Modell der planmäßigen Stadtentwicklung als Reaktion auf die sich erheblich verschlechternden Wohnbedingungen in den Großstädten. Typisch sind Wohneinheiten mit Gartenanteil für den Gemüseanbau und die relative Nähe zum Arbeitsplatz.

Gefache Felder zwischen den Hölzern einer Fachwerkkonstruktion

Gewände schräge Einschnittfläche einer Tür oder eines Fensters in die Mauer

Giebelständig Ausrichtung eines Gebäudes mit der Giebelwand zur Straße

Hakenhof auch **Zweiseithof**, die separate Scheune steht rechtwinklig zum Hauptgebäude

Halbkreisciborium halbkreisförmiger Altarüberbau

Helm Dachform bei der die Firste der Satteldächer von niedrigen Giebeln zur Spitze aufsteigen

Hypokaustum antike Fußbodenheizung, zunächst nur in Thermen, später auch in römischen Wohnhäusern eingebaut

Kämpfer Steinlage, auf der ein Bogen oder Gewölbe ansetzt

Karst Landschaftstyp mit zumeist vegetationsarmen Kalksteinflächen

Kirchspiel Pfarrbezirk oder Sprengel, territorial begrenztes Gebiet einer Pfarrei

Knagge hölzerne Konsole am Fachwerkbau

Kohanim-Gräber Gräber auf einem jüdischen Friedhof, die auf die direkte Abstammung der Verstorbenen von den Tempelpriestern in Jerusalem verweisen

Konvent ursprünglich Zusammenkunft meinende, später auch für den Wohnbereich einer Klosters verwendete Bezeichnung

Kopfstreben diagonale Verstrebung im Fachwerk zwischen Ständer und aufliegendem waagerechten Balken (Rähm)

Kreuzgewölbe aus zwei sich rechtwinklig schneidenden Tonnengewölben gebildetes Gewölbe

Krüppelwalm nur im oberen Bereich eines Giebels ausgebildetes Walmdach (kommt auch als Halbwalm- oder Viertelwalmdach vor)

Laterne runder oder polygonaler überkuppelter Aufbau mit Fenstern

Lisene leicht vorspringender, senkrechter Mauerstreifen zur Gliederung einer Wand

Lustgarten (öffentlicher) Park, der der Erholung dient und meist mit Pavillons, Menagerien, Konzertsälen und ähnlichem ausgestattet ist

Mannfigur Fachwerkkonstruktion, bei der paarweise angeordnete schräge Streben den Bundständer in Form von stilisierten Armen und Beinen abstreben

Mansarddach Dach mit einem steileren, oft ausgebauten unteren und einem flacheren oberen Teil. Dadurch lassen sich Nutzungen ohne merkliche Dachschrägen erzielen

Marstall Pferdestallung mit Zubehör als Bestandteil eines Schlosses

Maßwerk mit dem Zirkel abgemessenes Bauornament, meist an Fenstern

Mausoleum Monumentales Grabmal in Gebäudeform

Medaillon rundes oder ovales Feld der Baudekoration

Merkantilismus vorherrschende wirtschaftspolitische Lehrmeinung des 16.-18. Jahrhunderts

Mikwe jüdisches Ritualbad

Monolith griech. Einzelstein, aus einem einzigen Stein hergestellt

Monopteros Rundtempel auf Säulen. Seit der Renaissance beliebtes Baumotiv in Gärten

Nadelwehr senkrecht in den Fluss gerammte Stämme stauen das Wasser auf

Netzgewölbe Gewölbeform der späten Gotik mit maschenartig überkreuzten Rippen

Obelisk hoher, im Querschnitt quadratischer, sich nach oben verjüngender Steinpfeiler mit stumpfer, pyramidenförmiger Spitze

Obergaden der über die Seitenschiffe erhöhte obere Teil des Mittelschiffs einer Basilika

Oktogonal achteckig

Orangerie ursprünglich Gewächshaus für nicht winterfeste Pflanzen, allgemein ebenerdiges barockes Gartenhaus mit großen Fenstertüren am Ende einer Blickachse des Parks

Palas Hauptgebäude einer mittelalterlichen Burg

Palatium Palast, Pfalz

Patrozinium Schutzherrschaft eines Patrons oder einer Patronin, welcher man zumeist eine Kirche unterstellt

Pfeiler meist rechteckiges architektonisches Stützglied aus Mauerwerk

Pietà Darstellung, bei der Maria den toten Christus auf dem Schoß hält

Pilaster pfeilerförmiger Wandvorsprung mit Basis und Kapitell

Point de vue Blick- und Endpunkt einer Straßen- oder Gartenachse

Polygonal vieleckig

Postament meist aufwändig gestalteter Unterbau einer Säule oder eines Denkmals

Propstei Bezirk eines Proptes

Quellkirche Kirche zumeist unmittelbar bei oder über einer Quelle mit oft gemeinsamem Patrozinium

Rähm, **Rähmbalken** waagerechter, die geschosshohe Fachwerkkonstruktion oben abschließender durchlaufender Balken

Ravelin (Wallschild) eigenständiges, meist dreieckiges Werk einer Festung

Refektorium Raum in einem Kloster, in dem die Klosterbewohner gemeinsam essen

Reichsministerialien im Dienst des Reiches stehender Beamter, im Mittelalter Angehöriger des Dienstadels

Retabel Altaraufsatz, Altarrückwand

Riegel waagerechte, gefachbildende Hölzer in der Fachwerkkonstruktion

Risalit in ganzer Höhe einer Gebäudefassade vorspringender Teil, stets an den von der Symmetrie vorgegebenen Stellen, wie Mitte (Mittelrisalit) oder Ecke (Eckrisalit)

Rondell meist kreisrunde Befestigung einer Festung

Rotte Gruppe von zumeist Männern, die die Deichwache und -pflege inne haben

Rottenstein markiert den Bereich, für den eine Rotte zuständig ist

Rustika-Mauerwerk Mauerwerk aus Quadern, deren Ansichtsflächen ganz oder teilweise unbearbeitet bleiben

Saalkirche einschiffiges Gotteshaus

Säkularisation Auflösung der Kirchengüter unter dem Einfluss Napoléon Bonapartes durch den Reichsdeputationshauptschluss von 1803

Sattelhof Gehöft, das im Mittelalter und in der frühen Neuzeit im Kriegsfall ein gesatteltes Pferd und einen bewaffneten Reiter zu stellen hatte

Schalenturm nach innen offener Turm einer Wehrmauer oder einer Stadtbefestigung

Schildmauer höchste und stärkste Schutzmauer einer Burg gegen die Hauptangriffsseite

Schließe Verschluss, durch den das Oberflächenwasser nur in Richtung des Flusses abgeführt wird

Schwelle, **Schwellbalken** waagerechter, die geschosshohe Fachwerkkonstruktion unten abschließender durchlaufender Balken

Sohlbank waagerechte untere Begrenzung einer Fensteröffnung

Sommerdeich Deich gegen Sommerhochwasser

Sprenggiebel oberer dreieckiger, nach oben offener Abschluss über Türen oder Fenster

Staffagebau Meist kleineres, nicht unbedingt nutzbares Gebäude in einem englischen Landschaftsgarten oder -park, das beim Betrachten bestimmte Stimmungen oder Bilder auslösen soll

Streckhof ländliches Gebäude, bei dem nachträglich eine Scheune in Firstrichtung angebaut wurde

Taustab Bandornament in Form eines gedrehten Taues

Traufständig Ausrichtung eines Gebäudes mit der Traufwand (zumeist die Längswand) zur Straße

Triumpfbogen 1) Ehrenbogen zur Erinnerung an einen Kaiser, 2) Bogen zwischen Mittelschiff beziehungsweise Vierung und Chor in einer Kirche

Tympanon Giebel- oder Bogenfeld

Unterzug langer, meist in Firstrichtung verlaufender Balken unter einer Decke, der die Last auf die Außenwände abträgt

Viadukt Brücke zur Überführung eines Weges oder einer Eisenbahnlinie über ein Tal

Villa rustica römischer Gutshof

Vogtei Amtsgebäude eines Vogtes (Verwalters)

Volute spiral- oder schneckenförmige Verzierung

Vorkragen Überstand des Obergeschosses vor das Erdgeschoss

Walzenwehr waagerecht zur Flussrichtung liegende Rollen oder Walzen stauen das Wasser auf

Welle gerolltes Bündel aus dünnen Ästen zum Anstecken eines Ofens

Welsche Haube Zwiebeldach

Winterdeich hoher Deich gegen Winter-hochwasser, liegt weiter landeinwärts als der Sommerdeich

Zahnschnittleiste aus rechteckigen, regelmäßig vorspringenden Steinschnitten gebildeter Gebälkabschluss

Zehntscheune Lagergebäude für die Naturalabgaben der Bauern an die Grundherren

Zent, Cent (mittelalterliche und frühneuzeitliche) Verwaltungseinheit

Zeughaus Gebäude, in dem Waffen und militärische Ausrüstungsgegenstände gelagert und instandgesetzt wurden

Zwerchhaus Dachaufbau, der vorne über der Fassade aufsteigt mit quer zur Hauptfirstrichtung liegendem First

Zwinger unbebauter Bereich zwischen innerer und äußerer Befestigungsmauer

Literaturhinweise

Arnsberg, Peter: Die jüdischen Gemeinden in Hessen. Frankfurt 1971.

Baedeker, Karl: Baedekers Darmstadt. Stadtführer. Freiburg 1990.

Battenberg, F.J. (Hrsg.): Pfungstadt – vom fränkischen Mühlendorf zur modernen Stadt. Pfungstadt 1985.

Danker, Horst: Erfelden Geschichte und Geschichten. Erfelden 1979.

Die Kirche aus dem Widerstandsdorf gegen die Startbahn 18 West ist wiedererstanden als Zeichen der Mahnung und Hoffnung.
(Hrsg.) Förderkreis Hüttenkirche e.V. O.O, o. J.

Dörr, H.: 500 Jahre Wartturm 1492-1992. Schaafheim 1992.

Dörr, H.: Schaafheim im Wandel der Zeiten. Babenhausen 1980.

Einblicke. Ein „Stadtatlas" für Mörfelden-Walldorf.
Hrsg. vom Magistrat der Stadt Mörfelden-Walldorf. Mörfelden-Walldorf 1992.

Einsingbach, Wolfgang Die Kunstdenkmäler des Kreises Bergstraße.
München Berlin 1969.

Enders, Siegfried RCT: Kulturdenkmäler in Hessen. Landkreis Darmstadt-Dieburg.
Braunschweig, Wiesbaden 1988.

Festschrift 750 Jahre Büttelborn 1222-1972.
Hrsg. von der Gemeinde Büttelborn. Büttelborn 1972.

Frank, Werner: Biebesheim. Das Dorf und seine Menschen. Horb am Neckar 1993.

Fries, Günter und andere: Kulturdenkmäler in Hessen. Stadt Darmstadt.
Braunschweig/Wiesbaden 1994.

Friess-Reimann, Hildegard: Neuer Glanz in alten Ställen – Rheinhessische Kreuzgewölbe. In: Heimatjahrbuch des Landkreises Alzey-Worms. Band 37, 2002, S. 42-45.

Fritzsche, Wolfgang und Erich Weiler: Gustavsburg. Ginsheim-Gustavsburg 2006.

Fritzsche, Wolfgang: Die Schwedensäule bei Erfelden.
In: Denkmalpflege und Kulturgeschichte. Heft 1, 2003, S. 36-41.
Geinsheim Gemeinde Trebur Kreis Groß-Gerau. Geschichte – Ortsbild – Denkmalpflege. Studienmaterial der Fachgruppe Stadt, TH Darmstadt, FB Architektur.
Darmstadt 1983.

Geissler, H.: Schaafheim – Heimatbuch in drei Bänden. Reprint Babenhausen 1986.

Gemeinde Mühltal (Hrsg.): Chronik Nieder-Ramstadt mit Trautheim. Offenbach 1988.

Gemeindevorstand Seeheim-Jugenheim (Hrsg.): Heimatbuch Seeheim-Jugenheim. Darmstadt 1981.

Geschichtsblätter des Kreises Bergstraße. Lorsch. Verschiedene Ausgaben.

Griesbach-Maisant, Dieter: Kulturdenkmäler in Hessen. Kreis Bergstraße 1. Braunschweig, Wiesbaden 2004.

Haupt, Georg: Die Bau- und Kunstdenkmäler der Stadt Darmstadt. 1952 u. 1954, Text- u. Bildband.

Heitzenröder, Wolfram: Die Festung Rüsselsheim. Frankfurt 1999.

Historischer Verein für Hessen (Hrsg.): Stadtlexikon Darmstadt. Stuttgart 2006.

Klebac, Brigitte: Ein „Wohnankerplatz" im Rhein-Main-Gebiet. Bungalowsiedlung Walldorf von Richard Neutra. In: Denkmalpflege in Hessen, Heft 2, 1991, S. 44-48.

Kramarczyk, Ludwig: Odenwald und Bergstraße mit Rhein/Main/Neckar. Nürnberg 1967.

KulturRegion Frankfurt RheinMain (Hrsg.): GartenRheinMain – Vom Klostergarten zum Regionalpark. Ein Führer durch die Gärten und Parks der KulturRegion Frankfurt RheinMain. Frankfurt 2006.

Kunz, R.: Heimatbuch der Gemeinde Alsbach. Alsbach 1970.

Route der Industriekultur Rhein-Main: Lokale Routenführer Nr. 13 Offenbach II. Südlicher Teil. Frankfurt 2005/06.

Route der Industriekultur Rhein-Main: Lokale Routenführer Nr. 9 Offenbach I. Nördlicher Teil. Frankfurt 2005/06.

Sahm, Winfried B. und Christina Uslular-Thiele: Offenbach, was für eine Stadt. Hanau 2004.

Sahmland, Irmtraut und andere: Haltestation Philippshospital. Ein psychiatrisches Zentrum – Kontinuität und Wandel. 1553 – 1904 – 2004. Marburg 2004.

Schallmayer, Egon: Keltische und römische Geschichte auf der Bulau. In: Landschaft Dreieich. Blätter für Heimatforschung. Langen 2004.

Schemel, K.: Die Geschichte der Juden in Bickenbach und im südhessischen Raum. In: Ortschronik der Gemeinde Bickenbach Bd.II. Bickenbach 1993.

Schirmbeck, Peter: Fabrikstadt Opel. 130 Jahre Industriearchitektur von Weltrang. Rüsselsheim 2001.

Schleindl, Angelika: Verschwundene Nachbarn. Jüdische Gemeinden und Synagogen im Kreis Groß-Gerau. Groß-Gerau 1990.

Schumacher, Karl: Aus Odenwald und Frankenland. Darmstadt 1929.

Söder, Dagmar: Kulturdenkmäler in Hessen. Kreis Offenbach.
Braunschweig, Wiesbaden 1987.

Sparkassen-Kulturstiftung Hessen-Thüringen (Hrsg.): Kulturelle Entdeckungen Archäologische Denkmäler in Hessen. Frankfurt 2004.

Sparkassen-Kulturstiftung Hessen-Thüringen (Hrsg.): Kulturelle Entdeckungen Odenwald-Bergstraße. Frankfurt 1995.

Stadt Offenbach (Hrsg.) Dokumentation „Zur Geschichte der Juden in Offenbach am Main". Offenbach am Main 1988 – 1994.

Technische Universität (Hrsg.): Wissenschaftsstadt Darmstadt. Darmstadt 2001.

Teubner, Hans und Sonja Bonin: Kulturdenkmäler in Hessen. Odenwaldkreis.
Braunschweig Wiesbaden 1998.

Walbe, Heinrich: Das hessisch-fränkische Fachwerk. Gießen-Wieseck 1979.

Weinheimer, Heinrich: Lebendige Heimat. Der Kreis Groß-Gerau. Aus Anlaß des 125-jährigen Bestehens des Kreises Groß-Gerau 1832-1957. Groß-Gerau 1958.

Winter, Heinrich (Hrsg.): Der Odenwald. Land zwischen Rhein, Main und Neckar.
Essen 1959.

50 Jahre Allmendfeld 1937-1987. Beiträge zur Dorfgeschichte.
Hrsg. vom Magistrat der Stadt Gernheim. Gernsheim 1987.

625 Jahre Stadt Gernsheim am Rhein.
Hrsg. vom Magistrat der Stadt Gernsheim. Gernsheim 1981.

Dokumentationsmaterial aus dem Stadtarchiv Offenbach

Archiv der französisch-reformierten Gemeinde Offenbach

Textnachweis

Ernst Buchholz
226

Jürgen Eichenauer
218

Wolfgang Fritzsche
41, 42, 44, 45, 54, 55, 56, 57, 110, 111,
112, 113, 114, 115, 116, 120, 121, 122,
154, 155, 184, 185, 187, 188, 198, 199,
200, 235, 242, 243, 244, 245, 246, 247,
260, 261, 262, 278, 280, 281, 282, 283

Gerd Grein
86, 87, 88, 90, 91, 92, 93, 94, 132, 133,
134, 135, 146, 147, 149, 159, 160, 161,
172, 173, 193, 194, 202, 203, 204, 208,
209, 251, 253, 254, 255, 256, 270, 271,
273, 274, 275

Andrea Helm
140, 285

Konrad Hoppe
14, 15, 18, 19, 80, 81, 82, 83, 84, 102,
124, 126, 127, 128, 129, 130, 174, 175,
196, 206, 230, 231, 233, 234, 239, 241,
264, 265, 267, 268, 286

Melanie Humm
13, 33, 34, 35, 36, 37, 38, 39, 53, 95,
96, 108, 109, 117, 118, 119, 123, 136,
137, 138, 140, 141, 142, 149, 150, 151,
152, 156, 157, 158, 163, 164, 165, 166,
167, 169, 170, 189, 199, 200, 201, 287,
288, 289

Hanne Münster-Voswinkel
228

Rosita Nenno
213

Helmut Reinhardt
212, 221, 229

Rolf Reutter
20, 21, 22, 23, 24, 25, 26, 27, 28, 30, 31,
32, 46, 47, 48, 49, 50, 51, 52, 58, 59,
60, 62, 63, 64, 65, 66, 67, 68, 69, 70,
71, 72, 73, 74, 75, 76, 77, 78, 79, 97,
98, 99, 100, 101, 104, 105, 106, 107, 143,
144, 145, 152, 153, 171, 177, 178, 179,
180, 181, 182, 183, 190, 191, 192, 237,
238, 257, 258, 259, 276, 277

Hans-Georg Ruppel
210, 219, 217, 224, 227

Stefan Soltek
220

Christina Uslular-Thiele
211, 215, 216, 222, 223, 225

Bildnachweis

Foto-Archiv Heimat-
und Geschichtsverein
Bischofsheim/
Museum Bischofsheim
44, 45

Foto König
182

Wolfgang Fritzsche
41, 42, 53, 54, 55, 56, 57,
78, 110, 111, 112, 113, 114,
121, 122, 129, 154, 155,
184, 185, 186, 187, 188,
196, 197, 198, 206, 207,
235, 236, 239, 240, 242,
243, 244, 246, 247
(unten), 260, 261, 262,
263, 267, 269, 278, 279,
280, 281, 282, 283

Gesellschaft für Schwer-
ionenforschung
79

Gemeinde Fürth
109

Lars Gölz
39, 95, 96, 108, 119, 123,
156, 157, 158, 163, 166,
284, 287, 288, 289

Heimat- und Geschichts-
verein Leeheim
247 (oben)

Ingrid Hoffmann
176

Konrad Hoppe
14, 15, 16, 17, 18, 19, 80,
81, 82, 83, 84, 85, 102,
124, 125, 126, 127, 130,
131, 174, 175, 230, 231,
232, 233, 234, 241, 264,
265, 266

Melanie Humm
37, 38, 43, 117, 136, 137,
138, 139, 140, 141, 142,
150, 151, 164, 165, 167,
168, 169, 170, 189, 199,
200, 201, 249, 285,
Umschlag (links)

Gerald Keßler
118

Kreis Bergstraße
35

Christine Krienke
245

Doris Melzer
33

Rolf Pfelfer
13, 34

Pressestelle des Kreises
Groß-Gerau
248

Rolf Reutter
20, 21, 22, 23, 24, 25, 26,
27, 28, 29, 30, 31, 32, 46,
47, 48, 49, 50, 51, 52, 58,
59, 60, 61, 62, 63, 64, 65,
66, 67, 68, 69, 70, 71, 72,
73, 74, 75, 76, 97, 98, 99,
100, 101, 104, 105, 106,
107, 143, 144, 145, 152,
153, 171, 177, 178, 179,
180, 181, 183, 190, 191,
192, 237, 238, 257, 258,
259, 276, 277, Umschlag
(rechts)

Stadt Groß-Gerau
120

Stadt Offenbach
212, 226 (unten)

Stiftung
Hessischer Jägerhof
77

Untere Denkmalschutz-
behörde Kreis Offenbach
90, 149, 160, 172, 193,
209, 252, 270, 273

Dagmar Söder
202

Gesine Weber
86, 87, 88, 91, 92, 93, 94,
132, 133, 134, 135, 146,
148, 159, 161, 162, 173,
194, 195, 203, 204, 205,
208, 251, 253, 254, 255,
256, 271, 272, 274, 275

Erich Weiler-Fotografie
115, 116, 210, 211, 213,
214, 215, 216, 217, 218,
219, 220, 221, 222, 223,
224, 225, 226 (oben),
227, 228, 229

Verweis-Register

Airlenbach ➜ Beerfelden
Allmendfeld ➜ Gernsheim
Alsbach ➜ Alsbach-Hähnlein
Astheim ➜ Trebur
Auerbach ➜ Bensheim

Braunshardt ➜ Weiterstadt
Buchschlag ➜ Dreieich

Dietesheim ➜ Mühlheim
Dorf-Erbach ➜ Erbach
Dornberg ➜ Groß-Gerau
Dreieichenhain ➜ Dreieich
Dudenhofen ➜ Rodgau

Eberstadt ➜ Darmstadt
Ellenbach ➜ Fürth
Erfelden ➜ Riedstadt

Finkenbach ➜ Rothenberg
Froschhausen ➜ Seligenstadt

Gammelsbach ➜ Beerfelden
Geinsheim-Kornsand ➜ Trebur
Ginsheim ➜ Ginsheim-Gustavsburg
Goddelau ➜ Riedstadt
Götzenhain ➜ Dreieich
Gras-Ellenbach ➜ Grasellenbach
Grube Messel ➜ Messel
Günterfürst ➜ Erbach
Gustavsburg ➜ Ginsheim-Gustavsburg
Güttersbach ➜ Mossautal

Hainstadt ➜ Hainburg
Hammelbach ➜ Grasellenbach
Harreshausen ➜ Babenhausen
Hetzbach ➜ Beerfelden
Heubach ➜ Groß-Umstadt
Hiltersklingen ➜ Mossautal
Hummetroth ➜ Höchst i. Odw
Hüttenfeld ➜ Lampertheim
Hüttenthal ➜ Mossautal

Jügesheim ➜ Rodgau

Kailbach ➜ Hesseneck
Kirch-Brombach ➜ Brombachtal
Kleestadt ➜ Groß-Umstadt
Klein-Gerau ➜ Büttelborn
Klein-Krotzenburg ➜ Hainburg
Klein-Umstadt ➜ Groß-Umstadt
Klein-Welzheim ➜ Seligenstadt
Kranichstein ➜ Darmstadt

Leeheim ➜ Riedstadt
Lengfeld ➜ Otzberg
Lichtenberg ➜ Fischbachtal
Lützel-Wiebelsbach ➜ Lützelbach

Mackenheim ➜ Abtsteinach
Mainflingen ➜ Mainhausen
Mittershausen ➜ Heppenheim
Momart ➜ Bad König
Mörfelden ➜ Mörfelden-Walldorf
Mosbach ➜ Schaafheim

Neunkirchen ➜ Modautal
Neustadt ➜ Breuberg
Nieder-Ramstadt ➜ Mühltal
Nieder-Roden ➜ Rodgau
Nordheim ➜ Biblis

Ober-Roden ➜ Rödermark
Ober-Sensbach ➜ Sensbachtal
Offenthal ➜ Dreieich
Olfen ➜ Beerfelden

Patershausen ➜ Heusenstamm

Rai-Breitenbach ➜ Breuberg
Raubach ➜ Rothenberg
Richen ➜ Groß-Umstadt
Rohrbach ➜ Ober-Ramstadt
Rumpenheim ➜ Offenbach

Sandbach ➜ Breuberg
Schlierbach ➜ Lindenfels
Schöllenbach ➜ Hesseneck
Seckmauern ➜ Lützelbach
Seeheim ➜ Seeheim-Jugenheim
Sprendlingen ➜ Dreieich
Steinbach ➜ Michelstadt

Trautheim ➜ Mühltal

Ueberau ➜ Reinheim
Unter-Flockenbach ➜ Gorxheimertal
Unter-Ostern ➜ Reichelsheim
Urberach ➜ Rödermark

Vielbrunn ➜ Michelstadt

Wald-Amorbach ➜ Breuberg
Walldorf ➜ Mörfelden-Walldorf
Wallerstädten ➜ Groß-Gerau
Weiskirchen ➜ Rodgau
Weschnitz ➜ Fürth
Wixhausen ➜ Darmstadt
Wolfskehlen ➜ Riedstadt
Worfelden ➜ Büttelborn
Würzberg ➜ Michelstadt

Zeppelinheim ➜ Neu-Isenburg
Zipfen ➜ Otzberg

Weiterführende Informationen

Kreis Bergstraße
Tourist-Information Nibelungenland
Marktplatz 1 (Altes Rathaus)
64653 Lorsch
Tel.: 06251 - 17526-0
Fax: 06251 - 17526-26
info@nibelungenland.info
www.nibelungenland.info
Öffnungszeiten:
Mo. bis So. 10.00 Uhr bis 18.00 Uhr

Stadt Darmstadt
www.darmstadt.de

Kreis Darmstadt-Dieburg
Wirtschaft, Standortentwicklung,
Bürgerservice
Jägertorstraße 207
64289 Darmstadt
Tel.: 06151 - 881-1016
Fax: 06151 - 881-1019
www.ladadi.de

Kreis Groß-Gerau
www.kreisgg.de

Odenwaldkreis
Touristik-Zentrum Odenwald
Marktplatz 1
64711 Erbach
Tel.: 06062 - 94330
Fax: 06062 - 943317
www.oreg.de

Kreis Offenbach
Bürgerbüro
Werner-Hilpert-Straße 1
63128 Dietzenbach
Tel.: 06074 - 8180-8180
Fax: 06074 - 8180-6666
buergerservice@kreis-offenbach.de
www.kreis-offenbach.de

Stadt Offenbach
Haus der Stadtgeschichte
Herrnstaße 61
63065 Offenbach
Tel.: 069 - 8065-2446
Fax: 069 - 8065-2469
haus-der-stadtgeschichte@offenbach.de
www.offenbach.de

Mit freundlicher Unterstützung

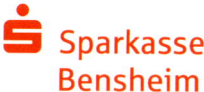
Sparkasse Bensheim

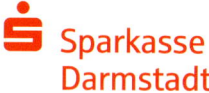
Sparkasse Darmstadt

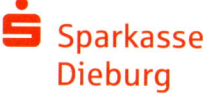
Sparkasse Dieburg

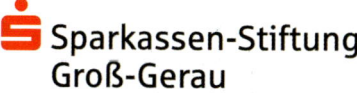
Sparkassen-Stiftung Groß-Gerau

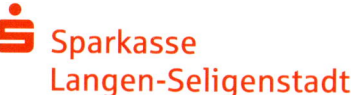
Sparkasse Langen-Seligenstadt

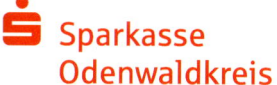
Sparkasse Odenwaldkreis

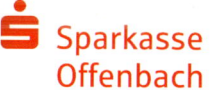
Sparkasse Offenbach

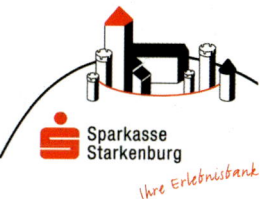
Sparkasse Starkenburg
...Ihre Erlebnisbank